东方欲晓

上海浦东打造社会主义现代化建设引领区的理论与实践

蒋硕亮　著

上海财经大学出版社
SHANGHAI UNIVERSITY OF FINANCE & ECONOMICS PRESS

图书在版编目(CIP)数据

东方欲晓：上海浦东打造社会主义现代化建设引领区的理论与实践 / 蒋硕亮著. -- 上海：上海财经大学出版社, 2025. 3. -- ISBN 978-7-5642-4594-8

Ⅰ.F127. 513

中国国家版本馆 CIP 数据核字第 2025A7E803 号

本书为上海市哲学社会科学规划课题"浦东新区打造社会主义现代化建设引领区研究"(项目批准号:2021BZZ002)的研究成果

□ 责任编辑 杨 闯
□ 封面设计 张克瑶

东 方 欲 晓
——上海浦东打造社会主义现代化建设引领区的理论与实践

蒋硕亮 著

上海财经大学出版社出版发行

(上海市中山北一路 369 号 邮编 200083)

网 址:http://www.sufep.com

电子邮箱:webmaster @ sufep.com

全国新华书店经销

上海巅辉印刷厂有限公司印刷装订

2025 年 3 月第 1 版 2025 年 3 月第 1 次印刷

710mm×1000mm 1/16 20 印张(插:2) 306 千字

定价:98.00 元

前　言

本书深度探究了浦东新区在推动中国社会主义现代化建设中的引领作用和战略地位。全书结构严谨,内容丰富,涵盖了从理论框架构建到实证分析,再到战略使命与实现路径的全方位研究。

在绪论部分,本书详细阐述了研究的背景、意义、目标和内容,强调了在当前全球格局和中国发展新阶段下,深入探析浦东新区打造社会主义现代化建设引领区的重要性和紧迫性。同时,还介绍了研究采用的方法和创新之处。

在理论与文献回顾章节,本书系统梳理了相关的核心概念、理论基础和研究进展,为后续的实证研究奠定了坚实的理论基础。这一部分涵盖了社会治理理论、习近平新时代社会治理理论以及区域发展理论等多领域的探讨。该部分从多个角度深入剖析了浦东新区打造引领区的时代背景和多维度内涵,揭示了其在全球化、改革开放、自主创新、文化价值传播等方面的独特地位和贡献。同时,该部分还明确了浦东新区在推动社会主义现代化建设中的目标取向和价值引领,包括其在政治、经济、社会、文化、生态等多个层面应发挥的引领作用。

通过构建客观的指标体系和运用科学的评估方法,本书对浦东新区的现代化建设进行了全面而深入的评价。此外,还分别对浦东新区的行政绩效、经济绩效、社会绩效和生态绩效进行了实证研究,揭示了影响这些绩效的各种因素及其相互作用机制。为了进一步丰富研究视角和提供实践参考,本书对比分析了浦东新区与深圳先行示范区的异同,提炼出可供浦东引领区借鉴的经验和启示。

最后,本书探讨了在中国式现代化进程中,浦东引领区所肩负的战略使命,剖析了其存在的不足,提出了创新驱动、开放合作、城市治理和民生改善等实现路径。

　　总的来说,本书为理解中国区域发展战略和实践在推进社会主义现代化进程中的作用提供了重要的理论依据和实践参考,不仅有一定的学术研究价值,也为政策制定者和实践工作者提供了富有洞察力的意见和建议。

目　录

第一章

绪　论

第一节　研究背景与研究意义

一、研究背景

在 20 世纪 80 年代初,中国提出了改革开放政策,这意味着中国迎来了经济、政治和社会的重大变革。浦东新区因其特殊的地理位置和资源优势,从改革开放初期就成为国家发展战略的重要部分。在当时,浦东新区的农业生产极为落后,经济发展水平处于十分低下的状态。政府部门采取了一系列的改革措施,包括将浦东新区划归国家级经济技术开发区,吸引外资、引进先进技术和管理经验等。在此之后,浦东新区的经济快速发展,逐渐走上了正轨。20 世纪 90 年代末至 21 世纪初,浦东新区实现了城市化和现代化建设的重大突破,进一步加快了改革开放和现代化建设的步伐。这一时期,浦东新区积极推进市场经济、深化改革、进行政府体制改革、推动金融创新等,同时还致力于打造“五个中心”,即国际航运中心、外向型经济中心、金融中心、贸易中心和科技创新中心。这些努力使浦东新区逐渐成为中国现代化建设的重要窗口。在过去的二十多年中,浦东新区通过改革开放、城市化和现代化建设,在经济、政治、文化和社会发展方面均取得了极为显著的成果,这主要表现在以下几个方面:浦东新区的经济增长极快,GDP 持续保持两位数增长,成为中国乃至全世界的经济增长引擎之一;在重点产业方面,浦东新区的金融、航空航天、高端装备制造等领域都取得了显著进展;在人民生活改善方面,浦东新区加强社会保障、医疗卫生、教育文化等方面的投入,提高了人们的生活质量;在环境保护方面,浦东新区加强了对空气、水、土地等自然资源的管理和保护,构建起了生态文明的发展格局。浦东新区在改革开放的历程中经历了翻天覆地的变化,从一个落后的农业区变成了全球关注的现代化城市。浦东新区的发展过程不仅举世瞩目,而且具有重要的实践意义和启示作用。其成功经验为中国及其他国家的现代化建设提供了重要参考,并且对于人类社会向着更美好的未来迈进有着重大意义。

随着中国的现代化建设和城市化进程的不断推进,浦东新区在经济、科技、环境等方面取得了可喜的成绩。然而,在未来的发展中,浦东新区还需要从多个方面进行创新并解决一系列问题。首先,浦东新区需要探索可持续发展的道路,在经济增长、资源利用和环境保护之间找到平衡点,实现经济增长质量的提升。此外,要加强对绿色技术、节能减排等方面的支持和引导,大力发展节能环保产业,努力打造绿色、低碳、循环型经济,让浦东新区成为全球领先的绿色城市。其次,浦东新区需要加强城市规划和管理。随着人口和经济的不断增长,城市化带来的交通、环保、住房等方面的压力也越来越大。因此,浦东新区要采取有效措施,加强城市规划和建设管理,完善城市基础设施和公共服务配套建设,优化城市空间布局,提高城市管理水平和能力。再次,浦东新区需要加快人才培养和科技创新。如今,全球的经济竞争已经从资源和资本竞争发展到了人才竞争和创新竞争。因此,浦东新区需要加强对人才的吸引和储备,并在技术领域重点发力,推动信息技术、生物医药、新材料等领域的创新和发展。除此以外,浦东新区还需积极拓展与国内外高水平大学、研究机构和企业的合作,共同推进创新与产业发展。最后,浦东新区还需要加强对文化和教育的投入和支持,建设具有全球影响力的文化品牌,提高城市软实力和品牌形象。浦东新区需要发扬创新精神,加强文化交流和传播,打造学术、艺术、体育和旅游等多元化的文化产业,提高居民的文化素质和幸福感。浦东新区在未来的发展中面临着诸多挑战和机遇,只有通过创新发展模式、提高城市管理水平、加快人才培养和科技创新等方面的措施,进一步提升浦东新区的软实力和品牌形象,才能够在全球的竞争中保持领先地位并取得更加可喜的成绩。

在这种背景下,浦东新区打造社会主义现代化建设引领区研究就显得尤为重要。浦东新区拥有得天独厚的地理位置优势和发展基础,是中国现代化建设的重要窗口和示范区,也是探索中国特色现代化建设路径的重要实践场所。因此,通过对浦东新区的研究,我们可以更加深入地了解中国特色现代化建设的实践过程和经验,为中国乃至世界现代化建设提供借鉴和参考。同时,通过对浦东新区的发展历程和现状的分析,可以发现现代化建设不仅仅是一个经济问题,更是一个社会问题、文化问题和环境问题。因此,浦东新区打造社会主义现代化建设引领区研究需要从多个维度进行探讨,包括政治、经济、文化、社会、环境等方面,这种多维探讨有助于我们探索城市化和现代化建设的发展路径,寻找城市和社会治理创新的方法,以及加强文化自信、保护生态环境等重要议题。

综上所述,浦东新区打造社会主义现代化建设引领区研究具有重要而深远的意义,是推进中国现代化建设的必经之路,同时也为全球现代化建设的探索提供了宝贵的实践经验和思路。

二、研究意义

浦东新区承担着打造社会主义现代化建设引领区的重大使命。建设"引领区"是浦东排头兵使命基于时代性、系统性、全局性要求的提升,是在更高起点、更高层次上推进高水平改革开放的战略升级,是从部分领先到全方位领跑的目标拓展,是面向全球、面向未来的更大格局的担当。因此,研究浦东新区打造社会主义现代化建设引领区具有重要的理论意义和现实价值。

（一）理论意义

本书按照"如何推进浦东新区打造社会主义现代化建设引领区"这一研究主题的逻辑要求,丰富了浦东新区打造社会主义现代化建设引领区的多维内涵,基于"政府职能转变"视角分析了浦东新区打造社会主义现代化建设引领区做什么、怎么做和怎么样的问题,基于通用视角、权变视角分析了浦东新区打造社会主义现代化建设引领区的影响因素、作用机制及效果评估。本书跳出了单纯谈论浦东新区打造引领区的局限,将浦东新区打造引领区与政府职能转变和政府治理有机链接,为已有研究提供了理论框架和经验证据。

（二）现实意义

本书对于"浦东新区打造社会主义现代化建设引领区"的制度创新具有重要作用。当前,世界正经历百年未有之大变局,逆全球化趋势更加明显,国家将赋予浦东新区改革开放新的重大任务,促使浦东新区实现经济引领、创新引领、开放引领、生活引领是一个现实而紧迫的课题。本书将建立"浦东新区打造社会主义现代化建设引领区"政策的知识库和数据库平台,为浦东新区打造引领区提供有针对性和操作性的对策建议。同时,本书还尝试为政府部门选择合理的改革政策目标、政策路径、政策策略、政策技术、政策工具,转变政府职能和优化改革实践提供实证经验,为后期全国范围内的推广积累更为丰富的经验,这将有利于推进政府治理体系和治理能力现代化。

第二节 研究目标与研究内容

一、研究目标

(一)时代背景的研究目标

深入研究浦东新区作为中国改革开放的试验田的时代背景,旨在了解该时期中国经济全球化和科技革命的发展趋势、影响因素和政策导向,揭示这一时期对浦东新区经济发展的重要影响,为后续研究提供分析背景和理论基础。

(二)多维内涵的研究目标

详细研究浦东新区的多维内涵,包括经济发展、科技创新、产业升级和人才培养等方面的特点和特色,旨在深入了解这些内涵的形成原因、发展路径和取得的成就,探索浦东新区在多维内涵方面的经验与教训,为其他地区的发展提供借鉴。

(三)目标取向的研究目标

系统研究浦东新区的目标取向,包括经济增长、城市建设、环境保护和社会公平等方面的具体目标,旨在分析这些目标的设定背景、关联性和可行性,探讨这些目标之间的协调与矛盾,为浦东新区实现目标提供理论支持和政策建议。

(四)价值引领的研究目标

深入研究浦东新区的价值引领,包括创新、开放、包容和可持续发展等方面的核心价值观,旨在探讨这些价值观在浦东新区发展中的具体表现、影响因素和发展路径,分析这些价值观的内在逻辑和实践效果,为其他地区的发展提供价值引领的思考和借鉴经验。

(五)绩效评估的研究目标

首先,整体梳理浦东新区打造社会主义现代化建设引领区的发展现状,构建浦东新区打造社会主义现代化建设引领区的评价指标体系,再在此基础上进行整体性的绩效评估;其次,基于 2021 年《中共中央国务院关于支持浦东新区高水平改革开放打造社会主义现代化建设引领区的意见》的内容,选取不同的视角,对浦东新区打造社会主义现代化建设引领区进行政治绩效、经济绩效、社会绩效和生态绩效评估,进而实证检验浦东新区打造社会主义现代化建设引领区的实践现状。

(六)发展路径的研究目标

系统研究浦东新区的发展路径,包括改革创新、产业布局、政策支持和体制机制等方面的要素和措施,旨在揭示这些要素和措施之间的相互关系和作用机制,分析这些要素和措施在浦东新区发展中的作用和效果,为其他地区推动社会主义现代化建设提供路径选择和政策建议。

(七)借鉴意义的研究目标

归纳总结浦东新区的成功经验,旨在明确其对其他地区推动社会主义现代化建设的借鉴意义和启示,分析这些成功经验在不同地区的适用性和可复制性,为其他地区提供有效的参考和指导,促进中国整体现代化进程的推进。

二、研究内容

本书研究的具体内容由以下四个主要部分构成:

(一)时代背景、多维内涵、目标取向、价值引领、建设规划和发展现状

浦东新区打造社会主义现代化建设引领区的时代背景主要体现在中华民族伟大复兴战略全局和世界百年未有之大变局、国内大循环为主体、国内国际双循环相互促进的新发展格局。

浦东新区打造社会主义现代化建设引领区的多维内涵。本书从历史、文化、创新、价值、世界等多维度对社会主义现代化建设引领区的内涵进行了解读。

浦东新区打造社会主义现代化建设引领区的目标取向主要体现在更高水平改革开放的开路先锋、自主创新发展的时代标杆、全球资源配置的功能高地、扩大国内需求的典范引领、现代城市治理的示范样板等。

浦东新区打造社会主义现代化建设引领区的价值引领主要体现在政治、经济、社会、文化、生态等方面。

浦东新区打造社会主义现代化建设引领区的建设规划主要体现在全力做

强创新引擎的建设规划、加强改革系统集成的建设规划、深入推进高水平制度型开放的建设规划、增强全球资源配置能力的建设规划、提高城市治理现代化水平的建设规划、依托强大国内市场优势促进内需提质扩容的建设规划、统筹发展和安全的建设规划等方面。

浦东新区打造社会主义现代化建设引领区的发展现状主要从自主创新、发展质量、开放水平、资源配置能力、生活品质、治理效能等方面展开论述。

(二)浦东新区打造社会主义现代化建设引领区之政府职能:做什么、怎么做

在"放管服"改革背景下,浦东新区政府职能将再定位,即政府重点"做什么":一是全力做强创新引擎,打造自主创新新高地;二是加强改革系统集成,激活高质量发展新动力;三是深入推进高水平制度型开放,增创国际合作和竞争新优势;四是增强全球资源配置能力,服务构建新发展格局;五是提高城市治理现代化水平,开创人民城市建设新局面。

明确政府职能之后,关键是解决"怎么做"的问题。依托中国国际进口博览会、自贸区建设、长三角一体化发展战略引领开放大格局;强化创新优势、开放优势和金融优势等推动创新型经济、服务型经济、总部型经济、开放型经济、流量型经济大发展;率先深化"一业一证"改革、打好产业基础高级化的攻坚战、推动数字化转型;牵头合作当好大平台、联通内外当好大通道、做强功能当好大跳板,"打造枢纽、辐射带动"等。

(三)浦东新区打造社会主义现代化建设引领区之绩效评估:怎么样

首先,整体梳理浦东新区打造社会主义现代化建设引领区的发展现状,构建浦东新区打造社会主义现代化建设引领区的评价指标体系,再在此基础上进行整体性的绩效评估;其次,基于2021年《中共中央 国务院关于支持浦东新区高水平改革开放打造社会主义现代化建设引领区的意见》的内容,选取不同的视角,对浦东新区打造社会主义现代化建设引领区进行政治绩效、经济绩效、社会绩效和生态绩效评估,进而实证检验浦东新区打造社会主义现代化建设引领区的实践现状。

(四)浦东新区打造社会主义现代化建设引领区对策建议

在理论研究和实证分析的基础上,总结浦东新区打造社会主义现代化建设引领区的政策目标、政策路径、政策策略、政策技术、政策工具,以获得政策集群的整体效应。

第三节 研究方法、主要观点与创新之处

一、研究方法

本书在借鉴国内外相关研究成果的基础上,综合采用文献研究法、问卷调查法、深度访谈法、二次分析法、多变量统计分析法等对浦东新区打造社会主义现代化建设引领区进行系统深入研究。

文献研究法:搜集国内外研究成果,全面把握国内外研究现状及实践进展。

问卷调查法:设计政府部门、民间组织、政府公务员、普通居民、社会企业调查问卷。

二次分析法:从新闻报道、政府网站、《中国统计年鉴》等多个来源获取二手数据。

多变量统计分析法:应用相关分析、多元回归分析、结构方程模型多元统计分析技术。

二、主要观点

"研究什么问题":界定概念,明确问题。运用分析思维,彰显"浦东新区打造社会主义现代化建设引领区"这一概念或事物的多重本质;通过"整体—部分"的解释学循环,从历史、创新等层面丰富概念的内涵,最终廓清概念界定的视域与目的,明了概念的内涵与外延。

"研究这个问题的哪些方面":做什么、怎么做、怎么样。第一,结合习近平在浦东开发开放 30 周年庆祝大会上的讲话以及上海市"十四五"规划纲要,明确浦东新区的主要任务,即政府重点"做什么"。第二,明确在创新引擎、改革系统集成、制度型开放、全球资源配置能力、城市治理现代化水平等多领域政府具体"怎么做"的问题。第三,构建监督评估机制,基于权变视角分析浦东新区打造社会主义现代化建设引领区过程中政府做得"怎么样",实现"以督促改,以评促进"。

三、创新之处

一是研究视角创新。以往对浦东新区打造社会主义现代化建设引领区的

研究更多是政策性解读和新闻性报道,在学理性研究中更多是基于通用视角进行单一维度分析。一方面,本书综合运用创新扩散理论和治理理论,基于通用视角、权变视角分析浦东新区打造社会主义现代化建设引领区的影响因素、作用机制和实践绩效。另一方面,本书以浦东新区为宏大叙事对象,全方位、多层面分析主体、客体、环境、路径等之间的关系。此外,本书以"政府职能转变"为依托,突出浦东引领区建设过程中的政府、市场和社会协调关系。

二是研究内容创新。一方面,从语义和实践看,本书基于历史、文化、创新、价值、世界等多维度解读了浦东新区打造社会主义现代化建设引领区的内涵,实现了浦东新区引领区认识论、方法论和价值论的升华;另一方面,本书遵循"是什么—为什么—做什么—怎么样"的程式,分析了浦东新区打造社会主义现代化建设引领区的全过程。此外,实证分析了浦东新区引领区的建设现状、影响因素及作用机制。

三是研究方法创新。本书综合运用公共管理学、社会学、制度经济学、计量经济学等多学科交叉的理论,同时运用问卷调查、文本分析等研究方法,提炼和解释统计分析结果,并形成了相互支持的证据链条。

第二章

相关理论与文献综述

第一节　核心概念的界定

一、社会主义现代化的基本概念及发展

党的二十大报告明确指出："中国式现代化，是中国共产党领导的社会主义现代化。"社会主义现代化是一个涉及经济、政治、社会和文化等多个领域的复杂概念，它是指通过实施社会主义制度和发展道路，推动国家整体现代化进程，实现国家富强、人民幸福的目标。

社会主义现代化的发展历程可以追溯到 20 世纪初期的俄国革命。1917年，列宁领导的布尔什维克党成功推翻了沙皇制度，建立了世界上第一个社会主义国家——苏联。苏联在工业化和农业集体化方面取得了重大的成就，为社会主义现代化的概念奠定了基础。在 20 世纪后半叶，社会主义现代化开始在其他国家和地区得到广泛关注和实践。中国共产党在 1949 年建立了中华人民共和国，并开展了社会主义改造和现代化建设。中国的社会主义现代化进程经历了不同阶段的发展，包括第一个五年计划（1953—1957 年）、大跃进时期（1958—1961 年）、文化大革命（1966—1976 年）、改革开放以及当前的全面建设小康社会等阶段。中国的社会主义现代化建设注重工业化、农业现代化、科技创新、城市化、教育和文化发展等方面，取得了显著的成绩。

其他社会主义国家如古巴、越南、朝鲜等也在不同程度上进行着社会主义现代化的探索和实践。每个国家在实施社会主义现代化时都根据自身的情况制定了相应的战略和政策,以推动经济发展、提高人民生活水平和加强国家实力。

总体而言,社会主义现代化是一个长期而复杂的过程,需要国家通过积极的政策和系统的改革来不断推动。它旨在通过社会主义制度的建设和发展,实现国家全面现代化的目标,为人民创造更富裕、幸福和公正的社会。在全球范围内,社会主义现代化的概念和实践仍然具有重要的意义,并为各国提供了一个探索发展道路的思路和借鉴经验。

二、引领区

引领区是指在某一特定领域或地区内,通过创新和试点的方式,打造出一批具有较高水平和示范引领作用的先进示范区域。引领区的建设旨在推动经济发展、优化产业结构、提升生态环境、加强社会治理等方面的改革与创新。

引领区的发展历程可以追溯到中国改革开放的初期。1978 年,中国启动了改革开放政策,通过特定区域和城市的试点实践,率先探索市场经济体制和外向型经济发展道路。这些试点地区(如深圳经济特区等)在经济改革和对外开放方面取得了显著成就,成为中国现代化进程中的引领示范区。随着时间的推移,中国不断扩大引领示范区的范围和领域。1992 年,中国设立了经济技术开发区(如浦东新区等),以推动经济结构调整和产业升级。2006 年,中国提出建设自由贸易试验区的概念,旨在进一步扩大开放、改革创新,如中国(上海)自由贸易试验区、中国(广东)自由贸易试验区等。此外,中国还建立了示范性特色城市、生态文明示范区、创新活力示范区等多种类型的引领示范区。从发展历程来看,引领示范区在不同的时期和领域内注重不同的重点和目标。早期主要关注经济发展和对外开放,通过特定区域和城市的试点经验,逐步探索出符合中国国情的改革开放路径。随着国家发展需求的变化和社会发展的逐步完善,引领示范区开始涉及更广泛的领域,包括创新科技、生态环境、产业转型升级、社会治理等。

改革开放初期(1978—1991 年):中国在改革开放初期设立了经济特区,其中最知名的是深圳经济特区。这些特区率先进行市场经济体制改革和对外开放,吸引了大量国内外投资和技术,推动了中国经济的迅速发展。

1991 年至 21 世纪初：中国设立了经济技术开发区，例如浦东新区、天津经济技术开发区等。这些开发区致力于推动经济结构调整和产业升级，吸引了高新技术企业和外资企业，加快了当地经济的发展。

2006 年：中国提出了自由贸易试验区概念，旨在进一步扩大开放和创新。首批设立的自由贸易试验区有中国（上海）自由贸易试验区、中国（广东）自由贸易试验区等。这些试验区在贸易自由化、投资便利化、金融创新等方面进行了一系列改革试点，为中国的开放型经济发展探索提供了宝贵经验。

2010—2020 年：中国开始建设创新活力示范区，旨在推动科技创新和研发投入。例如，北京中关村国家自主创新示范区、上海张江综合性国家科学中心等。这些示范区通过提供政策支持、优化营商环境等措施，吸引了一批高科技企业和创新人才，促进了科技创新的发展。

当前阶段：中国建设生态文明示范区，以追求经济发展与环境保护的良性互动。例如，广东珠三角生态文明先行示范区、山东半岛生态经济区等。这些示范区注重资源节约、环境保护和生态修复，推动绿色发展和可持续发展。

引领区建设是中国特色社会主义发展道路中的一项重要政策和战略举措，它通过集聚资源、优化政策、创新机制等手段，推动了经济社会的全面发展和进步。随着时间的推移，引领示范区将继续在不同领域中发挥引领和示范作用，为中国的改革开放和现代化建设提供有益经验和启示。同时，它也为其他国家和地区提供了一种可供借鉴和学习的发展模式。

第二节　理论基础及进展

一、社会治理理论

西方是社会治理思想的发源地。社会治理思想出现于 20 世纪 90 年代，现在已经是全世界政府组织改革的潮流。而西方学术界对治理问题的重视源于 1989 年世界银行首次在年度报告中提出的治理危机。此后，相继有学者对治理理论做出概括性的阐述。英国的罗伯特·罗茨认为治理的核心是一种全新的社会管理模式，它可以被看作管理层对管理思维方式的一种创新，是另一种从传统的统治观念衍生出的全新的统治状态。詹姆斯·罗西瑙指出，治理这个概念和统治概念完全不能相提并论,两者是有着本质区别的,统治一定要依靠国家的强制力量来操作,而治理却大可不必,活动发出者可能包含除了政府以外的其他主体,是由相同目标的主体共同支持的活动。其最大的特征在于即使没有正式地把权利授给行动主体,仍可以使行动有效,因为各个主体都参与了合作。奥斯特罗姆夫妇提出了"多中心治理理论",他们指出,社会公共领域不仅有国家主权秩序和市场秩序,还有一个容易被忽略但始终存在的秩序,亦即多中心秩序,三者之间相互杂糅,更有利于达到公共资源得到合理有效配置的目的。从中国角度来看,治理理论强调政府如何在市场机制有效运转的大环境下明确自己的定位,如何把市场制度的一套先进观念引入社会公共领域,运用该理论指导实践更容易达到建设有效的公共治理体系的目的。

社会治理理论是针对现代社会的管理和治理问题进行研究的重要学科领域,它关注社会中的各种力量和利益主体之间的相互作用,以实现社会稳定、公平、和谐为目标。社会治理理论涉及政府、市场、社会组织以及个人等多个层面的互动与协调。社会治理理论的发展历程可以追溯到 20 世纪初。早期的社会治理研究主要集中在国家行政管理和公共政策领域,强调行政命令和法律手段。20 世纪 40—60 年代,社会工程理论逐渐兴起,强调计划和控制对社会治理的重要性。20 世纪 70—80 年代,公众参与成为社会治理理论研究的新方向,其强调社会治理需要广泛的参与和民主决策。20 世纪 80 年代,社会组织和非营利组织的研究兴起,其强调市场和社会组织在社会治理中的角色。当前社会治理的研究方向涵盖了以下几个方面:其一,多层次治理。关注政府、市场、社会组织等不同层次和力量之间的协调和合作,提出了多层次治理的概念。其二,网络治理。强调信息技术的发展对社会治理产生的影响,关注网络空间的治理模式、互联网生态环境等问题。其三,共享治理。强调政府、企业和公众之间共同参与和分享资源,推动社会治理的可持续发展。其四,社区治理。关注社区层面的自我管理和参与,探索社区居民在社会治理中的作用。

二、习近平新时代社会治理理论

紧紧围绕着坚持和发展中国特色社会主义、推进国家治理现代化,习总书记在党的十八大以来提出了一系列社会治理性概念,将一个完整的科学理论体系构建起来,系统性地回答了"为谁治理""谁来治理""如何治理"等一系列重大问题。

首先,确定了社会治理的总目标,提出坚持"以人民为中心"的价值导向,努力满足人民群众对美好生活的需求,时刻把握群众最关注最直接最实际的切身利益问题:一是要共建社会保障与社会事业,人民共同参与社会治理,共享改革发展的成果,实现人的全面自由的发展,最终达到共同富裕。二是要不断地努力维护和改进基本民生,在把"蛋糕"继续做大的基础上,解决好"蛋糕"分享的合理公正,以准确把握广大群众反映的切身利益问题,认真解决好在教育、健康、住房和收入等方面的基本民生问题,以进一步提高广大群众的获得感和安全感。三是要建设平安中国,维护国家的长治久安。依靠完善我国安全体系,建立健全新形势下人民群众内部矛盾处理的有效机制以及完善公共安全体制机制,积极应对公民人身、财产以及信息等方面的威胁以及宗教极端主义、分裂主义以及恐怖主义等方面的挑战。

其次,新形势下的社会治理必须形成党的领导下的共建共治格局。一是必须保持并不断完善党的领导制度,以充分发挥中国共产党总揽各工作全局、协调各方面的中国特色社会主义领导事业的核心作用。以党风政风引领社会风气的转变,增强党组织领导各个主体社会治理能力。二是切实发挥出政府的主导作用,承担起在社会治理中的主导职责。三是加强社会协同治理,鼓励社会大众积极参与管理国家公共事务,大力培育社会组织,激发社会多元主体的治理活力,形成治理合力。①

最后,社会治理主体应充分运用各种治理方式,促使治理重心向下转移,从而实现缓解社会矛盾、维持社会秩序的目的。一是要坚持法治和德治相结合的原则,将法治作为社会治理的核心,充分发挥德治的教化和引领作用。二是要不断创新科学技术方法,进一步完善社会治理信息系统和智能化服务平台建设,充分运用大数据赋能,促进数据资源的集成与共享,达到跨地区、跨部门协作治理的目的,提高社会治理现代化智能化水平。三是要推动社会治理重心的向下转移,通过构建基层治理的新格局促进建设新时代下的智慧社区。

三、区域发展理论

区域发展理论研究的是地理空间上的经济、社会和政治现象的形成、演化和互动关系,它关注不同区域之间的差异和联系,以及区域发展的驱动因素和

---

① 罗才华.大数据视域下欠发达地区社会治理现代化推进路径研究——以广东省云浮市为例[J].电脑知识与技术,2020,16(17):235－238.

机制。区域发展理论有助于我们理解和解释为什么某些地区比其他地区更富裕、更发达,以及如何促进和引导地区的均衡发展。区域发展理论包含以下几个方面:首先,空间和地理因素的重要性。区域发展理论认识到空间和地理因素对经济、社会和政治发展具有重要影响。不同地理位置的区域具有不同的自然条件、交通网络、资源分布等特点,这些因素对产业布局、人口迁移、市场形成等都产生着深远影响。其次,经济集聚和外部经济效应。区域发展理论强调经济活动的集聚效应和外部经济效应。经济活动在某个区域集聚,可以形成规模经济、技术溢出和创新效应,促进经济增长和产业发展。这种集聚效应能够吸引更多资源、人才和投资,形成正循环。再次,区域间的相互依赖和合作。区域发展理论认识到不同区域之间存在相互依赖和合作关系。区域之间的经济联系、贸易流动和劳动力迁移等都对区域发展产生重要影响。促进区域间的合作与交流,可以实现资源优化配置、提高整体竞争力和促进均衡发展。最后,政策干预和规划导向。区域发展理论对政策干预和规划导向有着重要启示作用。了解区域发展的驱动因素和机制,可以制定相应的政策和规划措施来促进区域均衡和可持续发展,这包括区域间的产业政策、基础设施建设、教育和培训等方面的支持和引导。

20 世纪 50 年代至 60 年代,现代区域学派崛起。该学派关注地理区域内经济、社会和政治现象的空间特征和相互关系。代表性的理论包括荷兰经济地理学家艾尔弗雷德·韦伯(Alfred Weber)的工业集聚理论、美国地理学家沃尔特·伊萨德(Walter Isard)的位置理论等。20 世纪 70 年代至 80 年代,新经济地理学兴起。新经济地理学强调地理因素对经济发展的影响,并关注空间布局的优化和经济活动的集聚效应。代表性的理论包括美国经济学家保罗·克鲁格曼(Paul Krugman)的新经济地理学模型、美国经济学家迈克尔·波特(Michael Porter)的竞争力理论等。20 世纪 90 年代至 2000 年,新区域经济学得到发展。新区域经济学强调区域内部的空间关系和区域之间的互动,并研究区域发展的驱动因素和机制。代表性的理论包括美国经济学家保罗·克鲁格曼的新贸易理论、法国经济学家杰奎斯-弗朗西斯·西斯(Jacques-François Thisse)的经济地理模型等。21 世纪初至今,创新区域及乡村振兴理论的兴起。当前,创新区域和乡村振兴成为研究的热点。创新区域理论关注科技创新、创业环境和创新产业聚集等问题;乡村振兴理论关注农村地区的经济转型和社会发展。代表性的理论包括美国经济学家理查德·佛罗里达(Richard Florida)的创新区域理论、中国经济学家李稻葵的乡村振兴战略等。

　　区域发展理论的含义在于揭示地理空间对经济、社会和政治发展的重要影响,为我们理解区域差异、引导区域发展提供了理论指导和政策建议。它有助于推动区域的均衡发展、促进经济增长和提高人民生活水平。

第三节　文献综述

一、浦东新区发展研究

　　浦东新区社会主义现代化建设相关研究也取得了一定成果。上海社会科学院课题组认为浦东新区是立足新时代新起点下的社会主义现代化建设引领区,具有其自身的战略定位和具体内涵,通过建立基本的战略路线,提升政策保障,打造"双循环"新模式新样板,强化"四大功能"核心区建设,深化全方位制度体制改革。[①] 徐建认为浦东新区在打造社会主义现代化建设引领区的价值意义是超越本身一域的,具有带动国家高质量发展,助力实现社会主义现代化强国目标的功能。[②] 王振认为,浦东新区在两个大局的发展中,承担着打造社会主义现代化建设引领区的国家使命。不断增强引擎、引领、示范、服务功能。全力做强创新引擎,打造世界级创新策源地,为实现自身经济中高速发展、带动周边地区产业创新,提供强劲活跃动能,打造智慧城市标杆、精细化管理标杆、安全城市标杆和生态城市标杆、乡村振兴标杆;全面增强全球资源配置能力,服务构建新发展格局,深化世界级功能平台的建设,加快构建国内大循环的中心节点、国内国际双循环的战略链接,在服务功能上充分展现浦东新区在服务长三角、服务长江经济带、服务全国上的龙头带动作用。[③] 戚玉菁认为,打造社会主义现代化建设引领区,必须坚持改革开放,必须进一步加强全面从严治党,必须营造良好的干事创业氛围。[④]

　　① 上海社会科学院课题组,王德忠.浦东新区社会主义现代化建设引领区内涵及其实现路径[J].科学发展,2023,171(2):5－12,50.
　　② 徐建.浦东新区打造社会主义现代化建设引领区的全新内涵和推进路径[J].科学发展,2022,158(1):5－14.
　　③ 王振.紧紧围绕新的战略定位谋篇布局——关于浦东新区"十四五"发展的思考[J].上海人大月刊,2020,364(12):44.
　　④ 戚玉菁.全力打造社会主义现代化建设引领区[J].中国纪检监察,2021(13):87－88.

浦东新区的发展首先体现在经济的增长。汪立鑫等利用熵权法测算了2002—2018年浦东新区高质量发展和数字经济发展指数,并建立耦合协调度模型分析了两个系统间的互动状况。[①] 研究发现,一个地区的发展离不开区域政策的指导。创新基层社会治理成为地方政府的普遍选择,如何发挥政府创新带来的正向社会效应,同时降低乃至避免创新的负面效果,持续推进具有"积极改进"内涵的政府创新行动,既是组织行为研究亟待突破的理论问题,也是政府创新领域具有现实意义的实践问题。冯猛通过对浦东新区地方政法创新的研究,来讨论浦东新区基层社会治理变迁。[②] 范晓莉等通过灰色关联模型测算了上海浦东新区综合配套改革试验区制度创新与经济增长的关联性,将制度创新与经济发展相联系,探索制度创新对经济增长的影响力度。[③] 在浦东新区社会发展方面,王晓丽[④]、路锦非[⑤]、陈玲[⑥]、陈洁[⑦]等分别从浦东新区社会办医疗机构可视化监管平台设计与应用研究,社会救助中的民众获得感、幸福感、安全感研究,社会工作视角下赋能理论在医院志愿服务中的应用,以及浦东新区社会办医疗机构信息化现状分析等视角出发,探索浦东新区的社会发展状况。在生态方面,李诗瑶[⑧]、刘兴坡[⑨]、薄文广[⑩]、尹占娥[⑪]等分别从城乡交错区耕地分区管护及生态补偿模式研究、城市景观生态格局演变与生态网络结构优化分析、浦东新区土地利用变化及其生态环境效应,以及通过浦东新区与滨海新区的对比及对鄱阳湖生态经济区的借鉴,来分析浦东生态环境问题,进一步探索浦东新区的

---

① 汪立鑫,孟彩霞.国家级新区高质量发展与数字经济的耦合协调研究——以浦东新区为例[J].上海经济,2022(5):14—35.

② 冯猛.地方政府创新何以持续?——以浦东新区基层社会治理变迁为线索[J].中国行政管理,2019(7):101—106.

③ 范晓莉,郝大江.区域制度创新与经济增长的灰色关联分析——以上海浦东新区综合配套改革试验区为例[J].经济经纬,2013(3):7—13.

④ 王晓丽,刘驰.浦东新区社会办医疗机构可视化监管平台设计与应用研究[J].中国数字医学,2022,17(5):92—95.

⑤ 路锦非.社会救助中的民众获得感、幸福感、安全感研究——基于上海浦东新区的实证调查[J].社会科学辑刊,2022(3):60—70.

⑥ 陈玲,张婷珊,周依依等.社会工作视角下赋能理论在医院志愿服务中的应用——以上海市浦东新区公利医院"红鸽志愿服务工作"为例[J].中国社会工作,2020(9):39—43.

⑦ 陈洁,王晓丽,郑园园.浦东新区社会办医疗机构信息化现状分析[J].中国数字医学,2020,15(3):38—40,43.

⑧ 李诗瑶,蔡银莺,田霞.城乡交错区耕地分区管护及生态补偿模式研究——以上海市浦东新区为例[J].长江流域资源与环境,2020,29(4):850—858.

⑨ 刘兴坡,李璟,周亦昀.上海城市景观生态格局演变与生态网络结构优化分析[J].长江流域资源与环境,2019,28(10):2340—2352.

⑩ 薄文广,谭鑫.后危机时期我国产业发展的区域布局——浦东新区与滨海新区的对比及对鄱阳湖生态经济区的借鉴意义[J].江西社会科学,2012,32(5):51—57.

⑪ 尹占娥,许世远.上海浦东新区土地利用变化及其生态环境效应[J].长江流域资源与环境,2007(4):430—434.

生态发展。

二、区域绩效评估指标体系研究综述

英国学者芬威可（Fenwick）等人认为测量政府的绩效指标应该从经济、效率和效益三个方面着手①，主要是源于 20 世纪 60 年代美国会计总署曾经建立以经济（Economy）、效率（Efficiency）和效益（Effectiveness）为主的 3E 评估法来评估政府的绩效。② 新公共行政学派在 20 世纪 60 年代末 70 年代初提出了社会公平价值观，公平（Equality）指标也被纳入进来，渐渐形成弗林（Flynn）所概括的 4E 评估法。③ 卡普兰（Kaplan）与诺顿（Norton）创立的平衡计分卡被运用于政府绩效评估；美国国际开发署于 1970 年为私营部门绩效评估开发的逻辑模型，近年来也被波依斯特（Poister）等人运用于公营部门中。④ 其他经典模型（如关键绩效指标法）和一些新兴的模型（如绩效棱柱模型）等，均被不同程度应用于政府绩效指标设计中。加拿大的绩效考评指标遵从 3E 原则，即经济性、效率性和效果性原则。通常要求每一个公共服务部门首先拟定出自己的服务项目和服务标准，然后由专门的绩效考评部门再对各部门的服务效率和效果绩效考核。不单创造性地设计出了由政府善治、环境保护、文化繁荣和经济发展四个方面组成的国民幸福总值指标评价体系，并以此来协调人民的物质生活和精神生活两个方面的共同发展，并将国民幸福总值作为政府绩效评价的最终目标。⑤

国外绩效评估指标体系建设较为完善，覆盖面广，地域特色浓厚，指标设计注重便利性而非普及性，重视对经济指标的衡量⑥，大多遵从 3E 原则，已形成一套非常完整的制度，其包括法规、考核主体、考核依据、考核标准以及考核结果的运用等多个方面。

① Claxton K P，Sculpher M，Fenwick E . Assessing Quality in Decision Analytic Cost-Effectiveness Models[J]. Pharmacoeconomics，2000，17(5)：461－477.
② 郑军，杜佳欣. 中美农业保险保障水平和反贫困绩效的"4E"比较[J]. 沈阳工业大学学报：社会科学版，2019，12(3)：221－229.
③ 覃雄彪. 政府成本管理绩效评价指标体系的构建[J]. 梧州学院学报，2013，23(3)：71－73,97.
④ 米红，杨炳铎. 电子政务项目预评估指标体系与综合评价方法研究[J]. 厦门大学学报：自然科学报，2004(s1)：279－283.
⑤ Lukasz G，Joep C，Bregt A K. Multi-view SDI assessment framework[J]. International Journal of Spatial Data Infrastructures Research，2007(2)：33－53.
⑥ Ke H，Liu C，Li S. Research on Performance Evaluation Common Index system of Government Investing Construction Projects[C]//International Conference on Civil Engineering，Architecture and Building Materials，2014：1－5.

兰州大学中国地方政府绩效评价中心从政府职能履行、政府依法行政、政府管理效率、政府廉政勤政和政府创新等方面提出了一套评价市州政府绩效指标体系。[①] 该指标体系主要包括 5 个一级指标，14 个二级指标，40 个三级指标。倪星提出了包含经济发展、生态环境、政府服务、政府行政、政府廉政、政策执行、社会民主、社会稳定、财政资金、人力资源、科教文卫和人民生活 12 个领域层、65 个具体指标的政府绩效评估指标体系。[②] 郑方辉和吴轶设计了一套包括促进经济发展、维护社会公正、保护生态环境、节约运作成本、达致公众满意 5 个领域层、40 个具体指标的地方政府绩效评估体系。[③] 孙荣和周晶认为我国政府绩效可以从以下五个方面进行评价，分别是：经济发展、生态环境、社会管理、公民素质和生活水平。[④] 蔡红英提出了评价政府绩效的三类综合指标，即经济业绩、社会业绩和环境业绩。[⑤]

零点研究咨询集团通过调查社会公众的满意度指数来测量公众对政府提供的公共服务的主观感受。[⑥]运用德尔菲专家法和定量调查法相结合的方式选择指标和权重体系，从 8 个城市，8 个行政村，7 个小城镇和 2 个自然村里面筛选出 4 128 个有效样本进行调查，在数据分析过程中根据城乡差异和人口规模的差异进行了权数处理，并且从公共安全、公共交通、公共事业、医疗卫生、社会保障、基础教育、就业服务、环卫治理和农业生产服务 9 个维度构建了 34 个指标的零点公共服务指标体系，最后据此编制出政府公共服务指数。[⑦]

邢振江和王佳丽(2011)提出将国民幸福指数具体化，并纳入政府绩效评估指标体系。国民幸福指数包括人们现实生活状况和人口发展、人民生活的外在环境和社会安全等，从主观和客观两个方面来进行评价。[⑧] 马静、徐晓林和陈涛(2012)提出了具体的服务型政府导向的电子政务绩效评估指标体系。[⑨] 该指标体系主要包含前端指标和后端指标两个部分，它以服务作为评价的核心思

① 兰州大学中国地方政府绩效评价中心课题组.兰州试验：第三方政府绩效评价新探索[J].上海城市管理职业技术学院学报,2005(3):22—25.
② 倪星.地方政府绩效评估指标的设计与筛选[J].武汉大学学报:哲学社会科学版,2007(2):157—164.
③ 郑方辉,吴轶.地方政府绩效评价中的公众满意度调查[J].市场研究,2007(3):25—29.
④ 孙荣,周晶.以提高生活质量为目标构建我国政府绩效评估体系[J].中国行政管理,2006(9):39—41.
⑤ 蔡红英.政府绩效评估与绩效预算[J].中南财经政法大学学报,2007(2):48—51.
⑥ 零点研究咨询集团.零点公共服务指数发布,2007.
⑦ 杨莉.政府绩效评价指标体系研究综述[J].佳木斯职业学院学报,2016(2):462—463,465.
⑧ 赵砚,朱龙.政府绩效评估指标体系研究综述[J].行政事业资产与财务,2015(7):23—24.
⑨ 马静,徐晓林,陈涛.电子政务绩效评估研究——基于服务型政府的视角[J].河南社会科学,2012,20(2):70—74.

想，以公众满意作为评价的最终目标。前端评估的内容为公众满意度，包括公众期望、感知易用、感知有用和感知质量四个维度。后端评估的内容包括服务计划、执行、监督和纠正四个方面。涵盖了公众期望、感知易用、服务基础、服务跟踪等在内的 12 个一级指标，总体期望、服务获取的简易程度、公众服务受益程度、网络基础等在内的 29 个二级指标和 62 个三级指标。

三、区域创新扩散效应研究

创新的采用和扩散理论是一个用理论系统框架来描述采用或不采用新技术。[①] 当一项新技术的信息和意见通过通信渠道在潜在用户之间分享时，在一个市场（用户系统）内逐渐发生扩散。通过这种方式，用户获得了新技术知识。在罗杰斯的五阶段采纳过程中，知识是第一步。其他四个步骤是：说服、决定（采用或拒绝新技术）、实施和确认。接受这个框架，不采用可以解释为单个采用过程失败的最终结果。罗杰斯（Rogers）认为，多因素条件（例如潜在用户的个人限制）和/或外部障碍（例如无效的沟通渠道）可能会抑制采用过程的成功。当然，哪些因素可以导致技术采用的成功或失败的研究是广泛和多学科的。同样重要的是要注意研究。

研究成功的创新扩散的决定因素是相对普遍的，而且在很大程度上内部是一致的。例如，在市场营销和新产品开发（NPD）文献中，技术采用是一个流行的主题。相反，研究技术不采用的研究相对有限，但对这一主题的更好处理通常源于社会学的角度。许多市场营销研究关注消费者如何感知新技术，这通常是通过他们对技术创新的行为和反应来测试的（Moore and Benbasat,1991）[②]，以及这些如何随着时间和经验而变化（Kim,2009）[③]。这里的一个共同兴趣是用户人口统计分析（如 Laukkanen et al.,2007[④]；Lee et al.,2005[⑤]），如年龄、性别、教育程度等，以预测技术采用（如 Morris and Enkatesh,2000）。[⑥] 同样，许多

①　Rogers E. Diffusion of Innovations[M]. New York：The Free Press,1962：167.

②　Moore G. Benbasat I. Development of an instrument to measure the perceptions of adopting an information technology innovation[J]. Information Systems Research,1991,2(3)：192－222.

③　Kim S. The integrative framework of technology use：an extension and test[J]. MIS Quarterly,2009,33(3)：513－537.

④　Laukkanen T, Sinkkonen S, Kivijarvi M and Laukkanen P. Innovation resistance among mature consumers[J]. Journal of Consumer Marketing,2007,24(7)：419－427.

⑤　Lee E, Kwon K and Schumann D. Segmenting the non-adopter category in the diffusion of internet banking[J]. International lournal of Bank Marketing,2005,23(5)：414－437.

⑥　Morris M. and Venkatesh V. Age differences in technology adoption decisions：implications for a changing work force[J]. Personnel Psychology,2000,(53)：375－403.

NPD 研究试图发现开发过程中的哪个阶段或新产品的特征对于获得市场成功和广泛采用是最关键的（例如 Henard and Szymanski,2001①；Moreau et al.,2001②）。另一方面,关于这一主题的大多数社会学学者分析了技术采用如何受到潜在用户所处社会特征的影响（例如 Selwyn,2003③；Slowlkowski and Jarratt,2007④）。根据这些研究,了解用户之间的关系可能比与政策本身相关的因素更重要（Brown and Duguid,1991⑤；Haggman,2009⑥）。正如 Bruland(1995)所强调的那样,对技术或者政策的抵制隐含着对"技术与其社会背景之间的相互作用"。⑦ 为了整合这些不同的学科,接下来的综述采用了一种多层次的调查方法,概述了创新扩散的背景。一般来说,技术采用是一个多维度的过程,在这个过程中,用户的行为受到一系列广泛条件的影响。学习条件和个体领域指的是微观层面的分析,因为它们对于理解单个技术采用者的行为很有用。社会条件和社区领域指的是中观层次,因为它们显示了用户之间的关系如何影响采用行为。技术条件和市场/工业领域指的是宏观层面,因为它们与一个经济系统（例如一个国家、上海浦东新区）的一般特征有关,是更多微观（单个用户）行为总和的结果。

由于大多数经济现象的宏、中、微观性质,创新的扩散可以说发生在三个领域内。市场/行业领域是采用新技术（宏观）的领域。第二个（中观）维度类型涉及需要塑造潜在采用者以及所在的社会系统的一系列关系。最后,个体（微观）维度是第三个层次的分析,可能支撑对这个过程的理解。

四、文献述评

浦东新区的发展首先体现为经济的增长。有学者利用熵权法测算了浦东

① Henard D and Szymanski D. Why some new products are more successful than others[J]. Journal of Marketing Research,2001,38(3):362—375.

② Moreau C,Lehmann D and Markman A. Entrenched knowledge structures and consumer response to new products[J]. Journal of Marketing Research,2001,(8):14—29.

③ Selwyn N. Apart from technology: understanding people's non-use of information and communication technologies in everyday life[J]. Technology in Society,2003,25:99—116.

④ Slowlkowski S and Jarratt D. The impact of culture on the adoption of high technology products [J]. Marketing Intelligence Planning,2007,15(2):97—105.

⑤ Brown J and Duguid P. Organizational learning and communities-of-practice: toward a unified view of working, learning, and innovation[J]. Organization Science,1991,2(1):40—57.

⑥ Haggman S. Functional actors and perceptions of innovation attributes: in? hence on innovation adoption[J]. European Journal of Innovation Management,2009,12(3):386—407.

⑦ Bruland K. Patterns of resistance to new technologies in Scandinavia: an historical perspective [M]. in Bauer, M. (Ed.), Resistance to New Technology, Cambridge University Press, Cambridge, 1995:97—122.

新区高质量发展和数字经济发展指数,并建立了耦合协调度模型分析两个系统间的互动状况。其次,一个地区的发展离不开区域政策的指导。创新基层社会治理成为地方政府的普遍选择。现有研究对于理解浦东新区社会治理模式的转变具有重要意义。在浦东新区社会发展方面,不同学者从不同视角出发,探索浦东新区的社会发展状况。这些研究对于了解浦东新区社会发展的现状和问题,并提出相应的解决方案具有重要意义。在生态方面,也有学者分析浦东新区生态环境问题。这些研究进一步探索了浦东新区的生态发展。

现有研究也涉及区域绩效评估指标体系研究。国外的绩效评估指标体系建设相对较为完善,包括法规、考核主体、考核依据、考核标准以及考核结果的运用等多个方面。这些指标体系注重对经济指标的衡量,并且遵循 3E 原则(经济效益、环境效益和社会效益),其中地域特色也得到了充分的重视。这一研究对于区域绩效评估的理论和实践具有重要意义,可以为决策者提供科学的评估方法和指导。

创新的扩散是一个涉及宏观、中观和微观层面的多维度过程。宏观层面包括市场和行业领域,中观层面涉及社会条件和社区领域,微观层面则关注个体行为。现有研究表明,创新的扩散在这三个领域内发生。这一研究对于理解创新在经济系统中的传播和影响具有重要意义,为促进地区创新能力和竞争力的提升提供了参考。

综上所述,上述文献综述涵盖了浦东新区发展的多个方面,包括经济、社会治理、社会发展和生态保护等。这些研究为我们深入了解和评估浦东新区的发展状况提供了重要的参考依据,并为进一步推动浦东新区的发展提供了有益的启示和建议。然而,现有研究还存在一些不足之处。首先,大部分研究侧重于描述性分析,缺乏深入的理论探讨。对于浦东新区发展的原因和影响因素,以及其背后的深层次机制等方面还需要进一步研究。其次,现有研究多以定性分析为主,缺乏定量数据的支持。对于某些问题的解决和决策制定,需要更多的定量研究和实证分析来提供有力的支持。此外,由于研究的局限性和发展变化的特点,现有研究结果可能存在一定的时间滞后性。因此,本研究通过关注和更新相关研究成果,在已有研究成果之上进一步探索浦东新区打造社会主义现代化引领区研究,以期更好地为浦东新区的发展提供参考思路。

本章小结

本章主要对社会主义现代化的概念及发展、引领示范区进行了概念界定与内涵的探讨，并介绍了相关的理论基础和进展。

首先，关于社会主义现代化的概念及发展，本章指出社会主义现代化是指在社会主义基础上实现国家的现代化建设，包括经济、政治、文化、社会等各个方面的全面发展。在发展过程中，需要注重科技创新、提高生产力水平、改善人民生活质量等方面的工作。其次，对于引领示范区的概念，本章强调了其作为示范区的重要性和作用。引领示范区是指在某个领域或区域内具有示范引领作用的地区或单位。在引领示范区中进行创新实践和探索，可以为其他地区提供借鉴和参考，推动整体的发展。接下来，本章介绍了社会治理理论、习近平新时代社会治理理论以及区域发展理论等理论基础及进展。社会治理理论是指对社会问题进行治理和解决的理论体系。习近平新时代社会治理理论是在习近平新时代中国特色社会主义思想指导下形成的一套社会治理理论，强调人民群众的主体地位和社会共治的重要性。区域发展理论则是指研究区域发展的规律和机制，并提出相应的政策建议和措施。最后，本章综述了与社会主义现代化、引领示范区相关的文献研究。其中包括浦东新区发展研究、区域绩效评估指标体系研究综述、区域创新扩散效应研究和文献述评等内容。这些文献为深入理解社会主义现代化和引领示范区提供了重要的理论支持和实证依据。

第三章

❦

浦东新区打造社会主义现代化建设引领区：
时代背景与多维内涵

2020 年的浦东开发开放 30 周年庆祝大会上，中央提出，将赋予浦东新区改革开放新的重大任务，支持浦东打造社会主义现代化建设引领区。[①] 2021 年，《中共中央 国务院关于支持浦东新区高水平改革开放打造社会主义现代化建设引领区的意见》正式发布，支持浦东勇于挑最重的担子、啃最硬的骨头。[②] 未来 5 年，浦东将全面构建现代化经济体系，全面完善高水平开放型经济新体制，全面建成现代化城区，广泛享有高品质生活，全面实现现代化治理，全面完成城市数字化转型。将基本建成具有世界影响力的社会主义现代化国际大都市核心区，成为社会主义现代化建设引领区。到 2025 年，浦东人均生产总值达到 4 万美元以上。[③] 向着规则、规制、管理、标准等制度型开放迈出坚实步伐，自贸试验区建设不断深化，更高水平开放型经济新体制基本形成，市场化、法治化、国际化的一流营商环境更加完善，国际通行规则相衔接的制度体系更加成熟。未来的浦东将率先成为国内大循环的"中心节点"和国内国际双循环的"战略链接"，服务"一带一路"建设和长三角一体化发展的龙头辐射作用充分发挥，国际国内区域新合作不断拓展，成为全球资源配置核心。[④] 浦东将成为全球投资、贸易、

---

① 姚建龙，俞海涛. 论浦东新区法规：以变通权为中心[J]. 华东政法大学学报，2023，26(3)：86—99.

② 俞四海. 相对集中行政许可权模式革新与立法进路——以浦东新区"一业一证"改革为例[J]. 东方法学，2022(5)：177—188.

③ 杨宇立. 上海浦东新区政府行政支出的实证解析[J]. 上海经济研究，2011(11)：99—103.

④ 顾军. 空间拓展和重构并举的转型发展规划——浦东新区总体规划修编工作的一些思考[J]. 城市规划，2011，35(S1)：132—136.

创业的最佳目的地,营商环境达到国际领先水平,辐射全球的链接网络越织越密,全球的货物、资金、人才、技术、数据等各类要素在这里充分流动、高效配置。浦东将以高水平改革开放挺立时代潮头,成为开放枢纽门户节点。

第一节　浦东新区打造社会主义现代化
建设引领区时代背景

在新中国成立之前,民间和政府都曾有过对浦东地区开发的初步设想和实践。[①] 例如,上海市政府曾于20世纪30年代建设东海大桥,以便开发浦东地区,但是由于战争和其他原因,这个项目没有得到顺利实现。[②] 此外,在20世纪40年代末期,一些私营企业家也曾在浦东地区投资兴业,为该地区的发展奠定了基础。在民国时期,浦东地区成为各方面重点关注和研究的对象,一方面得到了一些政府部门和地方领导的支持,另一方面也有很多私人投资者加入该地区的开发。例如,1928年,上海市政府曾出台过《浦东区城市规划》文件,对浦东地区的城市规划进行了大致的规划和设计;1952年,政府也曾出台了《浦东区经济开发计划书》,并且在计划书中规划了一些重要的基础设施建设项目。[③] 改革开放前的浦东,与乡野无异。有一首民谣这样唱道:"黄浦江边有个烂泥渡,烂泥路边有个烂泥渡镇,行人路过,没有好衣裤。"在那个"宁要浦西一张床,不要浦东一间房"的时代,从浦西到浦东的房改动迁令大部分市民难以接受。[④] 交通不便,居住条件简陋,配套设施落后,缺乏高端就业岗位,一条条一项项都约束着黄浦江对岸的浦东荒地的发展。改革开放之前,由于各种原因,浦东地区的开发进展缓慢。1978年,时任上海市市长陈毅在提出上海市"四个现代化"的战略中明确提出了浦东的发展。[⑤] 此后,上海市政府和中央政府相继对浦东地区进行了大量的尝试和探索。1985年,国务院批准了《上海市浦东新区开发建设

---

① 姚魏.论浦东新区法规的性质、位阶与权限[J].政治与法律,2022(9):28—46.
② 路锦非.社会救助中的民众获得感、幸福感、安全感研究——基于上海浦东新区的实证调查[J].社会科学辑刊,2022(3):60—70.
③ 李锦峰.公共服务供给空间布局的基层创变——以上海浦东新区"家门口"服务体系为例[J].理论与改革,2022(2):112—122,151.
④ 李陈.超大城市"适老化"水平综合测度及影响因素分析——以上海市为例[J].城市问题,2021(11):4—18.
⑤ 张勇.改革开放以来中国共产党走向国家治理现代化的历程——以党的全国代表大会和中央全会决策文件为分析对象[J].社会主义研究,2020(2):64—71.

纲要》，标志着浦东地区迎来了新的机遇和发展。

　　改革开放之后，近 15 年来上海市政府加快了浦东地区的开发步伐（见图 3.1）。1990 年，上海市政府制定了《上海市浦东新区发展规划》；1992 年，中共中央、国务院批准了《上海浦东发展纲要》；同年，上海市成立了浦东开发公司等多家企业。这些文件和机构的建立，为浦东的改革开放和发展提供了有力的政策支持和经济保障，工业总产值不断提升。[①]

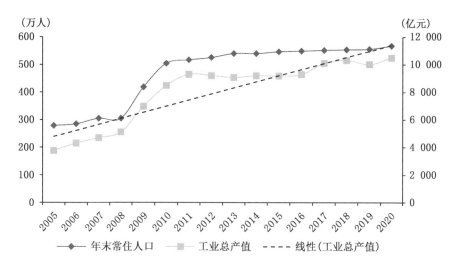

数据来源：国家统计局、上海市统计局。

图 3.1　浦东新区近 15 年来人口发展及工业发展总产值发展趋势

　　这将浦东推向了中国改革发展、对外开放的最前沿。[②] 开发开放上海浦东，是我们党在改革开放和社会主义现代化建设关键时期做出的一项重大决策。面对风云变幻的国际环境，党中央审时度势、高瞻远瞩，宣布开发开放上海浦东，向世界宣示中国坚定不移推动改革开放的决心和信心，掀开了我国全面深化改革开放新的历史篇章。[③] 此后浦东的发展骤然加速，一年一个样，三年大变样。黄浦江之上，大桥隧道飞架穿梭。1991 年、1993 年、1995 年、1997 年上海以平均每两年一座大桥的速度，相继建造了南浦大桥、杨浦大桥、奉浦大桥、徐浦大桥、卢浦大桥

　　① 吴加伟,陈雯,袁丰,魏也华.长三角地区企业本土并购网络的时空动态性分析[J].地理研究,2021,40(7):2020−2035.
　　② 段鑫宇,蔡银莺,张安录.城乡交错区耕地非农转换影响因素及空间分布识别——以上海浦东新区为例[J].长江流域资源与环境,2021,30(1):54−63.
　　③ 尹瑶芳.小学数学教师图形与几何知识状况调查——以上海市浦东新区为例[J].数学教育学报,2020,29(5):46−51.

等。现在,拥有 20 余座隧桥互通,浦东与浦西早已融为一体。①

一、中华民族伟大复兴战略全局和世界百年未有之大变局

2019 年 5 月,习近平总书记在江西考察时指出:"领导干部要胸怀两个大局,一个是中华民族伟大复兴的战略全局,一个是世界百年未有之大变局,这是我们谋划工作的基本出发点。"②党的十九届六中全会审议通过的《中共中央关于党的百年奋斗重大成就和历史经验的决议》指出:"以习近平同志为核心的党中央统筹把握中华民族伟大复兴战略全局和世界百年未有之大变局,强调中国特色社会主义新时代是承前启后、继往开来、在新的历史条件下继续夺取中国特色社会主义伟大胜利的时代,是决胜全面建成小康社会、进而全面建设社会主义现代化强国的时代,是全国各族人民团结奋斗、不断创造美好生活、逐步实现全体人民共同富裕的时代,是全体中华儿女齐力同心、奋力实现中华民族伟大复兴中国梦的时代,是我国不断为人类做出更大贡献的时代。"③可以说,"两个大局"既是谋划工作的基本出发点,也是理论创新的基本出发点。习近平总书记关于"两个大局"的重要论述顺应了时代和实践发展对党和国家工作的新要求,提出了事关党和国家长远发展的战略目标和战略举措,引领了党和国家事业发展方向、发展战略、发展路径、发展实践,为实现"两个一百年"奋斗目标、谋划"十四五"发展规划提供了根本遵循,我们必须深刻理解"两个大局"的丰富内涵。④

中华民族伟大复兴战略全局是国内大局。中华民族伟大复兴的战略全局就是要实现"两个一百年"奋斗目标。⑤ 中华民族伟大复兴凝聚了几代中国人的夙愿,体现了中华民族和中国人民的整体利益,是每一个中华儿女的共同期盼。中华人民共和国成立以后,特别是改革开放以来,中华民族伟大复兴的历史进程大大加速,正如习近平总书记所指出的,我们比历史上任何时期都更接近中华民族伟大复兴的目标,比历史上任何时期都更有信心、有能力实现这个目标。

---

① 肖林.基于"证照分离"全覆盖的深化商事制度改革的路径选择研究[J].华东理工大学学报:社会科学版,2020,35(5):136-148.

② 王川兰.关系建构:社区基金会参与基层社会治理的结构分析——基于上海市浦东新区 Y 社区的实地观察[J].复旦学报:社会科学版,2020,62(4):140-147,190.

③ 黄怡,吴长福.基于城市更新与治理的我国社区规划探析——以上海浦东新区金杨新村街道社区规划为例[J].城市发展研究,2020,27(4):110-118.

④ 李诗瑶,蔡银莺,田霞,廖远琴,张安录.城乡交错区耕地分区管护及生态补偿模式研究——以上海市浦东新区为例[J].长江流域资源与环境,2020,29(4):850-858.

⑤ 钱爱梅.市县级国土空间总体规划的实践探索——以浦东新区为例[J].城市规划学刊,2020(2):64-69.

经过长期努力,中国特色社会主义进入新时代,中华民族迎来了从站起来、富起来到强起来的伟大飞跃,迎来了实现伟大复兴的光明前景。以习近平同志为核心的党中央提出中华民族伟大复兴的中国梦,精准定位了中国所处的历史坐标,展望了民族发展的光辉未来。

中国共产党把实现中华民族伟大复兴的战略全局作为自己重要的历史使命。这个战略全局,必须贯穿于改革发展稳定、内政外交国防、治党治国治军等一系列工作的全过程。[①] 这个战略全局,不仅是要建成高度发达的社会主义物质文明,而且要着眼于全面,把中国建设成为富强民主文明和谐美丽的社会主义现代化强国。[②] 这个战略全局,不仅是要实现国家富强、民族振兴、人民幸福,而且要积极推动构建新型国际关系,推动构建人类命运共同体,为世界的和平与发展做出更大的贡献。

二、国内大循环为主体、国内国际双循环相互促进的新发展格局

党的十九届五中全会通过的《中共中央关于制定国民经济和社会发展第十四个五年规划和二〇三五年远景目标的建议》(以下简称《建议》)提出,要加快构建以国内大循环为主体、国内国际双循环相互促进的新发展格局。[③] 这是对"十四五"和未来更长时期我国经济发展战略、路径作出的重大调整完善,是着眼于我国长远发展和长治久安做出的重大战略部署,对于我国实现更高质量、更有效率、更加公平、更可持续、更为安全的发展,对于促进世界经济繁荣,都会产生重要而深远的影响。构建新发展格局需要付出长期艰苦的努力,各地区各部门必须把思想和行动统一到党中央决策部署上来,找准自己在国内大循环和国内国际双循环中的位置和比较优势,提高贯彻新发展理念、构建新发展格局的能力,制定具体的规划、政策和措施,使新发展格局变为现实、落到实处。[④] 上海作为我国最大的经济中心城市,在打造国内大循环中心节点和国内国际双循环战略链接上具备一定优势,但是资源配置、金融创新等方面的不足仍制约着

---

① 吴瑞君,倪波,陆勇,王裔艳.政府购买社会服务综合绩效评量模型设计与参数估计——以上海市浦东新区计生系统购买社会服务为例[J].华东师范大学学报:哲学社会科学版,2019,51(4):90－102,187.

② 冯猛.地方政府创新何以持续?——以浦东新区基层社会治理变迁为线索[J].中国行政管理,2019(7):101－106.

③ 吴煜,李永浮.居民生活服务业与人口匹配关系研究——基于上海浦东新区实证研究[J].上海经济研究,2019(2):67－75.

④ 刘朋.发展性教育督导评估助推高考改革新政落地的实践探索——以上海市浦东新区为例[J].教育科学研究,2019(1):29－34.

上海的发展。财政是国家治理的基础和重要支柱,科学的财税体制是优化资源配置的重要制度保障。因此,在浦东开发开放 30 多年来,本研究以资源配置为出发点,从财税的角度,提出了浦东支持上海打造国内大循环中心节点和双循环战略链接的若干路径。上海要素市场主要包括:土地要素市场、劳动力要素市场、资本要素市场、技术要素市场、数据培育要素市场。这些要素市场的发展,决定着上海资源配置的整体效率,并最终决定了上海在打造国内大循环中心节点和国内国际双循环战略链接上的优势地位。

浦东新区自贸区债券发行机制的完善,支持了上海地方债改革;[①]浦东新区财政资金管理机制的优化,提升了上海市财政支持科创中心建设的效率。上海市地方债改革和财政支持科创中心建设效率的提升,促进了上海要素市场全要素生产率的提升,包括土地要素市场、劳动力要素市场、资本要素市场、技术要素市场、数据培育要素市场全要素生产率的提升。[②] 这些要素市场全要素生产率的提升,进一步优化了上海市生产、分配、流通、消费环节的结构。这些环节的同步优化,在打通双循环的堵点的同时,支持了上海打造国内大循环中心节点和国内国际双循环战略链接。[③]

在中央一直力推"双循环"战略的背景下,浦东新区自贸区债券发行机制是上海地方债改革极其重要的一环,打通浦东新区债券发行路径,规范上海地方债发行机制,是上海把握"双循环"机遇、提升资金使用效率的关键。[④] 资金使用效率的提升,也能够助力要素市场配置资源能力的改善。这些要素市场中,首先受到影响的是资本要素市场,资本要素市场效率的提升,带动土地要素市场、劳动力要素市场、技术要素市场、数据培育要素市场效率的进一步提升。这些要素市场的提升,贯穿了国内大循环和国内国际双循环的各个环节,包括生产、分配、流通和消费。这些环节的打通会进一步反馈到要素市场,要素市场的资源配置效率会得到进一步提升,形成一个正反馈的机制和良性循环,进一步打

---

① 任毅,东童童,邓世成.产业结构趋同的动态演变、合意性与趋势预测——基于浦东新区与滨海新区的比较分析[J].财经科学,2018(12):116—129.

② 王浩然.上海共享单车停放的时空特征与管理对策——基于浦东新区某街道重点区域的抽样调查分析[J].上海经济,2018(6):60—68.

③ 叶敏,熊万胜.镇管社区:快速城市化区域的镇级体制调适——以上海浦东新区 H 镇的镇管社区建设经验为例[J].中国行政管理,2018(10):98—103.

④ 郭洪宇,黄少卿.地方性创新资助与中小企业创新绩效——基于上海浦东新区"科技小巨人"项目的经验分析[J].中国科技论坛,2018(8):100—110.

通上海双循环战略的堵点。①

2019 年,上海市财政收入 7 165.1 亿元,而浦东新区的财政收入为 1 071.5 亿元。浦东新区财政收入远超上海财政收入排名第二的闵行区(闵行区 2019 年的财政收入为 297.7 亿元)(见表 3.1)。浦东新区的经济体量和财政状况决定了浦东新区财政资金管理机制的完善,浦东也是上海市财政支持科创中心建设的重要试验点和核心突破点。浦东新区财政资金管理机制的完善,可以带动整个上海财政资金使用效率的提升,形成财政资金在科技领域优化的路径,提升技术要素市场和数据培育要素市场配置资源的效率,助推上海金融科技中心的建设。技术要素市场和数据培育要素市场配置资源效率的提升,会进一步传导到资本要素市场、土地要素市场和劳动力要素市场。要素市场之间会相互形成正反馈机制,打通生产、分配、流通和消费环节的堵点,促进上海打造国内大循环中心节点。上海在国际竞争中的战略地位,进一步促进了上海作为国内国际双循环战略节点的形成。②

表 3.1　　　　　　　　　上海市各区近年一般公共预算收入状况

	地区	2016 年	2017 年	2018 年	2019 年	2020 年
一般公共预算收入(亿元)	黄浦区	208.99	212.21	225.00	225.73	229.20
	徐汇区	185.96	186.02	193.52	194.15	198.10
	长宁区	150.80	154.28	162.84	131.62	129.03
	静安区	229.71	232.80	246.83	247.63	250.14
	普陀区	104.12	108.10	114.05	110.07	110.63
	虹口区	108.57	110.11	116.75	117.00	119.39
	杨浦区	118.98	119.52	126.71	127.12	128.45
	闵行区	257.18	278.71	296.80	297.70	298.29
	宝山区	141.62	151.11	160.45	161.00	152.97
	嘉定区	227.34	252.26	269.92	270.73	220.40
	浦东新区	963.75	996.28	1 066.20	1071.50	1 077.00
	金山区	86.60	108.36	124.63	126.14	126.32
	松江区	163.98	192.56	204.38	210.51	220.62
	青浦区	160.19	188.01	203.10	207.19	210.10
	奉贤区	104.81	128.11	151.20	154.99	161.60
	崇明区	68.11	67.00	83.77	115.00	119.00

数据来源:上海市统计年鉴。

---

① 程进,林兰,尚勇敏.基于浦东新区企业调查的产业政策效用及其影响因素研究[J].华东师范大学学报:哲学社会科学版,2018,50(4):163−171,177.

② 孟广文,王艳红,杜明明.上海自由经济区发展历程与启示[J].经济地理,2018,38(5):1−10.

在当前中央推动形成以国内大循环为主体、国内国际双循环相互促进新发展格局的大背景下,浦东新区要把握住历史机遇,充分运用自身的政策优势以及上海作为我国最大的经济中心城市的优势,以自贸区债券发行机制的完善和财政资金管理机制的优化为出发点,推动上海的进一步改革。从而提升上海各要素市场的全要素生产率,打通双循环的堵点,支持上海打造国内大循环中心节点和国内国际双循环战略链接。

在上海打造国内大循环中心节点和国内国际双循环战略链接的过程中,浦东新区是打通双循环堵点、支持这一战略的关键,而浦东新区的财税改革是支持这一战略的核心内涵。① 因此,要更好地发挥浦东新区在支持上海打造双循环中心节点和战略链接中的作用,基于财税视角的改革是最具高效的路径选择。② 第一,完善浦东财税机制改革,引导资金进入科技领域。建立科学的财税体制,引导财政资金进入 5G、区块链、大数据等领域,推动金融与科技的融合,助推上海金融科技中心的建设,形成金融助推科技,科技引领金融资源配置的良性循环。第二,支持金融基础设施建设,优化浦东债券发行机制。引导金融基础设施在浦东的落地,以浦东为引领,整合上海的金融基础设施。金融基础设施的建设和资源整合可以推动上海债券市场高质量发展,提升要素市场配置资源的效率,进一步提升上海的资源整合和配置能力。第三,优化浦东财政支出结构,引领财政深度融合产业。建立健全财政支出机制,将财政资金的使用与大数据等技术融合。制定科学的财政支出结构,将财政资金的流向嵌套在产业结构的各个环节,全面优化产业结构,拓展上海产业发展空间,以浦东为引领,支持上海打通双循环的堵点。

三、新时代继续将改革开放推向前进

在新时代,我国经济已由高速增长阶段转向高质量发展阶段,正处在转变发展方式、优化经济结构、转换增长动力的攻关期,推动高质量发展是做好经济工作的根本要求,也是解放和发展社会生产力、实现人民美好生活向往的必由之路。③ 推动高质量发展,必须坚决贯彻创新、协调、绿色、开放、共享的发展理

① 陈笑玲. 公共图书馆服务典型案例展示与分析——评《浦东人的精神家园——浦东新区公共图书馆服务案例)》[J]. 图书馆工作与研究,2018(5):97—99.
② 干靓,吴志强,郭光普. 高密度城区建成环境与城市生物多样性的关系研究——以上海浦东新区世纪大道地区为例[J]. 城市发展研究,2018,25(4):97—106.
③ 蒋荷新,任敏媛. 航空运输对地区产业结构影响的研究——以上海浦东机场为例[J]. 城市发展研究,2018,25(3):118—124.

念,统筹推进"五位一体"总体布局,协调推进"四个全面"战略布局;必须坚持和完善我国社会主义基本经济制度,毫不动摇巩固和发展公有制经济,毫不动摇鼓励、支持、引导非公有制经济发展;必须不断完善社会主义市场经济体制,使市场在资源配置中起决定性作用,更好发挥政府作用;必须以供给侧结构性改革为主线,推动经济发展质量变革、效率变革、动力变革,提高全要素生产率,推动新型工业化、信息化、城镇化、农业现代化同步发展,加快建设现代化经济体系;必须坚持创新是第一动力、人才是第一资源的理念,实施创新驱动发展战略,完善国家创新体系,加快关键核心技术自主创新,为经济社会发展打造新引擎。① 只有继续把改革开放推向前进,才能不断坚持和发展中国特色社会主义道路、理论、制度、文化,使科学社会主义在 21 世纪焕发出更加强大的生机和活力。今天,人民的美好生活需要越来越广泛,不仅对物质文化生活提出了更高要求,而且在民主、法治、公平、正义、安全、环境等方面的要求也日益增长。只有继续把改革开放推向前进,才能不断坚持和发展中国特色社会主义道路、理论、制度、文化,为各项事业发展和人民生活水平提高提供根本保障,使科学社会主义在 21 世纪焕发出更加强大的生机和活力。浦东打造社会主义现代化建设引领区,需要浦东完整、准确、全面贯彻新发展理念,探索将新发展理念创造性转化为发展实践的方式路径,构筑区域发展的强大势能,带动上海更好发挥长三角一体化发展龙头作用,进而提升我国经济总体效率。②

只有继续把改革开放推向前进,才能不断提升我国国际地位和文化软实力,为构建人类命运共同体、解决人类问题贡献更多中国智慧、中国方案、中国力量。改革开放 40 多年来特别是党的十八大以来,我们积极推动建设开放型世界经济、构建人类命运共同体,促进全球治理体系变革,旗帜鲜明反对霸权主义和强权政治,为世界和平与发展不断贡献中国智慧、中国方案、中国力量。我国日益走近世界舞台中央,成为国际社会公认的世界和平的建设者、全球发展的贡献者、国际秩序的维护者。③

在经济全球化时代,一个国家只有具备全球视野和世界眼光,才能不断提

---

① 滕五晓,罗翔,万蓓蕾,等.韧性城市视角的城市安全与综合防灾系统——以上海市浦东新区为例[J].城市发展研究,2018,25(3):39—46.

② 中共上海市浦东新区区委党校精心打造全国党员教育培训示范基地[J].学校党建与思想教育,2018(6):97.

③ 孟卫东,吴振其,司林波.雄安新区管理体制机制创新研究——基于对浦东新区与滨海新区的经验分析[J].当代经济管理,2018,40(4):16—21.

高自己的经济、政治和文化竞争力。① 中华民族只有积极融入经济全球化和参
与全球治理的进程,才能实现从富起来到强起来的伟大飞跃。党的十八大以
来,在以习近平同志为核心的党中央坚强领导下,我们统筹国内国际两个大局,
坚持对外开放的基本国策,实行积极主动的开放政策,形成全方位、多层次、宽
领域的全面开放新格局;积极倡导构建人类命运共同体,发挥负责任大国作用,
支持广大发展中国家发展,积极参与全球治理体系改革和建设,共同为建设持
久和平、普遍安全、共同繁荣、开放包容、清洁美丽的世界而奋斗;支持开放、透
明、包容、非歧视性的多边贸易体制,促进贸易投资自由化便利化,推动经济全
球化朝着更加开放、包容、普惠、平衡、共赢的方向发展,推动建设开放型世界经
济;以共建"一带一路"为重点,同各方一道打造国际合作新平台,为世界共同发
展增添新动力;加大对发展中国家特别是最不发达国家的援助力度,促进缩小
南北发展差距。浦东新区打造社会主义现代化建设引领区,不仅要集聚战略科
技力量,而且要优化创新创业的生态环境,疏通基础研究、应用研究和产业化双
向链接的快车道,重点是不断完善支持创新创业的四大体系,即全生命周期的
创新孵化体系、全链条的科技公共服务体系、全方位的知识产权保护体系、全覆
盖的科技投融资体系。②

第二节　浦东新区打造社会主义现代化
建设引领区多维内涵

　　"浦东新区打造社会主义现代化建设引领区"要从六个维度理解:第一个维
度是语义;第二个维度是历史,也可以说是制度的历史发展脉络;第三个维度是
文化,即浦东新区打造社会主义现代化的文化背景,第四个维度是创新维度,即
社会主义现代化引领区的创新方面,第五个维度是价值,第六个维度是世界。
这六个方面是相互关联的有机整体,其中,对浦东新区的打造是这六个维度的
外在体现。

---

① 潘凤.深圳特区、浦东新区、雄安新区的比较研究[J].经济体制改革,2017(6):46—51.
② 高卷.京津冀协同发展背景下雄安新区发展思路研究[J].经济与管理评论,2017,33(6):130—136.

一、语义之维

"浦东"因地处浦江之东而得名,作为地理范畴包括浦东新区、原南汇区、闵行区浦东部分、奉贤区东部、金山区一部。[①] 浦东南与奉贤区、闵行区两区接壤,西与徐汇区、黄浦区、虹口区、杨浦区、宝山区五区隔黄浦江相望,北与崇明区隔长江相望;地势东南高,西北低,气温偏高、降水偏多、日照时数偏少;浦东新区区域面积 1 210 平方千米,现辖 12 个街道、24 个镇。关于"新区"的"新"字,如果站在更宏大的历史进程角度回望,可以发现"新"在当时有两个客观内涵:其一,当时中国面临严峻的国际局面,需要浦东作为"王牌"打出"新的局面",向世界宣示中国继续改革开放的决心;其二,20 世纪 90 年代初,本轮全球化进程开始加速成型,即从贸易扩大化到投资国际化,再演进至生产一体化,表现为跨国公司驱动着产业内和产品内分工,形成了以全球价值链为主要形式的全球分工网络和全球供应链网络,浦东开发开放恰逢这一重大契机。[②]

改革开放 40 余年的历程表明,在我国社会主义市场经济体制初创时期,"社会主义现代化建设引领区浦东"是勇敢的探索者;在我国推进全面深化改革的生动实践中,"社会主义现代化建设引领区浦东"是有力的引领者;在我国对外开放的壮阔历程中,"社会主义现代化建设引领区浦东"是积极的先行者。[③]"社会主义现代化建设引领区浦东"以 30 多年来开发开放的重要贡献,为各地的开放提供了示范,为全国的改革探索了路径,为国家的现代化积累了经验。率先实现贸易投资自由化、便利化,引领全国形成高水平对外开放新格局。从长远趋势看,贸易投资自由化、便利化依然是世界经济发展的大方向。"社会主义现代化建设引领区浦东"率先实现贸易投资自由化、便利化,不仅会引领全国提高对外开放水平,而且会形成推动经济全球化继续发展的强大力量。[④]

"社会主义现代化建设引领区"是高级形态的对外开放,是国内国际相关制度安排相互作用、相互适应的复杂过程,机遇和挑战并存,风险和收益同在,需要在像浦东这样的高水平开放平台上先行先试。浦东可对标国际最高标准、最

---

① 陈晓华,周显伟.国家级新区基于人口发展的教育资源配置研究[J].上海经济,2017(5):20—32.

② 冯娜.加强街镇图书馆服务能力的实践与思考——以上海浦东街镇图书馆为例[J].图书馆杂志,2017,36(9):60—63.

③ 郑有贵.由承接国际产业转移向自主创新发展的突围——着眼于深圳、浦东对雄安新区建设启示的历史考察[J].中国经济史研究,2017(5):173—180,185.

④ 吴瑞君,朱宝树,古荭欢.上海市就业人口的职住分离和结构分异[J].中国人口科学,2017(3):101—115,128.

高水平的经贸规则,进行更大力度的压力测试,在拓展开发领域、构建开放网络等方面勇于探索、先行一步、率先突破。对标国际高水平自由贸易区,在贸易投资、政府采购、争端解决、知识产权和环境保护等领域尽快形成新的制度、规则和政策体系。率先强化制度集成创新,引领全国打造市场化、法治化、国际化的一流营商环境。以新型智慧城市建设为契机,促进信息资源规模化创新应用,推进政府决策科学化、社会治理精准化、公共服务高效化。创新监管模式,构建以信用为基础、与高水平开放相适应的新型监管机制。统筹财税、金融、投资、产业、土地、人员出入境、公共服务和城市社会治理等方面的体制建设和政策设计,形成更强大的制度合力。加快形成适应大规模跨境数据流动的制度和规则体系,更好把握新一轮科技革命和产业变革带来的发展机遇。

二、历史之维

浦东新区作为中国现代化建设的引领区,其发展过程中不仅注重拉出"未来之维"的大格局,同时也积极发挥"历史之维"的优势。这种"历史之维"既指地域文化的传承和创新,也包括经济社会发展的经验总结和传承。浦东新区在弘扬地域文化、传承历史积淀方面做了很多工作,这些工作成为浦东新区打造社会主义现代化建设引领区的重要支撑。①

1990 年 4 月 18 日,中国政府宣布开发开放上海浦东,提出以浦东开发开放为龙头,进一步开放长江沿岸城市,尽快把上海建成国际经济、金融、贸易中心之一,带动长江三角洲和整个长江流域地区经济的新飞跃。② 浦东开发开放的最初设想,脱胎于 20 世纪 80 年代前期上海走出发展困境的探索。改革开放初期,上海承担着"后卫"职责,也支撑了南方特区的先试先行,付出的代价则是经济增长持续 7 年低于全国平均数。在随后的 30 多年时间里,浦东新区一直秉承着一个传统,即立足于现实,定位好角色,把握住机遇,不断探索发展的新路。从 20 多年前的新区发展模式草创,到 10 多年前的综合配套改革首批试点,到今天的新片区制度高地建设,一路探索,一路创新。以历史的维度来看,浦东开发开放相当于中国第二轮的改革开放。第一轮的改革开放起始于农村试验,全面开始于东南沿海地区。浦东开放开发是第一轮之后的再开放。其中的"新"

---

① 陈思雨,曾刚.我国大都市郊区古镇保护性开发模式探索——以上海市浦东新区新场古镇为例[J].世界地理研究,2017,26(1):134—145.

② 程晨,李正明.上海市"异地高考"政策认同现状及改进对策——以上海市浦东新区为例[J].教育科学研究,2017(1):34—39.

主要体现在它延续了前一轮的改革，并继续深化了第一轮的改革，将原先在东南沿海城市所推进的改革推进到中国最大的工业城市。① 它的使命就是让中国坚定地沿着改革开放的大路一路向前，沿着社会主义市场经济的大道一路向前。浦东开发开放为上海发展提供了历史性的机遇。经过十多年开发开放，浦东经济高速发展，城市面貌发生了惊人变化，浦东新区已成为上海新兴高科技产业和现代工业基地，成为上海新的经济增长点，成为中国九十年代改革开放的重点和标志。浦东依靠上海长期积聚的经济和社会文化基础，享有上海独特的地理优势、交通优势、人才优势和产业优势，得益于率先改革开放的先发效应，以及政通人和的社会环境，被海内外人士誉为"进入中国经济的大门，打开中国市场的金钥匙，连接中国与世界经济的桥梁"。② 改革开发开放 40 多年，浦东从当年的阡陌农田，变身为高楼林立的现代化城区，成为"上海现代化建设的缩影"和"中国改革开放的象征"。

新世纪初的前十年，上海全力推进黄浦江两岸综合开发工程，高质量地迎接 2010 年上海世博会，大踏步地建设国际中心城市。浦江开发作为 1990 年浦东开发以来的又一世纪性工程，开发岸线从徐浦大桥延伸至吴淞口，全长 85 千米，面积 73 平方千米，浦东新区占 50％以上；2010 年上海世博会会址面积 400公顷，其中 260 公顷在浦东新区，占 65％，地位举足轻重。

三、文化之维

经过多年的探索和实践，浦东新区在文化建设方面的成就显著。这里我们将从浦东新区的文化建设历程、文化产业发展、文化创意产业的崛起等几个方面来阐述浦东新区打造社会主义现代化建设引领区的"文化之维"的发展历程。③ 首先，浦东新区的文化建设始终贯穿着"面向未来、融汇中外"的理念。随着改革开放的深入推进，浦东新区逐渐将文化建设与经济发展紧密结合起来，积极探索符合本土情况、具有浦东特色的文化发展模式，同时注重吸收和借鉴国际先进的文化管理经验和创意文化产业的发展模式，通过宣传、交流等方式推广文化，促进本地文化的繁荣和传承。其次，浦东新区在文化产业方面也取

---

① 赵勇.地方政府权力清单制度的构建——以浦东新区为例的分析[J].上海行政学院学报,2016,17(6):54-63.

② 郭爱君,陶银海.丝绸之路经济带与国家新区建设协同发展研究[J].西北师大学报:社会科学版,2016,53(6):27-34.

③ 林兰,尚勇敏.影响我国小微企业生存发展的因素研究——来自上海浦东新区的证据[J].上海经济研究,2016(9):90-99.

得了长足进步。2001 年,《上海市浦东新区文化产业发展规划》正式发布,这是中国大陆(内地)第一个以地区为单位的文化产业规划。① 之后,浦东新区积极落实这一规划,加快文化创意产业的培育和发展,通过产业发展、资本引导等方式推进文化产业的健康发展。到 2021 年,浦东新区的文化产业规模已经超过1 000 亿元。同时,浦东新区在文化创意产业的崛起也成为其打造"文化之维"的重要标志。浦东新区成立了上海国际文化创意产业基地、中华文化大世界、上海国际电影制片厂等诸多文化机构与项目,推动文化创意产业的发展,并成为文化创意产业高地。② 在此基础上,浦东新区逐渐形成了文化创意产业链,涵盖设计、科技、广告等多个领域,成为中国文化创意产业的重要发展区域之一。

文化是经济、政治、社会等的反映,也是社会上层建筑的重要构成。随着社会形态的演变,文化在社会发展进步中的作用明显增强,国家文化软实力的重要性越来越突出。社会主义先进文化引领社会主义现代化的前进方向。社会主义先进文化,是新中国成立后,党带领人民在社会主义革命和建设、改革开放新的伟大革命、新时代伟大社会革命的长期实践中,在传承光大中华优秀传统文化、革命文化的基础上,反映社会主义本质要求,满足人民日益增长的美好精神生活需要,培养全面发展的社会主义新人的新型文化。

文化建设是全面建设社会主义现代化国家的题中应有之义,十九大报告将国家文化软实力明显增强作为基本实现社会主义现代化的重要目标,将物质文明、政治文明、精神文明、社会文明、生态文明全面提升作为全面建成社会主义现代化国家的基本目标。这就表明了全面建设社会主义现代化国家与文化建设密不可分,没有文化建设的现代化,就没有全面的现代化。③ 怎样理解和把握浦东新区打造社会主义现代化建设引领区的文化之维内涵? 可不可以说这是社会主义文化现代化或者社会主义现代化文化的一种表现呢? 其实,文化现代化是一个历史的范畴,是指在人类社会现代化的进程中,浦东新区的改革开放,也是像文化的发展一样,经历了一个自我更新、自我完善,适应现代化、跟随现代化、引领现代化,从而实现现代化的过程。④ 但同时,浦东新区打造社会主义

---

① 贺小林,马西恒.基本公共服务均等化的财政保障机制与模式探索——经济新常态下浦东改革的实证分析[J].上海行政学院学报,2016,17(5):27—35.

② 徐谦.网络环境下区域性馆际互借模式的研究和应用——以上海市浦东新区图书共享项目为例[J].图书馆理论与实践,2016(7):76—79.

③ 荆锐,陈江龙,田柳.国家级新区发展异质性及驱动机制研究——以上海浦东新区和南京江北新区为例[J].长江流域资源与环境,2016,25(6):859—867.

④ 谢超强,陈进.行政体制变迁下的城市化动力:自浦东新区观察[J].改革,2016(5):50—56.

现代化建设引领区还是一个政治范畴，不同的社会形态有不同性质的现代化，不同的社会制度有不同内涵的文化现代化。浦东新区现代化建设，不是资本主义的专利，按照马克思、恩格斯的思想，社会主义现代化是人类社会现代化的高级阶段和高级形态。社会主义现代化包括各个领域的现代化，是社会主义国家的奋斗目标，是中国共产党的不懈追求。[①] 可以说，浦东新区打造社会主义现代化建设引领区是建设社会主义先进文化，坚持倡导社会主义核心价值观，加快构建中国特色哲学社会科学体系，繁荣发展社会主义文艺，推动中华优秀传统文化创造性转化、创新性发展，建设具有强大凝聚力和引领性的社会主义意识形态等的具体实践，也是社会主义文化现代化的标识。

四、创新之维

经过多年的探索和实践，浦东新区在创新方面的成就显著。这里我们将从浦东新区的创新历程、产业创新、技术创新等几个方面来阐述浦东新区打造社会主义现代化建设引领区的"创新之维"的发展历程。首先，浦东新区的创新历程可以追溯到改革开放以来的探索和实践。自 1985 年浦东开发开局以来，浦东新区就把创新作为加快发展的重要手段和动力。随着时代的变迁和条件的改善，浦东新区不断完善产业政策和科技创新生态环境，把创新贯穿于各个领域和环节，积极鼓励各类创新主体、创新机构和创新项目，进一步推动浦东经济和社会的跨越式发展。其次，浦东新区在产业创新方面也取得了长足进步。浦东新区积极推动产业结构优化升级，加大对高技术、高附加值产业的扶持力度，引进和培育了一批有实力的科技企业和高端人才，形成了以集成电路、航空航天、新能源、生物医药等高新技术产业为主的产业体系。2019 年，浦东新区通过创新驱动发展实施意见，提出进一步激发科技创新主体创造力和创新活力，打造全球创新引领区，推动浦东建设具有国际竞争力的科技创新高地。同时，浦东新区在技术创新方面也走在了前列。自 20 世纪 90 年代起，浦东新区就开始投入大量资金和人力进行技术创新，不断拓展前沿技术领域，打造技术创新的生态系统。在人才引进、科研平台建设、科技成果转化等方面，浦东新区逐步形成了一系列创新型政策和措施，从而汇聚起了一批高水平的技术创新团队和优

---

① 谢广靖，石郁萌.国家级新区发展的再认识[J].城市规划，2016，40(5)：9—20.

秀的科技成果。[①]

近年来,随着浦东制造业规模不断扩大,商务成本迅速上升,企业技术升级与产品更新竞争压力增大,尽管企业与政府研发经费投入不断增加,但浦东产业集群内部的横向网络联系发展仍然不足。其主要表现为产业集群内部企业与企业之间,企业与地方其他行为主体(大学、科研机构、市场中介组织、政府、公众)间的联系不是很密切,网络水平联系不够完善,产业集群的集体学习能力有限、创新能力不足,尤其是国内高校、科研院所与浦东创新企业之间的产学研一体化联系不够密切。浦东新区等各级政府虽然在推动浦东产学研一体化方面有较大力度,初步形成了"高校院所成果转化""留学生归国创业驱动""重大项目带动"等产学研合作模式。但我们在企业实地调研中发现:由于受到高校与科研院所的研发人员没有科研成果处置权,科研人员成果产业化收益无法享受个税递延政策,高校人员到企业短期创业的事业单位编制保留困难等诸多因素制约,高校与科研院所的科研人员携带研发成果到浦东新区进行产业化的积极性受到影响,也会影响产学研一体化的进程。浦东新区打造社会主义现代化建设引领区掀开了我国改革开放向纵深推进的崭新篇章,推进中国(上海)自由贸易试验区及临港新片区先行先试,能更好发挥中国(上海)自由贸易试验区及临港新片区"试验田"作用,为全国推进制度型创新探索经验。

五、价值之维

在经济高速发展的同时,浦东新区也注重价值观的引领,把推进文明城市与人文理念相结合,取得了显著的成就。[②] 以下将从价值观引领、城市建设、文化传承三个方面来论述浦东新区打造社会主义现代化建设引领区的"价值之维"的发展历程。首先,浦东新区注重价值观引领。[③] 自改革开放以来,浦东新区一直致力于推进经济快速发展,在此过程中不断加强文明城市建设,引导广大市民树立积极向上的价值观念,增强社会责任感和道德素质。浦东新区通过文化品牌建设、非遗保护、文化旅游等方面的培育,加强了文化自信,推动形成

---

① 叶琴,曾刚,王丰龙,等.上海浦东新区、北京海淀区、深圳市创新创业环境比较研究[J].上海经济研究,2016(4):117-124,129.

② 何芳,王小川,张皓.基于Bootstrap与神经网络模型的浦东新区土地收储增值收益分配研究[J].管理评论,2015,27(12):57-64.

③ 马佳,马莹,王建明.基于农民意愿的国家现代农业示范区农地流转对策——以上海浦东新区为例[J].地域研究与开发,2015,34(6):160-165.

了积极向上的文化价值观,为全面建设社会主义现代化城市提供了思想和精神支持。其次,浦东新区在城市建设方面也注重价值规划。浦东新区在城市规划和建设过程中,始终坚持"人本、宜居、绿色、智能"的发展理念,注重保护自然生态环境,营造出优美的城市景观,提供高品质的公共服务。例如,在城市建设中将黄浦江作为"滨水生态廊道"加以打造,将公共文化空间与城市公园相结合,打造出全球独有的城市品牌。这些行动充分体现了对人类文明的尊重和对自然生态的保护。同时,浦东新区在文化传承方面也做出了积极的努力。浦东新区把文化建设纳入经济发展的总体规划,积极加强文化遗产保护与传承,弘扬中华民族优秀传统文化,传承城市历史文化,加深市民对自身文化根脉的认知,激发了广大市民的爱国热情和文化自信心。

浦东新区还大力发展文化创意产业,通过文化产业的发展促进城市的经济持续快速发展。支持浦东高水平改革开放、打造社会主义现代化建设引领区是党中央立足时代特征和现实需要,综合研判国内国际新形势新变化做出的重大决策,有着深刻的战略价值考量。浦东新区打造社会主义现代化建设区,准确把握"引领区"这个主要目标。上海是中国共产党的诞生地,一直承载着重要的责任与使命。党中央支持浦东打造社会主义现代化建设引领区,就是要其在全面建设社会主义现代化国家新征程上,敢为人先、走在前列,承担国家重大战略任务,继续发挥引领作用。这是站在全局高度,聚焦国家战略,把握浦东高水平改革开放的目标、定位和任务。浦东新区打造社会主义现代化建设区,准确把握了"高水平"这个根本要求。浦东改革开放是一项与时代同行的伟大事业,在新征程上,既是继承发扬过去的成功经验做法,又是顺应时代潮流,体现高水平这一要求。高水平的改革体现为系统集成协同高效,浦东率先试出经验,从事物发展的全过程、产业发展的全链条、企业发展的全生命周期出发来谋划设计改革,加强重大制度创新的充分联动和衔接配套,放大改革综合效应。高水平的开放体现为规则、规制、管理、标准等制度型开放,浦东新区提供高水平制度供给、高质量产品供给、高效率资金供给,率先建立开放型经济新体制。发展浦东新区的同时,针对相关问题,提出了一系列有力的支持政策,构筑了高水平改革开放的强力"助推器",为今后进一步深化改革提供了一定的政策借鉴。

浦东新区打造社会主义现代化建设区,准确把握了"战略链接"这个重要功能。构建新发展格局的关键在于经济循环的畅通无阻,通过发挥关键节点作用,形成冲破循环阻塞的强劲动能,进而形成有机统一的强壮肌体。浦东发挥了这样的功能作用,对内带动形成高质量供给,引领创造新需求,推动国内经济大循环更加畅通。对外代表国内先进水平"走出去",打响中国品牌,贡献中国主张、中国智慧、中国方案;将有能力有实力、全球优质人才、技术、资金等要素"引进来",探索出符合我国实际、体现高质量发展要求的路径方式;浦东新区打造社会主义现代化建设区,将成为国内国际要素、产能、市场、规则的双向链接和全球产业链供应链价值链的重要枢纽。

浦东新区打造社会主义现代化建设区,准确把握了积极稳妥这个推进原则。打造社会主义现代化建设引领区是一项长期系统工程,把握好节奏,积极稳妥推进的同时需要发挥上海自由贸易试验区及临港新片区"试验田"作用,浦东新区是将"实行更大程度的压力测试"限定在浦东新区范围内,成熟一项、推广一项,守住不发生系统性风险的底线。

六、世界之维

浦东新区作为中国现代化建设的引领区,其发展过程中不仅注重国内市场的开拓和内部建设,同时也积极融入全球化进程,吸收先进技术、管理经验和人才,通过以世界为视野,完善自身产业体系和市场环境,为中国现代化建设做出了重要贡献。[①] 这种"世界之维"的发挥,在浦东新区的现代化建设中发挥着重要作用。首先,浦东新区在加强国际合作方面不断创新,发挥"世界之维"的优势。作为中国改革开放的重要窗口,浦东新区始终坚持开放战略,不断加强与世界各地的合作,凝聚更多的国际资源和力量,充分利用国际市场和平台,促进本地产业的发展,实现自身的快速进步。同时,浦东新区还积极参与国际组织和活动,推动中国的对外开放进程,扩大中国在国际社会的影响力和话语权。[②] 其次,浦东新区在吸引人才方面也注重"世界之维"的发挥。目前,浦东新区的人才引进工作已开展多年,形成了较为完善的人才政策体系和引才机制,通过多种途径和手段吸引全球优秀人才落户浦东。此外,浦东新区还积极与国际知名的高校、科研机构合作,加强科技创新和人才培养,为浦东新区的现代化建设提供人才保障。最后,浦东新区在推进产业转型升级方面也通过"世界之维"进行拓展。随着中国市场的日益开放和国家政策的逐步放宽,浦东新区加强与国际产业的合

① 汪海,黄汉权,郁建兴,等.全面深化改革的差别化探索[J].改革,2015(11):5—33.
② 曲彬.浦东新区、深圳特区、滨海新区经济金融拉动模式的差异性研究——基于 VAR 模型实证的分析[J].上海金融,2015(9):47—50.

作,掌握国际市场的趋势和规律,不断提升本地企业的核心竞争力。通过引进更多的国际先进技术和管理经验,加速产业升级和转型,实现了从传统制造向创新型服务业转型的变革,走上了可持续发展的道路。

当前,我国已进入开启全面建设社会主义现代化国家新征程,正在昂首阔步向第二个百年奋斗目标进军,以习近平同志为核心的党中央回顾历史、展望未来,在我国区域经济版图上再一次"精准落子",决定支持浦东打造社会主义现代化建设引领区,就是要浦东在新征程上,迎难而上、冲锋在前,勇于挑最重的担子、啃最硬的骨头,发挥"牵一发而动全身"的重要作用。浦东新区打造社会主义现代化建设引领区是加快构建新发展格局的关键一招。当今世界正经历百年未有之大变局,党中央做出加快构建新发展格局的战略部署,是把握未来发展主动权的战略性布局和先手棋。构建新发展格局,必须具备强大的国内经济循环体系和稳固的基本盘,并以此形成对全球要素资源配置的强大吸引力、强大竞争力和强大推动力。经过 30 多年的发展,背靠超大规模国内市场,浦东在科技创新、要素集聚、基础设施、市场体系建设等方面已形成得天独厚的优势。支持浦东高水平改革开放,就是要浦东全力做强创新引擎,深入推进高水平制度型开放,为更好利用国内国际两个市场两种资源提供重要通道,打造国内大循环的中心节点和国内国际双循环的战略链接,牵引塑造我国参与国际合作和竞争的新优势。这也是服务全国大局和带动长三角一体化发展的重大举措。上海是我国最大的经济中心城市和推动长三角一体化发展战略的龙头,浦东承载了上海"五个中心"建设的重要功能。支持浦东高水平改革开放,就是要浦东从根本宗旨、问题导向、忧患意识出发,完整准确全面地把握创新、协调、绿色、开放、共享的新发展理念,探索将新发展理念创造性转化为发展实践的方式路径,构筑区域发展的强大势能,带动上海、进而带动长三角和长江经济带高质量发展,为提升我国经济总体效率注入强劲动力、提供示范样板。①

本章小结

本章主要介绍了浦东新区打造社会主义现代化建设引领区的时代背景和

① 诚信社区建设课题组,于洪生. 城市治理中引入诚信社区建设的可行性研究——上海市浦东新区洋泾街道的调研与思考[J]. 宁夏社会科学,2015(4):93—98.

多维内涵。在时代背景方面,中华民族伟大复兴战略和世界百年未有之大变局为浦东新区的发展提供了契机;国内大循环和国内国际双循环相互促进的新发展格局为浦东新区创造了良好的发展机遇;新时代对改革开放的持续推进为浦东新区提供了前进动力。在多维内涵方面,浦东新区具有语义、历史、文化、创新、价值和世界等多个维度,形成了独特的发展特色。这些维度相互交织,共同支撑着浦东新区的发展路径。

综上所述,浦东新区以其独特的时代背景和多维内涵正成为推动社会主义现代化建设的引领区,并为其他地区提供了可借鉴的发展模式。

第四章

———— ❦ ————

浦东新区打造社会主义现代化建设引领区：
目标取向与价值引领

第一节　浦东新区打造社会主义现代化建设
引领区的目标取向

随着中国经济的不断发展，城市化进程加速推进，城市的重要性也日益凸显。如何打造一个现代化、人性化、生态化的城市，提高城市软实力和品牌形象，成为各地探索和实践的重要课题。[①] 上海浦东新区作为中国改革开放的缩影和大都市发展的代表，从 20 世纪 90 年代开始，就走在了推动现代化建设的前沿。当前，浦东新区正致力于打造社会主义现代化建设引领区，把握历史机遇，抢抓新发展格局的机遇，挖掘潜力、拓展空间、加强创新，顺应时代发展的趋势，围绕国家目标，以"四大面向"为导向，推进现代化建设。在这样的背景下，目标取向和价值引领非常关键。其中，目标取向是指明确建设的方向和目标，解决城市发展的瓶颈和问题。价值引领则指引领城市文明建设，推动城市文化和社会发展。在目标取向方面，浦东新区注重推动创新驱动发展，践行高质量发展。浦东新区坚持以创新为核心，提高科技水平和创新能力，加快转型升级，

---

　① 邓晰隆,叶子荣,赵晖,等.交易成本约束条件下的经济区效率分工规模研究:来自上海浦东新区的数据[J].管理工程学报,2015,29(3):164－171.

加强对雄安新区、长三角、松江科创中心等的联动和互动,促进高质量发展。^①在推进现代化建设方面,浦东新区还注重实现生态优先、绿色发展,推动文明城市建设,融合人文理念,推动社会主义核心价值观传承。在价值引领方面,浦东新区注重文化建设和生态保护。^② 浦东新区通过文化品牌建设、非遗保护等方式,挖掘和发掘浦东的文化资源,推动中华优秀传统文化的传承和创新。通过生态保护和绿色产业的发展,加强生态文明建设和环境治理,实现经济、社会和环境的协调发展。这些努力都体现了浦东新区在价值方向上的引领作用。在未来的发展过程中,浦东新区仍然需要不断加强目标取向和价值引领,深入推进创新驱动发展战略,加强产业和人才引领,开展绿色发展和生态保护,推动城市文化建设,提高城市软实力和品牌形象,推进社会主义现代化建设引领区的建设目标。除此以外,浦东新区还应加强与其他地区的合作和互动,形成全球合作、共享发展的共识,为人民群众提供更好的城市服务和公共产品。这是推动全面建设社会主义现代化国家的战略选择,加快构建新发展格局的关键一招,服务全国大局和带动长三角一体化发展的重大举措。持续发挥各地比较优势、竞争优势和战略优势,分类赋能各区域板块发展新动力,梯次推动优化区域发展格局。在新征程上,既要继承发扬过去的成功经验做法,更要顺应时代潮流,体现高水平这一要求。高水平的改革体现为系统集成协同高效,浦东要率先试出经验。这要求我们按照能放尽放并管好的原则赋予浦东更大的改革发展权,构筑高水平改革开放的强力"助推器"。

一、更高水平改革开放的开路先锋

浦东新区作为中国改革开放的前沿,一直是中国高水平改革开放的开路先锋。在改革开放40多年的历程中,浦东新区始终保持着强劲的发展势头和开创性的实践探索。从1990年浦东新区开发开放,到2005年被联合国授予"最具可持续发展经验城市",再到2010年上海世博会的成功举办,浦东新区一直在不断推进制度换挡、市场化改革和创新发展,成为中国改革开放的生动实践与重要标志。^③

① 纪慰华.试论以上海自贸试验区为契机推动浦东新区政府职能转变[J].经济体制改革,2015(1):80-84.
② 陈金梅,马虎兆.滨海新区与浦东新区、中关村科技园区发展比较研究[J].上海经济研究,2015(1):107-113.
③ 陈鹏.上海浦东新区探索社区委员会模式提升社会治理绩效[J].中国行政管理,2014(10):128.

在更高水平改革开放的大背景下，浦东新区将继续秉承创新、协调、绿色、开放、共享的新发展理念，推进高质量发展，加快构建全面开放新格局，深入推进"四个中心"战略，加强自主创新，推动产业结构优化升级，打造创新驱动的高科技发展核心区。[①] 同时，浦东新区还将加强公共服务体系建设，推进生态文明建设，促进城乡融合和社会和谐稳定，高质量完成全面建设社会主义现代化城市的目标使命。

更高水平改革开放的开路先锋，要求我们加强综合改革的力度，面对制度博弈的世界格局，率先以制度型开放来破冰破局。坚持系统观念，加强改革举措的有机衔接和融会贯通，推动各项改革向更加完善的制度靠拢。从要素开放向制度开放全面拓展，率先建立与国际通行规则相互衔接的开放型经济新体制。在浦东全域打造特殊经济功能区，加大开放型经济的风险压力测试。

浦东开发开放的显著成就与生动实践给予我们深刻的启示。没有思想上的破冰，就难以在改革上突围；没有敢闯敢试的担当，就难以闯出发展的新路；没有坚持扩大开放，就难以提高"引进来"的吸引力和"走出去"的竞争力；没有对创新的执着追求，就难以在新一轮科技革命和产业变革中赢得主动权。

中国改革开放的"浦东样本"更是在向未来宣示：党的十一届三中全会以来形成的党的基本理论、基本路线、基本方略是完全正确的；改革开放是坚持和发展中国特色社会主义、实现中华民族伟大复兴的必由之路；改革发展必须坚持以人民为中心，把人民对美好生活的向往作为我们的奋斗目标，依靠人民创造历史伟业。[②] 迈进新的发展阶段，全面建设社会主义现代化国家任务艰巨。新征程上，浦东正在找准新定位、明确新使命，将自身发展放在"两个大局"中谋划，放在构建新发展格局中考量。作为更高水平改革开放的开路先锋，还要勇于挑最重的担子、啃最硬的骨头，特别是要努力成为国内大循环的中心节点和国内国际双循环的战略链接，力争在做强创新引擎、加强改革系统集成、深入推进高水平制度型开放、增强全球资源配置能力、提高城市治理现代化水平等诸多方面实现新突破、形成新成果。

新时代的浦东必将以更亮丽的新作为、新成就，展现新气象，创造新奇迹。

---

① 邰鹏峰.产业转型升级对外来人口调控作用研究：以上海浦东为例[J].现代管理科学，2014(9)：81－83.

② 孟强.法学视角下的浦东综改：经验、困局及其破解[J].法学，2014(8)：36－41.

二、自主创新发展的时代标杆

自主创新发展的时代标杆，要求我们打好关键核心技术攻坚战，为全国提供高水平科技供给，充分发挥新型举国体制的制度优势和超大规模市场优势，找准政府和市场在推动科技创新、提升产业链水平中的着力点，建设国际科技创新中心核心区，增强自主创新能力，强化高端产业引领功能，带动全国产业链升级，提升全球影响力。[1]

创新离不开海纳百川的开阔胸襟。第一个金融贸易区、第一个保税区、第一个自由贸易试验区及临港新片区……一系列"第一"令人印象深刻。这背后，是一次次大胆试、大胆闯、自主改的突破。历史和现实充分证明，因循守旧、自我重复实现不了创新，关起门来搞不了创新，打好关键核心技术攻坚战、加速科技成果向现实生产力转化、提升产业链水平，尤需高水平改革开放带来的源头活水。正是对"站在地球仪旁思考浦东开发"理念一以贯之的坚守，浦东新区才能为全球开放合作与互利共赢注入源源不断的信心与活力。[2]

勇于创新需要气魄，善于创新需要思路。在浦东新区，创新是一种发展方式，也意味着一种思维方式。比如，针对以往重大市政工程项目建设推进慢的问题，当地创新建设项目资源性指标统筹机制，将市、区重大工程储备周期由原来的 730 天以上缩短至 295 天以内。无论是"老大难"问题，还是发展中面临的新问题，唯有因地制宜、锐意创新，才能探索出行之有效的解决办法。当创新融入城市血脉、成为鲜明气质，就能激活高质量发展因子、不断释放发展新动力，推动城市提升综合能级、赢得竞争优势。[3]

走在创新前沿的上海浦东，是观察今日中国的一扇窗口。过去 30 多年，浦东引领开放风气之先，积攒了"敢跟全球顶级水平对话"的底气；面向未来，这片土地挺立时代潮头，怀抱"对标国际最高标准、最好水平"的志向。奋进新征程，勇于挑最重的担子、啃最硬的骨头，浦东新区一定能书写新的辉煌篇章，更好向世界展示中国理念、中国精神、中国道路。

---

① 黄时进. 耗散结构理论在科学传播实践中的应用——基于上海浦东新区的实证研究[J]. 系统科学学报，2014，22(3)：67－71.

② 张爱民，陈涛琴，袁鹏程. 非营利组织财务治理与财务信息披露关系的研究——基于上海浦东新区的小规模问卷调查研究[J]. 华东理工大学学报：社会科学版，2014，29(3)：45－51.

③ 毛媛媛，丁家骏. 居住区环境与犯罪行为关系研究——以上海市浦东新区居住区为例[J]. 城市发展研究，2014，21(4)：78－85.

三、全球资源配置的功能高地

全球资源配置的功能高地，要求我们抓住高能级战略平台建设的机遇，打造全球性资源配置的"引领地"，以服务共建"一带一路"为切入点和突破口，积极配置全球资金、信息、技术、人才等要素资源，打造上海国际金融中心、贸易中心、航运中心核心区，强化服务实体经济能力，率先构建高标准国际化经贸规则体系，打造我国深度融入全球经济发展和治理的功能高地。[①]

资源配置能力，是衡量开放的标尺，更是高水平开放的基石。而全球资源配置中心功能的核心，正是金融资源的配置。这一点，浦东有基础。13 家金融要素市场和基础设施平台、1 100 家中外持牌金融机构集聚，浦东已然使上海成为全球金融要素市场最完备、交易最活跃、市场最具活力的区域之一。对活跃于浦东的跨国企业来说，引领区金融基础设施和制度的完善，则是企业立足上海调配全球资源，加大投入做强企业总部功能的一根重要标尺。

2011 年在浦东设立地区总部的科思创集团，主营业务覆盖汽车与交通、建筑、家具与木材加工、电子、电气与家电等行业，是上海认证的第一家跨国公司全球总部。2020 年，科思创集团将位于金桥的地区总部升级为集投资、管理、经营和研发于一体的多功能复合型综合性地区总部，全新的亚太区创新中心、会计共享服务中心、IT 中心、全球采购亚太中心等均位于其中，企业对投资中国、投资上海浦东的信心可见一斑。即便是老牌国际金融中心伦敦，今天仍铆足劲推进欧洲人民币离岸中心建设。眼下，浦东引领区将率先探索资本项目可兑换实施路径，构建以人民币资产全球配置为核心的国际金融资产交易平台，同时试点允许合格境外机构投资者使用人民币参与科创板股票发行交易，在专业人士看来，这一系列在"近未来"就会实现的先行先试，将逐步补齐上海金融体系的要素短板。

四、扩大国内需求的典范引领

扩大国内需求的典范引领，要求我们打造面向全球市场的新品首发地、引领消费潮流的风向标，建设国际消费中心，着力创造高品质产品和服务供给，不断提升专业化、品牌化、国际化水平，培育消费新模式新业态，引领带动国内消

---

① 陈静静. 公办学校在随迁子女教育中的主体责任及其实现——以上海市浦东新区为例[J]. 教育科学，2014,30(2):63—68.

费升级需求,打造面向全球市场的新品首发地、引领消费潮流的风向标,建设国际消费中心。[①]

浦东在布局购物领域时有一个目标,即让消费者到浦东就能找到心仪产品,买到全球优质商品。浦东已经形成一批高端品牌集聚的商业地标和商圈。第三方机构统计数据显示,世界百强零售商已有30家进入浦东,国际知名高端品牌集聚度超过90%。浦东还主动承接进博会相关资源,推动展商变投资商、展品变商品,针对酒类、钟表等消费品,打造了一批进口贸易服务平台,建设了一批国别馆。英国的玩具、智利的红酒、巴西的咖啡豆等陈列于浦东的森兰商都"一带一路"国别汇里,日本、西班牙等20余个国家和地区的特色馆也汇聚于此,这是上海自贸试验区国别(地区)中心在自贸试验区外的首个落地项目。这里既集合了全球多种特色商品,同时还配置了4D飞行影院、直播空间等设施,市民不仅能"买全球",还可以欣赏草地音乐会、玩皮划艇等。浦东推出全球消费品牌集聚计划,正吸引更多国际国内知名品牌商和零售商入驻。浦东新区打造国际消费中心的目标,要和"扩大国内需求的典范引领"这个战略结合起来,远不止"卖东西"这么简单。[②] 消费包括生活性服务和生产性服务。生活性服务,要强调与长三角地区的统筹,包括优质教育、医疗、养老、文化等,目标是提高均衡化和优质化水平,促进长三角地区共同的美好生活,这是长三角一体化国家战略的应有之义。而生产性服务,是体现城市经济密度和核心竞争力的最重要内容。如果说生活性服务"留"人,那么生产性服务更多是让高能级的资源要素通过上海这个码头,自由、便利、增值地流动起来。

作为中国改革开放先行的试验区,浦东新区依托先行先试的政策优势,得天独厚的区位优势,较为完备的产业体系,集聚了各类总部,形成了多层次宽领域的总部经济的生态圈,也成为国内外总部经济的高地。同时为了强化"买全球、卖全球"的贸易功能,发挥消费集聚示范作用,浦东新区还将充分挖掘大型展览博览、大型文体赛事活动、大型旅游项目对消费的促进带动作用,用好外国人过境免签政策,有针对性地推出旅游线路和购物活动,积极拓展入境和过境消费。拓展离境退税商店覆盖面,优化境外旅客购物离境退税服务,促进国际消费便利化。

① 朱仲敏. 论区域教师发展支持系统的建设——基于上海市浦东新区的改革实践[J]. 中国教育学刊,2014(3):18—21,62.

② 张波,陆沪根. 探索基层党建新模式:基于社会组织购买党建服务研究——以上海市浦东新区塘桥街道为例[J]. 湖湘论坛,2014,27(2):40—44.

五、现代城市治理的示范样板

现代城市治理的示范样板，要求我们打造宜居宜业的城市治理样板。[①] 构建系统完备、科学规范、运行有效的城市治理体系，提升治理科学化、精细化、智能化水平，提高应对重大突发事件能力，完善民生发展格局，延续城市特色文化，打造宜居宜业的城市治理样板。这意味着要"率先构建经济治理、社会治理、城市治理统筹推进和有机衔接的治理体系"；意味着治理手段、治理模式、治理理念的变革和创新；意味着以治理为依托和路径，实现硬实力和软实力相互赋能、牵引和转换，互融互生。

在城市治理领域打造示范样板，首先必定是蕴涵全生命周期理念的智慧之治，以一种科学化、精细化、智能化的路径为基。新近发布的浦东新区"城市大脑"升级版推出全面融合三大治理要素的 10 类 57 个智能化应用场景，在全市范围构建起"三大治理"统筹推进和有机衔接的治理体系。物业管理、垃圾分类、医疗机构、养老服务、智慧气象、渣土治理和群租治理等，在算法算力的充分释放下，实现了全周期监管，根据问题精准发力。

其次，这样一种样板的内核一定是不断深化改革开放而实现"红利溢出"的制度之治。[②] 用制度守牢底线，增强城市韧性。更以制度之治，转化为市场主体和人民群众有获得感的实际成效。比如，以最先进的制度规则来保护最活跃的科技、文化、金融创新，让各类要素竞相交汇涌流，营造出更丰富多彩的城市生态和神态。

再次，这样一种样板，一定是把最好的资源留给人民的民本之治，全面提升人民群众的生活品质、公共服务品质、美丽家园品质等，实现人与人、人与自然的和谐共生。小陆家嘴滨江"C 位"的浦东美术馆在城市天际线下演绎着诗意之美；临港新片区加快提升绿林湿生态空间品质与功能复合，建设公园城市、海绵城市；养老智能应用率先遍地开花，打开数字"养老地图"，各类养老机构、养老服务精准适配，更好服务民生。今后将持续做优做强"家门口"服务体系，织密"15 分钟服务圈"，推进 18 个民心工程、35 项民生实事。

① 毛媛媛，丁家骏.抢劫与抢夺犯罪行为时空分布特征研究——以上海市浦东新区为例[J].人文地理，2014,29(1):49—54.

② 陈丰.医务女性人才现状与发展对策研究——基于上海浦东新区的调查[J].华东理工大学学报：社会科学版，2014,29(1):96—101,116.

这个现代城市治理的示范样板,更将充分践行"人民城市"重要理念,成为人们心之所在的故园,也是人们奋斗当下的乐土。

第二节　浦东新区打造社会主义现代化建设引领区的价值引领

一、政治方面的价值引领

支持浦东新区高水平改革开放、打造社会主义现代化建设引领区是党中央、国务院着眼于构建以国内大循环为主体、国内国际双循环相互促进的新发展格局做出的重大战略部署,是更好地向世界展示中国理念、中国精神、中国道路的重要举措。[①]

中国不仅是贸易大国,也是国际多边经济组织的重要参与国。后金融危机时代,中国在全球经济治理中的地位与角色有了明显的改善,以中国为代表的新兴经济体在国际货币基金组织(IMF)中的投票权进一步提高,中国参与全球经济治理的能力也在进一步增强。但是,中国在国际经济中的投票权上升应主要归功于经济发展的水平和总量,而中国在国际经济领域的制度功能、制度规范等层面却没有做出应有的贡献。[②] 从中国在国际能源市场中的定价权缺失、中外贸易摩擦等事件中可以看出,中国在国际经济领域缺乏与之相匹配的话语权。另外,美欧正通过 TTIP、TPP、TISA 以及 BIT 等各种努力,企图通过在货物贸易、服务贸易、投资领域等方面争夺 21 世纪的贸易投资新规则制定主导权。[③] 只有掌握了标准、规则的制定权,才能在国际经济合作和竞争中占据主动。因此,中国等新兴经济体迫切希望参与国际经贸领域规则的制定,以避免陷入被动的境地。受到国内产业结构、社会政治经济制度、发展水平等诸多限制,在政府管理、经济体制等方面,中国与世界高标准的经贸规则还存在一定的差距,建立在市场经济基础之上的自由贸易政策正日益要求中国实现变革,中

---

① 张波."镇管社区"治理模式的生成逻辑与运行机制研究——以上海市浦东新区为例[J].科学·经济·社会,2013,31(4):148—152,157.

② 桂家友."镇管社区"体制下社区委员会运行机制的探讨——以上海市浦东新区华夏社区为例[J].兰州学刊,2013(11):129—133.

③ 陈奇星,徐逸伦.建立健全基本公共服务体系:浦东的实践与思考[J].上海行政学院学报,2013,14(5):48—55.

国迫切需要通过国内政治经济改革来适应未来不断变化的国际经济和贸易形势。

鉴于以上国际背景，中国力图以建设上海自贸区为契机，为国际贸易与投资新规则、新标准先行先试、积累经验，为将来加入 TPP、TISA 谈判以及中美和中欧 BIT 谈判、中国的 FTA 战略等提供支持，以应对美国的新地缘经济战略，同时也为中国参与全球经济治理、国际经贸新规则制定提供支撑。[①] 坚持试点先行和全面推进相促进，是我国改革开放非常重要的一条经验。浦东开发开放的成功，为全国深化改革、扩大开放提供了可复制、可推广的制度创新经验，最大限度发挥了国家战略先行和政治示范引领的重要作用，为全国自贸区建设和新时代深化改革、扩大开放提供了大量可复制、可推广的成果，发挥了敢闯敢试、先行先试的排头兵作用。

二、经济方面的价值引领

浦东的一大"法宝"即金融先行。浦东是包括上海国际金融中心建设在内的"五个中心"建设的核心功能区，是中国金融市场最活跃的地方。[②] 国家赋予浦东"打造社会主义现代化建设引领区"的时代新任务，一个至关重要的"引领"，无疑是要进一步完善金融市场体系、产品体系、机构体系、基础设施体系，发展人民币离岸交易、跨境贸易结算和海外融资服务，建设国际金融资产交易平台，将浦东打造成全球产业链供应链价值链的重要枢纽。[③] 因此，在经济全球化遭遇逆流的大变局下，浦东扩大开放的重点将更为深刻——更加注重规则、规制、管理、标准等制度型开放，更加注重增强对全球产业链供应链价值链的吸附力、掌控力、引领力，以助力整体突围。浦东被选取作为改革开放现代化建设引领区后，极大推进上海迈向全球一线城市。随着自贸试验区、科创中心主体承载区域落在浦东，各类重大改革事项大多于这片热土上先行先试。上海自贸试验区 328 项"可复制可推广"的新制度推向全国，浦东依托自贸试验区建设，对标最高标准、最好水平，推动政府职能转变，释放企业和市场活力，打造国际一流营商环境。

---

① 孙磊，孔燕萍.反思与重塑：国际金融中心背景下多元解纷机制构建之实证探索——以浦东新区人民法院金融案件审理情况为研究范本[J].法律适用，2013(7)：113—116.
② 谢忠平.上海浦东新区中学英语作业状况调查及对策[J].中国教育学刊，2013(S1)：12—14.
③ 范晓莉，郝大江.区域制度创新与经济增长的灰色关联分析——以上海浦东新区综合配套改革试验区为例[J].经济经纬，2013(3)：7—13.

一方面,在基本建成上海国际金融中心的基础上,进一步构建与上海国际金融中心相匹配的离岸金融体系。①《中共中央 国务院关于支持浦东新区高水平改革开放打造社会主义现代化建设引领区的意见》(下称《意见》)要求"支持浦东在风险可控的前提下,发展人民币离岸交易"。在浦东打造人民币离岸交易中心,对于上海金融"补短板"、汇聚全球资本意义重大。

另一方面,在临港自贸新片区政策支持基础上,加码赋予浦东更广泛、更高程度的开放空间,将极大增强上海的全球资源吸附力、竞争力。②《意见》指出,"在浦东全域打造特殊经济功能区"。这意味着,浦东在税收优惠、投资自由、取消不必要的贸易监管、许可和程序要求等方面,实现了制度性突破,加之已获得"制定法规的权力",政策供给力度空前。

中国经济的竞争力、经济的规模以及经济的韧性,可以较好地吸收开放所可能引发的一些风险。同时,风险中也蕴含机会。一个没有风险的金融市场是不存在的,也是没有免疫力的。加大金融开放,对上海国际金融中心建设来说,机遇大于风险。我们要做的是,防止大的金融风险对金融体系的系统性影响,守住不发生系统性金融风险的底线。要降低金融开放导致的金融风险,说到底是要推进金融体系的现代化进程。

三、社会方面的价值引领

由于历史和现实的原因,国内大多数城市的领导普遍认为,一个城市的发展首先应该强调经济的增长,其次才是社会建设与社会发展,因此"先经济、后社会"往往成为城市发展的主要战略选择。③ 但实际上,发展经济学的观点表明,经济增长有时候并不一定会主动地促进社会的发展,存在"无发展的增长"现象,经济增长只是社会发展的必要条件而非充分条件。根据经济增长与社会建设之间的内在逻辑关系,浦东新区的开发开放,在社会建设历程及其实效方面显著。

浦东新区从开发开放初期开始,领导者高度重视社会建设的内容,始终强调浦东新区开发开放不仅是经济大开发,也是包括社会在内的综合性开发开放,浦东开发开放使浦东地区的农村迅速向城市化发展,不仅要有市政基础设

① 段春艳,尤建新.地方政府财政科技投入绩效评价研究——以上海浦东新区为例[J].华东经济管理,2013,27(5):141—144.
② 洪文斋.这里的党旗迎风飘扬——上海浦东新区非公企业党建调研[J].求是,2013(3):51—53.
③ 郑德高,陈勇.后金融危机的浦东新区转型研究[J].城市规划学刊,2012(S1):6—10.

施建设的内容,也要有社会发展方面的内容,特别是文化设施和人的精神面貌。① 浦东新区各开发公司的开发规划包括文化、教育和医疗等内容,正是因为从新区开发开放的第一时间起,主要领导不断地强化和强调社会事业建设的重要性,并将这一思想和理念贯穿在每个开发阶段,才促成了新区当前较为辉煌的社会建设成就。② 与此同时,需要提及的是,浦东新区在社会建设过程中,按照时代发展的要求,始终坚持解放思想、不断创新的精神,尤其是 2005 年以来在综合配套改革战略引导下,通过发挥各领域在全国改革"先行先试"排头兵的作用,为大胆推动、不断取得重大社会建设成就提供了坚强的思想动力源泉。③

　　浦东新区开发开放 30 多年的社会建设历程,实际上就是一个"摸着石头过河"的过程,没有成熟的经验可以借鉴,需要自己不断地探索适合于浦东实际的发展道路和模式。这种情况就决定了浦东新区的社会建设,从一开始起就高度重视科学研究和社会调查的作用,充分发挥战略规划的引领作用。浦东新区通过科学理性分析,做出具有方向性、长远性、现实性的战略规划与操作方案,避免社会建设走很多弯路,促进社会建设的超常规发展和科学有序推进,是我国社会建设取得的重要经验之一。④ 跟西方市场经济国家不同的是,中国的社会建设实际上就是不断转变政府职能,摆脱全能政府和无限政府完全统治社会、控制社会的传统模式,进而培育和扩大社会成长空间、扩大社会管理自主权的过程。据此,能否持续而有效地推动政府职能转变、不断深化政府管理体制改革,从而构建"小政府、大社会"格局,就成为中国社会建设的关键和要害所在。而浦东的实践充分表明,扎扎实实地推进政府职能转变,通过构建"小政府、大社会"格局,构建符合现代市场经济体制要求的公共服务型政府,为社会成长创造和提供最有利的环境和条件,是成功推进社会建设的重中之重。这是浦东新区社会建设取得的重要经验之一,也是重要的价值引领。

四、文化方面的价值引领

　　近年来,浦东推出多种措施撬动社会力量参与公共文化建设,并制定出台

　　① 李宇宏,张显东.上海浦东新区服务贸易发展及创新突破实践[J].华东经济管理,2012,26(10):40－45.
　　② 陆勇峰.集体建设用地流转试点背景下的村庄规划实践——以浦东新区合庆镇春雷村规划为例[J].城市发展研究,2012,19(9):125－128.
　　③ 袁明智,武俊奎.浦东新区劳动力需求规模及人口结构分析与预测[J].西北人口,2012,33(5):34－40.
　　④ 杨洪涛,刘亮.浦东新区开发开放政策及竞争优势演变分析[J].华东经济管理,2012,26(9):1－5.

了《向社会力量购买公共文化服务实施意见》，构建了引入社会力量参与文化建设的财政保障机制，不少浦东文化品牌由此应运而生。① 从无到有，从有到优，不仅成为市民享受文化滋养的最佳平台，更是浦东探索文化创新、寻求机制突破的试验田。在艺术节中，新区政府甘当"幕后英雄"和"支撑力量"，灵活运用政府购买、项目激励、资本引导等方式，搭起文化舞台吸引众多社会文化机构和团体参与，鼓励专业的文化团队和市民担当文化活动的主角。例如，在 2015 浦东文化艺术节中，新区政府仅以 500 万元的投入，撬动了社会资金超过 7 000 万元支持，有效放大了公共文化的溢出效应。首届艺术节有 17 个重点项目和特色板块，百场演出吸引逾百万观众参与。无论是陆家嘴的青年白领，还是外来建设者和农村地区的市民，都在这场艺术盛典中感受到文化带来的快乐。② "对于文化资源，浦东不是推销存量，而是以需定供；不是几个部门牵头打造，而是提供平台，邀请全社会共同参与。"过去的几年里，在文化场馆的建设中，社会力量也在浦东发挥着越来越大的作用，全新的民营文化场馆不断涌现。全国最大的私人美术馆——龙美术馆、上海 21 世纪民生美术馆、喜玛拉雅美术馆、震旦博物馆、上海观复博物馆如同一颗颗耀眼的明星，让浦东的文化版图越来越丰富厚重。

　　"今日浦东不仅有经济发展的速度、城市建设的高度，也有了文化发展的温度。"过去的几年里，浦东举全区之力，成功创建"国家公共文化服务体系示范区"。③ 不断提升公共文化服务水平，推进城乡一体化，浦东不搞简单的同质化，而是因地制宜，根据适配人群结构和区域文化背景来推进。浦东的 36 家街镇文化活动中心已全部实现社会化、专业化管理。这意味着，浦东的社区公共文化服务已经完成了一个重要的转变：从以往的政府直接管理，到如今的"管办分离"，更有利于街镇文化单位推出更多样、更对味的文化大餐，满足市民日益增长的文化需求。翻开浦东的区域文化版图，区域特色愈发鲜明：位于金融区里的陆家嘴文化活动中心为白领开出了时尚的击剑馆，位于联洋国际社区内的花木社区文化中心则为外籍居民度身定制中华民俗文化活动，位于浦东中部的周浦则兴建了沪上首家镇级美术馆——周浦美术馆。浦东 36 个街镇不仅消除了

　　① 朴银哲，安虎森. 我国综合功能开发区创新型发展模式探索——浦东新区与滨海新区开发模式比较分析[J]. 求索，2012(8)：1—4，174.
　　② 林凌，刘世庆，许英明，邵平明. 沿海三城新区自主创新实践及其对天府新区建设的启示[J]. 软科学，2012，26(7)：18—22.
　　③ 薄文广，谭鑫. 后危机时期我国产业发展的区域布局——浦东新区与滨海新区的对比及对鄱阳湖生态经济区的借鉴意义[J]. 江西社会科学，2012，32(5)：51—57.

文化布局盲点，更以丰富多元接地气的文化特色服务，实现了有的放矢精准投放，备受当地居民追捧。[①]

浦东对于长三角的辐射引领作用大多体现在科技创新、金融服务、政策改革等方面。接下来，浦东有望在文化"软实力"上，进一步凝聚区域力量，对内，推动长三角公共文化高质量发展，对外，向世界输出江南文化。30多年过去，时代风云变幻，上海的城市格局和国际地位也大大改变，浦东新区打造社会主义现代化建设引领示范区，文化脉络将与现代化进一步融合，在世界传递更强的声音。

五、生态方面的价值引领

伴随着浦东开发开放，30年来，浦东生态文明建设可分为三个阶段：第一阶段（1990—2000年），浦东率先开放、快速发展。此阶段内浦东生态环境保护工作负重前行谋突破，绿化面貌开始大发展，污染物总量开始削减，水环境治理取得一定成效。第二阶段（2001—2012年），浦东以开放促改革、全面开发建设。此阶段内浦东生态环境保护工作阔步迈进新时代，注重解决城市重点环境问题，从强调总量控制到环境质量提升，全力打好生态环境保护攻坚战。第三阶段（2012年至今），浦东全面深化改革、创新转型发展。党的十八大提出大力推进生态文明建设，生态文明和环境保护正以前所未有的力度加快推进。此阶段内浦东生态环境保护工作开始步入系统化轨道，着力建设生态之城，环境质量不断改善，迈向绿色发展阶段。通过多年的努力，新区污染物排放量逐年递减、产业能耗不断下降、基础设施建设日益加快、城乡环境面貌明显改观、环境管理能力显著提升，各项环境指标不断向好，全区环境质量状况有了较大幅度的改善。[②]

优美的绿化生态环境是群众幸福感、获得感的重要体现。为此，浦东迎难而上，探索多样立体的绿地建设途径，加大部门协调完善体制机制保障，不断加强绿林集约利用建设，进一步优化绿林生态效益。由此，浦东重点推进实施了多类重大工程项目，涉及造林工程、生态廊道建设工程、生态公益林建设和经济果林建设工程、外环生态专项工程、中心城周边楔形绿地工程、中心城内及环外集建区公共绿地建设工程、公园绿地改造提升工程等。

---

①　陈奇星，方卿.行政问责制：浦东的实践与思考[J].上海行政学院学报，2012，13(3)：38-45.
②　张文礼，牛成春.兰州新区公共服务体系建设策略研究[J].甘肃理论学刊，2012(2)：126-130.

我们可以看到:浦东加强土壤污染修复治理,有效保障农产品质量和人居安全;全面实施清洁空气行动计划,进一步提高空气质量优良率。推动绿色低碳循环发展,严格产业准入,完成低端污染行业整体退出,完成全区中小燃油、燃气锅炉提标改造;控制能源消费总量、改善能源消费结构,深入推进金桥、临港低碳发展,支持世博园区、国际旅游度假区、前滩建设低碳发展实践区,推广合同能源管理等市场化节能方式,持续降低万元增加值能耗;大力推动资源综合利用,提升循环经济水平。倡导绿色低碳生活方式,全面推行生活垃圾分类,鼓励公共交通、新能源汽车、自行车等绿色出行方式,推广装配式建筑和全装修住宅,提高全民生态文明意识,浦东瞄准建设"生态之城"的目标,使出"不动摇、不松劲、不开口子"的韧劲。浦东通过法规制度、机制体制、资金投入、建设用地、科技能力和社会参与等保障措施,全力推进生态环境建设各项工作。例如,加大区域在水、大气、土壤等重点领域的执法力度,专项执法与"双随机"执法检查并举;探索通过诉讼等方式对造成环境污染或生态损害的单位追究环境生态损害赔偿责任;探索建立减排市场机制,探索通过绿色信贷、环境保险、节能减排的补偿性和约束性税收政策等实现减排的良性循环。浦东坚持绿水青山就是金山银山,坚持良好生态环境就是最普惠的民生福祉,全力推进生态文明建设,为社会主义现代化建设提供了生态方面价值引领。[1]

本章小结

本章主要介绍了浦东新区打造社会主义现代化建设引领区的目标取向与价值引领。在目标取向方面,浦东新区的目标包括成为更高水平改革开放的开路先锋、自主创新发展的时代标杆、全球资源配置的功能高地、扩大国内需求的典范引领和现代城市治理的示范样板。这些目标旨在推动浦东新区成为国家现代化建设的引领区。

在价值引领方面,浦东新区在政治、经济、社会、文化和生态等方面发挥着重要的价值引导作用。浦东新区通过政治方面的引领,推动社会主义制度优势发挥到极致;经济方面的引领,提升核心竞争力;社会方面的引领,促进社会公

---

① 王佳宁,罗重谱. 国家级新区管理体制与功能区实态及其战略取向[J]. 改革,2012(3):21—36.

平和谐发展；文化方面的引领，构建具有本土特色和国际影响力的文化体系；生态方面的引领，保护和恢复自然生态环境。

综上所述，浦东新区以其独特的明确的目标取向和全面的价值引领，正成为推动社会主义现代化建设的引领区，并为其他地区提供了可借鉴的发展模式。

第五章

浦东新区打造社会主义现代化建设引领区：
建设规划与发展现状

高水平打造社会主义现代化建设引领区需要浦东新区政府立足于中华民族伟大复兴的战略全局,承担好浦东新区打造社会主义现代化建设引领区的历史使命,从政治、经济、社会、文化等方面全面部署,积极探索发展建设经验,切实发挥好浦东新区在社会主义现代化建设过程中的引领作用。因此,本章试图从科技创新、集成改革、制度型开放等七个方面为打造社会主义现代化建设引领区擘画宏伟蓝图,并理清以上方面当前发展所获得的主要成果,从全局性谋划与整体性战略设计的层面为浦东新区高水平打造社会主义现代化建设引领区指明前进方向。

第一节　浦东新区打造社会主义现代化
建设引领区的建设规划

一、全力做强创新引擎的建设规划

科技创新是城市发展的内在灵魂,同时也是城市高质量建设的第一引擎。自主创新作为打造社会主义现代化建设引领区的"前沿阵地",需要浦东新区不断加大技术研发投入,加快打造世界级创新产业集群,深入推进科技创新体制改革,进而提高科研成果向现实生产力转化效率,为提升城市科研创新能力,打造社会主义现代化建设引领区注入了强劲动力。

（一）不断加快关键技术研发

技术创新是浦东新区经济社会高质量持续发展与经济规模迅速增长的重要途径。因此,建设社会主义现代化建设引领区,打造自主创新新高地的关键任务就是加快关键核心技术的研发与攻关。为此,浦东新区主要通过以下途径,提升区域创新技术研发能力。

一是持续增加科技研发经费投入,激活技术创新活力。科技研发经费是推动产业关键技术攻关的重要保障与支撑,充足且可持续的科技研发经费投入能够有效提高科技活动开展的效率、效益与效能。一方面,浦东新区政府将积极落实科技研发经费投入与管理的相关制度、政策与规划,切实发挥科技研发经费对科技创新的赋能作用。另一方面,浦东新区政府将进一步"简政放权",不断优化全社会研发经费支出结构与管理程序,优先解决科技研发经费"报销难"问题,提高科技研发资金使用效率,推动科技研发经费由"用得好"向"更好用"转变,切实发挥好科技研发经费投入在科技创新中的保障性作用,为关键技术研发持续"增力"。

二是以张江综合性国家科学中心为科创主阵地,助力提升科技创新策源能力。一方面,浦东新区政府未来将紧紧围绕科技强国行动纲要,深入开展新一轮的张江综合性国家科学中心"扩区提质增效"工程,加快布局国家科技创新基地,在张江国际科学城聚集、建设一批高水平、高层次的科学研究机构,推动张江国际科学城发展与建设对标国际一流水平科学城。另一方面,浦东新区的创新策源能力指的是该地区能够把握未来科技创新发展趋势,落实科技创新理念,成为科技创新与技术研发引导者的能力与素养,同时也集中体现了浦东新区的原始创新能力。[①] 因此,浦东新区政府将以政府为主导,高校为支撑,企业为载体,积极发挥企业、科研院所、高校自身优势,不断打通"政用产学研"协同创新渠道,以"源"促"策",进一步完善"科技创新—技术突破—产品研发—企业发展"科技创新链,提升科技创新链全过程效能,促进浦东新区的科技创新策源能力不断提高。

三是全方位、多领域加强国际科技创新合作,积极融入全球科技创新网络。"孤举者难起,众行者易趋",提高浦东新区科技创新能力离不开科技创新合作

[①]　陈光. 面向 2035 年加强从 0 到原始创新的措施[J]. 中国科技论坛,2020(8):1.

的支持。浦东新区政府将主动与多个国家与地区搭建科技合作关系，积极牵头组织、参与各领域的国际大科学计划与大科学工程，主动承接国家重大科技专项，在科技创新合作共赢、优势互补的过程中，提高浦东新区科技创新能力。

（二）积极培育世界级产业集群

培育浦东新区世界级产业集群能够有效打通社会再生产各个环节中所存在的"堵点"，进一步完善以国内大循环为主体、国内国际双循环相互促进的新发展格局。浦东新区未来将以数字经济、信息技术服务与智能装备制造为产业特色，积极培育集成电路制造业、生物医药制造业与人工智能业三大世界级产业集群。

一是推进集成电路产业高质量发展。首先，增强集成电路产业创新能力。以张江国家实验室与重大科技基础设施为依托，统筹各类集成电路研发和转化功能性平台、高等院校和企业，在集成电路产业高质量发展与技术创新中积极发挥战略支撑引领作用。其次，增强集成电路产业链可控能力。浦东新区政府将进一步推进集成电路产业"强链育链延链"提升工程，推动重点龙头企业担当"链主"，积极回应全球市场需求，引领先进集成电路产业制造工艺技术发展，加快构建集设计、制造、封测、应用为一体的世界级集成电路产业集聚区。最后，优化集成电路产业顶层设计。引导集成电路产业集中优势资源，遵循"以点带面"发展策略，着重突破技术薄弱环节，助力集成电路产业实现整体突围，不断提高浦东新区世界级集成电路产业在国内与国际的竞争力与影响力。

二是加强生物医药产业创新能力。包含技术、组织、制度在内的综合创新因素是推动生物医药产业发展的关键因素。[①] 因此，打造世界级生物医药产业集群离不开生物医药产业与政府的协同创新。浦东新区政府未来将一方面进一步加强生物医药产业与浦东新区科技创新基础设施之间的联系，以浦东新区南北科技创新走廊为依托，持续推进生物医药产业创新发展；另一方面在产业用地供给、资金、人才、政策等方面对生物医药产业发展给予优先支持，积极打造生物医药产业创新生态圈。

三是不断提高人工智能的应用覆盖范围与赋能深度。浦东新区政府未来将加快建设具备基础设施完备、科学技术先进、场景应用广泛、产业生态良好等特征的新一代人工智能产业发展体系。利用人工智能相关产业优势，以政府为

---

① 李巧，董绍辉. 生物医药产业发展关键因素识别研究[J]. 河北学刊，2018，38（3）：198—202.

主导，围绕社会经济发展，积极面向社会征集"人工智能＋"的应用场景需求，主动拓宽人工智能供需对接合作渠道，引导多元社会主体开展多层次、宽领域的人工智能赋能场景创新，提高人工智能在制造、医疗、交通、城市管理等方面的开放层次，进而推动人工智能技术创新与应用和实体经济之间的深度融合发展。

（三）深化科技创新体制改革

以科技创新引领经济社会高质量发展的关键在于进一步深化科技创新体制改革，释放创新活力，以科技创新产业链的高质量发展催生浦东新区发展新动能、塑造新优势。未来，浦东新区将从以下方面不断深化科技创新体制改革。

一是进一步优化创新创业生态环境，疏通从科学研究到成果转化过程中的痛点、堵点及难点；建立以市场需求为导向，政府为引导，高新技术企业为主体，科研机构参与的"政用产学研"深度融合式科研创新产出机制，促进科学研究与成果转化需求发生良性互动，提升科技成果转化效率与成功率。

二是积极探索科技创新多元投入机制，鼓励社会资本参与科研投资。浦东新区政府未来将通过资助、补贴、税收减免、科技创新股权投资等直接、间接的科研经费投入方式，加强科研经费投资力度，加大政府对社会资金投入的指导与鼓励力度，有效发挥科技创新类引导基金的杠杆效应，在建立社会资本投入回报机制与风险共担机制的基础上，促进更大规模的社会资本通过捐赠、设立科研基金、有偿资助等方式，有序向科技创新链条各环节流入，建立以政府为主导，多元社会主体共同参与的科技研发经费多渠道投入机制。

三是建立预算管理与绩效评价相互结合的科研机构管理模式，不断提高科研机构产出效率。在预算管理方面，相关科研机构应始终坚持贯彻"花钱必问效、无效必问责"的预算管理理念，进一步提升科研人员的预算管理意识。在绩效评价方面，积极探索全过程科研绩效管理与评价机制，明确责任约束和激励约束，着力强化事中事后监督长效机制。按照科技创新与成果转化规律，制定科学有效、规范有序的预算管理机制与绩效评价机制，促进预算管理与绩效评价有机结合，共同提高科研机构产出效率。

四是不断完善知识产权保护体系，为持续激发全社会科研创新动力提供可靠保障。创新是引领发展的第一动力，保护知识产权就是保护创新。因此，浦东新区未来将从以下两方面建立有利于激发科研人员科研创新动力，适宜科研人员潜心创造的知识产权保护体系。一方面，坚持用以人为本的思想理念指导知识产权保护体系建设,将科研人员与科研成果的知识产权署名权与经济回报分享权相互连接,允许科研人员享受科研成果部分收益。[①] 另一方面,从加强专利审查、细化知识产权保护规则、落实知识产权保护相关制度与侵权惩戒等方面进一步推进知识产权保护相关法律的完善与修改,不断完善浦东新区知识产权保护体系的顶层设计与统筹规划,提高知识产权治理体系和治理能力的现代化水平。

二、加强改革系统集成的建设规划

浦东新区应改革而生,因改革而兴,为改革而行。加强改革系统集成,能够有效激发制度活力,提高各项制度的运行效率,推进经济社会各领域工作之间的协同发展,充分发挥社会主义制度优势,进而以制度优化不断提升社会经济的运行效率,为浦东新区的高质量发展提供不竭动力。[②] 浦东新区政府将持续创新政府服务管理方式,切实强化竞争政策基础地位,不断健全要素市场一体化运行机制,在进一步高水平推动改革系统集成与开放中打造社会主义建设引领区。

(一)持续创新政府服务管理方式

高效便捷的政府服务管理方式是社会经济高速发展的重要支撑,浦东新区将持续创新政府服务管理方式,坚持"为人民服务"的政治理念,全方位推进高质量服务型政府建设,努力建设让人民群众满意的服务型政府。

首先,不断推进商事登记确认制与市场准营承诺即入制试点工作。商事登记确认制能够有效解决企业登记"难、繁、慢"的问题,提升企业办事体验感。浦东新区将积极学习、总结广州、深圳、杭州商事登记改革先进经验,通过智能化、信息化、数字化技术手段,构建以优化登记、申报流程为核心,以便利化退出机制为补充,以事前事中事后信用监管为保障的商事登记确认制工作模式。市场准营承诺即入制能够通过优化行政管制程序为市场主体"松绑减负"。浦东新区将持续发挥"当天承诺,当天拿证"的流程优势,进一步落实"一次申请、一本执照、多点经营"工作方法,切实推动"事前审批"让位"事后监管",赋予市场主体更大自主权。

其次,持续深化"一业一证"改革。一是针对不同行业发展实际情况与经济

① 夏先良.如何构建开放型科技创新体制体系[J].人民论坛·学术前沿,2017(6):62—76.
② 张辉明.加强改革系统集成 激活高质量发展新动力[J].红旗文稿,2020(24):21—23.

发展水平，进一步扩大"一业一证"试点范围，拓展服务内容。一方面，以"拿证即开业"为原则，将部分审核权逐级下放至县、乡行政审批部门和社区便民服务点；另一方面，根据人民群众需求，进一步整合、连接"一业一证"关联事项，深入落实"快捷办""集成办"的服务要求，切实放手行政审批权限。二是结合"互联网＋"、大数据云端、人工智能等信息技术，强化便捷查询、精准匹配、数据比对等功能，不断提高"一业一证"申办服务智能化、数字化水平。

再次，进一步优化机构编制资源配置。以"源头把控"为导向，纵深推进行政体制改革，健全机构编制资源配置管理制度，科学分配机构编制资源，不断提高机构编制的科学化、法治化与集约化水平，提升机构编制资源应用效益。

最后，不断健全与社会主义市场经济发展水平相适应的薪酬制度。尽快制定与浦东新区经济发展状况相匹配的科学薪酬战略，坚持以人为本，完善薪酬分配管理体制与监管机制，进一步提高薪酬制度的公平性、竞争性、激励性与合法性。

（二）切实强化竞争政策基础地位

竞争政策的基础性地位一方面表现为竞争政策相较于其他经济政策所展现出的主导性与优先性；另一方面则强调了竞争政策的标准性，即成为衡量我国经济政策是否适宜的"标尺"。① 因此，强化竞争政策的基础性地位，需要浦东新区政府不断巩固竞争政策在经济政策制度体系中的主导性地位，协调好竞争政策与其他经济政策在政策理念层面上的一致性。

首先，浦东新区政府将全面落实外商投资准入前国民待遇负面清单管理制度，积极探索外资准入后国民待遇机制。进一步缩减外资准入负面清单，有序开放、放宽制造业、服务业、基础设施、能源等领域的准入限制；积极探索外资准入国民待遇机制，确保外资企业与内资企业在惠企政策、标准制定、行业资质认定等方面都一视同仁、应享尽享，进而持续优化外商投资环境，提高外商投资的体验感与满意度，推动外商投资增量升质，进一步提高国内企业的市场竞争意识。

其次，浦东新区将积极梳理大湾区组建竞争政策委员会的"广东经验"，积极探索、建立浦东新区竞争政策委员会。浦东新区竞争政策委员会主要承担指导竞争政策在浦东新区的拟定与实施，统筹协助公平竞争审查和竞争执法以及

---

① 殷继国.强化竞争政策基础地位何以实现——基于竞争政策与其他经济政策协调的视角[J].法学,2021(7):113-129.

发布市场竞争状况评估报告的职能,试图从宏观层面提升浦东新区竞争政策的战略性与系统性,进而增强浦东新区各级政府部门及企业单位对竞争政策重要性的了解与认识,协调好浦东新区竞争政策与其他经济政策之间的关系。

最后,浦东新区将加快健全公平竞争审查机制,探索引入第三方评估审查程序。浦东新区政府将以科学高效、公开透明为原则,不断优化公平竞争政策的审查程序,通过政府采购服务的方式,引入第三方独立评估机构开展专业审查,改变公平竞争政策制定部门的自我审查模式,并尽快出台浦东新区反不正当竞争、反垄断的相关法律条例,为加强竞争政策的基础性与主导性地位提供坚实的法律与制度保障,进而有效防止资本无序扩张,维护人民权益与社会公共利益。

(三)不断健全要素市场一体化运行机制

不断健全要素市场一体化运行机制是形成统一开放、竞争有序市场体系的内在要求,能够有效提高生产要素资源配置效率,激发社会经济活力与产业发展动力,进而有力助推浦东新区社会经济实现高质量发展。未来,浦东新区政府将从以下方面不断健全要素市场一体化运行机制。

首先,进一步优化建设用地结构。浦东新区政府将根据产业、项目的实际用地需求与发展规划,进一步明确不同项目、产业的用地规模与开发边界;通过制定、实施土地利用绩效评估指标,调节用地供应机制以及探索土地高效复合利用方案等途径,减少低效建设用地规模,做好产业用地的"加减法",促进土地利用方式由总量扩张向存量效益提升转向,提高土地资源利用效率,确保土地资源实现高质量利用。

其次,尽快健全要素产权体制机制,分别设立、界定生产要素在不同空间层次上的使用权与产权归属;明晰生产要素在不同空间层面上的产权主体,构建科学、合理、有序的收益分配比例与结构,盘活要素流通潜能与活力,提高生产要素的市场化水平。

最后,加快建设国际数据港与数据交易所。良好的数据交易生态能够有效提高数据流通效率与数据交易质量。浦东新区将不断完善数据交易所建设,围绕《关于构建数据基础制度更好发挥数据要素作用的意见》,积极探索数据要素流通交易的全流程改革,建立相关制度与规则,进一步突出数据交易所依法监管、公共服务供给、数据流通交易与数据质量评估等作用,以自主、有序、安全、便捷为原则,建立更为有效的区域数据要素协同合作机制,破除数据要素跨行业领域、跨行政边界区域流动障碍,推动数据要素在市场流转交易中实现应用价值与收益价值。高效、明晰的数据产权界定机制是数据要素交易、流通的前提。[①] 因此,浦东新区将尽快建立数据要素分类、分级授权确权应用机制,明确界定从数据要素采集到应用的全流程所有权、使用权与收益权,确定数据要素主体产权关系,提高数据要素可控性、可量化性及可收益性。

三、深入推进高水平制度型开放的建设规划

深入推进高水平制度型开放是浦东新区融入世界经济发展浪潮,强化全球资源配置功能,加强国际贸易能级,增加浦东新区国际合作与竞争新优势,推动"中国浦东"走向"世界浦东"的关键制度路径。浦东新区将以中国(上海)自由贸易试验区(以下简称为上海自贸区)与临港新片区为着力点,通过打造世界一流水平国际航运中心以及建立全球高端人才引进"直通车"制度等途径,切实提高浦东新区对外开放的水平与质量。

(一)推进上海自贸区及临港新片区先行先试

改革开放以来,浦东新区始终秉承"大胆闯、大胆试、自主改"的原则,积极探索上海自贸区与临港新片区建设,着力提高上海自贸区与临港新片区的产业集聚能力与国内外市场辐射能力。

其一,充分发挥上海自贸区与临港新片区制度创新试验田作用。浦东新区将在全面总结上海自贸区 3.0 制度创新经验的基础上,结合新的国际形势与国内社会经济发展水平,以提高上海自贸区标准国际化,构建助推浦东新区高质量发展的标准体系,加快对接 CPTT、RCEP 等国际高标准经济贸易协定为目标,积极探索上海自贸区制度创新 4.0 改革方案,不断推动上海自贸区及临港新片区对外经贸合作升级。

其二,加速推进海关特殊监管区建设。浦东新区政府将在招商引资、出口退税、国际贸易等方面进一步加强对海关特殊监管区的政策供给与制度建设,促进海关特殊监管区与口岸协同发展;以协同高效为原则,建立海关特殊监管区与发改委、公安局等政府部门常态化沟通协调机制,进一步缓解特殊监管区内海关监管行为与多部门交叉监管行为的权限冲突与矛盾;通过数字化信息技术赋能海关特殊监管区建设,探索远程可视化属地查检新模式,优化海关监管

---

① 魏益华,杨璐维.数据要素市场化配置的产权制度之理论思考[J].经济体制改革,2022(3):40—47.

业务流程,提升海关监管效能。

其三,积极探索战略性新兴产业包容审慎监管机制。按照不同产业内容、风险程度以及企业需要对战略性新兴产业分类,在监管内容、方式及程度上制定多元化监管体系,提升战略性新兴产业的精细化监管水平;探索采用"包容＋容错"的柔性监管模式,积极引导战略性新兴产业相关企业遵纪守法,诚信经营,在一定时限内给予战略性新兴产业相关企业"包容期",对违法程度轻微并能够及时改正、没有造成危害后果的违法行为,不予行政处罚。

其四,提高商事争端等领域与国际通行标准的契合程度。将商事争端解决机制的制度集成创新摆在突出位置,积极引入国际知名商事仲裁机构,进一步学习、借鉴、总结国际商事争端解决机制相关经验,在符合我国实际国情的基础上,尽快构建能够满足浦东新区发展需要以及参与各方共同利益和现实关切,并得到外商认可的国际化、专业化、便捷化商事争端解决机制。

其五,探索支持浦东新区企业服务出口的增值税政策改革。通过税率下调、完善增值税抵扣链条、增加惠企政策等方式,降低企业购买固定资本的成本,进一步深化增值税政策改革,构建适宜企业出口的外部环境;深度挖掘固定资产投资项目潜力,强化固定资产投资服务保障意识,促进企业提高对固定资产的投资程度,进而提高企业资源配置效率与企业融资能力,延长出口持续时间,推动企业服务出口平稳增长。[①]

（二）加快共建辐射全球的航运枢纽

加快推动长江三角洲地区共建能够辐射全球的世界级航运航空枢纽,切实提高浦东新区航运枢纽的国际竞争力,是进一步深化浦东新区对外开放与打造社会主义现代化建设引领区的基本要求与重要支撑。因此,未来浦东新区将从以下四个方面推进浦东新区航运枢纽高质量发展。

一是不断推进长江三角洲地区世界级港口集群建设工程。将长三角地区建设世界级港口集群建设项目纳入长三角地区一体化发展重大建设工程;加强浦东新区航运枢纽与长三角其他地区的交流合作,统筹、整合长三角地区航运港口及运输资源,积极发挥整体性优势,推动长三角地区航运枢纽一体化开发运营进程,促进航运资源要素高效配置和便捷流动;依托长三角世界级港口集群,切实补齐、建设、强化港航服务产业链,进一步提高运输能级,推动长三角世

① 李丹,陈瑾,孙楚仁.增值税改革与中国制造业企业出口持续时间[J].国际贸易问题,2022(6):73—89.

界级港口集群高质量发展。

二是促进上海港、浦东国际机场、长三角港口群、长三角机场群实现协同发展。推动长三角地区交通基础设施互联互通、共营共享，构建"多位一体、无缝衔接"的"江海陆空铁"综合交通运输管理机制，促进航运资源要素高效配置和便捷流动，合力打造世界一流航运枢纽；进一步明确、落实"两带＋两区"[①]产业功能发展布局，打造航运资源高度集聚、要素流动协同高效、规则标准接轨国际、航运服务品牌效应凸显的国际航运中心核心区。

三是进一步推动"沿海捎带"业务与推动船舶登记管理制度试点工作的开展与落实。在推动"沿海捎带"业务试点工作方面，浦东新区将发挥好自身国际航运枢纽的区位优势，从政策、资金、制度层面加大对引进、建设物流仓储项目的支持力度，切实提高浦东新区航运枢纽对国际航线、货物资源的集聚存储与流通配置能力，为开展、落实外贸集装箱沿海捎带业务试点工作提供物流枢纽保障。在推动船舶登记管理制度试点工作方面，浦东政府将尽快健全船舶登记监管制度，跨区域、跨部门开展船舶登记工作，加强对重点航线、重要港口的船舶登记审查监管力度；在明确船舶登记流程的基础上，不断简化船舶登记管理机制，推动船舶登记管理机制数字化建设，提升审批、登记效率。

四是进一步放宽空域管制，推动空域灵活使用。浦东新区一方面将不断提高低空空域开放程度，提高低空空域资源供给力度，进一步满足通用航空空域需求；另一方面将积极推动浦东国际机场与相关国家、地区开展深入合作，扩大航权安排，积极探索空域管理体制改革，切实优化空域运行环境。

（三）建立全球高端人才引进"直通车"制度

"事以才立，业以才兴"，高端人才是带动区域发展的"领头雁"。不断完善高端人才引进机制，提升浦东新区对全球高端人才的吸引力与感召力，能够有效为浦东新区高水平改革开放打造社会主义现代化建设引领区夯实人才基础，激发人才活力。

首先，从覆盖范围、配套政策、可操作性三个维度不断完善高端人才引进政策体系。浦东新区将基于宏观性视角重新审视高端人才引进全环节，通过建立高端人才个税减免优惠制度、扩大高端人才引进政策覆盖范围、提供生活补贴、优化高端人才发展所需相关要素等方式，构建既有顶层设计又有相关配套政策

---

①　即沿海航运集疏运体系发展带、沿江东岸现代航运服务业发展带、浦东航空经济集聚区与临港新片区。

的全景式高端人才引进制度；①加速建设移民政策实践基地，充分发挥人才引进政策合力。

其次，切实下放高端人才审核权限。积极推动人才认定审批制度转向人才认定备案制度，进一步落实与保障用人主体在人才引进、培养、应用方面的自主权，为浦东新区引入高端人才与"高精尖缺"海外人才提供自主性支持与制度保障。

再次，积极探索国际职业资格证书认可清单制度。建立国际职业资格证书认可清单动态调整机制，不断完善清单内容，进一步扩大境外职业资格证书认可覆盖范围；进一步完善人才能力评价机制，提升人才评价的国际化水平，进而有效发挥人才评价机制"指挥棒"作用；引导全社会加强对持有境外职业资格证书的群体或已经得到国际专业组织认证的高端人才的认可度，并允许该部分群体经过人才审批部门能力认定与备案后上岗，加强执业行为监管力度。

最后，进一步优化高端人才出入境办理时限。设立全球高端人才服务绿色通道，对各领域高端人才推行代办公安局出入境签发证件、简化办理材料与流程、增加出入境次数、放宽入境时限等特色便捷服务；设置高端人才线上申请出入境程序，提供预约签证、延长入境时限、送件上门等功能，进一步提高服务效能。

四、增强全球资源配置能力的建设规划

全球资源配置能力是国家竞争力的核心，也是社会主义现代化建设引领区高水平开放的重要标志。② 因此，浦东新区政府将通过加大金融开放力度，建设海内外重要投融资平台，不断完善金融基础设施和制度等方式，加快建设国际金融中心核心区，不断强化国际金融中心核心区服务浦东新区实体经济的能力，增强全球资源配置能力。浦东新区将以全球资源配置中心建设项目为依托，进一步提升社会主义建设引领区在国际市场与全球产业链中的竞争力与影响力，培育社会主义建设引领区在国际市场竞争中的新优势与新动能。

（一）进一步加大金融开放力度

在新发展格局下，以高水平、高质量、平稳有序为原则，加大浦东金融开放

---

① 葛蕾蕾.我国海外高层次人才引进政策 20 年(2001—2020)：回顾、挑战与展望[J].福建论坛：人文社会科学版,2021(11)：207－216.

② 潘闻闻.上海范式：要素市场全球资源配置的引领性[J].探索与争鸣,2021(10)：130－139,179.

力度是构建浦东新区开放型经济新体制与进一步深化制度型开放的重要任务，同时也是一项系统性工程。因此，浦东新区政府将从以下六方面着力落实。

一是积极探索资本项目可兑换的实践路径。推动资本项目可兑换政策落实能够有效满足企业跨境投融资需求，进一步提高资本项目与金融市场的开放程度。浦东新区政府将以推进实体部门资本项目可兑换为先导，积极拓宽外资引入渠道，有序推动金融部门资本项目开放。此外，资本项目可兑换的关键在于实现人民币资本项目可兑换，加速推进人民币国际化进程。[①] 因此，浦东新区政府将不断加强对人民币国际化、资本项目可兑换的顶层设计与统筹规划，实现二者的有机协同发展。

二是在符合"三反"现代金融监管体系和贸易真实性审核要求的基础上，不断提高诚信合规企业跨境资金收付的便利性。持续深化"政银企"全方位合作，进一步简化诚信合规企业跨境资金收付手续，积极探索跨境资金收付批量结算业务，打通企业跨境资金收付服务"堵点"。

三是不断创新具备国际化特征的人民币金融产品，扩大境外人民币境内投资金融产品范围。浦东新区政府将进一步推动面向国际的人民币金融产品体系建设，不断推动人民币金融产品的国际化创新，探索碳中和债券、可持续挂钩债券等绿色人民币金融产品的投资类型，提高人民币金融产品对国外投资者的吸引力，推动跨境人民币离岸跨境交易的双向流动，稳步提升人民币的国际化水平。

四是以中国外汇交易中心为依托，积极开展人民币外汇期货交易试点工作。充分吸纳国外成熟外汇期货市场发展的成功经验，并基于本国国情，统筹部署加强人民币外汇期货交易制度建设；积极引进、培养人民币外汇期货交易与管理人才，尽快建立科学高效的现代化外汇期货交易人才体系；组织相关部门在风控目标、风险识别与评估、应急预案等方面先行制定人民币外汇期货交易风险管理长效机制，切实落实人民币外汇期货交易风险管控体系。[②]

五是持续拓展金融期货市场与股票、债券、外汇、保险等多元合作渠道，共同开发适应投资者需求的金融市场产品与工具。浦东新区政府未来将根据投资者多元化与个性化投资需求，不断拓宽金融市场产品与工具种类的覆盖范

---

① 叶亚飞，石建勋.中国资本项目开放：进程、影响与实现路径——率先实现实体部门资本项目可兑换的可行性研究[J].经济学家，2021(8)：71-80.

② 陈珠明，张翔宇.我国开展人民币外汇期货交易的战略研究[J].南方金融，2022(1)：41-51.

围,进而构建更具有国际竞争力的金融市场产品与工具体系。

六是积极构建与上海国际金融中心相匹配的离岸金融体系,加快推进浦东新区全球人民币离岸金融中心建设。进一步完善浦东新区金融市场、机构与基础设施体系,不断培育人民币离岸交易主体,丰富人民币离岸交易产品;以国内外金融交易相关规则为参考,积极探索人民币离岸交易规则,提高外资参与人民币产品交易的频次与频率。

（二）建设海内外重要投融资平台

加快推进海内外重要投融资平台建设,进一步整合浦东新区国有资源、资本、资产、资金等生产要素,拓宽浦东新区政府及企业的投融资渠道,切实发挥浦东新区海内外重要投融资平台的资金带动作用,为打造社会主义现代化建设引领区提供资金保障。

一是以临港新片区为立足点,推进国际金融资产交易平台建设,切实开展跨境金融专项行动。[①] 尽快建立国际金融资产交易相关法律法规,健全国际金融资产交易规则与国际金融资产交易纠纷调节机制,为建设浦东新区海内外重要投融资平台提供良好法治保障与制度保障;成立国际金融资产交易平台建设领导小组,积极推进合格境外有限合伙人（QFLP）、合格境内有限合伙人（QDLP）、跨境贸易投资高水平开放以及允许合格境外机构投资者使用人民币参与科创板股票发行交易等政策试点执行工作,加快制定符合浦东新区区情与我国国情的探索性实践方案,不断提高国际金融资产交易集聚水平。

二是尽快落实外债登记改革试点,完善外债管理制度。积极开展放宽或取消外债协议登记要求的政策试点,同时尝试将外债注销业务由国家外汇管理局下放给银行[②],切实提高国内企业对外资的利用效率与便捷程度。

三是加速推进在沪债券市场基础设施互联互通。"在沪债券市场基础设施互联互通"就是要打通"在沪银行"与"在沪交易所"之间的阻碍,其实质在于通过搭建债券市场基础设施的互联互通机制,实现投资者买卖两个市场交易流通债券的活动行为。因此,浦东新区将建立银行间与交易所债券市场之间的常态化沟通协作机制,强化银行间与交易所债券市场的合作衔接,尝试开展银行间与交易所债券市场通过名义持有人账户模式,参与对方市场的债券现券认购及

① 中国产业经济信息网.上海临港新片区加快发展新兴金融业行动方案发布 提出八大专项行动[EB/OL].[2022-08-24].http://www.cinic.org.cn/xy/gdcj/1341561.html? from=timeline.
② 李少伟,计岱琳,张乐乐.关于简化当前外债登记管理模式的思考[J].金融发展研究,2020(6):87-89.

交易,进而实现两个市场在债券交易层面上的互联互通,提高要素自由流动程度。此外,债券市场基础设施互联共通的前提在于建立统一的债券市场监管体系。因此,浦东新区将对债券市场的监管标准、交易管理、风险处理等设立统一标准与机制,构建不同监管主体在监管范围上有所侧重的债券市场监管协作机制,尽可能避免出现财政部、中国人民银行、国家金融监督管理总局等多头监管现象。

四是进一步提高中国债券市场的对外开放程度。首先,不断完善债券市场基础设施建设,积极探索以托管结算公司法人治理结构为核心的公司制改革,并尝试引入多元化股权结构,尽可能化解我国债券市场营利性与公共性之间的矛盾。[①] 其次,切实提升信用类债券的评级质量。一方面,浦东新区政府将在明确中介机构职责范围的基础上,以尽职免责、失职追责为原则,建立激励约束机制,提高中介机构对信用类债券的信息披露程度与有效性。另一方面,不断健全信用类债券的评级机构监管机制,积极探索不同信用类债券评级机制交叉应用模式,进一步提高债券评级质量与可信程度。[②] 最后,进一步发展债券衍生品市场,拓展债券衍生品种类,提高债券衍生品供给与投资者多元化需求之间的适配程度,进而提高债券衍生品在市场上的流通速率。

（三）完善金融基础设施和制度

金融基础设施与制度是浦东新区发展现代化金融体系的关键内容,也是保障浦东新区金融市场高质量、平稳有序运行的重要保障,能够为实体经济的发展"架桥铺路"。

一是积极探索以信息披露为核心的注册制试点改革,尝试在科创板引入做市商制度。浦东新区政府将持续增强市场监管,强化对信息披露违规、违法行为的惩戒力度,不断提高上市企业质量,引导金融基础设施与制度规范化发展;尽快健全科创板引入市场制度的风险管理、内部控制与风险防范机制,以交易所为责任主体,建立科学评价机制,提升科创板做市商机制的有序性与透明性,切实提高科创板股票交易流动性与活跃度。

二是加快建设浦东新区国际一流再保险中心。浦东新区政府将深度挖掘新兴信息技术赋能再保险中心建设潜力,推动再保险业务平台数字化、国际化、集约化发展;切实发挥上海国际金融中心与浦东新区营商环境优势,合力推动

①　刘爽.我国债券市场对外开放的现状、问题和对策探讨[J].西南金融,2019(12):12—22.
②　朱海斌.中国债券市场的开放及未来[J].中国金融,2021(22):63—65.

国际一流再保险中心建设;不断加强政校企合作,培养、引进一批具备世界前沿再保险理论知识结构的高端人才,建立较为完善的再保险高端人才发展体系,为建设浦东新区国际一流再保险中心提供人才保障。

三是以上海期货交易中心为载体,积极开展全国性大宗商品仓单注册登记中心试点工作。浦东新区政府将积极搭建政企合作平台,以区块链技术为引导,建立以统一注册登记、全流程数字监管为特征的全国性大宗商品仓单注册登记联盟,破除政企之间的"信息孤岛"。

四是加快建设国家级大型场内贵金属储备仓库。以政府为主导,鼓励社会资本通过多元化渠道参与投资,尽快给予或落实国家级大型场内贵金属储备仓库建设的配套政策。

五是建设国际油气交易和定价中心,支持上海石油天然气交易中心推出更多交易品种。充分发挥浦东新区区位优势,积极开展政府间国际油气合作项目,拓展国际油气交易渠道与交易规模,为建设国际油气交易中心和定价中心奠定贸易基础;加大资金、技术支持力度,鼓励高新技术企业对石油、天然气衍生产品开展研发工作,不断完善石油天然气衍生品交易体系。

六是尽快设立国家级金融科技研究机构与金融市场学院。浦东新区政府将以"政校联合、互惠共赢"为原则,围绕金融人才培养、金融产品研发、金融科技创新等方面,积极探索政校协作新模式,不断深化政校合作,以政校联合共建的方式,统筹建设国家级金融科技研究机构与金融市场学院。

七是支持建设覆盖全金融市场的交易报告库。不断完善金融数据报告机制建设,尽快开发具备国际化特征的金融交易识别码,加强金融数据标准化建设;推动金融交易主体、交易产品、交易行为在监管层面上的代码化,不断提高交易报告库数据报送的标准化程度。[①]

五、提高城市治理现代化水平的建设规划

城市治理现代化水平不仅关乎着人民群众生活的幸福感、获得感与体验感,还与社会主义现代化建设引领区的经济发展状况紧密相关。因此,未来浦东新区将通过创新推动城市治理体系与治理能力现代化,切实打造符合时代特色的城市风貌,积极营造和谐宜居的城市生态环境,不断提升居民生活品质等

---

① 郑怀林,王晓霞,谭云鹤. 我国交易报告库建设与监管国际经验借鉴[J]. 金融市场研究,2022(3):109－114.

方式,持续增强浦东新区城市治理现代化水平,为打造社会主义现代化建设引领区提供坚实的社会治理基础。

(一)创新完善城市治理体系

城市治理体系现代化是推进国家治理体系与治理能力现代化的重要内容,具备精细化、智能化、科学化的城市治理体系能够为浦东新区高质量发展新产业、新经济与新业态提供良好机制与平台。

一是牢固树立全生命周期管理理念,以"一网统管"为依托,着力提升浦东新区精细化治理效能。坚持将全生命周期管理理念贯穿浦东新区精细化治理过程,不断提高城市治理的整体性与回应性;从顶层设计、运行机制、治理理念等方面,不断创新"一网统管"建设模式,以数据驱动决策,提高公共决策的科学性与服务效率,为城市治理体系现代化提供新型信息化技术与平台资源。[①]

二是不断创新完善人口服务管理体制。以"党委领导,政府主导,公安指导,部门协作,社区实施"为指导,不断健全浦东新区人口服务管理体制的组织架构;尽快塑造涵盖人工采集、主动申报、数据推送、基层识别等途径在内的多层次实有人口信息采集方式;[②]推动"一网统管"赋能人口服务管理体制,进一步扩大人口服务管理体制的覆盖范围,精准把握浦东新区人口态势,不断提升人口数据质量的精细化与准确化程度,强化人口数据在城市治理中的应用范围与深度。

三是推动治理资源下沉赋能城市基层治理,打通联系服务群众的"最后一公里"。基层是城市治理的重要支撑,浦东新区将全面整合好涵盖街道党支部、社区党支部、乡村党支部在内的多种基层治理资源,以满足人民群众需求与提升人民群众幸福感、满意感、体验感为导向,在构建共建、共享、共治的城市基层治理格局过程中,积极发挥党建引领作用,将基层政府与党组织提供服务的"神经末梢"延伸至人民群众之中,不断强化城市基层治理的精细化管理能力与回应能力,打通联系服务群众的"最后一公里"。

(二)打造具有时代特色的城市风貌

塑造具有时代特色的城市风貌是浦东新区打造社会主义现代化建设引领区的一项示范性、标志性工程。浦东新区未来将积极探索行之有效的城市设计

① 毛子骏,黄膺旭.数字孪生城市:赋能城市"全周期管理"的新思路[J].电子政务,2021(8):67—79.

② 张波.着力提升浦东新区服务管理实有人口新能级[J].科学发展,2021(8):58—66.

理念,不断推动城市更新,提升城市品质。

一是进一步加强对建筑形体、色彩、体量、高度和空间环境等方面的指导与约束。在体现安全性理念、独特性文化、时代性特征与地域性特点的基础上,注重对建筑风格的人性化、艺术化设计,打造富有浦东新区区域特色的城市建筑群。

二是积极开展对旧工业区、老旧小区的改造工作,持续推进城市有机更新。浦东新区政府将以人民至上、产业优先为原则,尽快谋划一批城市有机更新项目,提升闲置土地资源活力;统筹推进浦东新区拆改项目,推动老旧小区、老旧街区、老旧厂区、老旧商业区与现代化都市的有机融合,进一步强化历史文化街区的改造提升工作;建立、健全城市有机更新法规政策体系,成立城市更新基金,为城市改造提供法律与资金保障;不断完善老城区、老旧小区基础设施建设,消除安全隐患,切实提升人民群众的居住品质与生活质量,提高人民群众的幸福感与获得感。

三是加快推进城市气候韧性基础设施建设。浦东新区政府将在城市设计与规划中,积极引入城市韧性理念,尽快规划、设计、建造能够有助于预测、防范与适应极端气候条件的基础设施,不断提高城市气候抗灾韧性水平;深入探索、创新城市气候韧性基础设施的投融资模式,不断拓宽城市气候韧性基础设施融资渠道,积极引入社会资本,为城市气候韧性基础设施建设提质增效。

(三)构建和谐优美生态环境

和谐优美的生态环境不仅是社会主义现代化建设引领区的亮丽名片,也是促进社会主义现代化建设引领区实现高质量、可持续、良性发展的重要保障。因此,浦东新区将全力打造以"生态宜居、安全高效、功能复合、彰显魅力"为特征的人民城市绿色发展新格局。

一是坚决落实最严格的生态环境保护制度,围绕源头预防、过程控制、损害赔偿、责任追究等方面,不断完善生态环境保护体系。以责任明确、标准透明、赔偿落实、修复有效为原则,建立健全浦东新区生态环境损害赔偿制度框架,切实履行好浦东新区政府生态环境损害赔偿磋商职责;坚持系统观念,通过搭建多元化交流协作平台,建立生态环境保护激励机制等方式,积极引导公众有序参与生态环境保护与治理,不断扩大社会参与生态环境保护的范围与领域。

二是在优化企业生态信息采集与评价标准的基础上,构建企业生态信用体系。打造全覆盖、多渠道、深层次的企业生态信息采集体系,尽可能保证企业生态信息采集过程的全面性、客观性与真实性,在保障企业生态信息高质量的基础上,不断提升企业生态信息采集效率;明确企业生态信息评价标准与评价范围,探索建立多维度企业生态信用评分模型,不断完善企业生态"信息池";积极探索"正向激励＋负面事项"的企业生态信用行为清单,加强企业生态信用平台建设,创造多样化企业生态信用应用场景,充分发挥企业生态信用作用,不断强化企业生态责任意识。

三是深化生态环境保护综合行政执法改革,健全生态环境公益诉讼制度。不断加强生态环境公益诉讼专业化建设,建立健全生态环境公益诉讼诉前审查机制与判后监督机制,进一步加大生态环境公益诉讼、审判工作力度;完善生态环境公益诉讼规则,建立生态环境公益诉讼与生态环境损害赔偿案件衔接机制,进一步提升司法效率。^①

四是持续评估、调整黄浦江沿岸和海洋生态保护红线。在建立健全海洋生态区域评价指标体系与海洋生态状况预警监测体系的基础上,定期开展海洋生态保护红线评估活动,并依据评估结果,动态化调整浦东新区海洋生态保护红线,推动形成海洋生态环境保护新格局。^②

五是严格落实垃圾分类和资源化再利用制度。不断加强垃圾分类与资源化再利用技术研发力度,提高垃圾资源化利用率;尽快建立健全垃圾分类投放、收集、运输、处理的垃圾处理机制,进一步巩固、落实垃圾分类制度。

六是深入发展以网络化轨道交通为主体的公共交通体系。以枢纽型、功能性、智能化为发展导向,不断完善区域交通路网结构,优化公共交通网格化管理机制,提升公共交通精细化管理水平,进一步提高浦东新区道路通达性,建成以网络化轨道交通为主体,以"立体互联、区域引领、多样融合、管理创新"为特征的综合公共交通体系。

(四)提升居民生活品质

2019 年,习近平总书记在考察上海时提出了"人民城市人民建,人民城市为人民"的重要城市发展理念。^③ 浦东新区打造社会主义现代化建设引领区,要坚持以人民为中心的发展理念,不断提升居民生活品质,打造有温度的社会主义现代化建设引领区。

---

① 李义松,刘永丽. 我国环境公益诉讼制度现状检视及路径优化[J]. 南京社会科学,2021(1):91－98,162.
② 曾容,刘捷,许艳,等. 海洋生态保护红线存在问题及评估调整建议[J]. 海洋环境科学,2021,40(4):576－581,590.
③ 习近平. 人民城市人民建,人民城市为人民[EB/OL]. [2020－11－03]. http://www.gov.cn/xinwen/2019－11/03/content_5448082.htm.

一是以高质量、国际化、均衡化、优质化为标准,加大浦东新区公共服务设施、公共空间的建设力度,不断完善教育、医疗、养老、文化等方面的公共服务资源供给。首先,以不断完善"15分钟社区生活圈"为目标,根据常住人口规模、特征、需求以及公共服务设施管理、服务半径,不断优化浦东新区"家门口"综合服务设施与公共服务设施资源配置布局,落实好《浦东新区基本公共服务"15分钟服务圈"资源配置标准体系》。其次,统筹规划公共空间建设,在提升公共空间开放总量与建设质量的基础上,推动建筑美学理念融入公共空间设计,加强浦东新区公共空间高品质提升与适老性改造建设力度,提高人民群众对公共空间的认同度与满意度。最后,加快构建长三角地区基本公共服务共建、共享、共惠联动机制,在推动长三角地区持续增加高质量公共服务供给的同时,积极探索长三角地区基本公共服务跨区域流转衔接制度,打破长三角地区行政壁垒与体制障碍,不断提高公共服务供给信息的流通性,协同打造"宜居、宜业、宜游、宜学、宜养"的长三角地区公共服务资源供给格局。

二是探索根据浦东新区常住人口配置公共服务资源的制度设计。深入贯彻以人民为中心的公共服务资源配置理念,稳步推进以常住人口规模配置公共服务资源的制度体系,一方面以满足常住人口公共服务需求为标准,不断优化浦东新区各地区公共服务资源配置数量及布局;另一方面根据浦东新区常住人口特征,提高公共服务资源供给的精准性与有效性。[①] 此外,浦东新区还将根据常住人口集聚趋势合理规划公共交通、垃圾回收、污水处理等公共服务基础设施建设层次,进一步凸显公共服务资源配置的差异化特征,提升公共服务资源配置与常住人口的空间适配性,降低二者供需矛盾。[②]

三是推动浦东新区文创产业高质量发展,提高红色文化、海派文化、江南文化在浦东新区的标识度。加大对红色文化、海派文化、江南文化品牌建设的政策、制度、资金支持力度,不断拓宽文创产业企业融资渠道,依托市场优势,培育一批具有较强代表性的浦东新区文创龙头产业;加快培养、引进文创产业人才,推动政校企深度融合,鼓励浦东新区内科研院校着重培养文创产业领域急需实用人才。

① 李亚洲,张佶,毕瑜菲,等."人口—设施"精准匹配下的公共服务设施配置策略[J].规划师,2022,38(6):64—69,87.
② 王宏亮,吴健生,高艺宁等.城市公共资源与人口分布的空间适配性分析——以深圳市为例[J].北京大学学报:自然科学版,2021,57(6):1143—1152.

六、依托强大国内市场优势促进内需提质扩容的建设规划

以高质量供给适应、引领、创造新需求，是新形势下推动浦东新区实现高质量发展与助推浦东新区打造社会主义现代化建设引领区的重要举措。浦东新区将不断增加高质量商品与服务供给，积极培育绿色健康消费新模式，以建设高质量、高效率、高稳定的市场供给体系为目标，进一步强化国内市场优势，促进内需提质扩容，实现高质量供给与日益升级的市场新需求有效对接，为浦东新区打造社会主义现代化建设引领区提供高质量动力源泉。

（一）增加高品质商品和服务供给

增加高品质商品和服务供给是促进内需提质扩容的重要支撑，同时也是浦东新区高质量打造社会主义现代化建设引领区的重要途径。浦东新区政府将在适应人民群众消费结构转型升级趋势的基础上，不断提高商品与服务的高质量供给水平，以高品质商品和服务供给，引领、创造高品质需求，实现供需更高水平的动态平衡。

一是依托好浦东新区先进制造和贸易航运枢纽优势，推动消费平台和流通中心建设。以建设具有全球影响力的国际化消费平台与流通中心为依托，加快商业消费中心与先进制造业、贸易航运枢纽发展的融合程度，尽快形成涵盖世界级、市级、地区级、社区级商业中心在内的多层次商业、消费布局体系，全面打造浦东新区消费"新窗口"。

二是进一步放宽消费市场外资准入限制，推动服务供给体系提档升级。不断健全外资政策体系与制度规范，缩减消费市场外资准入负面清单，进一步深化消费市场对外开放程度，推动消费市场有序开放，加快构建优质高效、结构优化、竞争力强的新型服务供给体系。

三是建立涵盖养老托幼、家政服务、文化旅游等领域在内的服务性消费标准体系。尽快建立与浦东新区社会经济发展水平、产业发展基础与人民群众消费承受能力相适应的服务性消费标准体系；积极探索养老托幼、家政服务、文化旅游等领域的分级消费标准，并针对不同行业领域，建立更为细化的消费标准监管机制，提高服务行业消费的规范化管理水平。

四是积极推行境外旅客离境"即买即退"措施。不断扩大境外旅客"即买即退"离境退税政策覆盖范围，提高"即买即退"优质商店布局比例，深度挖掘离境退税政策潜力，切实发挥集聚效应，在推动"即买即退"政策规范发展的基础上，

不断提升离境退税便捷水平。

五是支持在中国国际进口博览会期间举办上海消费促进系列活动。浦东新区政府将围绕"国际消费季""全球首发季""全城打折季"等系列国际消费活动与浦东特色文创 IP,积极联动国际、国内多领域消费平台,不断创新消费模式,创造消费新热点,激发消费新动能,不断提振消费信心,推动消费持续增长升级。

(二)培育绿色健康消费新模式

绿色健康消费是推动生态城市高质量发展的重要动能,以培育绿色健康消费新模式为引领,在适应社会经济发展水平与生态环境承载力的基础上,不断提升绿色健康消费水平,为打造绿色、可持续、高质量发展的社会主义现代化建设引领区提供好"浦东经验"。

一是构建新型消费态势,加快线上线下消费有机融合,一体并进。浦东新区将进一步加大政策支持力度,通过降低企业制度性交易成本、财政补贴、税收减免等方式,一方面引导社会资源向新型消费态势集聚,创造线上线下消费融合新环境;另一方面鼓励传统企业积极运用新技术,不断升级消费与推广模式,积极推动线上消费的低交易成本优势与线下消费的高用户体验优势深度结合。①

二是推进终端非接触式智能设施建设和资源共享。以解决人民群众实际需求为导向,以高安全性、高可靠性、高性价比为原则,推动终端非接触式智能设施建设与资源共享不断发展;尽快建立健全终端非接触式职能设施建设和资源共享的相关政策、法规与标准,提高终端非接触性智能设施建设的规范化与体系化,为进一步推广、普及奠定坚实基础。

三是不断完善消费者投诉处理机制,以包容审慎监管促进消费新业态健康发展。进一步明确消费者投诉处理事项与程序,不断优化"受理—转办—调查—反馈"的消费者投诉处理流程,提高消费者投诉处理的规范化与专业化水平;将日常包容审慎监管与消费维权相结合,不断提高事前监管力度,建设"有诉必理、快速反应"的新型消费者投诉处理机制。

七、统筹发展和安全的建设规划

安全是发展的题中应有之义,是一切发展的重要前提与根本所在。因此,浦东新区将扎实做好发展与安全两个统筹,不断健全金融风险防控机制,进一步完

---

① 依绍华.线上线下融合:新型消费的优势与短板[J].国家治理,2021(24):12-15.

善公共卫生应急管理体系建设,切实防范化解安全生产等领域重大风险,为浦东新区的可持续发展与打造社会主义现代化建设引领区提供坚实安全保障。

(一)健全金融风险防控机制

以包容审慎为原则,加快构建与国际金融体系相适应的现代化金融监管体系。首先,浦东新区将积极发挥数字赋能作用,依托大数据、人工智能等新型信息技术,尽快建立金融风险全网监测预警机制,不断提升金融风险检测预警的科学性、合理性与准确性。其次,加强中国人民银行、证监会、国家金融监督管理总局等金融监管部门沟通协作能力,不断优化金融监督管理组织框架与监管流程,提升金融监督管理执行效率。最后,不断优化金融监管相关规章制度,建立金融风险常态化处置流程,构建金融风险防范长效机制。

依法开展金融创新试点活动。在我国金融监管相关部门的统筹规划与指导下,结合浦东新区发展实际,运用专家评估、社会参与、信息披露等手段,依法开展金融创新试点活动,为走好中国特色金融发展之路提供"浦东样本"。

建立健全跨境资金流动监测预警、宏观审慎评估和协调联动体系。以审慎评估与协调联动为指导原则,以经济主体的跨境资金流动趋势为监测对象,建立统一跨境资金流动监测预警系统,不断提高对被监测对象跨境资金流动的监测覆盖范围。[①]

完善企业、政府、第三方专业机构信息共享平台,加大离岸贸易真实性审核力度。以多主体协作为原则,构建离岸贸易全流程审核、监控机制;建立审核机构常态化交流、学习机制,了解国内其他地区及国外在离岸贸易审核中的成熟经验,不断提升企业、政府、第三方专业机构信息共享平台等主体的审核业务能力与离岸贸易业务风险的识别经验。[②]

(二)完善公共卫生应急管理体系

加大公共卫生应急专用设施建设的投入力度,不断完善涵盖疾病预防、灾情预警、应急物资保障等多维度的公共卫生应急管理体系与能力建设。尽快建立公共卫生人才培养、储备、提升制度,通过加大对公共卫生类院校、学科的政策、资金支持力度,优化公共卫生人才培养课程体系,加强公共卫生人才实践研

① 贺辉.我国跨境资金监管制度完善研究[J].郑州大学学报:哲学社会科学版,2017,50(6):44－49.

② 梁明,夏融冰.自贸试验区离岸贸易创新发展研究[J].国际贸易,2022(5):23－30,39.

修等方式,推进公共卫生人才分类培养,不断提升公共卫生人才队伍能力素质;①着重加强公共卫生应急医疗救治中心的建设、运营与维护工作,建立公共卫生应急医疗救治中心与国内外制药企业、医疗器械生产企业常态化订单合作机制,提升公共卫生应急物资供应保障能力;依托浦东新区高新技术产业园发展优势,利用大数据、云计算等信息技术,建设集预警、评估、指挥等功能为一体的技术驱动型公共卫生应急事件风险预警机制与平台,并以此为载体,围绕健康促进、预防、诊断、控制、治疗、康复,形成"六位一体"的公共卫生应急管理预案体系。

以联防联控、群防群控为手段,统筹共建长三角地区公共卫生应急管理机制与重大疫情联防联控互助协作机制。基于动态管理、择优采用的原则,不断优化长三角地区公共卫生应急处置专家库,提升长三角地区公共卫生服务保障工作的专业化、规范化与科学化水平;尽快建立长三角地区公共卫生应急联防联控合作框架,按时召开长三角地区常态化应急防控联席会议,有效整合长三角地区公共卫生应急处置相关资源,进一步形成区域协作、信息互通、科学防控、平急结合的重大疫情联防联控互助协作机制;鼓励各部门根据自身实际情况及需求,深度挖掘大数据、云计算、GIS、人工智能等信息技术赋能潜力,不断创新发展公共卫生应急管理机制与重大疫情联防联控互助协作机制,提高新兴信息技术在公共卫生应急管理机制与重大疫情联防联控互助协作机制建设过程中的应用深度与范围,全面加强公共卫生应急管理的信息化水平。

(三)防范化解安全生产等领域重大风险

加快推进城市 5G 安全智慧大脑工程建设,健全港口和机场安全、大面积停电、自然灾害等预警机制,不断完善海上危险化学品运输安全风险预防措施及安全应急预案。不断拓展城市 5G 安全智慧大脑应用场景,建设涵盖风险分析与预警、应急值守与管理、综合研判与决策、调查反馈与评估、指挥调度与保障等功能在内的城市 5G 安全智慧大脑,推动城市 5G 安全智慧大脑高效赋能社会治理;建立健全港口和机场安全、大面积停电、自然灾害等监测预警信息发布、共享、报送机制与预警响应制度,构建基层预警体系,并不断细化基层预警响应流程;建立海上危险化学品突发事故综合处置应急演习常态化机制,通过实战演习与桌面推演的方式,优化海上危险化学品应急处置与人员搜救流程,

---

① 王红伟.我国突发公共卫生事件应急管理体系建设研究[J].卫生经济研究,2021,38(9):41—44.

并及时做好经验总结与演习评估工作，提高海上危险化学品突发事件应急管理的系统化、科学化、智能化水平。

加强重大风险应急救援专业化队伍建设，提高防范化解重大安全风险能力。以政府专业化应急救援队伍建设为主导，按照"专兼结合""专余互补"的原则，鼓励社会力量组建、发展社会化业余应急救援队伍，并建立定期培训、考核机制，切实提高社会化业余应急救援队伍业务水平；建立重大风险应急救援队伍管理、指挥平台，不断提高政府应急救援队伍与社会应急救援队伍之间信息互联互通程度，进一步凝聚重大风险应急救援力量与资源。[①]

不断加强网络和信息安全管理制度建设。从网络安全管理、系统运营维护、设备使用管理、机房安全管理、人员管理与培训、信息管理与备份方面，规范工作岗位职责，提高网络和信息安全管理制度的针对性与可操作性，堵塞网络和信息安全管理漏洞，打造权责清晰、措施完善、安全可控的网络和信息安全管理制度；进一步优化网络和信息安全事件应急处置预案，并建立常态化实战演练机制，不断提高网络和信息安全管理相关工作人员应急事件处置能力与安全责任意识。

第二节　浦东新区打造社会主义现代化建设引领区发展现状

一、全力做强创新引擎的发展现状

(一)科研创新实力不断增强

其一，科研经费投入迅速增加。2020 年，浦东新区财政创新投入了 103.94 亿元，其中财政科学技术功能支出为 49.19 亿元[②]，全社会研发投入达到了 513.13 亿元，同比增长 12.4%，在同年浦东新区生产总值 13 207.03 亿元中所占比重达到 4.15%。[③]

---

①　李昌林,胡炳清.我国突发环境事件应急体系及完善建议[J].环境保护,2020,48(24):34－39.
②　浦东新区人民政府.浦东新区建设国际科技创新中心核心区"十四五"规划[EB/OL].[2021－08－10].https://www.pudong.gov.cn/ghjh_zxgh/20211211/340182.html.
③　浦东新区政务公开办.2020 年政府工作报告[EB/OL].[2020－03－08].https://www.pudong.gov.cn/006020002/20220108/459305.html.

其二,科研成果收获颇丰。"十三五"时期,浦东新区共有 37 项科技成果获得上海市高新技术成果转化百佳项目,获得特等奖 1 项、一等奖 18 项、二等奖 61 项、三等奖 40 项。

其三,发明专利授予量呈现积极发展态势。2020 年,浦东新区专利授权总项达到 30 199 项,其中包含 8 005 项发明专利、17 603 项实用新型专利。①

(二)产业集群迅速发展

"十三五"时期,浦东新区以国家重大科技基础设施项目建设为载体,以集成电路、生命科学、人工智能等领域的重大科研项目为引领,以打造世界一流重大科技基础设施集群与设施网络为目标,不断提升浦东新区高新技术产业的集群化、集约化发展态势,当前已经基本建成具有全球影响力的科技创新中心核心承载区框架,积极发挥浦东新区在上海、长三角乃至全国科技研发、创新的辐射带动作用。

一是以"中国芯""创新药""智能造""蓝天梦""未来车"与"数据港"为发展重点的六大硬核产业链取得显著效果。全区六大产业总规模突破上万亿级,其中集成电路制造业规模达到 1 800 亿元,占全国 15% 的产业份额;生物医药业规模达到 2 700 亿元,目前已有 13 个一类新药获批上市;智能装备制造业、航空航天制造业、汽车制造业以及信息服务产业的规模也分别达到了 1 427 亿元、111 亿元、3 667 亿元与 2 965 亿元。2021 年,浦东新区地区生产总值与规模以上工业总产值分别达到 1.54 万亿元与 1.24 万亿元,同比分别增长了 10% 与 14.8%。②

二是重大科技基础设施建设持续推进。超强超短激光装置通过国家级验收程序,软 X 射线实现 2.0 纳米波长自由电子激光放大出光,基本形成全球规模最大、种类最全、综合能力最强的光子大科学设施集群。目前尚有 10 项国家重大科技基础设施建设项目在建中,4 项已经基本建成并开放运行,2 项正处于调试之中,其余上海光源、硬 X 射线自由电子激光装置、高效低碳燃气轮机试验装置等 4 项持续加快建设。

三是创新主体与"双创"载体数量迅速增加。目前浦东新区内已有登记的创新创业载体达到 183 家,其中包含 179 家创新型孵化器与 4 家科技企业加速器,孵

---

① 浦东新区人民政府.2021 年统计年鉴[EB/OL].[2022-06-16].https://www.pudong.gov.cn/014004002002/20220616/686388.html.

② 浦东新区人民政府.2022 年政府工作报告[EB/OL].[2022-02-23].https://www.pudong.gov.cn/zfbg/20220223/666109.html.

化总面积达到 130 万平方米;浦东新区累计建设市级以上科技公共服务平台超过 200 家,外资研发中心达到 256 家,47 家大企业开放创新中心;此外,浦东新区还涌现出一批创新型领军企业,在有效期内的国家高新技术企业超过 4 200 家,还有 631 家极具发展潜力的科技"小巨人"企业,专精特精企业 727 家,科创板上市企业 39 家,[1]国家级专精特精"小巨人"企业 64 家,占上海总量的 25%。[2]

（三）科技创新体制改革不断深化

浦东新区知识产权保护体系初具成型。一是出台了《浦东新区知识产权违法犯罪案件行政执法与刑事司法衔接工作实施办法》,率先于国内其他地区落实了国家层面《关于强化知识产权保护的意见》相关要求的重要措施,推进了行政执法和刑事司法立案标准协调衔接,推动行政执法与刑事司法合力强化知识产权全链条保护体系。二是颁布了《上海市浦东新区建立高水平知识产权保护制度若干规定》,从知识产权保护体系对接国际规则,承接国家知识产权局相关改革试点以及打造具有浦东新区特色的知识产权保护制度等方面,为全国各地区探索知识产权制度体系建设发挥了示范先导作用。三是以中国（浦东）知识产权保护中心为依托,设立了全国首个自贸试验区国家级版权服务中心,进一步完善了版权社会服务体系建设。四是自 2022 年 12 月 1 日起,正式施行《上海市浦东新区优化揭榜挂帅机制促进新型研发机构发展若干规定》,一方面为新型研发机构的深入发展提供了法规保障;另一方面以建设具有全球影响力的上海科创中心为目标,以国家战略需求为导向,从人才集聚、经费包干、市场化运作、政校企合作共建等方面切实推进制度改革,加快实现国家高水平科技自立自强。

二、加强改革系统集成的发展现状

（一）政府服务管理方式不断优化

浦东新区率先于全国推进的"一业一证"改革进入新阶段。2020 年 11 月,上海市浦东新区"一业一证"改革方案由区级自主改革试点上升为国家级改革试点,在 31 个试点行业全面落实。2021 年 9 月,《上海市浦东新区深化"一业一证"改革规定》正式落地实施,巩固了浦东新区首创的"六个一"集成服务改革成

---

① 中国经济导报.上海浦东:科创与科普融合发展再提速[EB/OL].[2022−09−15].http://www.ceh.com.cn/epaper/uniflows/html/2022/09/15/06/06_45.htm.
② 浦东新区人民政府.2022 年政府工作报告[EB/OL].[2022−02−23].http://www.pudong.gov.cn/zfbg/20220223/666109.html.

果,为营商环境的持续优化提供了法治保障。"一业一证"改革通过施行"一证准营、一码亮证"的行业综合许可制度,提升了区域治理效率,极大地优化了行政审批流程,集中了行政审批程序,进一步降低了行业的准入成本。

以"一网通办"为主导的政务服务改革不断深入。浦东新区以"一次都不跑"为服务目标,依托政务资源共享与大数据支撑,不断打通政务服务过程中的堵点、难点,推进政务服务事项"全程不见面办理",其中长三角地区个人事项"一网通办"线下专窗在浦东新区街道实现了全范围覆盖;实施企业登记远程身份核验,推出全国首个集政策、办事为一体的复合型移动端企业专属网页。

商事登记确认制与市场准营承诺即入制试点改革逐步展开。2022年3月,《上海市浦东新区市场主体登记确认制若干规定》正式施行,推动市场主体登记行为由行政许可向行政确认跨越,进一步强化了市场主体责任。同年8月,《上海市浦东新区推进市场准营承诺即入制改革若干规定》正式施行,根据规定,市场主体书面承诺其已经符合要求并提交必要材料的,即可取得准营的行政许可,实现证照衔接。

(二)竞争政策的基础性地位持续提升

浦东新区入选全国商业秘密保护创新试点地区首批名单。2022年7月,商业秘密保护创新试点工作在浦东新区正式启动。浦东新区政府以多部门协同联动与建立商业秘密保护示范点的方式,不断健全商业秘密保护制度体系,目前已经为首批7家成功创建区级商业秘密示范点的企业授牌。

外商投资规模不断扩大,激发企业竞争活力。浦东新区累计吸引实到投资超过1 000亿美元,共有170个国家与地区的3.63万家外资企业与359家跨国公司地区总部落户浦东新区。2021年,浦东新区外商直接投资合同项目1 536项,总投资金额达到233.58亿美元,直接投资实际到位金额94亿美元,外资投入能级提升显著。[①]

三、深入推进高水平制度型开放的发展现状

(一)上海自贸区及临港新片区建设持续深化

上海自贸区建设步伐不断加快,主要表现在以下三方面:

首先,主要经济指标全面增长。2021年,上海自贸区完成规上工业总产值

---

① 浦东新区人民政府.2021年统计年鉴[EB/OL].[2022-06-16]. https://www.pudong.gov.cn/014004002002/20220616/686388.html.

6 877.53 亿元,同比增长 28.6％;全社会固定资产投资总额达到了 1 688.72 亿元,同比增长 9.8％;外商直接投资实际到位金额 103.73 亿元,同比增长 22.9％。①

其次,金融市场得到进一步开放。上海自贸区率先于全国其他地区建立了本外币一体化运作的自由贸易账户体系,当前自由贸易账户开设已经超过 13 万个。跨境人民币业务进一步得到深化与落实,截至 2021 年年末,上海自贸区完成全年跨境人民币结算总额 81 230 亿元,占上海市跨境人民币结算总额的 45.2％,同比增长了 49.6％,跨境人民币境外借款总额达到 42.4 亿元。②

最后,制度改革取得突破性进展。上海自贸区制度创新 3.0 版改革方案全面完成,上海自贸区作为我国制度创新的"试验田",已经形成了包括"负面清单""外资安全审查"和企业准入"单一窗口"等 300 多项制度创新成果,其中有 51 条"浦东经验"逐步向全国其他地区推广。③

临港新片区在经济指标增长、产业体系建设、制度创新方面呈现迅猛发展态势,已经基本完成了《中国(上海)自由贸易试验区临港新片区总体方案》中提出的 78 项重点任务。

一是主要经济指标高速增长。自 2019 年 8 月临港新片区成立至 2022 年 8 月,该地区生产总值年均增长 21.3％,年主营业务收入在 2 000 万元以上的工业企业总产值超 6 000 亿元,年均增长 40.2％,完成全社会固定资产投资超 2 200 亿元,其中产业固定资产投资 1 161.8 亿元。④

二是以技术研发为着力点的"4＋4＋2"产业体系基本成形。依托前沿科技创新技术,浦东新区已经基本形成了以集成电路、生物医药、人工智能、民用航空为核心产业,以高端装备制造、智能新能源为优势产业,以氢能、绿色再制造为未来产业的"4＋4＋2"产业发展体系。当前临港新片区新注册企业超 6.4 万家,其中包括 844 家高新技术企业,并以组建高企创新联合体为引领,认定企业级研发中心、跨国公司研发中心、行业龙头创新中心等 14 家科创平台。临港新片区成立以来,目前已经达成了总投资超过 6 500 亿元的 1 196 个签约项目,其

① 上海统计局.2021 年上海市国民经济和社会发展统计公报[EB/OL].[2022－03－15].https://tjj.sh.gov.cn/tjgb/20220314/e0dcefec098c47a8b345c996081b5c94.html.
② 上海统计局.2021 年上海市国民经济和社会发展统计公报[EB/OL].[2022－03－15].https://tjj.sh.gov.cn/tjgb/20220314/e0dcefec098c47a8b345c996081b5c94.html.
③ 浦东新区人民政府.2022 年政府工作报告[EB/OL].[2022－02－23].https://www.pudong.gov.cn/zfbg/20220223/666109.html.
④ 中国产业经济信息网.临港新片区:三年间地区生产总值年均增长 21.3％,78 项任务基本完成[EB/OL].[2022－08－27].http://www.cinic.org.cn/xy/gdcj/1343945.html.

中科技创新产业投资 4 200 亿元左右，约占总投资额的 65%。

三是制度创新力度不断增强。临港新片区不断深化以"五自由一便利"为核心的制度型开放创新探索①，形成了包括取消外商直接投资人民币资本金专用账户、开展外资班轮船公司"沿海捎带"业务、税制改革创新等一批在全国具有标杆性的制度创新成果，其中 36 项制度创新为全国首创，并逐渐将制度创新成果转化为发展新动能。

（二）海陆空铁枢纽运输能级持续提升

上海港已经基本建成全球第一大集装箱港，现已集聚全产业链航运企业超过 1 万家，引进航运类国际经济组织 8 家，以及上百家国际船舶管理知名企业②，并推出了"7×24 小时网上办理集装箱业务""异地还箱""异地提箱"等航运服务功能，进一步提升了枢纽功能。2021 年，上海港集装箱吞吐量突破 4 700 万标准箱，同比增长 8%，并连续 12 年位居全球第一③，浦东海港通航全球 600 多个港口，集装箱吞吐量约 4 200 万标箱，占全市集装箱吞吐量的 90% 左右。

2021 年，浦东国际机场已经与多个国家、地区达成合作，开通了 132 个国际通航点；货邮吞吐量创历史新高，达到了 398.26 万吨，同比增长 8%，并连续 13 年位居全球第三，完成旅客吞吐量 3 220.68 万人次，同比增长 5.7%。④

（三）人才引进体系更为积极、开放、有效

浦东新区率先于全国其他地区成立了首个海外人才局，并获批移民政策实践基地项目，推动外籍人才持永久居住证创办内资科技企业、海外人才来华工作"一网通办"、外国创业人才工作许可证、外籍人才薪酬购付汇便利化等一系列支持浦东新区引进外国人才就业创业的政策全面落地实施。

浦东新区政府以浦东国际人才港为人才政策集成创新平台，当前已引入怡安、德勤、光辉国际等 34 家国际知名人力资源机构，助推浦东国际人才港向开放程度更高、创新性更强的人才服务综合体与浦东新区人力资源配置枢纽转型、升级。

浦东新区科技发展基金"海博计划"创新创业人才资助项目全面开展，进一

① "五自由一便利"：贸易自由、投资自由、资金自由、运输自由、人员从业自由，信息快捷联通。
② 浦东新区人民政府. 2022 年政府工作报告[EB/OL]. [2022—02—23]. https://www.pudong. gov.cn/zfbg/20220223/666109.html.
③ 中国青年网. 上海港集装箱吞吐量连续 12 年居全球首位[EB/OL]. [2022—01—03]. http:// news.youth.cn/gn/202201/t20220103_13376254.htm.
④ 华经产业研究院. 2021 年上海浦东机场生产统计：旅客吞吐量、货邮吞吐量及飞机起降架次分析[EB/OL]. [2022—06—06]. https://www.huaon.com/channel/industrydata/747047.html.

步加强了浦东新区对"海外留学生"与"博士后"两类人才的引进、培育与服务功能。浦东新区政府启动了博士后创新实践基地平台，当前基本形成了能够推动博士后培育与产学研相结合的社会化服务平台，截至 2022 年 8 月，首批 12 家入驻单位的博士后均已在博士后创新实践基地平台"揭榜领题"，并已经开始进行项目课题研究。

四、增强全球资源配置能力的发展现状

（一）开放金融服务体系不断健全

以长三角金融服务一体化平台为核心的多层次、广覆盖金融服务体系已初步形成。

一是创新建立了以"服务专人对接、上市专班辅导、需求专属清单、行政专项协调"为核心的企业上市服务机制，浦东政府针对不同上市企业的多元化特点与个性化需求，协调、整合多方资源，为上市后备企业提供了"一事一议""一口对接"等多项精准化服务与政策支持，不断健全上市企业与监管部门之间的沟通协调机制。

二是"离岸通"平台进一步得到推广。2021 年 10 月，上海自贸区"离岸通"平台正式启动，至 2022 年 3 月，"离岸通"平台业务已覆盖至临港新片区，离岸转手买卖收支金额约占上海市 90%，满足了浦东新区企业离岸贸易需求，提升了浦东新区离岸贸易服务的便捷化、规范化水平，推动了浦东新区离岸贸易、国际贸易分拨以及跨境电商等商业模式的进一步发展与创新，进而体现了浦东新区的全球市场资源配置能力以及在国际市场上的竞争力。

三是金融市场产品与业务不断创新。浦东新区推出了人民币利率期权、铝期权、锌期权等金融市场业务与产品，并且率先于全国其他地区打通了"国内期货、国际期货、国内现货、国际现货"的铜品种市场，进一步提高了"上海铝""上海金""上海铜"等"上海价格"在国际金融市场的应用深度与国际影响力。[①] 浦东新区政府以上海股权托管交易中心为载体，推动私募股权、创业投资份额转让等金融创新平台试点项目落地实施，进一步拓宽私募股权与创业投资的退出方式，促进私募基金与股权市场深度融合，提高金融与产业资本循环效率与质量。

---

① 浦东新区金融工作局.浦东新区深化上海国际金融中心核心区建设"十四五"规划［EB/OL］.
［2022－08－22］.https://www.pudong.gov.cn/azt_fzgh/20220822/717980.html.

（二）海内外重要投融资平台进一步集聚

浦东新区国际金融中心核心区基本建成。2020 年,浦东新区金融业生产总值达到 4 164.73 亿元,金融业增长值为 8.5%,占新区 GDP 比重达到 31.5%,并已经成为浦东新区第一大产业。目前浦东新区持牌类中外资金融机构超过 1 100 家,约占上海市金融机构的 2/3,融资租赁机构约 1 700 家,总资产规模超过 2.2 万亿元,约占全国 30%①,上市企业 191 家,新三板挂牌企业 119 家,上海股交中心挂牌企业 185 家,浦东新区投融资平台经济集群效应进一步得到凸显。浦东新区科创金融服务体系基本形成,目前已为 21 家科创企业注入"金动力",进一步发挥了金融服务实体经济的作用。②

（三）金融基础设施和制度持续完善

金融基础设施建设不断深化。目前浦东新区已经形成了集中股、债、期货、保险、信托、外汇等 13 家金融要素市场和基础设施为一体的金融市场体系,占上海市总量的 90%,金融集聚水平显著提升。2021 年 7 月,全国首个金融数据港在浦东新区张江科学城落成,目前已经集聚了包括人民银行金融科技子公司、哔哩哔哩元宇宙子公司、黑瞳科技子公司在内的近 30 家大型金融机构及金融科技研发机构,引进了大量金融科技人才,形成了以支付、清算、征信、监管、安全、标准六大功能为核心的金融科技产业生态圈,创新构建了"金融＋科技"的应用场景。

金融制度持续健全。其一,浦东新区率先于全国对国家绿色金融标准配套制度及补充性绿色金融地方标准进行探索。2022 年 6 月,浦东新区政府出台《上海市浦东新区绿色金融发展若干规定》,一方面推动了浦东新区绿色金融的高质量发展,为浦东新区提升绿色金融服务水平,打造国际绿色金融枢纽提供了法规保障;另一方面也为上海申请国家级绿色金融改革创新试验区夯实了基础。其二,小微企业增信基金试点政策落地实施。浦东新区政府建立了"市区联动＋银政合作"的工作机制,通过搭建新型"银企"沟通平台、开展政策宣讲、业务培训等方式建立了银行与企业之间的高效沟通对接机制,切实落实小微企业增信基金试点政策。截至 2022 年 1 月,小微企业增信基金政策已为 6 700 余家次浦东新区中小微企业提供服务,累计直接担保贷款总额超过 200 亿元,进

① 浦东新区人民政府.2022 年政府工作报告[EB/OL].[2022－02－23]. https://www.pudong.gov.cn/zfbg/20220223/666109.html.
② 浦东新区人民政府.2021 年统计年鉴[EB/OL].[2022－06－16]. https://www.pudong.gov.cn/014004002002/20220616/686388.html.

一步纾解了中小微企业资金周转与融资难、融资贵、融资慢等问题。[①]

五、提高城市治理现代化水平的发展现状

（一）城市治理体系不断完善

浦东新区"一网统管"不断迭代优化，推出"城市大脑"3.0。目前"城市大脑"3.0 已经建立了 80 个应用场景，在纵向上形成了"日常管理总平台＋街镇智能综合管理分平台＋居村联勤联动微平台"，在横向上打造了"专业部门智能综合管理平台＋迭代拓展专项应用场景"，以纵横编织的方式，构建能够全方位感知、解决市民"急难愁盼"问题的智能化、全局性应用场景体系，确保人民需求得到快速响应与处置，达到了"一屏观天下、一网管全城"的效果。

（二）富有时代特色的城市风貌日渐形成

在违规建筑专项整治过程中，截至 2022 年 1 月，浦东新区共整治违法用地 2.4 万亩，累计拆除违法建筑达到 6 000 万平方米，无违建别墅、"大棚房"创建率达到 100%。[②]

在"城中村"改造方面，浦东新区共有 14 个经认定的中心城区旧区改造完成了居民征收清盘，并落实了二级旧里以下居住房屋的改造任务，累计完成动迁签约 11 053 户，整体签约率达到 99%，并完成了 9 个项目的整体征收清盘工作，另有 5 个项目处于拆除过程并已经进入征收收尾阶段。[③] 为解决"老小旧远"等住房问题，浦东新区 2020 年共完成 2.13 万平方米旧城改造拆迁工作，并开展了 10 项市级与 34 项区级实事项目建设。[④]

（三）生态环境质量得到持续改善

2022 年 7 月，浦东新区以积极落实最严格的生态保护制度为目标，首次在生态保护领域开展了立法尝试，并出台了《浦东新区加强滴水湖水域保护和滨水公共空间建设管理若干规定》，进一步对滴水湖水域、滨水公共空间的建设与管理提出了目标定位、适用范围与基本原则。

---

① 浦东新区人民政府.2022 年政府工作报告[EB/OL].[2022－02－23].https://www.pudong.gov.cn/zfbg/20220223/666109.html.

② 浦东新区人民政府.2022 年政府工作报告[EB/OL].[2022－02－23].https://www.pudong.gov.cn/zfbg/20220223/666109.html.

③ 浦东时报.奏响高水平改革开放最强音 浦东奋力打好引领区这张"王牌"[EB/OL].[2022－07－15].https://www.pudong.gov.cn/006001/20220715/706244.html.

④ 浦东新区人民政府.2021 年统计年鉴[EB/OL].[2022－06－16].https://www.pudong.gov.cn/014004002002/20220616/686388.html.

在绿化治理方面,"十三五"期间,浦东新区共新增森林面积 4 000 公顷,其中涵盖生态廊道建设 1 200 公顷,生态公益林和经济果林 2 800 公顷,总森林覆盖率达到 18.2%;新增 27.5 万平方米立体绿化面积,完成总长 151 千米的城市绿道建设,人均公园绿地面积达到 12.9 平方米;①污染地块安全利用率达到 100%,受污染耕地安全利用率达到 95%。②

在空气治理方面,"十三五"期间,浦东新区共对 16 台集中供热锅炉的清洁能源、79 台开启式干洗机、1 421 家汽修行业采取替代、调整、整治或关停措施③,进而推动空气质量指数优良率达到了 93.4%,PM2.5 年均浓度降为 30 微克/立方米。④

在水环境治理方面,当前浦东新区区级、街镇级、村居级"三级"河长组织框架基本建成,并以此为依托,基本形成了涵盖"河道名录、河道养护、河长责任、河道水质监测和河长监督考核"维度在内的"五位一体"河道综合管理养护新格局,"五横六纵"骨干水系保护体系全面落实。"十三五"期间,浦东新区共整治了 555 条段黑臭水沟,7 469 条段劣 V 类水体与,615 条段"断头河",实现了劣 V 类水体的全面消除,全区 39 个国、市断面达标率达到 100%;淘汰关闭 2 256 家违法违规排污工业企业,并完成了 17 万户农村生活污水治理提标工程,源头治理愈发完善。⑤

在垃圾治理方面,浦东新区基本形成了全场景生活垃圾分类管理覆盖范围,人民群众参与率、垃圾分类纯净度高达 95%,居住区与单位生活垃圾分类达标率均在 95% 以上,并创建了 36 个上海市垃圾分类示范街道。⑥

在城市交通基础设施建设方面,浦东新区具备区域一体、城乡统筹特征的综合、立体交通体系基本建成。轨道交通 9 号线三期,13 号线二期、三期与 10 号线二期等陆续投入运营,区内轨道交通运营总里程超过 300 千米。G1503 越

① 浦东新区人民政府. 2021 年统计年鉴[EB/OL]. [2022－06－16]. https://www. pudong. gov. cn/014004002002/20220616/686388. html.
② 浦东环境. 聚焦浦东生态环境保护"十三五"成效[EB/OL]. [2022－02－05]. https://weibo. com/ttarticle/p/show? id=2309404601317384650873.
③ 浦东环境. 聚焦浦东生态环境保护"十三五"成效[EB/OL]. [2022－02－05]. https://weibo. com/ttarticle/p/show? id=2309404601317384650873.
④ 浦东新区人民政府. 2022 年政府工作报告[EB/OL]. [2022－02－23]. https://www. pudong. gov. cn/zfbg/20220223/666109. html.
⑤ 浦东环境. 聚焦浦东生态环境保护"十三五"成效[EB/OL]. [2022－02－05]. https://weibo. com/ttarticle/p/show? id=2309404601317384650873.
⑥ 浦东环境. 聚焦浦东生态环境保护"十三五"成效[EB/OL]. [2022－02－05]. https://weibo. com/ttarticle/p/show? id=2309404601317384650873.

江隧道、周家嘴路隧道、江浦路隧道等建成通车,越江通道达到 20 条。浦东大道改造基本完成,龙东大道、济阳路改建也已陆续结束,高快速路总里程超过 310 千米。[①]

(四)居民生活品质进一步得到提高

在社区公共服务方面,"15 分钟服务圈"基本建成,"家门口"服务体系得到持续深化,实现了村居全覆盖,并以此开展了国家级基本公共服务标准化试点探索。

在教育公共服务方面,基础教育资源规模总量得到显著提升,目前共有 670 所拥有独立法人的义务教育阶段学校,占上海市总量接近 25%,公办义务教育阶段学校集团化办学覆盖率高达 85.6%,其中一级优质类幼儿园占公办幼儿园 81%,市、区级实验性示范性高中占比达到 55.8%。[②]

在医疗公共服务方面,浦东新区现拥有三级医院 9 家、区属三级医院 6 家、二级医院 11 家,基本形成了以市级医学中心为支撑,区级医院为骨干,以社区卫生服务中心等基层卫生医疗机构为基础的整合型医疗服务体系架构,居民平均预期寿命提高到 84.76 岁[③],城乡居民人均可支配收入超过 8.1 万元。[④]

在公共文化服务方面,浦东新区成功创建第五届、第六届全国文明城区,基本形成了"市、区、街镇、家门口"四级公共文化服务网络体系,并完成了浦东美术馆、浦东城市规划和公共艺术中心等文化地建设完成。此外,上海图书馆东馆、上海博物馆东馆、上海大歌剧院等重大文体建设项目将在"十四五"期间陆续竣工。

六、依托强大国内市场优势促进内需提质扩容的发展现状

(一)高质量商品与服务供给能力不断增强

浦东新区高质量商品、服务供给与消费对经济发展、循环的牵引、引领与带动作用愈发凸显。2021 年,浦东新区商品销售总额为 56 494.69 亿元,同比增长 19.2%,全区贸易进出口总额达到了 23 886.07 亿元,同比增长 13.9%;累计

① 浦东新区人民政府. 2022 年政府工作报告[EB/OL]. 2022 年 2 月 23 日. https://www.pud-ong.gov.cn/zfbg/20220223/666109.html,2022 年 9 月 18 日。
② 浦东新区人民政府. 2021 年统计年鉴[EB/OL]. [2022—06—16]. https://www.pudong.gov.cn/014004002002/20220616/686388.html.
③ 浦东发改委. 浦东新区国民经济和社会发展第十四个五年规划和二〇三五年远景目标纲要[EB/OL]. [2022—10—21]. https://www.pudong.gov.cn/azt_fzgh/20220110/544477.html.
④ 浦东新区人民政府. 2022 年政府工作报告[EB/OL]. [2022—02—23]. https://www.pudong.gov.cn/zfbg/20220223/666109.html.

社会消费品零售总额达到了 3 822 亿元,占全市社会消费品零售总额的 21.2%,同比增长 20.4%,位于全市各区社会消费品零售总额排名首位。2020 年,浦东新区服务贸易总额达到 766 亿美元,占全市 50.1%,其中运输、旅游与专业管理及咨询共占浦东新区服务贸易进出口总规模的 75%,成为服务贸易进出口的重要动力。①

(二)绿色健康消费趋势不断凸显

在发展绿色健康消费方面,浦东新区开展了"绿色环保周""绿色消费季""绿色服务认证"等有效引领绿色健康消费的相关活动,推动"可持续发展""绿色减碳""绿色健康消费"等观念深入人心。

在线上线下消费融合方面,浦东新区目前已经开办了三届"五五购物节",结合"E 起享夏日消费补贴""爱购上海"等活动,有效促进了浦东新区商业、文化、旅游线上线下消费全面发展,进一步凸显了线上线下消费融合的"大消费"格局。

浦东新区政府不断创新消费者投诉处理机制,充分发挥市场监管所牵头作用,联合消费纠纷人民调解委员会,以联合调解工作室为平台,建立了消费纠纷多元化解机制。截至 2021 年,浦东新区已经开设了 38 个联合调解工作室,在各个消费领域实现了机构全覆盖,消费纠纷多元化解机制的成功率比原有行政化调解机制提高了约 30%,调解速度提高了近 50%,累计处理消费纠纷 2 万余件,为消费者挽回直接经济损失近 5 400 万元。

七、统筹发展和安全的发展现状

(一)防范化解金融风险防控取得一定成效

金融风险防范宣传活动反响热烈,2021 年,浦东新区金融工作局为了落实好《防范和处置非法集资条例》与满足人民群众需求,邀请金融机构高管、大学教授等行业大咖,结合自身专业领域,向人民群众普及金融风险防范基础知识,先后组织线上、线下金融风险防范公益讲座 22 场,参与人数累计近万人次,进一步提升了人民群众金融投资安全意识与风险识别能力。②

金融风险防范长效机制基本建立,浦东新区政府利用大数据、人工智能等

---

① 浦东新区人民政府.浦东新区深化上海国际贸易中心核心区建设"十四五"规划[EB/OL].[2022—10—27]. https://www.pudong.gov.cn/006021008/20220108/459420.html.
② 浦东新区金融工作局.2021 年浦东金融风险防范系列公益讲座圆满收官[EB/OL].[2022—12—30]. https://mp.weixin.qq.com/s/DhLQG39jDzgUGi-tjts4hw.

信息技术，研发了金融风险预警智能分析模型，对浦东新区33万家注册经营企业开展金融风险全网监测预警，助力防范、化解金融风险，不断净化浦东新区金融环境。

互联网金融风险专项整治攻坚战全面开花，浦东新区针对金融领域风险隐患问题，对互联网金融机构展开了全覆盖式集中排查，截至2020年年底，浦东新区已对255家网贷机构完成清退工作，并对纳入清理整顿的597家涉非金融交易场所进行了分类处置。[①]

（二）公共卫生应急管理体系

基层公共卫生应急管理体系以人员管理全覆盖、属地化、无遗漏为原则，创新提出了"5＋X"多层级包干责任体系，即"指挥部总指挥－处级干部－机关干部－居民区书记－居民区社工"，明确了公共卫生应急管理责任体系，实现了基层公共卫生全覆盖、全流程、全闭环式应急管理。

长三角公共卫生一体化进程得到进一步推进。一方面，"三省一市"多次召开长三角地区新冠疫情联防联控视频会议，建立了疫情防控交通一体化联动管理，重要防疫物资互济互帮等"5＋2"联动工作机制，创新发展了长三角地区公共卫生应急管理与重大疫情联防联控合作模式。另一方面，"三省一市"对长三角公共卫生应急管理体系建设积极探索，签署了《长三角卫生健康一体化发展合作备忘录》《长三角区域疾病预防控制中心卫生应急一体化发展战略合作协议》《长江三角洲区域公共卫生合作协议》等一系列合作文件，逐步构建了长三角地区公共卫生应急管理机制与重大疫情联防联控互助协作机制框架。

卫生和社会工作固定资产投资得到稳步提升。2020年，浦东新区共完成卫生和社会工作固定资产投资总额12.54亿元，新增固定资产1.23亿元，为实现浦东新区公共卫生应急管理体系可持续发展提供了坚实基础。

（三）防范化解安全生产等领域重大风险防范化解能力不断提升

风险防范化解机制进一步得到完善，浦东新区应急管理局牵头建立了安全生产行纪衔接、行刑衔接工作机制，健全了安全生产行政执法与刑事司法衔接相关法律责任、司法证据、程序制度等要求；建立了生产安全事故调查处理机制，进一步强化了应急、公安、行业主管部门等主体在生产安全事故调查过程中的协作能力；建立了危险化学品安全工作联席会议制度，实现了危险化学品在

---

① 浦东新区金融工作局.浦东新区深化上海国际金融中心核心区建设"十四五"规划［EB/OL］.［2022－08－22］. https://www.pudong.gov.cn/azt_fzgh/20220822/717980.html.

生产、经营、运输过程中的全流程安全监管。浦东新区多次开展重点行业安全风险隐患排查、整改、整治行动,推动应急管理和安全生产责任制得到落实,切实保障浦东新区安全形势总体平稳、有序、受控。2021年12月,浦东新区被评为"2017—2020年度平安中国建设示范区"。

本章小结

　　本章在实地调研和查阅政府官方文件的基础上系统总结了浦东新区打造社会主义现代化建设引领区的建设规划和发展现状。

　　浦东新区打造社会主义现代化建设引领区建设规划主要表现在以下几个方面:一是全力做强创新引擎的建设规划(不断加快关键技术研发、积极培育世界级产业集群、深化科技创新体制改革);二是加强改革系统集成的建设规划(持续创新政府服务管理方式、切实强化竞争政策基础地位、不断健全要素市场一体化运行机制);三是深入推进高水平制度型开放的建设规划(推进上海自贸区及临港新片区先行先试、加快共建辐射全球的航运枢纽、建立全球高端人才引进"直通车"制度);四是增强全球资源配置能力的建设规划(进一步加大金融开放力度、建设海内外重要投融资平台、完善金融基础设施和制度);五是提高城市治理现代化水平的建设规划(创新完善城市治理体系、打造具有时代特色的城市风貌、构建和谐优美生态环境、提升居民生活品质);六是依托强大的国内市场优势促进内需提质扩容的建设规划(增加高品质商品和服务供给、培育绿色健康消费新模式);七是统筹发展和安全的建设规划(健全金融风险防控机制、完善公共卫生应急管理体系、防范化解安全生产等领域重大风险)。

　　浦东新区打造社会主义现代化建设引领区发展现状主要表现为以下几个方面:一是全力做强创新引擎的发展现状(科研创新实力不断增强、产业集群迅速发展、科技创新体制改革不断深化);二是加强改革系统集成的发展现状(政府服务管理方式不断优化、竞争政策的基础性地位持续提升);三是深入推进高水平制度型开放的发展现状(上海自贸区及临港新片区建设持续深化,海陆空铁枢纽运输能级持续提升,人才引进体系更为积极、开放、有效);四是增强全球资源配置能力的发展现状(开放金融服务体系不断健全、海内外重要投融资平台进一步集聚、金融基础设施和制度持续完善);五是提高城市治理现代化水平的发展现状(城市治理体系不断完善、富有时代特色的城市风貌日渐形成、生态环境质量得到持续改善、居民生活品质进一步得到提高);六是依托强大的国内市场优势促进内需提质扩容的发展现状(高质量商品与服务供给能力不断增强、绿色健康消费趋势不断凸显);七是统筹发展和安全的发展现状(防范化解金融风险防控取得一定成效,公共卫生应急管理体系、防范化解安全生产等领域重大风险防范化解能力不断提升)。

第六章

浦东新区打造社会主义现代化建设引领区：
客观指标体系与综合评估

　　浦东新区作为中国改革开放的缩影，一直是中国现代化建设的重要窗口和示范区。近年来，浦东新区在推进社会主义现代化建设方面取得了显著成就，成为中国现代化建设的一张闪亮名片。本章旨在通过对浦东新区社会主义现代化建设的指标体系和综合评价进行研究，探讨浦东新区如何成为社会主义现代化建设的引领区。第一节为浦东新区社会主义现代化建设的指标体系，主要从人口子系统、社会子系统、经济子系统、科技子系统、资源子系统、环境子系统等方面梳理，并提出相应的指标体系框架。本节主要详细阐述浦东新区社会主义现代化建设的指标体系。通过对指标体系的分析和比较，我们可以更好地了解浦东新区社会主义现代化建设的发展情况和趋势。第二节为评估模型及方法选择的适用性分析。第三节为浦东新区社会主义现代化建设的指标权重赋权，主要从经济发展、城市建设、人民生活、环境保护等方面，并结合层次分析法和熵权法赋权，分析浦东新区社会主义现代化建设的各个指标的权重和评判标准。第四节为浦东新区社会主义现代化建设的发展建议，主要从人口子系统、社会子系统、经济子系统、科技子系统、资源子系统、环境子系统等方面提出了一些建议。这些建议旨在进一步推动浦东新区社会主义现代化建设的发展，提高其在中国现代化建设中的引领作用。

第一节　浦东新区打造社会主义现代化建设引领区指标体系概述

一、浦东新区城市现代化建设指标体系的特征

城市现代化建设指标体系是用于评估和衡量城市发展水平的一套指标体系。它旨在描述城市的综合发展状况，并从经济、社会、环境等多个角度来评价城市的现代化程度。以下是城市现代化建设指标体系的特征：

（一）多维度性

城市现代化建设指标体系是一个多维度的指标系统，涵盖了经济、社会、环境等各个方面。这意味着指标体系不仅仅关注一个领域的发展，而是综合考虑了城市的各个方面。例如，经济维度可以包括城市的 GDP、就业率等指标；社会维度可以考虑人口素质、社会福利等指标；环境维度可以包括空气质量、水资源利用等指标。这些维度相互关联、相互影响，综合反映了城市的综合发展水平。

（二）综合性

城市现代化建设指标体系考虑了城市的经济发展水平，同时也关注社会发展、环境保护和居民生活质量等多个方面的因素。综合考虑这些指标，可以更全面地评估城市的现代化水平。这样的综合性特征使得指标体系能够更好地反映城市的整体发展情况，而不仅仅局限于某个方面的指标。

（三）可比性

城市现代化建设指标体系具有可比性，即不同城市之间可以通过这一指标体系进行比较。这意味着使用相同的指标和评估方法，各个城市的发展水平可以进行横向对比和纵向分析。这种可比性特征可以发现不同城市之间的差异，也可以更清楚地评估和了解城市的优势和不足。同时，可比性还为城市的发展提供了参考和借鉴的基础。

（四）持续性

城市现代化建设指标体系不仅考虑了当前的城市发展水平，还关注城市的可持续发展。它强调了经济的可持续性、社会的可持续性和环境的可持续性，并通过相应的指标来评价城市在可持续发展方面的表现。这意味着指标体系

不仅要关注短期效益,还要关注长期的可持续发展,以确保城市的发展不会牺牲未来的资源和环境。

(五)动态性

城市现代化建设指标体系需要具备动态更新的特点。由于城市的发展是一个不断变化的过程,指标体系需要根据时代的发展和城市的实际情况调整和更新,以确保其能够准确反映城市的现状和未来发展方向。这意味着该指标体系需要灵活适应城市的变化,及时引入新的指标和评估方法,保持指标的有效性和准确性。

(六)可操作性

城市现代化建设指标体系需要具备可操作性,即指标应该具备可衡量、可实施的特点。这些指标要能够被具体的数据所支撑,能够为城市管理者提供有效的决策依据,推动城市现代化建设的实际行动。可操作性特征使得指标体系成为城市管理和决策的有力工具,能够帮助城市管理者全面了解城市的发展状况,并采取相应的政策和措施来推动城市的现代化建设。

二、浦东新区现代化建设指标体系构成

浦东新区现代化建设的核心和主体是人口子系统(见图6.1)。人口子系统由居民从事的生产和再生产活动构成,通过这一过程实现自身的生存和繁衍。人口子系统主要包括人口数量和人口质量两个方面。人口数量是指在一定时间内,浦东新区城市范围内的居民总数。人口质量指的是居民的综合素质和能力,包括身体素质、科学文化素质和道德素质。在浦东新区现代化建设中,人口子系统是最为活跃的组成部分,也是其他一切活动的基础。

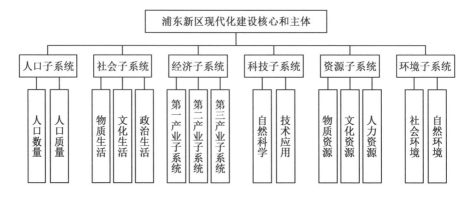

图6.1 浦东新区现代化建设指标体系构成框架

社会子系统是指居民所从事的所有社会生活活动的总和，主要由物质、文化和政治生活三个方面组成。物质生活是指满足居民生存需求的各种物质形态，包括衣食住行等。文化生活是指除了生存需求外的一切思想活动，如阅读、写作、文娱、体育和其他艺术活动。政治生活是指居民在日常社会生活中行使政治权利、履行政治义务以及参与自下而上的民主监督活动。

经济子系统是指在浦东新区现代化过程中物质生活资料的生产和再生产。经济子系统是城市的物质基础，为居民提供生存所需的各种产品，如食品、服饰、交通工具等，是提高居民生活质量的保障。经济子系统可以按产业划分，包括第一产业子系统、第二产业子系统和第三产业子系统。每个产业都有许多因素，可根据实际需要细分。

科技子系统是指在物质生产和再生产过程中广泛应用科学和技术于经济和社会生活的方方面面。科技对浦东新区现代化建设的作用日益凸显，直接加速了城市可持续发展的进程。科技包括自然科学和社会科学两个方面，自然科学是指有关自然和社会等方面系统知识的体系，解决的是理论问题；技术是将科学研究成果应用于实际问题的手段。

资源子系统是指用于浦东新区现代化建设或为城镇居民提供服务的各种物质资源、文化资源和人力资源。物质资源是最基础、最重要的资源，包括基础设施、住房建设、园林绿化等；文化资源包括历史遗产、文化标志、各行业的先进榜样、企业文化和特色文化；人力资源通常指具有工作经验和技能、适应工作条件的城镇居民。在浦东新区可持续发展的共生系统中，资源子系统包括自然资源和社会经济资源。

环境子系统是指浦东新区居民周围所有物质、能量和信息元素的总称，包括自然环境和社会环境两个方面。自然环境包括地质、地貌、水文、气候、动植物和土壤等元素；社会环境包括经济、政治、文化、历史、人口、民族和行为等基本元素。这些元素及其相互关系构成了环境系统的有机整体。在浦东新区可持续发展的共生体系中，环境子系统特指环境的生产和再生产，尤其是人类从事的环境保护活动。

三、浦东新区现代化建设指标评价体系构建原则

为使新的评价体系指标能够对浦东新区现代化建设进行全面、详细、准确的评价，结合本章研究背景，我们主要遵行下列原则构建了基于现代化建设评价指标影响因素：

（一）科学性原则

任何评估体系指标需具备科学性。城市的现代化建设系统是复杂的，其中构成要素繁多。指标的选取是否科学直接决定了现代化建设评估研究结果的准确性。因此，建立针对现代化建设评估指标体系时，须遵循科学性原则选取指标。

（二）针对性原则

现代化建设评估体系涉及浦东新区的各种方面。因此，建立评估指标体系时，应根据浦东新区城市实际情况，采用与之实际情况联系最贴切的、针对性较强的评估指标。

（三）定量和定性相结合原则

定性分析指标评估框架，但实际说服性不强，定量研究较为精确，但定量研究过于综合性，指标间的关联性和反馈实际情况不足。因此，为了做到对现代化建设评价客观和全面，在定性分析的基础上通过数据收集，指标构建和科学定量分析，将定性分析和定量研究相结合。

（四）可行性和简明性原则

构建现代化建设评价指标体系的主要目的是通过指标的评估，发现系统中的薄弱环节，然后再针对现代化建设的薄弱环节，采取相对应的具体措施，从而促进城市现代化建设状况提升。

所以，评估体系指标的选取必须具有可行性。同时，评估指标在综合、合理、完整的基础上应尽可能简单，易于获得。

除此之外，在遵循以上四大原则的同时，构建基于浦东新区现代化建设评价指标体系时还具有以下几个特色：

第一，与前人构建的评价指标体系不同，本研究基于浦东新区现代化建设，根据浦东新区各维度数据获取情况，选取针对性较强的现代化建设评估指标，相比于整个上海指标体系来说更加具体。

第二，国内外过去对浦东新区现代化建设的研究影响中，或以历史为例，或以浦东新区社会系统为主，本章从整体、全面、系统的研究出发，以现代化建设为研究点，分析了浦东地区的现代化建设现状，并根据具体情况提出了相应对策。

第三，已有研究主要从浦东某个方面出发，具有一定的片面性，本章研究主要以各维度为基本分析单位,通过多维度分析浦东地区现代化建设,为浦东未来发展助力。

四、浦东新区现代化建设指标体系的选取及确定

本章从六个方面出发(人口子系统、社会子系统、经济子系统、科技子系统、资源子系统、环境子系统),根据浦东新区打造社会主义现代化建设引领区评估体系框架,选取近 10 年主要年份指标。指标的选取上遵循了可获取性、全面性、科学性以及可操作性原则,确保有效、真实地反映浦东新区打造社会主义现代化建设引领区评估结果,主要有以下指标(注:因本书主要探讨浦东新区现代化建设状况,故选取指标皆为正向指标,如表 6.1 至表 6.6 所示):

表 6.1　　　　　　　　　　　　人口子系统指标集

	指标	2010 年	2015 年	2019 年	2020 年
	年末常住人口(万人)	504.44	547.49	556.7	568.15
	年末户籍总人口(万人)	275.8	291.87	307.71	312.61
人口子系统	年末总户数(万户)	106.08	113.55	120.65	122.47
	自然增长率(%)	1.06	0.19	−0.49	−2.02
	少年人口抚养比(%)	14.70	15.1	18.54	18.44
	老年人口抚养比(%)	19.6	25.88	34.93	40.6

表 6.2　　　　　　　　　　　　社会子系统指标集

	指标	2010 年	2015 年	2019 年	2020 年
	居民人均年可支配收入(元)	32 330	50 726	71 647	74 627
	高中在校学生数(人)	171 968	160 235	163 825	169 668
社会子系统	新增就业岗位(万人)	14.04	15.1	11.75	10.7
	城市基础设施投资额(亿元)	261.92	256.4	442.03	503.78
	市内公共交通投资额(亿元)	31.48	46.59	65.22	78.21
	公用设施投资额(亿元)	120.69	122.18	268.95	324.19

表 6.3   经济子系统指标集

	指标	2010 年	2015 年	2019 年	2020 年
经济子系统	第一产业(亿元)	28.39	23.6	19.39	17.08
	第二产业(亿元)	2 048.65	2 341.53	2 870.87	3 040.21
	第三产业(亿元)	2 887.81	6 060.4	9 843.99	10 149.7
	财政收入(亿元)	2 046.17	3 089.86	4 316	4 345.56
	房地产开发投资(亿元)	555.74	969.22	994.19	1 051.51
	外商直接投资合同项目(项)	906	3 722	1 965	1 536
	外商直接投资合同金额(亿美元)	56.25	440.82	56.35	233.58

表 6.4   科技子系统指标集

	指标	2010 年	2015 年	2019 年	2020 年
科技子系统	R&D 经费支出(亿元)	139.39	283.84	456.46	513.13
	R&D 经费支出相当于 GDP 比例(%)	2.96	3.59	3.6	3.89
	研发机构数(个)	393	555	615	622
	专利申请数(项)	17 587	22 493	37 070	47 259
	专利授权数(项)	12 764	13 299	23 327	30 199
	高技术工业	2 259.08	2 963.32	3 073.23	3 230.36

表 6.5   资源子系统指标集

	指标	2010 年	2015 年	2019 年	2020 年
资源子系统	新增就业岗位(万人)	14.04	15.1	11.75	10.7
	卫生技术人员(人)	18 925	29 237	34 056	38 663
	医疗机构数(个)	1 057	1 057	1 257	1 359
	每万人拥有病床数(张)	32.84	38.62	44.21	46.37
	每万人拥有医生数(人)	19.15	19.91	22.04	24.58
	每万名中小学生拥有教职员工数(人)	821	818	851	1 074

表 6.6 环境子系统指标集

	指标	2010 年	2015 年	2019 年	2020 年
环境子系统	建成区绿化覆盖率(%)	36.1	36	39.6	39.9
	城镇污水纳管率(%)	81.9	87.2	94.3	95.1
	空气质量优良率(%)	92.6	73.6	86.2	89.1
	人均公共绿地(平方米)	11.03	11.71	12.9	13
	园林绿化	14.08	16.7	25.94	14.09
	环境卫生	2.1	0.74	6.84	6.42

该指标体系一共有 37 个指标,其中包括人口指标 6 个,社会指标 6 个,经济指标 7 个,科技系统指标 6 个,资源指标 6 个,环境指标 6 个。在实证研究中,采用的经济指标基本为正向指标,可根据实际情况多选经济指标进行评价研究。

第二节 评估模型及方法选择适用性分析

一、各维度评估量化模型

城市共生系统可持续发展综合水平评价是一个多层次、多指标的问题,有两个主要步骤。首先计算每个子系统的综合发展水平,然后对每个子系统进行综合。主成分分析方法适用于解决这类问题。通过对国内外文献的总结以及灾害背景下城市韧性指标体系的筛选和归纳梳理后,我们选取了符合现代化建设的评价指标体系,并遵循科学性、可获得性、真实性和可行性原则筛选和优化指标体系,尽可能减少指标数量,降低评价指标体系冗余度,提高指标体系的有效性和可靠性。目前学界对于现代化建设指标体系还没有形成一个统一完整的指标体系,且对于指标构建的一级指标维度的分类也没有固定的标准,通过研究发现,文献几乎都涉及人口子系统、社会子系统、经济子系统、科技系统、资源子系统、环境子系统这几个方面。由于某些指标要素具有属性重合性,因此,本章对浦东新区现代化建设指标评价体系中的指标因子进行优化整合,构建指标评估框架。根据上文对浦东新区现代化建设各方面归纳,本章从 6 个维度评估城市韧性,分别为人口子系统、社会子系统、经济子系统、科技子系统、资源子系统和环境子系统,以此来构建评估浦东新区现代化建设情况,并通过筛选和优化,选取 37 个评估指标因子评估浦东新区现代化建设成效,分析现代化建设不足,具体优化后的量化模型如下:

$$Modernization(P) = Si_{(P)}W_{(P)} \tag{1}$$

$$Modernization(s) = Si_{(s)}W_{(s)} \tag{2}$$

$$Modernization(e) = Si_{(e)}W_{(e)} \tag{3}$$

$$Modernization(t) = Si_{(t)}W_{(t)} \tag{4}$$

$$Modernization(r) = Si_{(r)}W_{(r)} \tag{5}$$

$$Modernization(ev) = Si_{(ev)}W_{(ev)} \tag{6}$$

分别从 6 个维度构建现代化建设体系,公式中:$Modernization$ 表示现代化建设水平;$Si_{(P)}W_{(P)}$ 表示人口现代化水平;$Si_{(s)}W_{(s)}$ 表示社会现代化水平;$Si_{(e)}W_{(e)}$ 表示经济现代化水平;$Si_{(t)}W_{(t)}$ 表示技术现代化水平;$Si_{(r)}W_{(r)}$ 表示资源现代化水平 $Si_{(ev)}W_{(ev)}$ 表示环境现代化水平;为 Si 评价指标与正理想化目标的贴合度,即现代化指数;W 表示指标权重。

二、层次分析法适用性分析

层次分析法(Analytic Hierarchy Process,AHP)是一种综合分析方法,它将定性和定量相结合,是一种系统化和层次化的分析方法。当一个问题由众多因素构成,并且众多因素之间相互关联、相互制约,或者缺少定量数据的时候,便可适用层次分析法。对于城市现代化建设评价这一多层次多指标的综合性评价问题,层次分析法适用于确定其各个指标间的权重。层次分析法总的来说分为三个步骤:

第一步,建立递阶层次结构模型,研究前一节有详细描述,在此不做赘述。

第二步,构造判断矩阵。针对相对重要性判断矩阵的基本准则,判断两个元素之间两两比较哪个重要,相对的重要程度,然后对重要性程度赋值。重要性标度值如表 6.7 所示。

表 6.7　　　　　　　　　　　　　　　**重要性标度含义**

重要性标度	含义
1	表示两个元素 i 与 j 相比，具有同等重要性
3	表示两个元素 i 与 j 相比，前者比后者稍重要
5	表示两个元素 i 与 j 相比，前者比后者明显重要
7	表示两个元素 i 与 j 相比，前者比后者强烈重要
9	表示两个元素 i 与 j 相比，前者比后者极端重要
2，4，6，8	表示上述判断的中间值
倒数	若 j 因素与 i 因素比较，得到判断值为 $aij = 1/aij$

设有 $A_1, A_2, A_3, \ldots, A_n$ 个指标，其值分别为 $W_1, W_2, W_3, \ldots, W_n$。应用该标度对指标两两赋值，得到的比例可以构成一个 n 行 n 列的矩阵 A

$$A = \begin{bmatrix} w_1/w_1 & w_1/w_2 & \ldots & w_1/w_n \\ w_2/w_1 & w_2/w_2 & \ldots & w_2/w_n \\ & \vdots & \ddots & \vdots \\ w_n/w_1 & w_n/w_2 & \ldots & w_n/w_n \end{bmatrix} \tag{6}$$

用特征向量 W 右乘矩阵 A 可得到[①]：

$$W = (W_1, W_2, W_3, \ldots, W_n)^T \tag{7}$$

$$AW = \begin{bmatrix} w_1/w_1 & w_1/w_2 & \ldots & w_1/w_n \\ w_2/w_1 & w_2/w_2 & \ldots & w_2/w_n \\ & \vdots & \ddots & \vdots \\ w_n/w_1 & w_n/w_2 & \ldots & w_n/w_n \end{bmatrix} \cdot \begin{bmatrix} W_1 \\ W_2 \\ \vdots \\ W_n \end{bmatrix} = n \cdot \begin{bmatrix} W_1 \\ W_2 \\ \vdots \\ W_n \end{bmatrix} = nW \tag{8}$$

第三步，进行一致性检验。在上式中，W 为特征向量，n 为特征值，且该矩阵存在唯一非零的最大特征值 max，一般来说 max 不等于 n。为了检验其一致性，引入 $C.I$ 作为指标。

$$C.I = \frac{\lambda max - n}{n - 1} \tag{9}$$

当 $max = n$ 时，$C.I = 0$，表示完全一致。判断矩阵的一致性越差则 $C.I$ 的值越大，一般来说只要 $C.I \leqslant 0.1$，就认为判断矩阵的一致性是可以接受的。

---

① 骆汝九. 多指标综合评价的非参数方法和缺失数据的聚类方法研究[D]. 扬州：扬州大学，2011：12—15.

三、熵权法适用性分析

层次分析法属于系统分析方法,可将复杂系统分为不同层次,先确定指标重要度,然后计算各指标权重,但其主观性较强,不利于指标权重的客观性。熵权法是利用熵值来判断某个指标的离散程度,其信息熵值越小,指标的离散程度越大,则该指标对综合评价的影响(即权重)就越大,如果某项指标的值全部相等,则该指标在综合评价中不起作用。因此,可利用信息熵这个工具计算出各个指标的权重,然而熵权法较为客观的同时忽视了主观的赋权以及在应对灾害时不同指标的重要程度。鉴于此,笔者将 AHP 法与熵权法相结合,构建模型,最后根据模型计算结果,具体步骤如下:

恢复的重要组成部分,根据 2010、2015、2019 和 2020 年统计年鉴、浦东新区城市公报、水务局以及气象局得到相关 37 个指标数据,为统一评价标准(每个指标值在 0~1 之间),须对具有不同量纲的原始数据进行标准化处理,从而使数据具有可比性。通过分析可知,在指标体系中不存在适度性指标,只存在正向指标和负向指标,故将初始值进行无量纲化处理,得到标准值。

$$正向指标:z_{ij} = \frac{x_{ij} - min(x_{ij})}{max(x_{ij}) - min(x_{ij})} \times 0.9 + 0.1 \tag{10}$$

$$逆向指标:z_{ij} = \frac{max(x_{ij}) - x_{ij}}{max(x_{ij}) - min(x_{ij})} \times 0.9 + 0.1 \tag{11}$$

式中,z_{ij} 为标准化后矩阵,其中,x 为某一指标;i 为行数,即评价对象城市;j 为列数,即指标名称。

第一步,通过指标体系的构建,邀请浦东新区现代化建设研究领域 10 位常年从事城市建设研究的专家对指标体系中的要素层中各指标的重要程度打分,然后利用 yaahp10.3 软件,依据层次分析法原理处理和计算数据,最终得到各要素指标权重 $W_j 1$。

第二步,首先,利用标准化后的指标体系 z_{ij},计算指标 z_{ij} 所占比例 P_{ij}:

$$P_{ij} = z_{ij} / \sum_{i=1}^{n} z_{ij} \tag{12}$$

然后,计算 j 指标的信息熵值 E_j:令 $k = \ln \frac{1}{n}$,为调节系数,n 为评估对象总个数,得:

$$E_j = k \sum_{i=1}^{n} P_{ij} \ln P_{ij} \tag{13}$$

最后,通过信息熵值,计算各评价指标 z_{ij} 的权重 W_j2, m 为指标个数,$1-E_j$ 为第 j 个指标的不均衡系数,n 为评估对象总个数：

$$W_j2 = (1-E_j)/[n-\sum_{j=1}^{m}(E_j)] \qquad (14)$$

第三步,将熵权法与 AHP 法相结合,确定模型中的各评估要素组合权重,其公式为：

$$W_j = \frac{W_j1W_j2}{\sum_{j=1}^{n}W_j1W_j2} \qquad (15)$$

四、浦东新区现代化建设评估方法

在浦东新区现代化建设评估方法中,城市共生系统可持续发展综合水平评价是一个多层次、多指标的综合问题。为了全面评估浦东新区现代化建设的进展和效果,我们可以将城市共生系统分为人口子系统、社会子系统、经济子系统、科技子系统、资源子系统和环境子系统,并对每个子系统进行综合评估。首先,针对人口子系统的综合评估,可以考虑人口数量、人口结构、人口迁移情况等指标。例如,人口数量的增长趋势、老龄化程度以及人口流动的规模和频率等都是重要的评估指标。分析这些指标的数据,可以评估出人口子系统的发展水平。对社会子系统的综合评估,可以考虑教育、医疗、文化、社会安全等方面的指标。例如,教育系统的发展水平可以考察教育资源的配置、师资队伍的质量等。另外,医疗系统的发展水平可以考察医疗设施的完善程度、医疗服务的质量等。综合考虑这些指标,可以获得社会子系统的发展水平评价结果。经济子系统的综合评估可以考虑 GDP 增长率、产业结构、创新能力等指标。分析这些指标,可以评估经济子系统的发展水平。例如,可以关注浦东新区的经济增长速度、产业结构的调整情况以及科技创新的投入和产出等方面。科技子系统的综合评估可以考虑科研投入、技术创新、高新技术产业发展等指标。分析这些指标的数据,可以评估科技子系统的发展水平。例如,可以关注浦东新区在科研投入方面的力度、高新技术产业的发展程度以及技术创新成果的转化效果等。资源子系统的综合评估可以考虑土地利用、水资源利用、能源消耗等指标。分析这些指标,可以评估资源子系统的发展水平。例如,可以关注浦东新区的土地利用效率、水资源利用的可持续性以及能源消耗的节约程度等方面。环境子系统的综合评估可以考虑空气质量、水质情况、生态环境的保护等指标。分析这些指标,可以评估环境子系统的发展水平。例如,可以关注浦东新区的空气污染情况、水体质量的保护程度以及生态环境的可持续性等方面。

分析每个子系统的综合评估结果,可以了解其发展状况和存在的问题。在评估结果中,需要特别关注各个子系统之间的相互影响和协调发展的情况。并针对评估结果提出相应的政策建议和改进措施,以推动浦东新区现代化建设向着更加可持续和综合发展的目标迈进。具体评估公式如下:

$$Modernization\ T = 1/6 \big[Modernization\ (P) + Modernization\ (s) + Modernization\ (e) + Modernization\ (t) + Modernization\ (r) + Modernization\ (ev) \big]$$

$$(16)$$

第三节　浦东新区打造社会主义现代化建设引领区综合评估

一、浦东新区现代化发展概况

浦东新区是上海市的一个主要行政区域,也是中国改革开放的象征之一。作为中国的开放窗口和经济中心,浦东新区在近几十年的发展中取得了令人瞩目的成就。在经济发展方面,浦东新区在改革开放初期被确定为上海开发开放的试验区,从此开始了快速的经济发展。自 20 世纪 90 年代以来,浦东新区吸引了大量的国内外投资,并成为上海市乃至中国的经济引擎。该区域内涌现出了众多跨国公司、金融机构和高科技企业,如浦东开发银行、中国东方航空、中国联通等。浦东新区的 GDP 持续增长,经济总量居全国前列。在产业结构方面,浦东新区注重产业升级和创新发展,以服务业和高技术产业为重点。金融、贸易、航空、信息技术、生物医药等产业在该区域蓬勃发展,形成了以金融、现代服务业、航空航天、新材料、生物医药等为主导的产业集群。浦东新区还大力发展自由贸易试验区,推动国际贸易和投资自由化便利化。在基础设施建设方面,浦东新区投入巨大。浦东陆家嘴金融贸易区建设成为中国的金融中心,拥有高楼大厦、现代化办公楼、金融机构总部等。此外,浦东新区还建设了优质的交通网络,包括浦东国际机场、陆家嘴金融中心的地铁线路等,方便了人们的出行和交流。在可持续发展方面,浦东新区注重可持续发展,将经济发展与环境保护相结合。该区域大力推进绿色低碳发展,加强环境保护和生态建设,建设了一批城市公园和绿地,改善了居民的生活环境。同时,浦东还推动创新科技与智能化建设,加强资源的节约利用和环境可持续性。在社会发展方面,浦东新区注重提高居民的生活质量和幸福指数,在教育、医疗、文化等领域建设了一批高水平的设施和机构,提供了优质的公共服务。此外,浦东还大力发展体育和文化事业,举办了一系列国际性的体育和文化活动。

总的来说,浦东新区在现代化发展中取得了显著的成就,它成为中国现代化建设的示范区域和经济增长的引擎,也为其他地区提供了宝贵的经验和启示。浦东新区未来将继续致力于创新发展,推动经济转型升级,实现更加可持续。

二、各级指标层次分析法赋权结果

根据层次分析法的理论,各级指标的赋权方法类似,借助 yaahp 10.3 软件,并请多位专家评估打分,最终所得权重如表 6.8 至表 6.14 所示,为了方便阅读,此处我们仅以三级指标"年末常住人口""年末户籍总人口""年末总户数""自然增长率""少年人口抚养比"和"老年人口抚养比"为例,展开赋权过程。

表 6.8　　　　　　　　　　浦东新区现代化建设评估总表

浦东新区现代化建设评估	人口子系统	社会子系统	经济子系统	科技子系统	资源子系统	环境子系统	W_i
人口子系统	1.000 0	3.000 0	5.000 0	0.200 0	1.000 0	3.000 0	0.185 0
社会子系统	0.333 3	1.000 0	1.000 0	0.166 7	0.200 0	0.333 3	0.049 1
经济子系统	0.200 0	1.000 0	1.000 0	0.200 0	1.000 0	1.000 0	0.073 0
科技子系统	5.000 0	6.000 0	5.000 0	1.000 0	5.000 0	4.000 0	0.471 5
资源子系统	1.000 0	5.000 0	1.000 0	0.200 0	1.000 0	1.000 0	0.125 9
环境子系统	0.333 3	3.000 0	1.000 0	0.250 0	1.000 0	1.000 0	0.095 5

注:浦东新区现代化建设评估一致性比例为 0.080 3,对"浦东新区现代化建设评估"的权重为 1.000 0,$\lambda_{\max}$ 为 6.505 7。

表 6.9　　　　　　　　　　　　　人口子系统评估表

人口子系统	年末常住人口	年末户籍总人口	年末总户数	老年人口抚养比	自然增长率	少年人口抚养比	W_i
年末常住人口	1.000 0	3.000 0	3.000 0	0.333 3	2.000 0	0.333 3	0.167 1
年末户籍总人口	0.333 3	1.000 0	0.500 0	0.333 3	2.000 0	0.333 3	0.079 0
年末总户数	0.333 3	2.000 0	1.000 0	0.333 3	3.000 0	0.500 0	0.116 8
老年人口抚养比	3.000 0	3.000 0	3.000 0	1.000 0	5.000 0	1.000 0	0.307 7
自然增长率	0.500 0	0.500 0	0.333 3	0.200 0	1.000 0	0.333 3	0.058 5
少年人口抚养比	3.000 0	3.000 0	2.000 0	1.000 0	3.000 0	1.000 0	0.271 0

　　注:人口子系统一致性比为 0.058 5,对"浦东新区现代化建设评估"的权重为 0.185 0, $\lambda_{\max}$ 为 6.368 6。

表 6.10　　　　　　　　　　　　　社会子系统评估表

社会子系统	居民人均年可支配收入	市内公共交通投资额	公用设施投资额	城市基础设施投资额	新增就业岗位	高中在校学生数	W_i
居民人均年可支配收入	1.000 0	3.000 0	3.000 0	3.000 0	3.000 0	2.000 0	0.330 1
市内公共交通投资额	0.333 3	1.000 0	3.000 0	3.000 0	0.500 0	0.333 3	0.132 1
公用设施投资额	0.333 3	0.333 3	1.000 0	0.500 0	0.500 0	0.333 3	0.065 4
城市基础设施投资额	0.333 3	0.333 3	2.000 0	1.000 0	0.500 0	0.333 3	0.082 1
新增就业岗位	0.333 3	2.000 0	2.000 0	2.000 0	1.000 0	0.500 0	0.147 7
高中在校学生数	0.500 0	3.000 0	3.000 0	3.000 0	2.000 0	1.000 0	0.242 7

　　注:社会子系统一致性比例为 0.056 0;对"浦东新区现代化建设评估"的权重为 0.0491, $\lambda_{\max}$ 为 6.353 0。

表 6.11 　　　　　　　　　　　　　经济子系统评估表

经济子系统	房地产开发投资额	财政收入	第三产业	第一产业	第二产业	外商直接投资合同项目	外商直接投资合同金额	W_i
房地产开发投资额	1.000 0	0.500 0	0.333 3	3.000 0	3.000 0	0.333 3	0.250 0	0.088 0
财政收入	2.000 0	1.000 0	0.333 3	3.000 0	1.000 0	0.333 3	0.333 3	0.090 8
第三产业	3.000 0	3.000 0	1.000 0	3.000 0	3.000 0	0.333 3	0.333 3	0.157 1
第一产业	0.333 3	0.333 3	0.333 3	1.000 0	0.500 0	0.250 0	0.200 0	0.041 0
第二产业	0.333 3	1.000 0	0.333 3	2.000 0	1.000 0	0.333 3	0.333 3	0.066 2
外商直接投资合同项目	3.000 0	3.000 0	3.000 0	4.000 0	3.000 0	1.000 0	3.000 0	0.315 3
外商直接投资合同金额	4.000 0	3.000 0	3.000 0	5.000 0	3.000 0	0.333 3	1.000 0	0.241 5

注:经济子系统一致性比例为 0.078 9,对"浦东新区现代化建设评估"的权重为 0.073 0,λ_{max} 为 7.643 7。

表 6.12 　　　　　　　　　　　　　科技子系统评估表

科技子系统	R&D经费支出	专利申请数	高技术工业	研发机构数	专利授权数	R&D经费支出相当于GDP比例	W_i
R&D经费支出	1.000 0	0.200 0	0.200 0	0.200 0	0.200 0	0.250 0	0.035 4
专利申请数	5.000 0	1.000 0	2.000 0	4.000 0	0.500 0	2.000 0	0.232 4
高技术工业	5.000 0	0.500 0	1.000 0	3.000 0	0.250 0	4.000 0	0.180 8
研发机构数	5.000 0	0.250 0	0.333 3	1.000 0	0.333 3	2.000 0	0.103 2
专利授权数	5.000 0	2.000 0	4.000 0	3.000 0	1.000 0	5.000 0	0.370 9
R&D经费支出相当于GDP的比例	4.000 0	0.500 0	0.250 0	0.500 0	0.200 0	1.000 0	0.077 2

注:科技子系统一致性比例为 0.088 2,对"浦东新区现代化建设评估"的权重为 0.471 5,λ_{max} 为 6.555 9。

表 6.13   资源子系统评估表

资源子系统	新增就业岗位	每万名中小学生拥有教职员工数	每万人拥有医生数	每万人拥有病床数	医疗机构数	卫生技术人员	W_i
新增就业岗位	1.000 0	5.000 0	2.000 0	2.000 0	5.000 0	0.333 3	0.236 2
每万名中小学生拥有教职员工数	0.200 0	1.000 0	0.333 3	0.333 3	0.500 0	0.333 3	0.054 3
每万人拥有医生数	0.500 0	3.000 0	1.000 0	3.000 0	3.000 0	0.333 3	0.170 8
每万人拥有病床数	0.500 0	3.000 0	0.333 3	1.000 0	2.000 0	0.333 3	0.108 9
医疗机构数	0.200 0	2.000 0	0.333 3	0.500 0	1.000 0	0.250 0	0.066 0
卫生技术人员	3.000 0	3.000 0	3.000 0	3.000 0	4.000 0	1.000 0	0.363 8

注:资源子系统一致性比例为 0.067 9,"浦东新区现代化建设评估"的权重为 0.125 9, λ_{max} 为 6.427 8。

表 6.14   环境子系统评估表

环境子系统	园林绿化	环境卫生	人均公共绿地	空气质量优良率	城镇污水纳管率	建成区绿化覆盖率	W_i
园林绿化	1.000 0	3.000 0	0.250 0	0.200 0	2.000 0	0.333 3	0.084 5
环境卫生	0.333 3	1.000 0	0.250 0	0.200 0	2.000 0	0.333 3	0.058 0
人均公共绿地	4.000 0	4.000 0	1.000 0	0.333 3	4.000 0	3.000 0	0.264 8
空气质量优良率	5.000 0	5.000 0	3.000 0	1.000 0	5.000 0	1.000 0	0.350 0
城镇污水纳管率	0.500 0	0.500 0	0.250 0	0.200 0	1.000 0	0.200 0	0.044 8
建成区绿化覆盖率	3.000 0	3.000 0	0.333 3	1.000 0	5.000 0	1.000 0	0.197 8

注:环境子系统一致性比例为 0.081 2,对"浦东新区现代化建设评估"的权重为 0.095 5, λ_{max} 为 6.511 9。

根据多位在区域经济管理和研究方面有丰富研究经验的专家对指标的重要性评分,我们计算得出三级指标"年末常住人口""年末户籍总人口""年末总户数""自然增长率""少年人口抚养比"和"老年人口抚养比"对二级指标"人口子系统"的权重,成对比较矩阵(图 6.2 所示)。

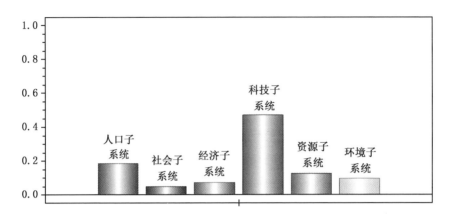

图 6.2 一级指标权重结果

根据层次分析法的理论,计算各级指标权重,从而最终得到各三级指标对一级指标的权重。各指标对一级指标的权重如表 6.15 所示:

表 6.15　　　　　　　　　　　**AHP 赋权重计算结果**

	二级指标	二级指标权重	三级指标	三级指标权重
浦东新区现代化	人口子系统	0.185 0	年末常住人口(万人)	0.167 1
			年末户籍总人口(万人)	0.079 0
			年末总户数(万户)	0.116 8
			自然增长率(%)	0.058 5
			少年人口抚养比(%)	0.271 0
			老年人口抚养比(%)	0.307 7
	社会子系统	0.049 1	居民人均年可支配收入(元)	0.330 1
			高中在校学生数(人)	0.242 7
			新增就业岗位(万人)	0.147 7
			城市基础设施投资额(亿元)	0.082 1
			市内公共交通投资额(亿元)	0.132 1
			公用设施投资额(亿元)	0.065 4

续表

二级指标	二级指标权重	三级指标	三级指标权重
经济子系统	0.0730	第一产业(亿元)	0.041 0
		第二产业(亿元)	0.066 2
		第三产业(亿元)	0.157 1
		财政收入(亿元)	0.090 8
		房地产开发投资	0.088 0
		外商直接投资合同项目(项)	0.315 3
		外商直接投资合同金额(亿美元)	0.241 5
科技子系统	0.471 5	R&D经费支出(亿元)	0.035 4
		R&D经费支出相当于GDP比例(%)	0.077 2
		研发机构数(个)	0.103 2
		专利申请数(项)	0.232 4
		专利授权数(项)	0.370 9
		高技术工业	0.180 8
资源子系统	0.1259	新增就业岗位(万人)	0.236 2
		卫生技术人员(人)	0.363 8
		医疗机构数(个)	0.066 0
		每万人拥有病床数(张)	0.108 9
		每万人拥有医生数(人)	0.170 8
		每万名中小学生拥有教职员工数(人)	0.054 3
环境子系统	0.095 5	建成区绿化覆盖率(%)	0.197 8
		城镇污水纳管率(%)	0.044 8
		空气质量优良率(%)	0.350 0
		人均公共绿地(平方米)	0.264 8
		园林绿化	0.084 5
		环境卫生	0.058 0

二级指标左侧合并单元格：浦东新区现代化

三、熵权法赋权计算结果

熵权法是一种常用的赋权计算方法，计算和分析对指标数据的熵值，确定各个指标在综合评价中的重要性和权重。该方法能够客观、全面地反映指标之间的相对重要性，为决策者提供科学的依据。在浦东新区现代化建设的评估中，我们采用了熵权法对各个子系统进行赋权计算。熵权法基于信息论的概念，将指标的差异性量化为信息熵，通过对指标数据进行归一化和计算，得到每个指标的权重，从而实现对指标的排序和评价。通过计算结果，我们可以获得各个指标相对于整体评估的重要程度，并据此综合评估。这样的权重计算可以避免主观因素的介入，更加客观地反映每个指标对浦东新区现代化建设的影响力。表6.16是基于熵权法的赋权计算结果。

表6.16　　　　　　　　　　　熵权法赋权重计算结果

	二级指标	二级指标权重	三级指标	三级指标权重
浦东新区现代化	人口子系统	0.128 4	年末常住人口（万人）	0.019 5
			年末户籍总人口（万人）	0.022 1
			年末总户数（万户）	0.021 9
			自然增长率（%）	0.020 7
			少年人口抚养比（%）	0.019 7
			老年人口抚养比（%）	0.024 5
	社会子系统	0.176 4	居民人均年可支配收入（元）	0.022 6
			高中在校学生数（人）	0.024 6
			新增就业岗位（万人）	0.026 5
			城市基础设施投资额（亿元）	0.038 8
			市内公共交通投资额（亿元）	0.023 8
			公用设施投资额（亿元）	0.040 1

续表

	二级指标	二级指标权重	三级指标	三级指标权重
浦东新区现代化	经济子系统	0.171 9	第一产业(亿元)	0.027 5
			第二产业(亿元)	0.025 1
			第三产业(亿元)	0.022 7
			财政收入(亿元)	0.022 7
			房地产开发投资	0.019 4
			外商直接投资合同项目(项)	0.028 4
			外商直接投资合同金额(亿美元)	0.026 1
	科技子系统	0.148 7	R&D经费支出(亿元)	0.022 9
			R&D经费支出相当于GDP比例(%)	0.019 5
			研发机构数(个)	0.019 9
			专利申请数(项)	0.029 2
			专利授权数(项)	0.037 8
			高技术工业	0.019 4
	资源子系统	0.191 7	新增就业岗位(万人)	0.026 5
			卫生技术人员(人)	0.020 5
			医疗机构数(个)	0.040 7
			每万人拥有病床数(张)	0.022 1
			每万人拥有医生数(人)	0.030 6
			每万名中小学生拥有教职员工数(人)	0.051 3
	环境子系统	0.183 0	建成区绿化覆盖率(%)	0.039 7
			城镇污水纳管率(%)	0.023 3
			空气质量优良率(%)	0.019 6
			人均公共绿地(平方米)	0.024 6
			园林绿化	0.047 5
			环境卫生	0.028 3

四、浦东新区现代化建设综合系统评估

（一）各维度分析

在进行"浦东新区现代化建设综合系统评估"时，各维度分析是非常重要的。各维度分析的主要目的是通过分析浦东新区现代化建设综合系统的不同方面，以提供对研究问题的全面和深入的理解。

在分析各维度时，首先需要确定评估的维度。这些维度应该与研究问题和假设相关，并且应该能够提供对浦东新区现代化建设综合系统的全面和深入的评估。在本书中，我们将从人口子系统、社会子系统、经济子系统、科技子系统、资源子系统、环境子系统六个维度分析。

人口子系统主要涉及人口数量、人口结构、人口流动等方面，通过对人口子系统的分析，可以了解浦东新区的人口状况和人口问题。通过对浦东新区人口子系统各指标最终评估得分的分析，我们可以得出以下结论：

年末常住人口指标：从 2010 年到 2020 年，浦东新区的年末常住人口呈稳步增长的趋势，得分逐年提高。这表明浦东新区在人口数量方面持续保持增长，可能受到经济发展和城市吸引力的影响。年末户籍总人口指标：从 2010 年到 2020 年，浦东新区的年末户籍总人口也呈逐年增长的趋势，得分逐渐提高。这说明浦东新区的户籍人口数量在增加，可能是由于人口迁移、政策调整等因素所致。年末总户数指标：浦东新区的年末总户数也在不断增加，得分逐年提高。这可能意味着房地产开发和城市建设的进展带动了住房需求的增加。自然增长率指标：自然增长率评分从 2010 年的 0.007 7 下降至 2020 年的 0.000 8，呈现出逐年减少的趋势。这可能是由于生育率下降和人口老龄化导致的。少年人口抚养比指标：从 2010 年的 0.003 4 增加至 2020 年的 0.033 9，得分显著提高。这表明浦东新区的少年人口比重在逐渐增加，可能受到教育政策和社会保障的改善影响。老年人口抚养比指标：从 2010 年的 0.004 8 增加至 2020 年的 0.048 1，得分大幅提高。这说明浦东新区的老年人口比重在增加，可能是由于健康医疗服务的改善和人口老龄化的趋势。

综上所述，浦东新区的人口系统指标在近年来呈现出人口总量增长、户籍人口增加、少年人口比重增加以及人口老龄化等特征。然而，自然增长率逐渐下降，这可能需要关注人口结构调整和社会政策的改进（如图 6.3 所示）。

社会子系统主要涉及教育、医疗、文化、体育等方面，通过对社会子系统的

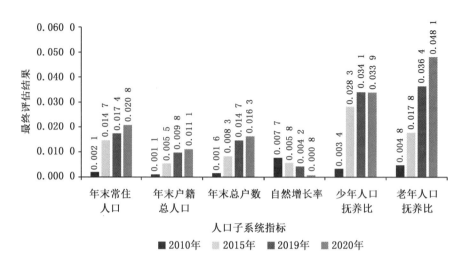

图 6.3 人口子系统各指标最终评估结果

分析,可以了解浦东新区的社会状况和社会问题。根据浦东新区社会子系统各指标最终评估得分的状况,可以得出以下分析:

人均年可支配收入指标从 2010 年的 0.004 8 增加至 2020 年的 0.047 6,得分逐年提高,这表明浦东新区的居民人均可支配收入有显著增长,可能是由于经济发展和就业机会增加所致。高中在校学生数指标从 2010 年的 0.038 1 增加至 2020 年的 0.031 4,得分略有下降,这可能意味着浦东新区的高中在校学生数量在逐渐减少,可能与人口结构变化或教育政策调整有关。新增就业岗位指标从 2010 年的 0.019 6 下降至 2020 年的 0.002 5,得分大幅度减少。这说明浦东新区新增就业岗位数量在逐渐减少,可能受到经济形势和市场需求的影响。城市基础设施投资额指标从 2010 年的 0.002 4 增加至 2020 年的 0.020 3,得分逐年提高,这表明浦东新区在城市基础设施方面的投资额度逐渐增加,可能是为了满足城市发展和居民需求。市内公共交通投资额指标从 2010 年的 0.002 0 增加至 2020 年的 0.020 1,得分逐年提高,这表明浦东新区在市内公共交通领域的投资额逐渐增加,可能是为了改善交通运输网络,并提高居民出行便利性。公用设施投资额指标从 2010 年的 0.001 7 增加至 2020 年的 0.016 7,得分逐年提高,这说明浦东新区在公共设施建设方面的投资额逐渐增加,可能涉及水、电、气等基础设施的建设与改善。

综上所述,浦东新区社会子系统各指标在近年来呈现出人均可支配收入增加、高中在校学生数量下降、新增就业岗位减少的趋势。然而，城市基础设施投资额、市内公共交通投资额和公用设施投资额都呈现出逐年增加的态势，显示了对城市发展和居民需求的重视。这些指标反映了浦东新区社会领域在不同方面的变化和发展（如图 6.4 所示）。

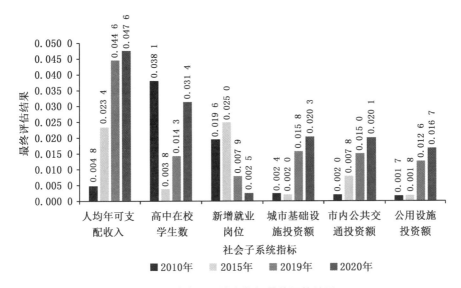

图 6.4　社会子系统各指标最终评估结果

经济子系统主要涉及产业结构、经济增长、就业状况等方面，通过对经济子系统的分析，可以了解浦东新区的经济发展状况和经济问题。根据浦东新区经济子系统各指标最终评估得分状况，可以得出以下分析：

第一产业从 2010 年的 0.007 2 下降至 2020 年的 0.000 7，得分逐年减少，这表明浦东新区第一产业的发展相对较弱，可能面临农业、林业和渔业等领域的挑战或转型。第二产业从 2010 年的 0.001 1 增加至 2020 年的 0.010 6，得分逐年提高，这说明浦东新区第二产业的发展较为稳定，并且逐步增长。第二产业通常包括制造业和建筑业等，浦东新区在这些领域取得了一定的成绩。第三产业从 2010 年的 0.002 3 增加至 2020 年的 0.022 7，得分逐年提高，这表明浦东新区第三产业的发展非常活跃，可能包括金融、服务业、零售业等领域的增长。第三产业是浦东新区经济的重要支柱。财政收入从 2010 年的 0.001 3 增加至 2020 年的 0.013 1，得分逐年提高，这说明浦东新区财政收入逐年增加，可能与经济发展和税收政策有关。房地产开发投资从 2010 年的 0.001 1 增加至

2020 年的 0.010 9,得分逐年提高,这表明浦东新区房地产开发投资规模逐年扩大,反映了浦东新区的房地产市场活跃度。外商直接投资合同项目和金额从 2010 年到 2019 年,得分呈波动变化。然而,2020 年外商直接投资合同项目和金额都略有增加,表明浦东新区仍然吸引了一定的外商直接投资。

综上所述,浦东新区经济子系统各指标显示出第二产业和第三产业的发展较为稳定和活跃,财政收入也持续增加。然而,第一产业发展状况相对较弱。此外,房地产开发投资和外商直接投资合同项目和金额也呈现出一定的增长趋势。这些指标反映了浦东新区经济领域在不同方面的变化和发展(如图 6.5 所示)。

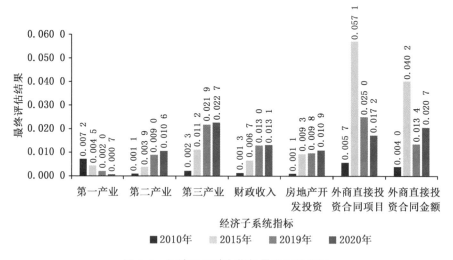

图 6.5 经济子系统各指标最终评估结果

科技子系统主要涉及科技创新、科技成果转化等方面,通过对科技子系统的分析,可以了解浦东新区的科技创新状况和科技问题。根据浦东新区科技子系统各指标最终评估得分的状况,可以得出以下分析:

R&D 经费支出从 2010 年的 0.000 5 增加至 2020 年的 0.005 2,得分逐年提高,这表明浦东新区在研发方面的投入有所增加,显示了对科技创新的重视。R&D 经费占 GDP 比例从 2010 年的 0.001 0 增加至 2020 年的 0.009 6,得分逐年提高,这说明浦东新区在研发经费与 GDP 之间的比例逐年增加,表明对科技创新的投入相对较高。研发机构数从 2010 年的 0.001 3 增加至 2020 年的 0.013 1,得分逐年提高,这说明浦东新区的研发机构数量逐年增加,反映了科技研发活动的增长趋势。专利申请数从 2010 年的 0.004 3 增加至 2020 年的

0.043 3,得分逐年提高,这表明浦东新区的专利申请数量逐年增加,反映了科技创新能力的提升。专利授权数从 2010 年的 0.008 9 增加至 2020 年的 0.089 4,得分逐年提高。这说明浦东新区的专利授权数量逐年增加,表明科技创新成果得到了认可和保护。高技术工业从 2010 年的 0.002 2 增加至 2020 年的 0.022 4,得分逐年提高,这表明浦东新区高技术工业的发展相对较好,显示了区域内高科技产业的迅速发展。

综上所述,浦东新区科技子系统各指标的评估得分显示出 R&D 经费投入、研发机构数量、专利申请和授权数量以及高技术工业发展的积极态势。这些指标反映了浦东新区在科技创新方面取得的进展,并且显示出对科技发展的重视和支持。这也预示着浦东新区未来在科技创新和高技术产业发展方面有着良好的发展前景(如图 6.6 所示)。

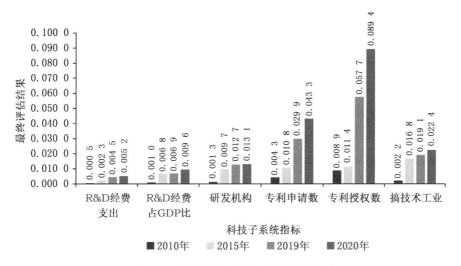

图 6.6 科技子系统各指标最终评估结果

资源子系统主要涉及资源利用、资源保护等方面,通过对资源子系统的分析,可以了解浦东新区的资源利用状况和资源问题。根据浦东新区资源子系统各指标最终评估得分的状况,可以得出以下分析:

新增就业岗位从 2010 年的 0.031 3 下降至 2020 年的 0.004 0,得分逐年下降,这表明浦东新区新增就业岗位数量在这几年中有所减少,可能与经济发展的变化相关。卫生技术人员从 2010 年的 0.004 8 增加至 2020 年的 0.047 6,得分逐年提高,这说明浦东新区卫生技术人员的数量逐年增加,显示了对医疗人力资源的加强。医疗机构数从 2010 年的 0.001 7 增加至 2020 年的 0.017 1,得分逐年提高,这表明浦东新区的医疗机构数量逐年增加,反映了医疗服务的扩张。每万人拥有病床数从 2010 年的 0.001 5 增加至 2020 年的 0.015 4,得分逐年提高,这表示浦东新区每万人拥有的病床数量在这几年中有所增加,显示了医疗资源的改善。每万人拥有医生数从 2010 年的 0.003 3 增加至 2020 年的 0.033 3,得分逐年提高,这说明浦东新区每万人拥有的医生数量逐年增加,反映了医疗资源的增强。每万名中小学生拥有教职员工数从 2010 年的 0.002 0 增加至 2020 年的 0.017 8,得分逐年提高,这表示浦东新区每万名中小学生拥有的教职员工数量逐年增加,显示了教育资源的提升。

综上所述,浦东新区资源子系统各指标的评估得分显示出新增就业岗位数量下降,但卫生技术人员、医疗机构数、每万人拥有病床数、每万人拥有医生数以及每万名中小学生拥有教职员工数均呈现逐年增加的趋势。这些指标反映了浦东新区在医疗和教育领域的资源投入与发展情况,显示出对卫生和教育服务的重视和提升。然而,需要进一步分析其他因素才能全面评估浦东新区资源子系统的发展状况(如图 6.7 所示)。

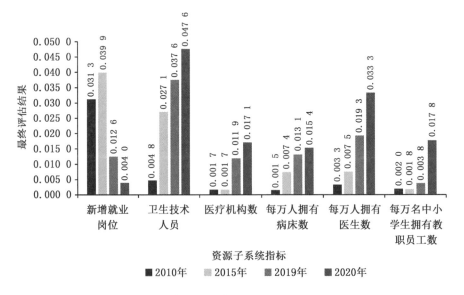

图 6.7 资源子系统各指标最终评估结果

环境子系统主要涉及环境污染、环境保护等方面,通过对环境子系统的分析,可以了解浦东新区的环境状况和环境问题。根据浦东新区环境子系统指标最终评估得分状况，可以分析如下：

浦东新区的建成区绿化覆盖率在 2010 年和 2015 年下降，但是在 2019 年和 2020 年有所提高，其中 2020 年的得分达到了 0.050 1，说明浦东新区近几年来在增加建成区绿化方面投入更多的资源。浦东新区的城镇污水纳管率在 2010 年和 2015 年较低，但在 2019 年和 2020 年有所提高，其中 2020 年的得分达到了 0.006 7，显示浦东新区在城镇污水处理方面投入更多的力量。浦东新区的空气质量优良率在 2010 年和 2019 年相对较高，而在 2015 年和 2020 年有所下降，其中 2020 年的得分为 0.036 5，仍然较低，这可能与城市工业化程度、交通拥堵等因素有关。浦东新区的人均公共绿地在 2010 年和 2015 年较低，但在 2019 年和 2020 年有所提高，其中 2020 年的得分达到 0.041 6，说明浦东新区近几年来加大了对公共绿地建设的投入。浦东新区的园林绿化在 2019 年得分最高，为 0.025 6，但在 2020 年有所下降，只有 0.002 6，这可能是由于各种因素导致的。浦东新区的环境卫生在 2015 年和 2020 年得分较低，其中 2020 年为 0.009 8，反映出近几年来浦东新区仍需在环境卫生方面加强管理与治理。

综上所述，浦东新区环境子系统指标最终评估得分状况表明，近年来浦东新区在加强建成区绿化覆盖率、城镇污水纳管率、人均公共绿地等方面均加大了投入。然而，浦东新区的空气质量优良率、园林绿化、环境卫生等指标仍需要进一步提高（如图 6.8 所示）。

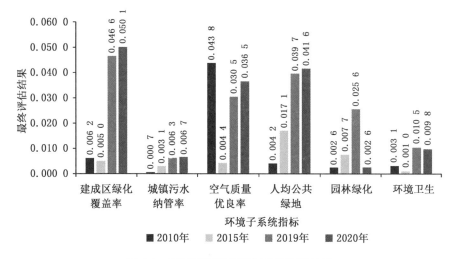

图 6.8　环境子系统各指标最终评估结果

接下来,需要通过统计方法和数据分析工具分析每个维度。通过这些分析,我们可以得出对浦东新区现代化建设综合系统的各维度评估结果,并提供对研究问题的深入理解。最后,需要将各维度分析的结果进行比较和整合。

总的来说,各维度分析是"浦东新区现代化建设综合系统评估"不可或缺的一部分,它通过分析浦东新区现代化建设综合系统的不同方面,为我们提供了对研究问题的全面和深入的理解。

(二)综合评估

浦东新区是中国改革开放以来的一个经济特区,经过近 40 年的发展,已成为中国最具活力和国际化程度最高的区域。在这个快速发展的过程中,城市现代化建设是浦东新区发展的重要目标之一。为了全面了解浦东新区城市现代化建设的情况,在评价各个子系统的基础上,本次综合评价将从人口子系统、社会子系统、经济子系统、科技子系统、资源子系统、环境子系统六个方面入手,全面分析浦东新区的现代化建设。评价各个子系统,可以更好地了解浦东新区现代化建设的现状和存在的问题,并提出针对性的建议和措施,为浦东新区的可持续发展提供有力支持。

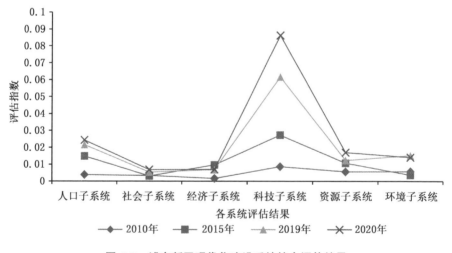

图 6.9 浦东新区现代化建设系统综合评估结果

从图 6.9 中我们可以看到浦东新区在各个子系统指标方面的发展状况及发展趋势:

首先,从人口子系统来看,浦东新区的人口数量在逐年增加,人口子系统的得分也在逐年提高。尤其是 2015 年至 2019 年间，得分增加了近一倍。这表明浦东新区在人口管理方面取得了一定的成效，但也可能带来一些问题，如人口老龄化、人口流动性等问题。预计未来浦东新区的人口数量将继续增加，人口子系统的得分也将继续提高。

其次，从社会子系统来看，浦东新区的社会子系统的得分在逐年提高，尤其是 2018 年至 2020 年间，得分增加了约 20％，这表明浦东新区在教育、医疗、社会保障等方面的投入和改善取得了一定的成效。但同时，社会子系统的得分仍然较低，表明浦东新区在社会建设方面还存在一些问题，如社会福利、社会治安等问题。预计未来浦东新区社会子系统的得分将继续提高，但需要进一步加强社会建设，解决存在的问题。

再次，从经济子系统来看，浦东新区的经济子系统的得分在逐年提高，尤其是 2016 年至 2020 年间，得分增加了约 20％。这表明浦东新区在产业转型升级、创新创业、对外开放等方面取得了一定的成效。但同时，经济子系统在创新发展的贡献方面得分仍然较低，表明浦东新区在经济发展方面还存在一些问题，如产业结构、经济增长等问题。预计未来浦东新区的经济子系统的得分将继续提高，但需要进一步优化产业结构，提高经济增长质量。

此外，从科技子系统、资源子系统和环境子系统来看，浦东新区在这些子系统方面的得分也在逐年提高，表明浦东新区在科技创新、资源利用和环境保护方面取得了一定的成效。科技创新投入增加、高新技术产业发展迅速。然而，仍需要进一步加强科技创新能力的培养和科技成果的转化应用，推动科技与经济的深度融合。未来应加大科研机构和企业的合作力度，构建科技创新生态系统，提高科技创新的产出效益。同时，这些子系统的得分仍然较低，表明浦东新区在这些方面还存在一些问题，如科技创新能力、资源利用效率和环境保护能力等问题。预计未来浦东新区这些子系统的得分将继续提高，但需要进一步加强科技创新、资源利用和环境保护，提高这些子系统的得分。

总的来说，浦东新区在各个子系统指标方面取得了一定的成效，但同时也存在一些问题。为了推动浦东新区的全面发展，需要进一步加强各子系统建设，解决存在的问题，提高各子系统的得分。

本章小结

  本章主要介绍了浦东新区现代化建设指标体系及其评估方法。首先,通过分析浦东新区城市现代化建设指标体系的特征,总结了其构成要素,并介绍了指标选择的适用性分析方法。其次,通过对各维度评估量化模型进行分析,探讨了其适用性,并介绍了层次分析法、熵权法等适用性分析方法。最后,通过对浦东新区现代化建设综合评价的分析,提出了相应的对策建议,以推动浦东新区现代化建设的进一步发展。

  在浦东新区现代化建设指标体系中,我们可以看到其特征主要表现在指标体系的综合性、科学性、可操作性等方面。指标体系的构成要素包括经济发展、城市建设、社会事业、生态环境、政治文化等多个方面,覆盖了浦东新区现代化建设的各个领域。指标选择的适用性分析方法可以帮助我们确定哪些指标对于浦东新区现代化建设的发展具有重要意义,从而更好地指导浦东新区现代化建设的实践。

  在评估模型及方法选择适用性分析方面,我们可以看到各维度评估量化模型的适用性较高,可以有效地反映出浦东新区现代化建设的各个方面。同时,层次分析法、熵权法等适用性分析方法也具有一定的优势,可以帮助我们更好地分析指标体系的适用性,并指导浦东新区现代化建设的实践。

  在浦东新区现代化建设综合评价方面,我们可以看到浦东新区现代化建设取得了一定的成就,但仍存在一些问题和不足。通过对各级指标层次分析法赋权结果、熵权法赋权计算结果等综合分析,可以更好地指导浦东新区现代化建设的实践,并提出相应的对策建议。

  通过本章的研究,我们可以全面了解浦东新区现代化建设的指标体系与综合评价,为进一步推动浦东新区的发展提供科学依据和参考意见。同时,提出的对策建议也为浦东新区未来的发展指明了方向,对于推动浦东新区实现高质量发展具有重要意义。

第七章

浦东新区打造社会主义现代化建设
引领区：行政绩效感评估

第一节　研究缘起

2021年7月，中共中央、国务院在《关于支持浦东新区高水平改革开放打造社会主义现代化建设引领区的意见》中提出：提升居民生活品质。与长三角地区统筹布局优质教育、医疗、养老、文化等公共服务资源，增加高质量和国际化教育、医疗等优质资源供给，不断提高公共服务均衡化、优质化水平……推动社会治理和资源向基层下沉，强化街道、社区治理服务功能，打通联系服务群众"最后一公里"。在公共服务供给方面，浦东新区从教育、卫生、养老、文化、体育5个重点领域切入，布局"15分钟服务圈"，创造性提出以社区为单位，以居（村）委会为起点，划分适应城市、城镇化和远郊地区各自特点的15分钟慢行标准。在模式上，各个街镇结合"现代化城区"建设，根据自身资源禀赋和人文特征，形成各具特色的发展愿景，打造各自特色亮点。近年来，浦东新区依托打造社会主义现代化建设引领区的发展机遇，不断强化"15分钟社区生活圈"标准化成果应用，持续扩大国家级标准化试点项目的受益面，不断满足人民群众多元化、高品质服务的需求，为国家基本公共服务标准化工作提炼好经验好做法，形成了浦东独特优势。而公共服务关乎民生、连接民心，是人民群众获得感、幸福感、安全感的重要保障，浦东新区不断优化公共服务供给的过程，同时也是促进人民建立对党和政府的信任感、归属感与认同感的重要过程,强化了人民对中国共产党的政治认同。因此,本章以《关于支持浦东新区高水平改革开放打造社会主义现代化建设引领区的意见》中所指出的"提升居民生活品质。与长三角地区统筹布局优质教育、医疗、养老、文化等公共服务资源,增加高质量和国际化教育、医疗等优质资源供给,不断提高公共服务均衡化、优质化水平。建立依据常住人口配置公共服务资源的制度",以及"现代城市治理的示范样板。构建系统完备、科学规范、运行有效的城市治理体系,提升治理科学化、精细化、智能化水平,提高应对重大突发事件能力,完善民生发展格局,延续城市特色文化,打造宜居宜业的城市治理样板"等内容为研究视角,尝试从"行政绩效感评估"角度,探讨当前浦东新区打造社会主义建设引领区的政治维度建设。

作为一个管理学领域的概念,"绩效"一般涵盖成绩与成效两个方面,指的是组织或个人,在受到资源、时间、环境等条件的约束下,完成组织目标或个人目标的程度以及能够达成效率的衡量与反馈。"政府绩效"又可称为"公共组织绩效",指的是政府在社会经济管理活动过程中所产生的结果、效益以及效率,是政府在行使其功能过程中所展现的社会管理能力。政府绩效感主要包括行政绩效感、经济绩效感、生态绩效感与社会绩效感四个方面。政府绩效评估则是政府自身通过多种方式与技术手段对政府决策、政策执行、社会管理等行为所产生的政治、经济、生态、社会等方面的影响与效果进行测量、分析与评价。政府绩效评估有助于为政府科学决策与深化行政管理体制改革提供相关依据,是提升政府决策水平、规范政府行政行为、提高公共服务绩效的重要途径与方法。长期以来,衡量政府绩效一直存在两条路径:秉持效率范式的政府客观绩效评估与秉持信任范式的政府主观绩效评价。[①] 以"节约、效率、效果"为典型特征的客观绩效评估指的是根据客观的评价指标体系,借助成本—效益分析方法,基于行政环境与行政技术所产生的客观数据,例如人均 GDP、就业率、犯罪率等客观指标。科学、精确地衡量政府绩效,具有客观性、直接性与易于测量等方面的特点。[②] 近年来,越来越多的学者指出了政府绩效客观评估的缺陷:首先,政府绩效客观评估所需的数据存在一定的滞后性,会在一定程度上影响对政府绩效评估的准确性。其次,相较于私人部门,政府部门的目标更为复杂与

① 道格拉斯·摩根,李一男,魏宁宁. 衡量政府绩效的信任范式和效率范式——对地方政府领导和决策的启示[J]. 公共管理学报,2013,10(2):117−125,143.
② 徐国冲. 客观评估抑或主观评估? 公共部门绩效测量的一个论争[J]. 行政论坛,2022,28(1):67−77.

多元化，一方面，缺少清晰、稳定、有序的政府目标会使政府工作人员难以准确评估政府绩效；另一方面，政府的最终目标常常是一种无形的、不可触摸的价值集合，难以用客观指标衡量与评估，并且在绩效评估过程中容易出现错误或欺诈情况。① 最后，有学者认为，政府绩效客观评估的危险在于有可能故意将公众满意度所忽略，将客观评估的结果替代公众对政府的判断，进而存在公共部门通过绩效数据测量与客观评价的方式，谋取自身利益而欺骗公众的风险。② 政府主观绩效评价则主张通过随着时间不断演进的公共价值与公民需要衡量，关注政府是否有途径与能力洞察公民需求与公共价值表达，强调公众对于政府绩效的心理感受，侧重于观察、分析与归纳政府在履行职能过程中所展现的"软指标"，补充了客观评估所缺乏的公众对公共事务与政府行政行为的总体认识。从个体层面上看，真实世界并不存在完全"中立"或"客观"的信息，人们总是在一定社会条件与环境下对政府绩效进行感知与理解。③ 政府主观绩效评价指的是公民基于自身感受对政府履行职能过程与结果所做出的主观评价，同时也反映出公民对政府工作的预期效用与其所产生的实际效用之间差距的感知。④20 世纪 80 年代，以"顾客至上"和"结果导向"为特征的新公共管理运动逐渐兴起，促使现代政府绩效评估逐渐转向主观评价模式，即政府绩效评估的指向由"官本位"视角下"政府正在做什么"转向"民本位"视角下"政府应该做什么"。在我国，随着"建设人民满意的服务型政府"与"以人民为中心"的执政理念不断深化，公民对政府绩效的主观评价不仅是民主范畴的技术工具，还成为各级政府优化政务服务，提高公共服务供给水平的出发点与落脚点。在此背景下，哪些因素对政府绩效评价产生影响，以及如何有效提升人民群众的幸福感与获得感，进而提高公民对政府绩效的主观评价，是理论界迫切需要解答的问题。

　　党的二十大报告提出了完善社会治理体系的要求。健全共建共治共享的社会治理制度，提升社会治理效能……健全基本公共服务体系，提高公共服务

---

① Courty P，Marschke G. Making Government Accountable：Lessons from a Federal Job Training Program[J]. Public Administration Review，2007，67（5）：904—916.

② Ranson S，Tewart J D. Management for the Public Domain：Enabling the Learning Society[M]. London：Macmillan International Higher Education，1994：155—163.

③ 李文彬，何达基. 政府客观绩效、透明度与公民满意度[J]. 公共行政评论，2016，9（2）：93—111，206—207.

④ James O. Evaluating the Expectations Disconfirmation and Expectations Anchoring Approaches to Citizen Satisfaction with Local Public Services[J]. Journal of Public Administration Research and Theory，2009（19）：107—123.

水平,增强均衡性和可及性,扎实推进共同富裕。综上所述,行政绩效感已经成为影响民生福祉的重要问题,同时也是政府绩效评价过程中不可或缺的重要组成部分。

行政绩效感是政府绩效评价的基础,经济绩效、生态绩效和社会绩效的实现都需要以行政绩效感作为法律与制度的保障。行政绩效感经常表现为制度安排与制度创新。近年来,政府的行政绩效感评价成为公共管理研究领域的重要主题,回顾以往研究,政府行政绩效感评价受到多种因素影响,主要涉及公民、政府与政民互动三个视角。在公民视角下,一是在认知方面,公民从政府意愿与政府能力两个维度对政府形象的认知会对公众满意度产生影响。[①] 而对政府产生过高的期望则会降低公民对政府绩效的主观评价。[②] 二是在个体因素方面,公民的年龄层次[③]、政治面貌与职业类型[④]、受教育水平[⑤]以及运用互联网工具[⑥]等因素均会对政府主观绩评价产生影响。从社会资本层面上看,一方面,关系型与结构型社会资本会对各层级政府满意度产生显著影响;[⑦]另一方面,公民的政治参与行为也会对行政绩效感评价产生显著的积极影响。[⑧] 在政府视角下,一是基于政府自身,政府良好的客观绩效信息能够有效提升公民对政府绩效的主观评价。[⑨] 此外,政府自身的职能结构[⑩]、层级架构[⑪]也会对行政绩效感

① 高学德,冯露露.地方政府形象对公众满意度的影响研究——基于政府能力和意愿的分析[J].公共行政评论,2022,15(6):116−135,199.

② Poister T H, Thomas J C. The Effect of Expectations and Expectancy Confirmation/Disconfirmation on Motorists' Satisfaction with State Highways[J]. Journal of Public Administration Research and Theory,2011,21(4):601−617.

③ Ho T K, Cho W. Government Communication Effectiveness and Satisfaction with Police Performance: A Large-Scale Survey Study[J]. Public Administration Review,2016,77(2):228−239.

④ 方帅.人口结构、家庭资本与农民的政府满意度[J].华南农业大学学报:社会科学版,2018,17(3):115−124.

⑤ 秦广强.群际差异视角下的政府工作满意度研究:2005年与2015年比较[J].中央民族大学学报:哲学社会科学版,2020,47(6):66−73.

⑥ 童佩珊,卢海阳.互联网使用是否给政府公共关系带来挑战?——基于政府绩效评价和非制度化参与视角[J].公共管理与政策评论,2020,9(4):60−71.

⑦ 罗家德,秦朗,方震平.社会资本对村民政府满意度的影响——基于2012年汶川震后调查数据的分析[J].现代财经(天津财经大学学报),2014,34(6):51−64.

⑧ 范知智.政治参与如何影响城乡居民的政治绩效评价?——基于CGSS2015数据的实证研究[J].贵州师范大学学报:社会科学版,2021(4):38−49.

⑨ James O. Performance Measures and Democracy: Information Effects on Citizens in Field and Laboratory Experiments[J]. Journal of Public Administration Research and Theory,2001,21(3):399−418.

⑩ 贾晋,李雪峰.政府职能、居民评价与乡镇政府满意度——基于10省1336个样本的实证分析[J].公共行政评论,2017,10(3):164−183,217−218.

⑪ 王胜利,张琰.政府环保工作满意度影响因素研究——基于CGSS2015数据的分析[J].生态经济,2019,35(6):182−187.

评价产生影响。二是基于政府行为，腐败是影响行政绩效感评价的重要因素[①]，因此，政府深入推进反腐败斗争工作能够有效提升公民对行政绩效感的主观评价。[②] 三是基于政府工作作风，当前已有研究发现，繁文缛节作为一种政府消极作风，对公众满意度具有负向显著影响。[③] 在政民互动视角下，人们在政民互动的过程中可能会面临一系列障碍或承受各类摩擦与成本，产生例如公民行政负担感知等不良体验，进而对行政绩效感的主观评价产生影响。已有研究表明，从"办理政务时受到政府不合理的拖延、推诿"单一维度衡量的公民行政负担感知能够通过政府形象的中介效应，降低公民对公共服务的满意度。[④] 马亮通过案例研究发现，政府通过政务服务创新，能够逐步降低行政负担，进而提高公众的获得感与政府满意度。[⑤]

　　虽然以往研究涉及了社会资本对行政绩效感评价的影响，但笔者认为现有研究成果尚存在可以进一步讨论的问题域：首先，以往对行政绩效感评价影响因素的研究中，或仅仅基于公民视角，关注社会信任、社会关系网络等社会资本层面，或单一从政民互动视角，聚焦于公民行政负担感知，而并未将二者结合起来。其次，既有研究普遍认为个体差异化的社会资本直接对行政绩效感评价产生影响，而忽视了对二者之间是否存在其他中间机制问题的探讨。例如，具有差异化社会资本的公民，对行政负担感知程度或许不尽相同，且行政负担感知水平与政民互动体验紧密相关。因此，差异化的社会资本是否会经由公民行政负担感知而影响对行政绩效感的主观评价，便成为一个值得探究的议题。

　　鉴于此，本章以行为公共管理学为研究视角，基于社会资本理论、行政负担理论与光环效应，试图刻画出基于中国情境的公民行政负担感知场景，并尝试从公民行政负担的角度探讨个体差异化的社会资本对行政绩效感评价的影响机理，着重探讨公民如何感知政府这个公共管理领域的本质性问题。

　　① 王正绪，苏世军. 亚太六国国民对政府绩效的满意度[J]. 经济社会体制比较，2011(1)：99－109.
　　② 柳建坤. 从严反腐与中国政府绩效评价的优化——来自准自然实验的证据[J]. 公共行政评论，2019，12(4)：44－61，190.
　　③ Tummers L，Weske U，Bouwman R，Grimmelikhuijsen S. The Impact of Red Tape on Citizen Satisfaction：An Experimental Study[J]. International Public Management Journal，2016，19(3)：320－341.
　　④ 王鸿儒. 政民互动下的公共服务满意度研究——公民行政负担感知的个体差异及影响[J]. 社会科学家，2020(5)：156－160.
　　⑤ 马亮. 政务服务创新何以降低行政负担：西安行政效能革命的案例研究[J]. 甘肃行政学院学报，2019，132(2)：4－11，126.

第二节　浦东新区打造社会主义现代化建设 引领区行政绩效感理论机制分析

一、社会资本与行政绩效感评价

法国社会学家皮埃尔·布迪厄(Pierre Bourdieu)首次将社会资本概念引入社会学领域,他认为,社会资本是个体在社会关系网络中所建立起的现实或潜在的资源集合体。[①] 随后众多学者对社会资本理论进行发展,普遍认为社会资本包含两个层面,一是在宏观层面上群体的内部网络,如结构型社会资本与认知型社会资本[②],前者包括公民参与网络、社会组织数量等;后者则指的是社会信任、互惠规范、价值观等因素;二是在微观层面上个体的社会网络,如林南将社会资本定义为"嵌入社会结构中可以在有目标的行动中摄取或动员的资源"以及"在具有期望回报的社会关系中进行投资"。[③] 突出了社会资本的互惠属性,并且是否拥有某种以社会关系网络为特征的社会资本,决定了个体能够采取某个特定的工具性行动。本章试图从微观层面的社会关系网络与宏观层面的社会信任、互惠规范三个维度,探讨社会资本对政府绩效评价的影响机制。

社会资本能够通过非政治互动行为的方式,产生政治后果。[④] 首先,不同社会的发展模式与交往模式会产生不同类型的信任文化,进而对政府的治理绩效产生影响。[⑤] 公民对公共服务的满意度也会受到社会信任程度的正向影响。[⑥] 其次,社会关系网络与基层政府信任之间具有显著正向关系,是构建政府信任的重要媒介。[⑦] 认知平衡理论认为,人们对某一事物的认知具有情景依赖特征,容易受到他人对该事物态度的影响。紧密的社会关系网络会提供规范性压力,

① Bourdieu P. The forms of capital[M]. Oxford:Blackwell Publishers Ltd,1986:248.
② Robert P. Bowling Alone:America's Declining Social Capital[J]. Journal of Democracy,1995(6):65—78.
③ Nan Lin,Building a Network Theory of Social Capital[J]. Connections,1999,22(1):31—35.
④ Norris P. Democratic Phoenix:Reinventing Political Activism[M]. New York:Cambridge University Press,2002:107.
⑤ 罗伯特·D.帕特南.使民主运转起来[M]. 王列,赖海榕,译.南昌:江西人民出版社,2001:215.
⑥ 保海旭.信任对公共服务满意度的影响及其区域差异化研究——基于 CGSS 2015 年中国 28 个省份的截面数据[J]. 管理评论,2021,33(7):301—312.
⑦ 李智超,孙中伟,方震平.政策公平、社会网络与灾后基层政府信任度研究——基于汶川灾区三年期追踪调查数据的分析[J].公共管理学报,2015,12(4):47—57,155.

促使社会关系网络内的成员形成相似性的政府绩效评价。[1] 最后,良好的社会互惠规范能够提高公众对公共服务的满意程度,进而降低公众腐败感知水平。[2]据此,提出本研究假设 H1:

H1:社会资本对行政绩效感评价具有正向影响作用。

二、公民行政负担与行政绩效感评价

行政负担理论最初是考虑行政人员在政策执行方面所承担的繁重体验。[3]在此之后,有学者基于公民视角,将行政负担概念化为政民互动中公民所产生的学习成本(Learning costs)、心理成本(Psychological Costs)与合规成本(Compliance Costs)。[4] 其中,学习成本是指由于政民互动过程中存在信息不对称,因此,公民需要学习、了解哪些政务服务项目、公共政策可以办理或申请,以及在学习、了解政务办理流程过程中所花费的时间与精力;心理成本指的是人们在办理政务过程中因为费尽周折或担心办不成事所产生的焦虑、烦躁、羞耻等心理负担;合规成本是人们在办理政务的过程中,为了遵守行政规则、满足流程要求所需支付的各种费用与代价。人力资本与行政资本都会对行政负担的承受能力与感知水平产生影响。[5][6]

光环效应,又称晕轮效应(The Halo Effect),最早起源于心理学领域,指的是人们为了回避认知事物的复杂性,容易将对事物某些特征的评价结果引申到对事物的总体评价之中,进而对事物整体产生了"以点概面""以偏概全"的片面评价。[7] 因此,光环效应具有遮蔽性、表面性与弥散性的特征,常被用来解释人

---

　　① Heider F. The Psychology of Interpersonal Relations[M]. New York:Wiley,1958:261.

　　② 王刚,刘瑶.公众腐败感知的影响因素研究——基于一个有调节的中介模型[J].东北大学学报:社会科学版,2022,24(1):62—69.

　　③ Burden B C,Canon D T,Mayer K R,et al. The effect of administrative burden on bureaucratic perception of policies: evidence from election administration[J]. Public Administration Review,2012,72(5):74—75.

　　④ Moynihan D,Herd P,Harvey H. Administrative burden:learning,psychological,and compliance costs in citizen-state interactions[J]. Journal of Public Administration Research and Theory,2015,25(1):43—69.

　　⑤ Christensen J,Aarøe L,Baekgaard M,et al. Human capital and administrative burden:the role of cognitive resources in citizen-state interactions[J]. Public Administration Review,2020,80(1):127—136.

　　⑥ Masood A,Nisar M A. Administrative Capital and Citizens Responses to Administrative Burden[J]. Journal of Public Administration Research and Theory,2020,31(1):56—72.

　　⑦ Rosenzweig P. Misunderstanding the Nature of Company Performance:The Halo Effect and Other Business Delusion[J]. California Management Review,2007(4):6—20.

们对某种事物的主观评价问题。① 例如,有学者基于光环效应,发现提升政府形象能够显著提高公众对政府的信任水平。② 行政绩效感评价概念较为复杂,呈现出主观性、模糊性、相对性与可测性等特征。③ 对此,人们倾向于依赖直觉判断,通过"启发式决策",提取部分感知信息与简单经验,并作出主观评价。在政民互动的过程中,公民能够直观感受到政务服务的流程与结果,进而产生包括学习成本、合规成本与心理成本在内的行政负担,而政府作为一个"统一体",受光环效应影响,公民会将其在办理政务过程中直接感知到的服务体验信息进行加工与解读,投射至对行政绩效感评价之中。据此,提出假设 H2:

H2:公民行政负担对行政绩效感评价具有负向影响作用。

H2a:学习成本对行政绩效感评价具有负向影响作用。

H2b:心理成本对行政绩效感评价具有负向影响作用。

H2c:合规成本对行政绩效感评价具有负向影响作用。

三、公民行政负担的中介作用

从微观层面的社会关系网络来看,在中国情境以"关系"为导向的社会联结方式下,社会资本呈现出"人情""面子"等本土化社会资本,并形成了以封闭性、利益互惠、资源交换为特征的"圈子"。④ 个体在进入政治过程时带有自身社会关系网络,并能够利用自身的社会资本存量,通过正式制度之外的渠道,例如花费精力与金钱"走后门",找关系办事,与公务人员建立私人关系等途径,⑤获取相关有用信息,以减少信息不对称。公民行政负担是一个内涵丰富的多维度概念,能够反映在不同政策场景,具有较强的情境依赖性。⑥ 这使得基于中国情境的公民行政负担场景容易表现为政民非正式互动过程中所产生的隐性行政负担,导致具有分配性特征的公民行政负担会更加落在那些社会资本存量较少的

① Lachmam S J, Bass A R. A direct study of halo effect[J]. Journal of Psychology,1985,119(6): 535—540.

② 沈瑞英,周霓羽.中国政府形象对政府信任的影响——基于 CSS2013 数据的实证研究[J].上海大学学报:社会科学版,2017,34(6):94—103.

③ 郑方辉,何志强.法治政府绩效评价:满意度测量及其实证研究——以 2014 年度广东省为例[J].北京行政学院学报,2016(2):41—48.

④ 龚虹波.论"关系"网络中的社会资本——一个中西方社会网络比较分析的视角[J].浙江社会科学,2013,208(12):98—105,158.

⑤ 马亮.网上办事不求人:政府数字化转型与社会关系重塑[J].电子政务,2022,233(5):31—42.

⑥ 马亮.行政负担:研究综述与理论展望[J].甘肃行政学院学报,2022(1):4—14,124.

个体之上,使其感到压力与窘迫①,从而降低了行政绩效感评价。在宏观层面上,社会信任、互惠规范是人与人之间合作的基础。② 因此,较高的社会信任与互惠规范能够促进人与人之间利用各自的社会关系网络,达成相互合作、互利互惠的结果,进而在政民互动过程中更容易突破公民行政负担的桎梏,形成对行政绩效感的正面评价。

据此,提出假设 H3 与假设 H4:

H3:社会资本对公民行政负担具有负向影响作用

H3a:社会资本对学习成本具有负向影响作用。

H3b:社会资本对心理成本具有负向影响作用。

H3c:社会资本对合规成本具有负向影响作用。

H4:公民行政负担在社会资本和行政绩效感评价之间起中介作用。

H4a:学习成本在社会资本和行政绩效感评价之间起中介作用。

H4b:心理成本在社会资本和行政绩效感评价之间起中介作用。

H4c:合规成本在社会资本和行政绩效感评价之间起中介作用。

社会资本对行政绩效感评价的影响机制是一个复杂的认知过程,受到个体多方面、多维度心理体验的影响,为深入探究行政绩效感评价的影响机理,本章构建了以下结构方程模型(如图 7.1 所示),重点考察公民行政负担在社会资本和行政绩效感评价之间所起的中介作用。

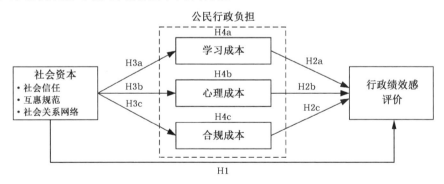

图 7.1　本研究的假设模型

①　何艳玲,王铮.回归民本性:行政负担研究反思及其对城市政务服务改革的启示[J].同济大学学报:社会科学版,2022,33(5):63—74.

②　张康之.论信任、合作以及合作制组织[J].人文杂志,2008,172(2):53—58.

第三节　研究设计

一、数据来源

本章数据来源于上海财经大学"浦东新区打造社会主义现代化建设引领区"调查项目。该调查项目利用纸质版问卷及问卷星在线问卷,共进行两轮问卷调查。第一轮通过问卷星对上海浦东新区普通居民在线发放问卷 188 份。第二轮在上海浦东新区共发放纸质版调查问卷 850 份,共计调查问卷 1 038 份。根据本章研究内容,分别对行政绩效感、社会资本、公民行政负担及其他控制变量等相关变量的遗漏、错填、误填等样本进行剔除,共得有效问卷 1 018 份。调查时间为 2023 年 4 月至 7 月。有效调查问卷涉及上海市浦东新区北蔡镇、川沙镇、高桥镇等 14 个镇,以及花木街道、金桥街道、陆家嘴街道等 10 个街道,具有一定的代表性。

本调查采用匿名评价与没有访员在场的调查方式,并在问卷引言部分向被访者说明调查数据仅被用于学术研究,进而能够有效降低社会期望偏差。[①] 最后,为了保证问卷调查的有效性与代表性,一方面,项目组将度量量表中的各个题项采用通俗语言进行描述;另一方面,项目组选择的被访者均为年满 18 岁以上,愿意积极配合且为上海市常住人口的居民,并尽可能选择多元化身份的被访者。

二、变量测量

根据研究假设,本章选取社会资本、公民行政负担与政府绩效评价作为主要变量。

（一）自变量:社会资本

基于陈升等[②]、哈珀姆（Harpham）[③]、赵雪雁[④]对社会资本的测量,以及本章

---

① 胡安宁. 主观变量解释主观变量:方法论辨析[J]. 社会,2019,39(3):183－209.

② 陈升,卢雅灵. 社会资本、政治效能感与公众参与社会矛盾治理意愿——基于结构方程模型的实证研究[J]. 公共管理与政策评论,2021,10(2):16－30.

③ Harpham T,Grant E,Thomas E. Measuring social capital within health surveys:key issues[J]. Health Policy and Planning,2002,17(1):106－111.

④ 赵雪雁. 社会资本测量研究综述[J]. 中国人口·资源与环境,2012,22(7):127－133.

研究内容,选择从社会信任、互惠规范与社会关系网络三个维度测量社会资本。在社会关系网络维度,通过询问被访者与亲友交往频率与亲友社会地位(高水平社会地位的亲友数量占比总量)衡量,对于前者,回答"一年一次或更少、一年几次、一个月几次、一周几次、几乎每天"分别赋值"1～5";对于后者,回答"几乎没有、四分之一、一半左右、四分之三、几乎全是"分别赋值"1～5"。在社会信任维度,通过询问被访者对他人信任状况衡量,回答"非常不信任、比较不信任、一般、比较信任、非常信任"分别赋值"1～5"。在互惠规范维度,通过询问被访者对社会总体公平状况的评价衡量,回答"非常不公平、比较不公平、一般、比较公平、非常公平"分别赋值"1～5"。最终将所有题目的赋值加总取均值作为对社会资本的测量分数。

(二)因变量:行政绩效感评价

党的十八大以来,我国始终坚持以人民为中心,建设人民满意的服务型政府,将人民满意作为政府最大的绩效[1],且公众满意已经成为地方政府绩效管理评价的主流倾向。[2] 因此,本研究通过询问被访者对当地政府履行"维护社会秩序、公共服务供给与保障公民权利"等多方面履行职能的满意程度衡量行政绩效感,回答"非常不满意、不太满意、一般、比较满意与非常满意"分别赋值"1～5",最终将所有题目的赋值加总取均值作为对政府绩效评价的测量分数。

(三)中介变量:公民行政负担

当前国内尚无对公民行政负担的测量量表,因此本章参考伯登(Burden)等[3]、布朗(Brown)等[4]对公民行政负担的测量,通过询问被访者"需要投入大量时间与精力去学习当地政府发布的办事信息、材料与流程""在完成当地政府要求办理的手续和程序时,容易产生烦躁、压力、不安等情绪""在向当地政府提交申请或办理业务时,需要花费大量时间与精力去准备各类材料"等题项,分别对学习成本、心理成本与合规成本 3 个指标进行衡量,回答"不符合、不太符合、基本符合、比较符合、非常符合"分别赋值"1～5"。

① 胡税根,王汇宇.以人民为中心的政府绩效管理研究[J].兰州大学学报:社会科学版,2018,46(4):121－127.

② 孙洪敏.地方政府绩效管理评价体系趋向性研究[J].学术界,2017,231(8):16－30,322.

③ Burden B C,Canon D T,Mayer K R,et al. The effect of administrative burden on bureaucratic perception of policies:evidence from election administration[J]. Public Administration Review,2012,72(5):74－75.

④ Brown J T,Carey G,Malbon E. What is in a form? Examining the complexity of application forms and administrative burden[J]. Australian Journal of Public Administration,2021,80(4):933－964.

（四）控制变量

为控制相关变量对地方政府绩效的影响，根据以往研究成果，本章将性别、年龄、政治面貌、受教育程度、个人年均收入与职业类型等个体人口社会经济特征变量作为控制变量。其中性别为虚拟变量，男性赋值为1，女性赋值为0；政治面貌为虚拟变量，中共党员赋值为1，其他赋值为0；职业类型为虚拟变量，公职人员赋值为1，非公职人员赋值为0；受教育程度为定序变量，其中小学及以下赋值为1，初中赋值为2，高中及中专、职高技校等赋值为3，大专赋值为4，本科及以上赋值为5；年龄为连续变量；以个人年均收入的对数衡量个人收入状况。

三、模型构建

社会资本并非单一路径对行政绩效感评价产生影响，公民行政负担可能在社会资本对行政绩效感评价的影响机制中发挥着中介作用。因此，本章在基准回归模型的基础上构建中介效应模型如下：[①]

$$Per_i = \alpha_0 + \beta_0 Soc_i + \lambda_0 K_i + \varepsilon_i \tag{1}$$

中介机制模型具体如下：

$$Lea_i = \alpha_1 + \beta_1 Soc_i + \lambda_1 K_i + \varepsilon_i \tag{2}$$

$$Psy_i = \alpha_2 + \beta_2 Soc_i + \lambda_2 K_i + \varepsilon_i \tag{3}$$

$$Com_i = \alpha_3 + \beta_3 Soc_i + \lambda_3 K_i + \varepsilon_i \tag{4}$$

$$Per_i = \alpha_4 + \beta_4 Soc_{i+} \gamma_1 Lea_i + \lambda_4 K_i + \varepsilon_i \tag{5}$$

$$Per_i = \alpha_5 + \beta_5 Soc_{i+} \gamma_2 Psy_i + \lambda_5 K_i + \varepsilon_i \tag{6}$$

$$Per_i = \alpha_6 + \beta_6 Soc_{i+} \gamma_3 Com_i + \lambda_6 K_i + \varepsilon_i \tag{7}$$

其中，i 代表公民个体；Per 代表行政绩效感评价；Soc 代表社会资本；Lea、Psy 与 Com 分别代表学校成本、心理成本与合规成本；K 代表控制变量，α_0、β_0、λ_0 为待估参数，ε_i 为随机扰动项。在社会资本 Soc 对行政绩效感评价 Per 的基准回归系数 β_0 显著性检验通过的基础上，分别构建社会资本 Soc 对中介变量学习成本 Lea、心理成本 Psy 与合规成本 Com 的回归模型，通过判断回归系数 β_1、β_2、β_3、γ_1、γ_2、γ_3 的显著性判断中介机制是否成立。

中介模型检验结果及路径系数如图7.2所示。

---

① 温忠麟,叶宝娟. 中介效应分析:方法和模型发展[J]. 心理科学进展,2014,22(5):731−745.

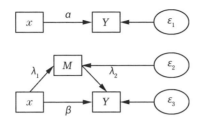

图7.2　中介效应作用机制模型

第四节　实证结果分析

一、信效度检验与共同方法偏差检验

在检验量表信效度方面，政府绩效评价量表的 Cronbach's Alpha 系数为 0.801，说明信度较佳。各题目的因子载荷值均在 0.8 以上，AVE 值为 0.715，CR 值为 0.883，符合量表效度基本要求；社会资本量表的 Cronbach's Alpha 系数为 0.692，基本达到信度要求。各题目的因子载荷值均在 0.6 以上，AVE 值为 0.499，CR 值为 0.796，符合量表效度基本要求。在检验数据是否存在同源偏差方面，本章参考帕德斯可夫（Podsakoff）等采用单因子验证性因子分析法检验是否存在共同方法偏差的做法[1]，结果显示：$CMIN/DF$ 值为 30.102，远大于判断标准值 5；$RMSEA$ 值为 0.169，大于判断值 0.01；RFI 值为 0.563，TLI 值为 0.571，CFI 值为 0.667。从上述拟合指标来看，该模型整体拟合情况较差，说明本章所使用的数据不存在严重的共同方法偏差问题。

二、描述性统计分析

首先，本章对主要变量进行了描述性统计分析，并在表 7.1 详细报告了各主要变量的均值与标准差等描述性统计分析结果。

---

[1]　Podsakoff P M，MacKenzie S B，Lee J Y，et al. Common Method Biases in Behavioral Research：A Critical Review of the Literature and Recommended Remedies[J]. Journal of Applied Psychology，2003 (88)：879－880.

表 7.1　　　　　　　　　主要变量的描述性统计分析($N=1\,018$)

变量		均值	标准差
因变量	行政绩效感评价	3.795	0.607
自变量	社会资本	2.974	0.522
中介变量	学习成本	3.181	0.925
	心理成本	2.786	1.164
	合规成本	3.300	0.890
控制变量	性别	0.486	0.500
	年龄	35.05	9.763
	政治面貌	0.317	0.466
	教育程度	4.472	0.899
	个人收入	2.527	0.833
	职业类型	0.212	0.409

数据显示,行政绩效感评价的均值为 3.795,这表明公民对政府绩效的主观评价较为积极;从公民行政负担感知的角度来看,被访者学习成本、心理成本与合规成本的均值分别为 3.181、2.786 与 3.300,且三种行政负担感知的标准差均在 0.85 以上,说明公民对行政负担的感知水平处于中等偏上水平,且公民之间差异较大。从被访者的基本情况来看,被试者的年龄分布在 18～63 岁之间,平均年龄为 35 岁,说明被访者以中青年为主,其中男性占比 51.4%,中共党员占比 31.7%,公职人员占比 21.2%;从受教育水平上来看,本科及以上占比达到了 69.3%,说明被访者的受教育水平普遍较高。

三、相关性分析

从表 7.2 主要变量相关矩阵可以看出,社会资本与行政绩效感评价呈现显著正相关关系,且在 0.01 的置信水平上显著;学习成本、心理成本、合规成本与行政绩效感评价均呈现负相关关系,在 0.01 的置信水平上显著;社会资本与学习成本、心理成本与合规成本呈现负相关关系,同样也在 0.01 的置信水平上显著。据此,假设 H1、H2、H3 得到初步支持,为后续分析提供了相关依据。在控制变量中,受教育程度、年龄、政治面貌、职业类型与政府绩效评价呈现出显著正相关关系,而性别、个人收入与政府绩效评价的相关关系均不显著,需要进一步分析。

表 7.2 还报告了将所有变量全部纳入回归模型后的方差膨胀因子(VIF)。数据显示,所有变量的 VIF 均处于 1～3 之间,平均 VIF 值为 1.44,远小于临界值 10。这表明各变量之间的多重共线性程度在合理范围之内,不存在多重共线性问题。

表 7.2　主要变量相关矩阵

变量	政治绩效	社会资本	学习成本	合规成本	心理成本	性别	年龄	教育	政治面貌	个人收入	职业类型	VIF
政治绩效	1											/
社会资本	0.566***	1										1.09
学习成本	−0.210***	−0.190***	1									1.91
合规成本	−0.189***	−0.127***	0.665***	1								2.04
心理成本	−0.109***	−0.133***	0.281***	0.396***	1							1.24
性别	0.005	0.032	0.093***	0.055*	0.127***	1						1.09
年龄	0.101***	0.149***	0.052	0.026	−0.029	0.224***	1					1.41
教育程度	0.056*	0.056	−0.310***	−0.284***	−0.185***	−0.164***	−0.284***	1				1.37
政治面貌	0.163***	0.158***	−0.275***	−0.296***	−0.205***	−0.055*	0.156***	0.245***	1			1.53
个人收入	0.002	0.055*	−0.167***	−0.155***	−0.117***	0.092***	0.329***	0.162***	0.239***	1		1.26
职业类型	0.080**	0.051	−0.275***	−0.334***	−0.229***	−0.058*	0.067	0.251***	0.529***	0.181***	1	1.50

注: * 表示 $p<0.1$, ** 表示 $p<0.05$, *** 表示 $p<0.01$,N=1 018。

四、假设检验

(一)社会资本和公民行政负担对行政绩效感评价的影响

1. 社会资本对行政绩效感评价的影响

由于本研究所采用的数据是截面数据,因变量为连续型变量,因此采用普通最小二乘法(OLS)估计的多元回归模型进行分析。社会资本对行政绩效感评价的多元回归分析结果如表 7.3 所示。模型 1 显示,在未添加控制变量时,将社会资本作为自变量,行政绩效感评价作为因变量,二者呈现显著正相关关系。模型 2 则在社会资本对行政绩效感的多元回归分析中添加了性别、年龄、政治面貌等控制变量,结果显示社会资本($\beta=0.639$,$p<0.01$)对行政绩效感评价具有正向显著影响。因此,假设 H1 成立。

表 7.3 社会资本与行政绩效感评价回归分析

变量	模型 1	模型 2
	行政绩效感评价	
社会资本	0.657*** (17.88)	0.639*** (20.85)
性别		−0.007 (−0.22)
年龄		0.002 (1.25)
面貌		0.092** (2.24)
教育程度		0.017 (0.83)
个人收入		−0.050** (−2.40)
职业类型		0.027 (0.60)
Constant	1.841*** (16.35)	1.832*** (13.03)
Adj_R^2	0.325	0.325

注:* 表示 $p<0.1$,** 表示 $p<0.05$,*** 表示 $p<0.01$,$N=1\ 018$。

2.公民行政负担与行政绩效感评价

公民行政负担对行政绩效感评价的多元回归分析结果如表 7.4 所示，模型3、模型 4、模型 5 分别将学习成本、合规负担成本与心理负担成本分别作为自变量，将行政绩效感评价作为因变量进行多元回归分析，结果显示，在未添加控制变量时，学习成本、合规成本与心理成本对行政绩效感评价呈现显著负相关关系。模型 6、模型 7、模型 8 则在此基础之上添加了性别、年龄、政治面貌等控制变量。结果显示，学习成本（$\beta=-0.133,p<0.01$）、合规成本（$\beta=-0.199,p<0.01$）与心理成本（$\beta=-0.042,p<0.5$）对政府绩效评价呈现显著负相关关系。因此，假设 H2 成立。

此外，从横向的控制变量上看，政治面貌对政府绩效评价具有正向显著影响，党员会对政府绩效产生更好的主观评价；个人收入对政府绩效评价具有负向显著影响，这与陈新宇等（2011）认为公民的年收入与政府公共服务供给满意度呈现显著正向关系的观点相反。[①] 可能的解释是：具有更高收入的个体，往往拥有更多的资源与机会参与社会经济活动，这使得高收入群体更容易受益于政府在政治、经济、环境与社会等方面提供的各项政策与公共服务。因此，高收入群体对政府绩效有着更高的期望，而当政府未能满足期望时，就会产生较为消极的政府绩效评价。

表 7.4　　　　　　　　　公民行政负担与行政绩效感回归分析

变量	模型 3	模型 4	模型 5	模型 6	模型 7	模型 8
				行政绩效感评价		
学习成本	−0.137*** (−5.79)			−0.133*** (−5.11)		
性别				0.016 (0.39)	0.006 (0.16)	0.016 (0.40)
年龄				0.009*** (3.62)	0.008*** (3.49)	0.008*** (3.21)
政治面貌				0.164*** (3.22)	0.170*** (3.32)	0.191*** (3.69)
教育层度				0.021 (0.90)	0.029 (1.19)	0.043* (1.75)
收入				−0.081*** (−3.32)	−0.075*** (−3.07)	−0.070*** (−2.84)

---

① 陈新宇，裴志军.居民收入、受教育程度对政府公共服务供给满意度的影响——基于 2012 年中国家庭追踪调查的实证分析[J].福建农林大学学报：哲学社会科学版，2016，19（4）：83−90.

续表

变量	模型 3	模型 4	模型 5	模型 6	模型 7	模型 8
	行政绩效感评价					
职业类型				-0.057 (-0.99)	-0.070 (-1.18)	-0.033 (-0.55)
合规成本		-0.129^{***} (-5.57)			-0.119^{***} (-4.61)	
心理成本			-0.057^{***} (-3.77)			-0.042^{**} (-2.55)
Constant	4.232^{***} (53.91)	4.220^{***} (54.32)	3.953^{***} (92.15)	3.980^{***} (22.51)	3.916^{***} (21.78)	3.564^{***} (21.86)
Adj_R^2	0.040 9	0.040 9	0.040 9	0.040 9	0.040 9	0.040 9

注:* 表示 $p<0.1$,** 表示 $p<0.05$,*** 表示 $p<0.01$,$N=1\ 018$。

(二)公民行政负担的中介作用检验

公民行政负担的中介作用检验如表 7.5 所示。模型 10、模型 12 与模型 12 表明,在考虑控制变量的条件下,社会资本分别对学习成本($\beta=-0.286$,$p<0.01$)、合规成本($\beta=-0.155$,$p<0.01$)与心理成本($\beta=-0.236$,$p<0.01$)具有显著的负向影响,假设 H3 成立。值得注意的是,在控制变量中,公民受教育程度与职业类型对学习成本、心理成本与合规成本均有负向显著影响,即受教育程度较高以及担任公职,都能够降低公民对行政负担的感知程度。这也从侧面加强了社会资本能够负向显著影响公民行政负担的结论。

参考温忠麟等提出的逐步回归法来验证公民行政负担感知是否在社会资本与政府绩效评价之间起到中介作用,需满足三个条件:一是自变量与中介变量分别显著影响因变量;二是自变量显著影响中介变量;三是自变量对因变量的影响会因为中介变量的加入而变小(如图 7.2 所示)。① 根据模型 9~15 的分析结果,中介效应成立的三个条件均得到满足,且社会资本对政府绩效评价的回归系数由 0.639 分别下降到 0.620、0.627、0.637,说明学习成本、心理成本与合规成本均部分中和了社会资本对政府绩效评价的影响(如图 7.3 所示)。因此,公民行政负担在社会资本与政府绩效评价之间发挥中介作用,因此,假设 H4 成立。

---

① 温忠麟,侯杰泰,张雷.调节效应与中介效应的比较和应用[J].心理学报,2005(2):268—274.

表 7.5　　　　　　　　　　　　**公民行政负担的中介作用检验**

变量	模型 9 行政绩效感评价	模型 10 学习成本	模型 11 行政绩效感评价	模型 12 合规成本	模型 13 行政绩效感评价	模型 14 心理成本	模型 15 行政绩效感评价
社会资本	0.639*** (16.69)	−0.286*** (−4.70)	0.620*** (15.85)	−0.155*** (−2.74)	0.627*** (16.42)	−0.236*** (−3.40)	0.637*** (16.58)
性别	−0.007 (−0.21)	0.083 (1.53)	−0.001 (−0.04)	0.013 (0.24)	−0.006 (−0.18)	0.262*** (3.65)	−0.004 (−0.13)
年龄	0.002 (1.20)	0.007** (2.13)	0.003 (1.43)	0.004 (1.34)	0.003 (1.37)	−0.004 (−0.95)	0.002 (1.17)
面貌	0.092** (2.06)	−0.218*** (−2.91)	0.077* (1.73)	−0.221*** (−2.88)	0.075* (1.67)	−0.150 (−1.59)	0.091** (2.01)
教育程度	0.017 (0.86)	−0.199*** (−6.04)	0.003 (0.15)	−0.170*** (−5.70)	0.003 (0.16)	−0.143*** (−3.33)	0.015 (0.77)
个人收入	−0.050** (−2.53)	−0.114*** (−3.01)	−0.058*** (−2.95)	−0.076** (−2.00)	−0.056*** (−2.86)	−0.072 (−1.57)	−0.051** (−2.58)
职业类型	0.027 (0.52)	−0.327*** (−3.81)	0.005 (0.09)	−0.468*** (−5.37)	−0.010 (−0.20)	−0.414*** (−4.06)	0.023 (0.43)
学习成本			−0.069*** (−3.13)				
合规成本					−0.080*** (−3.73)		
心理成本							−0.011* (−0.76)
Constant	1.832*** (12.80)	5.066*** (19.84)	2.181*** (11.99)	4.732*** (20.49)	2.211*** (12.68)	4.460*** (14.19)	1.879*** (11.79)
Adj_R^2	0.325	0.325	0.325	0.325	0.325	0.325	0.325

注:* 表示 $p<0.1$,** 表示 $p<0.05$,*** 表示 $p<0.01$,$N=1\,018$。

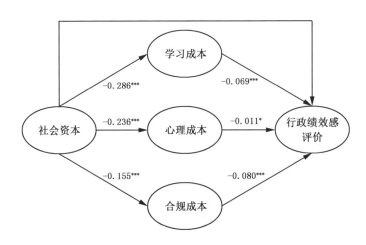

图 7.3　中介模型检验结果及路径系数

五、稳健性检验

(一)主效应稳健性检验

本章对主效应展开稳健性检验主要采取下述两种方式:一是改变因变量测量方式,消除被解释变量"行政绩效感评价"因测量方式不同而对实证结果产生的影响。运用主成分因子分析法对"行政绩效感评价"变量的 3 个指标展开因子分析,以特征根值大于 1 为原则选取公因子(2.145),根据旋转后的方差解释率测量政府绩效评价,KMO 检验结果为 0.698,说明可以进行因子分析。将因子分析后的"行政绩效感评价"命名为"行政绩效感评价(因子分析)",再次回归分析,结果如表 7.6 所示。

表 7.6 主效应稳健性检验(改变因变量测量方式)

变量	模型 16	模型 17	模型 18	模型 19
	行政绩效感评价(因子分析)			
社会资本	0.756*** (20.92)			
性别	−0.010 (−0.26)	0.017 (0.36)	0.006 (0.13)	0.018 (0.37)
年龄	0.003 (1.23)	0.010*** (3.61)	0.010*** (3.47)	0.009*** (3.19)
政治面貌	0.109** (2.24)	0.194*** (3.22)	0.201*** (3.32)	0.226*** (3.69)
教育程度	0.020 (0.83)	0.025 (0.90)	0.034 (1.19)	0.051* (1.75)
个人收入	−0.060** (−2.42)	−0.096*** (−3.34)	−0.089*** (−3.09)	−0.083*** (−2.86)
职业类型	0.035 (0.64)	−0.065 (−0.95)	−0.081 (−1.15)	−0.037 (−0.51)
学习成本		−0.157*** (−5.11)		
合规成本			−0.141*** (−4.62)	
心理成本				−0.050** (−2.57)
Constant	−2.317*** (−13.99)	0.222 (1.07)	0.148 (0.70)	−0.269 (−1.40)
Adj_R^2	0.041	0.041	0.041	0.041

注:* 表示 $p<0.1$,** 表示 $p<0.05$,*** 表示 $p<0.01$,$N=1\ 018$。

　　二是考虑遗漏变量。公民对行政绩效感的评价不可避免地会受到公民政治参与行为的影响,公民政治参与指的是公民通过协商、选举与监督等合法的形式参与政治生活,并直接或间接地影响政治体系与公共决策的政治行为。[1]已有研究发现,一方面,公民政治参与能够丰富公民的民主政治知识,进而增强公民对政府行为的认可与理解;[2]另一方面,政治参与为公民影响政府公共服务决策、提高供给质量提供了制度化途径,有助于提升公民对政府公共服务的评价水平。[3] 据此,本章选取"协商性参与""制度性参与"与"监督性参与"等变量对公民政治参与行为进行测量,其中通过询问被访者"是否参加过监督村/居委会的社区治理行为""是否参加过所在村/居社区治理问题的协商决策"与"是否参加过村/居委会的选举活动"问题分别衡量"监督性参与""协商性参与"与"制度性参与"变量,被访者回答参加过赋值为1,没参加过赋值为0。将上述变量作为控制变量,再次对主效应进行多元回归分析,结果如表7.7所示。

表 7.7　　　　　　　　　主效应稳健性检验(添加遗漏变量)

变量	模型 20	模型 21	模型 22	模型 23
	行政绩效感评价			
社会资本	0.642*** (15.86)			
性别	−0.015 (−0.44)	−0.001 (−0.02)	−0.009 (−0.23)	−0.003 (−0.08)
年龄	0.002 (0.70)	0.003 (1.30)	0.003 (1.19)	0.003 (0.97)
政治面貌	0.079* (1.71)	0.125** (2.40)	0.129** (2.44)	0.146*** (2.72)
教育程度	0.007 (0.37)	−0.004 (−0.18)	0.004 (0.18)	0.017 (0.69)
个人收入	−0.052** (−2.54)	−0.068*** (−2.72)	−0.063** (−2.49)	−0.057** (−2.27)

　　① Verba S, Schlozman K L, Brady H. Voice and Equality: Civic Voluntarism in American Politics [M]. Cambridge, MA: Harvard University Press,1995:1—38.
　　② Kenichi Ikedaa, Tetsuro Kobayashib, Maasa Hoshimoto. Does political participation make a difference? The relationship between political choice,civic engagement and political efficacy[J]. Electoral Studies,2008(27):77—88.
　　③ 郑建君. 政治参与、政治沟通对公共服务满意度影响机制的性别差异——基于6 159份中国公民调查数据的实证分析[J]. 清华大学学报:哲学社会科学版,2017,32(5):164—171,199.

续表

变量	模型 20	模型 21	模型 22	模型 23
	行政绩效感评价			
职业类型	0.035 (0.66)	−0.048 (−0.84)	−0.056 (−0.95)	−0.021 (−0.34)
制度性参与	−0.002 (−0.06)	0.059 (1.17)	0.048 (0.94)	0.036 (0.71)
协商性参与	0.005* (0.10)	0.106* (1.95)	0.116** (2.14)	0.123** (2.25)
监督性参与	0.074* (1.71)	0.194*** (3.93)	0.202*** (4.08)	0.223*** (4.56)
学习成本		−0.125*** (−4.74)		
合规成本			−0.104*** (−4.05)	
心理成本				−0.031* (−1.84)
Constant	1.893*** (12.08)	4.159*** (22.61)	4.064*** (22.00)	3.735*** (22.11)
Adj_R^2	0.071 3	0.071 3	0.071 3	0.071 3

注：* 表示 $p<0.1$，** 表示 $p<0.05$，*** 表示 $p<0.01$，$N=1\,018$。

根据表 7.6、表 7.7 结果可知，两种稳健性检验的回归结果与基准回归结果相比，仅在影响系数上略有变动，在影响效果上与基准回归结果均保持一致。

（二）中介效应稳健性检验

为了进一步严格检验中介效应，本研究采用 Bootstrap 检验方法，重复抽样 5 000 次，结果显示，偏差调整后，学习成本、心理成本与合规成本均为部分中介效应，分别在 95% 置信空间（[0.006,0.037]、[0.003,0.023]、[0.003,0.027]）不包含 0。由此可知，中介效应成立，相关结论得到进一步验证。

本章小结

如何切实提高人民群众对行政绩效感的评价，增强人民群众的幸福感、获得感与满意度，一直都是政府开展治理工作所面临的重要议题。本章基于社会资本理论、行政负担理论与光环效应，通过广泛的问卷调研与实证分析，尝试揭开社会资本对行政绩效感评价的影响机制，结论如下：第一，社会资本对行政绩效感评价具有正向显著影响。本研究认为，具有较高社会资本存量的公民更有机会与政府形成密切互动关系，能够在互动过程中更为全面地了解政府在政治、经济、环境等方面所开展的治理工作，进而形成较为积极的行政绩效感评价。第二，公民对学习成本、心理成本与合规成本的感知会显著降低其对行政绩效感的主观评价。政民互动过程中，公民面对政府复杂、烦琐的办事流程与操作所不得不承担的学习成本、合规成本与心理成本等额外成本和负面体验，受心理学光环效应影响，被进一步"放大"，成为公民对行政绩效感负面评价的"导火索"。第三，公民行政负担在社会资本对行政绩效感评价的影响过程中发挥中介作用，即社会资本负向影响公民对学习成本、心理成本与合规成本的感知水平，进而影响其对行政绩效感的主观评价。具有较高社会资本水平、受教育程度以及担任公职的公民更容易获取来自社会以及自身关系网络的帮助、资源与建议，更有能力应对与适应和政府打交道时所面临的问题与挑战，从而减少了公民所需承担行政负担成本，并在此基础之上，形成了行政绩效感评价。

　　本章的理论贡献主要体现在以下几个方面：第一，深化了对行政绩效感评价影响因素的研究。既有研究主要从政民互动维度分析行政绩效感评价的影响因素，未能考察具有差异化社会资本存量的公民如何在政民互动过程中对行政绩效感评价产生影响。本章将反映公民所能调动社会资源总和的社会资本与反映公民在政民互动过程中实际感受的行政负担相结合，探讨多维度的公民行政负担与社会资本如何共同对行政绩效感评价产生影响，进而为提升公民对行政绩效感的主观评价提供理论参考。第二，拓展了对公民行政负担的理论研究。当前中国背景下关于行政负担"前因"与"后果"的相关研究尚较为缺乏，本章构建了社会资本、公民行政负担与行政绩效感评价的理论模型，不仅丰富了公民行政负担的前因变量，还验证了学习成本、心理成本与合规成本在社会资本对行政绩效感评价间接影响中所发挥的部分中介效应，拓展了公民行政负担的传递功能研究。这也进一步表明提升公民对行政绩效感的主观评价需要考虑个体因素与政民互动因素二者所产生的交互影响。

　　根据经验观察与实证分析结果，我们提出以下对策与建议。第一，着重培育现代型社会资本，持续提升社会资本存量与质量。相较于以血缘、地缘关系网络为主要特征,具有特殊信任倾向的传统型社会资本,现代型社会资本强调以业缘、兴趣为依托,建立具有普遍信任倾向的社会关系网络。① 在宏观层面,培育与积累认知型社会资本离不开政府的制度建设。政府应注重对社会信任、互惠规范的制度建设,不断完善社会诚信的相关法律法规与奖惩机制,引导公民建立规则意识与契约精神,进而形成普遍信任、相互合作、互惠互利的社会氛围。在微观层面,提升社会互动频率与质量是扩大公民结构型社会资本规模与异质性的重要路径。社会互动总是以具体的物理或虚拟空间为依托,其频率与性质受到空间的性质与结构所制约。② 因此,政府应积极打造人人可及的公共空间,鼓励人们广泛跨界、跨圈、跨阶层交往,为人与人之间构造具有多元化与正向反馈的社会关系网络提供良好的空间保障与社会氛围。具体而言,首先,政府应加强社会信任与互惠规范的法制建设。建立健全的法律体系,确保社会成员的合法权益得到保障,形成社会信任的有力保障。另外,政府还可以建立行业标准和自律机制,引导企事业单位遵守商业道德,提高社会成员的商业信任水平。其次,在社会互动方面,政府可以引入新技术,构建更为便捷、高效的社交平台。借助大数据和人工智能技术,政府可以推动社交网络平台的创新,提供更加个性化的服务,促进人们在虚拟空间中的互动。此外,政府还可以鼓励社区建设在线互动平台,促进邻里之间的交流合作,为居民提供更为便捷的社交渠道。再次,政府应该注重文化建设,倡导积极向上的社会价值观。加强教育和宣传,树立诚信、友善、奉献的社会风尚,引导公民形成良好的社会习惯和行为。政府可以组织多样化的文化活动,宣传社会正能量,塑造积极向上的社会形象,鼓励人们参与志愿服务,培养社会责任感和公民意识。最后,政府应该鼓励企事业单位与社区居民合作,共同参与社会公益事业,通过开展各类公益活动,如环保、扶贫、健康等,促使不同社会群体之间的合作与互助,增强社会资本的共享性和合作性。政府可以提供相关的支持政策,引导企事业单位发挥社会责任,加大对社区的支持力度,促进企业与社区居民的良性互动。综上所述,政府在培育现代型社会资本方面,需要注重法制建设、推动社交平台创新、加强文化宣传、鼓励企事业单位参与社区建设。这些努力将为社会资本的提升提供有力支持,促进社会关系网络的丰富和社会信任的普及,使社会更加和谐、

① 徐红映.社会资本视域下的乡规民约效能再造——以宁波市"民约村治"实践为例[J].社会学评论,2022,10(1):165—180.

② 扬·盖尔.交往与空间[M].何人可,译.北京:中国建筑工业出版社,2002:74.

稳定、发展。

　　第二,坚持以公众对公共服务的实际需求与具体服务感受为导向,切实降低公民对行政负担的感知水平。数字政府建设能够通过技术创新降低公民行政负担,但也有可能会生成"数字形式主义"或"数字伪创新",进一步加重公民所需承担的学习成本、合规成本与心理成本,背离了数字政府建设的初衷。对此,政府应持续推动数字政府建设由"自上而下"的供给侧主导转向"自下而上"的需求侧主导,积极征求公众对数字政府建设与实践的意见与建议,促使数字化政务服务和公众办事服务需求、使用习惯与信息素养相互匹配,在降低公民行政负担的过程中,厚植人民群众的获得感、幸福感与满意度。具体而言,降低公民行政负担,以提高人们对政府绩效的评价,需要从心理负担、学习负担和合规负担三个维度出发。首先,减轻心理负担。政府可以加强对公众权利、义务的宣传,提高公众对政府行为的透明度和预期性。建立健全的咨询热线和在线问答平台,为公众提供便捷的政策咨询服务,减少信息不对称,从而降低公民对政府政策意图的猜测与焦虑,减轻心理负担。其次,简化学习负担。政府应该倡导"互联网+政务服务"模式,开发用户友好的手机应用程序,提供智能化、个性化的服务。通过简洁明了的界面和操作流程,公众能够迅速学会使用政府服务平台,降低学习新系统的时间和精力成本,减轻学习负担。最后,减少合规负担。政府可以采用智能化审批流程,借助大数据技术,自动识别符合条件的申请,减少烦琐的审批手续。同时,还应加强政策宣传,将政策要点以简洁明了的方式传达给公众,避免普通公民在了解政策合规要求上的困扰,减轻合规负担。此外,建立公众参与机制,让公众在政策制定和实施中发表意见、提出建议,增加政策的合理性和民意的融入感,减少不必要的合规负担。

　　第三,政府应注重保障具有不同社会资本存量的公民都能够实现充分参与、有序参与和有效参与。在现阶段,具有较低社会资本存量与经济能力的工人、商业服务从业者等主体的公共参与较少。[①] 对此,政府应尽快建立与社会资本存量水平较低群体相匹配的公共参与和利益表达渠道,保障该部分群体能够通过制度化渠道积极、合法表达自身公共诉求与利益主张。首先,政府应当加强对较低社会资本存量群体的信息支持。在数字化时代,信息的获取和传递是公众参与的基础。政府可以建立更加普及、易用的在线信息平台,为这些群体

　　① 崔岩.当前我国不同阶层公众的政治社会参与研究[J].华中科技大学学报:社会科学版,2020,34(6):9—17,29.

提供相关公共事务的知识普及、政策解读等服务。同时,举办定期的公共知识培训,提高这些群体的信息素养,帮助他们更好地了解社会事务、参与公共讨论。其次,政府需要建立多层次、多样化的参与渠道。除了传统的公民议事会、社区会议等途径,还可以探索一些适合低社会资本群体的参与形式,如在线调查、微信公众号投票等。这些渠道应当注重便捷性和灵活性,使得公众能够在不同时间、不同地点参与讨论,降低参与的门槛,激发更多人的参与热情。最后,政府需要建立健全的政策反馈机制。对于那些积极参与的低社会资本群体,政府应该及时给予正面反馈,鼓励他们继续参与社会事务。同时,对于他们提出的合理建议和诉求,政府应该及时回应,并在政策制定中予以充分考虑。这种持续的反馈和互动,能够增强公众的信任感,促使更多低社会资本群体参与公共事务。此外,政府还可以鼓励社会组织、媒体等第三方机构的介入。这些机构通常能够更好地了解公众的需求,发挥桥梁和纽带作用,帮助政府与低社会资本群体建立更加紧密的联系。政府可以通过提供资金、政策支持等方式,鼓励这些机构在公共参与方面的积极介入,共同促进社会资本的提升和公众参与的扩大。

本章研究存在一些不足,需要在未来研究中进一步完善。首先,数据来源与结构存在局限性。在数据来源方面,本章采用自我报告式数据,被访者在面对行政绩效感评价、行政负担感知等较为敏感问题时,由于自我评价偏差,可能难以如实回答。在数据结构方面,本章采用截面数据,但该类型数据在因果确认与内生性问题上存在着先天不足。对此,未来研究可以采用面板数据或行为公共管理的实验研究方法予以优化。其次,问卷题项设计存在不足。一方面,本章对学习成本、心理成本、合规成本等关键变量采取单题项测量可能存在一定风险;另一方面,本章参考西方背景下界定、开发的概念与量表对学习成本、合规成本与心理成本测量,不仅难以概括公民行政负担概念的所有方面,同时可能无法准确识别中国情境下公民行政负担感知的真实水平。未来研究应尝试基于政民互动实践场景,结合主观评价与客观衡量,对公民行政负担加以本土化解释与建构,以深化公民行政负担感知的相关研究。

第八章

浦东新区打造社会主义现代化建设引领区:经济绩效感评估

第一节　研究缘起

2021年,站在国家战略全局和浦东未来发展新格局高度的《中共中央 国务院关于支持浦东新区高水平改革开放打造社会主义现代化建设引领区的意见》颁布,为支持浦东新区高水平改革开放,打造社会主义现代化建设引领区,引领带动上海"五个中心"建设,更好服务全国大局和带动长三角一体化发展战略进行了统筹规划和顶层设计,为推进浦东新区打造社会主义现代化建设引领区擘画蓝图、指明方向。《中共中央 国务院关于支持浦东新区高水平改革开放打造社会主义现代化建设引领区的意见》高度关注浦东新区打造社会主义现代化建设引领区过程中的"经济建设""经济发展"。在《中共中央 国务院关于支持浦东新区高水平改革开放打造社会主义现代化建设引领区的意见》中,"经济"一词共出现15次,分别为"开放型经济新体制""特殊经济功能区""开放型经济""实体经济能力""全球经济发展""浦东现代化经济体系""面向经济主战场""总部经济""经济发展水平""民营经济产权""国际经济组织""实体经济发展""经济治理""经济社会发展""经济特区法规"。由此可见,浦东新区打造社会主义现代化建设引领区高度重视经济高质量、健康可持续发展。浦东新区打造社会主义现代化建设引领区意在推进经济长足进步,以浦东新区打造社会主义现代化建设引领区为契机,率先建立与国际通行规则相互衔接的开放型经济新体制,在浦东全域打造特殊经济功能区,加大开放型经济的风险压力测试,强化服务实体经济能力,率先构建高标准国际化经贸规则体系,打造我国深度融入全球经济发展和治理的功能高地。对浦东新区打造社会主义现代化建设引领区经济绩效感进行评估,既符合《中共中央 国务院关于支持浦东新区高水平改革开放打造社会主义现代化建设引领区的意见》的价值取向和客观需要,也是对浦东新区打造社会主义现代化建设引领区发展目标和实践效果的现实检验,为进一步推进浦东新区打造社会主义现代化建设引领区经济高质量发展提供政策建议,为反馈浦东新区打造社会主义现代化建设引领区中的政策执行偏差提供理论依据。

2021 年提出的《中共中央 国务院关于支持浦东新区高水平改革开放打造社会主义现代化建设引领区的意见》高屋建瓴、内容丰富,主要涉及全力做强创新引擎,打造自主创新新高地,加强改革系统集成,激活高质量发展新动力,深入推进高水平制度型开放,增创国际合作和竞争新优势,增强全球资源配置能力,服务构建新发展格局,提高城市治理现代化水平,开创人民城市建设新局面,提高供给质量,依托强大国内市场优势促进内需提质扩容,树牢风险防范意识,统筹发展和安全等,无法对所有的内容进行全面的经济绩效感评估。因此,本章选取《中共中央 国务院关于支持浦东新区高水平改革开放打造社会主义现代化建设引领区的意见》所指出的"数字化、数据化、网络化、信息化、技术化、智慧化"这一视角,进行经济绩效感评估,以达到以点概面的效果。正如《中共中央 国务院关于支持浦东新区高水平改革开放打造社会主义现代化建设引领区的意见》所指出的,"加快建设智慧城市""提升治理科学化、精细化、智能化水平""积极参与、牵头组织国际大科学计划和大科学工程,开展全球科技协同创新""建设国际数据港和数据交易所""优化海关特殊监管区域电子账册管理""设立保税展示交易平台""建设国际金融资产交易平台""开展法定数字货币试点""深入推进城市运行'一网统管'",大数据时代,数字网络信息技术将成为推动浦东新区打造社会主义现代化建设引领区的重要驱动力,成为提高浦东新区经济绩效感的关键力量。

因此,我们有必要基于《中共中央 国务院关于支持浦东新区高水平改革开放打造社会主义现代化建设引领区的意见》所指出的"数字化、数据化、网络化、信息化、技术化、智慧化"这一视角,以及基于浦东新区打造社会主义现代化建设引领区的"经济建设"和"经济发展"的目标导向,评估浦东新区打造社会主义现代化建设引领区过程中的"数字网络信息技术"的"经济绩效感",以期为进一步优化浦东新区数字网络信息技术和提高浦东新区经济绩效感提供有益的政策启示。

第二节　浦东新区打造社会主义现代化建设引领区经济绩效感理论机制分析

一、数字网络信息技术概念解析

由于本章选取《中共中央　国务院关于支持浦东新区高水平改革开放打造社会主义现代化建设引领区的意见》所指出的"数字化、数据化、网络化、信息化、技术化、智慧化"这一视角评估经济绩效感，因此有必要对数字网络信息技术（Digital Network Information Technology）进行界定和有效解释。2016 年颁布的《国家信息化发展战略纲要》提出了建设"数字中国"战略；2017 年党的十九大明确提出逐步提高社会治理智能化、专业化，推动智慧政府、智慧城市建设；2019 年党的十九届四中全会提出要完善党委领导、政府负责、民主协商、社会协同、公众参与、法治保障、科技支撑的社会治理体系，强化社会治理的科技支撑力，首次增列了"数据"作为生产要素，把数据、科技放在同土地、金融等生产要素同等重要的位置，并进一步构建了关键核心技术攻关的新型举国体制。2022 年党的二十大报告指出，要"加快建设网络强国、数字中国，加快发展数字经济，促进数字经济和实体经济深度融合，打造具有国际竞争力的数字产业集群，发展数字贸易，推进教育数字化，实施国家文化数字化战略"，数字网络建设、数字技术应用等相关议题成为党中央大数据时代推进中国各行各业进步的重要力量。

在政府管理领域，政府管理使用数字网络信息技术的关键性标志是美国前总统克林顿提出的电子政务概念。电子政务是指国家机关在政务活动中，全面应用现代信息技术、网络技术以及办公自动化技术等进行办公、管理和为社会提供公共服务的一种全新的管理模式。广义电子政务的范畴，应包括所有国家机构在内；而狭义的电子政务主要包括直接承担管理国家公共事务、社会事务的各级行政机关。我国最早于 20 世纪 80 年代初提出了办公自动化（OA），中央和部分地方党政机关开展办公自动化工程，建立了各种纵向和横向的内部信息办公网络。1992 年，为推进政府机关自动化程度、在政府机关普及推广计算机的使用,国务院办公厅下发了《国务院办公厅关于建设全国政府行政首脑机关办公决策服务系统的通知》(国办发[1992]25号)。1993年,国务院信息化工作领导小组拟定了《国家信息化"九五"规划和2010年远景目标(纲要)》,要求电子工业部与有关部委大力协调,抓好几项重大的信息工程。1993年年底,为适应全球建设"信息高速公路"潮流,国家正式启动了国民经济信息化的起步工程——"三金工程",即金桥、金关和金卡工程。"三金工程"是中央政府主导的以政府信息化为特征的系统工程,是我国政府信息化的雏形。在"金"字工程推动下,部分政府部门和地方政府积极开展网络建设,电子化的广度和深度得到一定发展,并积累了一定经验。1998年4月,山东省青岛市在互联网上建立了我国第一个严格意义的政府网站"青岛政务信息公众网"。1999年,以"国家信息化领导小组"成立和"政府上网工程"启动为标志,中国的电子政务建设开始受到重视。因此,"电子政务"的发展和"电子政府"的建设为推进我国网络信息技术的发展奠定了基础,并为持续推进数字网络信息技术在政府管理、社会治理等领域的广泛运用构建了良好的生态环境。

数字网络信息技术指与数字化、网络化、信息化相关的技术,但目前学术界并未对数字网络信息技术形成统一的定义和认识,尽管对数字网络信息技术有不同的解释,但学者们一致认为数字网络信息技术由以下三部分组成:(1)传感技术,这是人的感觉器官的延伸与拓展,最明显的例子是条码阅读器;(2)通信技术,这是人的神经系统的延伸与拓展,承担传递信息的功能;(3)计算机技术,这是人的大脑功能的延伸与拓展,承担对信息进行处理的功能。所谓数字网络信息技术是用信息技术来改造其他产业与行业,从而提高生产的效益。在这个过程中信息技术承担了一个得力工具的角色。数字网络信息技术的关键内涵包括以下几个方面:(1)数字化。数字化被称为"信息的DNA"。由于信息能以光速传播,数字化时代就意味着通信和信息交流在时间上可以"即时"或"瞬间"地到达到达地,由于数字网络信息技术的基础是计算机和网络技术,而计算机和网络技术的基础则是数字化,因此,数字化是信息技术革命的导因和发展的动力,它引起了计算机和网络技术革命,计算机和网络技术引发了信息技术革命。(2)网络化。网络化是指利用通信技术和计算机技术,把分布在不同地点的计算机及各类电子终端设备互联起来,按照一定的网络协议相互通信,以达到所有用户都可以共享软件、硬件和数据资源的目的,计算机网络在交通、金融、企业管理、教育、邮电、商业等各行各业中,甚至是我们的家庭生活中都得到广泛的应用,近几年计算机联网形成了巨大的浪潮,它使计算机的实际效用大幅提高。(3)信息化。即利用信息技术,开发利用信息资源,促进信息交流和知识共享,提高经济增长质量,推动经济社会发展转型的历史进程,信息化的基本内容包括信息产业化与产业信息化、产品信息化与企业信息化、国民经济信息化、社会信息化等。(4)技术化。即利用大数据、人工智能、区块链等创新技术,推动企业管理、政府治理、社会治理等各领域的技术创新和创新性技术运用。

二、经济绩效感概念解析

经济绩效感(Economic Performance)可以在每一个分析级别上以多种方式解释。在国家层面,大部分学者认为经济绩效感通常指的是经济增长、劳动生产率增长和消费者福利。经济增长通常是指在一个较长的时间跨度上,一个国家人均产出(或人均收入)水平的持续增加。经济增长率的高低体现了一个国家或地区在一定时期内经济总量的增长速度,也是衡量一个国家或地区总体经济实力增长速度的标志。决定经济增长的直接因素:投资量、劳动量、生产率水平。用现价计算的 GDP,可以反映一个国家或地区的经济发展规模,而不变价计算的 GDP 则可以用来计算经济增长的速度。经济增长是经济学研究的核心和永恒的议题,经济增长带来经济规模的扩大和经济结构的演进。经济规模的扩张,主要体现一国经济发展的数量变化,而经济结构演进主要反映一国经济发展质量的提高,在这一过程中产业结构占据重要的地位。一般来说,经济总量扩大并不意味着经济的强大,在经济规模扩大过程中实现产业结构升级对国家或区域的高质量发展至关重要。劳动生产率增长,或每名工人的产出增长,是衡量资源有效利用以创造价值的指标。劳动生产率是指劳动者在一定时期内创造的劳动成果与其相适应的劳动消耗量的比值。作为衡量生产效率的方法之一,劳动生产率不仅可以反映技术进步带来的生产效率的提高,同时也可以衡量其他生产要素对生产效率的影响,所以劳动生产率是衡量企业乃至国家竞争力的一项重要经济统计指标。[①] 消费者福利是消费者从产品消费中获得的总利益扣除该产品的总成本后得出的结果。一般而言,在行为活动中无法精确测量消费者的个体理性程度,可以设定两种理性程度的消费者来分析其福利。一种是符合新古典经济学"经济人"理性程度的消费者,另一种是符合行为

[①]　王振兴.技术进步与劳动生产率增长关系研究——基于山东省数据[J].山东财政学院学报,2011(3):83—87.

经济学"行为人"理性程度的消费者。"行为人"和"经济人"都具有在某项活动中精确计算自身效用的能力，区别在于"行为人"的偏好易受环境影响，行为活动会改变"行为人"对产品的偏好程度。但随着时间的推移，理性程度提高的"行为人"会评估行为活动对自身福利的影响。这种设定既不脱离现实，又可以分别使用新古典经济学和行为经济学范式研究两种理性程度的消费者福利。通过效用函数的设定和均衡分析，采用数值模拟的方式，探究个体理性程度与消费者福利之间的关系。[①]

因此，经济绩效感的评价测量具有多种视角，赵海堂等（2019）基于动态发展的维度通过国家经济回顾、国家经济现状和国家经济预期三方面测量经济绩效感；[②]文宏等采用主观和客观相结合的方法，从宏观经济发展、个人经济收入、分配公平等方面，GDP 增速、个人收入增长率、城乡收入差距等方面对经济绩效感进行测量[③]；张效榕等基于个体收入维度测量经济绩效感；[④]李焕杰等从经济效益、社会效益和资源环境效益三个维度选取 9 个二级指标、28 个三级指标构建综合指标评价体系来衡量城市经济绩效感；[⑤]张闯等采用"利润增长率"这一个单题项对制造商经济绩效感进行测量。[⑥] 基于以上研究，本研究基于公民个体视角，从主观和客观两个维度将经济绩效感定义为个体经济收入和个体经济获得感、宏观经济获得感和分配公平获得感等结果。

三、浦东新区打造社会主义现代化建设引领区与经济绩效感的关系

本章选取 2021 年《中共中央 国务院关于支持浦东新区高水平改革开放打造社会主义现代化建设引领区的意见》中所指出的"数字化、数据化、网络化、信息化、技术化、智慧化"这一视角评估经济绩效感，以达到以点概面的效果，即主要基于数字网络信息技术评估其经济绩效感。

关于数字网络信息技术革命是否会带来更高的生产力或者促进经济增长，

① 黄晓野,高一兰. 行为经济学视域下的直播电商消费者福利[J]. 商业经济,2023(10):50—53.
② 赵海堂,雷叙川,蒲晓红. 当代中国政治信任的来源:从经济绩效到社会公平[J]. 科学技术哲学研究,2019,36(6):101—106.
③ 文宏,林彬. 人民获得感:美好生活期待与国民经济绩效间的机理阐释——主客观数据的时序比较分析[J]. 学术研究,2021(1):66—73.
④ 张效榕,孔祥智. 农户参与农业价值链的经济绩效分析——以茶产业为例[J]. 农林经济管理学报,2020,19(5):569—576.
⑤ 李焕杰,张远. 数字经济对城市经济绩效的驱动效应——机制识别与空间效应检验[J]. 城市发展研究,2022,29(6):92—101.
⑥ 张闯,蓝天尉,张志坤. 分销商敏捷性的塑造及其对制造商经济绩效的影响——基于关系交换理论视角[J]. 财经问题研究,2023(9):42—55.

商业媒体、信息系统和经济学文献中一直存在着争论。由于"经济绩效感"一词最早出现在企业管理领域，众多学者和实务界较为重视提高企业经济绩效感的理论研究和实践发展，20世纪80年代的研究发现，在企业、行业或整个经济层面上，网络信息技术投资与经济增长之间没有联系。[①][②] 怀疑论者指出，大量数字网络信息技术投资与美国1973年开始的生产力放缓同时发生。这种所谓的经济增长悖论促使经济学家、管理科学家和信息系统研究人员对数字网络信息技术与经济增长之间的关系进行更严格的科学分析。[③][④] 这些研究使用了更大的数据集和更精细的研究方法，揭示了企业和国家层面数字网络信息技术投资的积极和重大影响。此外，其中一些研究表明，20世纪90年代末的经济繁荣和生产力飙升主要是由于对数字网络信息技术的大量投资和互联网的发展所引致的。

　　自"数字网络信息技术"这一概念被广泛应用以来，众多学者基于不同视角探讨了数字网络信息技术与经济发展之间的关系。相关文献可分为两支：一是基于理论层面阐释数字网络信息技术对经济发展的影响。著名政治学家诺斯认为良好的制度可以界定和保护产权，克服负外部效应，形成良好的竞争性市场，从而促进经济的高质量发展和经济社会的进步。[⑤] 数字网络信息技术作为制度的重要规范工具和手段，同时数字网络信息技术作为一种软制度有利于资源的合理分配，提高资源供给的精准性和有效性，从而进一步提高资源利用效率。张震宇等厘清了数字经济赋能高质量发展的历史逻辑、理论逻辑及其现实路径，分析了数字经济通过生产效率升级与经济结构优化、市场信息智能化与创造数据战略价值、经济模式的数字化革新等方面赋能经济高质量发展的重要作用。[⑥] 荆文君等以卡萝塔·佩雷斯的"技术—经济"分析范式为基础，分析了数字技术如何跨越理论中技术革命的"转折点"，并持续推动经济高质量发展，

　　① Brynjolfsson E，Yang S. Information technology and productivity：a review of the literature[J]. Advances in Computers，1996(43)：179—214.

　　② Strassmann P A. The business value of computers：an executive's guide[M]. Information Economics Press，1990：67.

　　③ Brynjolfsson E，Hitt L M. Beyond computation：Information technology，organizational transformation and business performance[J]. Journal of Economic Perspectives，2000，14(4)：23—48.

　　④ Triplett J E，Bosworth B P. "Baumol's Disease"has been cured：IT and Multifactor Productivity in US Services Industries[J]. The New Economy and Beyond：Past，Present，and Future，2006：34—71.

　　⑤ 诺斯. 制度、制度变迁与经济绩效[M]. 上海：格致出版社，2008：137—142.

　　⑥ 张震宇，侯冠宇. 数字经济赋能经济高质量发展：历史逻辑、理论逻辑与现实路径[J/OL]. 西南金融，2023(12)：1—13.

指出数字技术的相互关联与互补是保持技术对经济积极影响的关键因素，认为数字经济时代经济增长的路径机制可以概括为"互联、数据、集成、融合、创新、转型"六个层次，形成了一套新的"技术-经济"分析范式。结合该路径机制，以经济发展质量变革、效率变革、动力变革（即"三大变革"）为切入点，讨论了数字技术如何推动经济高质量发展。最后提出创新监管方式、完善治理体系和监管体系、重视数字经济的技术特征、扎实推动"数实融合"等对策建议。[1] 赵睿等人指出，随着信息技术的迅猛发展和互联网的普及，数字经济作为一种新兴经济形态在全球范围内崛起。数字经济以数字技术为基础，涵盖了电子商务、数字支付、云计算、大数据分析等领域，对经济社会发展产生了深远影响。[2] 胡晓鹏等的研究表明，大数据驱动的社会再生产机制揭示了数字时代的经济增长内核，明确了国民经济循环能力与扩大再生水平取决于大数据深层信息的积累及作用，对数字时代大数据的运用实施管理，就必须解决好引导平台商更多依赖开发深层信息而不是靠流量获取收益，为此需要对平台市场结构、大数据衍生品规制以及大数据深层信息开发激励等方面做好规制引导。[3] 任恺认为随着信息技术应用范围的不断扩大，网络经济得到了强势发展，为公众生活带来了前所未有的变化，而网络经济对于国民经济发展的影响作用也更加突出，在网络经济推动下，国民经济发展速度有所加快，传承产业得到迅速升级，产业结构得到有序调整，这些都是促进国民经济发展的重要表现。[4]

　　二是基于实证层面探究数字网络信息技术产生的经济效应。江永红等人指出，数字时代的到来，为经济增长与生态环境协调发展提供了新动能和新契机，并运用2011—2020年中国省级面板数据，在构建经济增长与生态环境协调发展综合指标体系的基础上，运用固定效应模型、空间杜宾模型及门限回归模型，多维度实证考察数字化对二者协调发展的影响及其内在机理，研究结果表明数字化能够有效推动经济增长与生态环境协调发展。[5] 刘夏等人认为，数字技术创新是新一轮科技革命的焦点，如何优化数字技术创新资源配置，提升数字技术对全要素生产率的积极作用至关重要，并使用专利数据构建"省份—地

① 荆文君,刘倩,孙宝文.数字技术赋能经济高质量发展：一种改进的"技术—经济"分析范式[J].电子政务,2023(10):2—13.

② 赵睿.数字经济推动区域经济发展路径研究[J].现代商业,2023(16):19—22.

③ 胡晓鹏,徐群利.大数据驱动与经济发展：理论机制与规制思路[J].学术月刊,2023,55(6):53—65.

④ 任恺.试论网络经济对国民经济发展的影响[J].中国市场,2017(34):73—74.

⑤ 江永红,刘梦媛,杨春.数字化对经济增长与生态环境协调发展的驱动机制[J].中国人口·资源与环境,2023,33(9):171—181.

区"层面的三大类创新指数：数字技术创新指数、数字技术与其他技术的融合创新指数以及一般大类技术创新指数，进一步识别以数字技术为驱动的生产力提升路径。基准回归结果表明数字技术对地区全要素生产率提升具有显著的积极效应。[①] 乔彬等人认为，数据要素成为催生经济高质量增长新模式与培育新动能的重要引擎，充分释放数据要素价值成为赋能经济高质量增长的内在要求，并以 2012—2020 年 256 个地级市为研究样本，将国家级大数据交易中心作为试点城市设立准自然实验，运用多期 DID 回归探讨数据价值化对经济高质量增长的影响，研究发现数据价值化能够显著提高经济高质量增长水平。[②]

第三节　研究设计

一、数据来源

本章数据来源于上海财经大学"浦东新区打造社会主义现代化建设引领区"调查项目。该调查项目利用纸质版问卷及问卷星在线问卷，共进行两轮问卷调查。第一轮通过问卷星对上海浦东新区普通居民在线发放问卷 188 份。第二轮在上海浦东新区共发放纸质版调查问卷 850 份，共计调查问卷 1 038 份。根据本章研究内容，分别对经济绩效感、数字化网络信息技术、社会关系网络、教育人力资本及其他控制变量等相关变量的遗漏、错填、误填等样本进行剔除，共得有效问卷 988 份。样本的基本特征如表 8.1 所示。

表 8. 1　　　　　　　　　　　　样本基本特征

特征	分类指标	频数	比例（％）	特征	分类指标	频数	比例（％）
性别	男	486	49.16	年龄	19～30 岁	354	35.83
	女	502	50.84		31～40 岁	373	37.75
婚姻	已婚	601	60.83		41～50 岁	173	17.51
	其他	386	39.17		50 岁以上	88	8.91

① 刘夏，任声策，杜梅．数字技术、融合创新对地区全要素生产率影响机理研究[J]．科学学与科学技术管理，2023，44(11)：63－78.

② 乔彬，贾玉洁，张杰飞．数据价值化、产业跨界融合与经济高质量增长[J/OL]．软科学，2023(12)：1－18.

续表

特征	分类指标	频数	比例(%)	特征	分类指标	频数	比例(%)
户籍状况	农业户籍	847	85.73	民族	汉族	876	88.66
	非农业户籍	141	14.27		其他	112	11.34
政治面貌	中共党员	322	32.59	公职身份	公职人员	216	21.86
	其他	666	67.41		其他	772	78.14

资料来源:根据调查数据作者自制。

二、变量测量

(一)自变量:数字网络信息技术

本章节的自变量为数字网络信息技术(Digital Network Information Technology)。数字网络信息技术指与数字化、网络化、信息化、技术化等相关的技术。尤其是在数字经济时代,数字网络信息技术广泛运用于政府治理、社会治理、企业管理、市场营销等各个领域,对人民生产生活、社会经济发展、企业生产营销等领域产生革命性变革。数字经济是一场由数字技术不断推动创新发展的社会经济革命,其具有高创新性、强渗透性和广覆盖性,能够发挥资源配置、社会融资、知识溢出、监督约束、技术创新和信息扩散的功能,实现城市经济、社会、生态等方面的发展。[①] 因此,数字经济时代,数字网络信息技术是数字经济的本质表征,对推动数字经济的发展起到举足轻重的作用。通过对国内外数字网络信息技术的相关研究发现,目前学术界并未对数字网络信息技术的测量形成统一认识,参考已有研究,本节主要基于公民视角测度数字网络信息技术的运用现状,主要测量方法是互联网使用频率,在调查问卷中设置问题"您使用互联网(包括采用电脑或移动设备上网)的频率?",其中,从不=1,很少=2,有时=3,经常=4,很频繁=5。

(二)因变量:经济绩效感

本章的因变量为经济绩效感。由于"经济绩效感"一词主要运用于企业管理领域,企业管理领域的经济绩效感指经济与资源分配及资源利用的效率评价,因此经济绩效感的评价标准主要是由与资源分配以及资源利用有关的效率

[①] 张腾,蒋伏心,韦朕韬. 数字经济能否成为促进我国经济高质量发展的新动能? [J]. 经济问题探索,2021(1):25—39.

所决定的，其他方面的标准则与公平和应付外来突变因素的能力有关。聚焦于公民生产生活领域，一些学者基于个体收入的视角测量经济绩效感，如张效榕等（2020）对农户参与农业价值链的经济绩效感的研究主要采用茶农的茶叶收入测量经济绩效感。① 国内生产总值指数（GDP 增长）是衡量国家整体宏观经济发展状况的一个重要指标，提高国家宏观经济发展规模和增长速度是实现国民经济发展的基础，对于国家各方面的长期发展具有重要作用②。个人经济方面的收入变化情况，与民众的生产生活和相应获得感息息相关，能够较好反映个人经济获得感。③ 分配公平主要指城乡居民之间的社会贫富差距，通常采用城乡居民收入差距指标来加以反映。④ 结合国民经济主观感受评价指标，笔者认为国民经济获得感主观层面来源于宏观经济发展、个人经济收入、分配公平等方面，客观收益来源于 GDP 增速、个人收入增长率、城乡收入差距等。因此，本章参考文宏等人和张效榕等人的研究⑤⑥，基于主观指标和客观指标相结合的原则，从个体实际收入、个体经济获得感、宏观经济认同感、分配公平体验感四个维度测量经济绩效感。在调查问卷中，对个体实际收入的调查问题为"您去年个人全年总经济收入？"，本章对个体经济收入进行了截尾处理，剔除收入位于总样本收入分布 5％ 以下和 95％ 以上的样本。由于个体经济收入的原始分布均偏离正态分布，在进行回归时均进行了对数化处理以平滑数据；对个体经济获得感的调查问题为"您认为您的经济收入在本地属于什么档次？"，其中下层＝1，中下层＝2，中层＝3，中上层＝4，上层＝5；对宏观经济认同感的调查问题为"您觉得目前整体经济状况怎么样？"，其中非常不好＝1，比较不好＝2，一般＝3，比较好＝4，非常好＝5；对分配公平体验感的调查问题是"您觉得目前贫富差距状况怎么样？"，其中非常大＝1，比较大＝2，一般＝3，比较小＝4，非常小＝5。

（三）中介变量：社会关系网络

"社会关系网络"是社会学和经济学领域一个非常重要的概念。基尔达夫

① 张效榕，孔祥智.农户参与农业价值链的经济绩效分析——以茶产业为例[J].农林经济管理学报，2020，19（5）：569－576.
② 丁元竹.让居民拥有获得感必须打通最后一公里——新时期社区治理创新的实践路径[J].国家治理，2016（2）：18－23.
③ 曹现强，李烁.获得感的时代内涵与国外经验借鉴[J].人民论坛·学术前沿，2017（2）：18－28.
④ 邵雅利.共享发展增强人民获得感[J].人民论坛，2018（3）：88－89.
⑤ 文宏，林彬.人民获得感：美好生活期待与国民经济绩效间的机理阐释——主客观数据的时序比较分析[J].学术研究，2021（1）：66－73.
⑥ 张效榕，孔祥智.农户参与农业价值链的经济绩效分析——以茶产业为例[J].农林经济管理学报，2020，19（5）：569－576.

(Kilduff)等人认为社会关系网络是基于信任、沟通和友谊等关系所形成的集合。[①] 社会关系网络作为社会资本的重要组成部分,对于个体获取外部相关信息和资源至关重要,是个体获取外部相关信息或资源的重要途径和手段。一般而言,数字网络信息技术具有跨时空、跨区域的特性,通过数字网络信息技术可以扩展自身的社会关系网络,提高个体的社会资本,而社会关系网络会进一步影响个体经济收入和个体经济评价。因此,本章选取社会关系网络为数字网络信息技术影响经济绩效感的中介变量,具体的测量问题为"您与邻居或亲朋好友开展社交娱乐活动的频繁程度是怎样的?",其中,一年一次或更少=1,一年几次=2,一个月几次=3,一周几次=4,几乎每天=5。

(四)调节变量:教育人力资本

考虑到教育人力资本程度不同的公民在数字网络信息技术影响经济绩效感的差异,选取教育人力资本作为数字网络信息技术对经济绩效感的调节变量。教育人力资本的主要测量指标为"公民受教育程度",其中小学及以下=1,初中=2,高中(含中专、职高技校)=3,大专=4,本科及以上=5。

(五)控制变量

本章将性别、年龄、年龄平方(考虑到年龄对社会绩效可能存在的非线性影响)、婚姻状况、政治面貌、户籍状况、民族、职业类型、政府态度、社会态度和生活态度等变量作为控制变量。其中性别为虚拟变量,男性赋值为1,女性赋值为0;年龄为连续变量,年龄范围在17～63岁;婚姻状况为虚拟变量,已婚赋值为1,其他赋值为0;政治面貌为虚拟变量,中共党员赋值为1,其他赋值为0;户籍状况为虚拟变量,农业户口赋值为1,非农业户口赋值为0;民族为虚拟变量,汉族赋值为1,其他赋值为0;职业类型为虚拟变量,公职人员赋值为1,非公职人员赋值为0;政府态度为定序变量,对政府工作满意度中非常不满意赋值为1,比较不满意赋值为2,一般赋值为3,比较满意赋值为4,非常满意赋值为5;社会态度为定序变量,对社会认同度中非常不认同赋值为1,比较不认同赋值为2,一般赋值为3,比较认同赋值为4,非常认同赋值为5;生活态度为定序变量,对生活满意度中非常不满意赋值为1,比较不满意赋值为2,一般赋值为3,比较满意赋值为4,非常满意赋值为5。

主要变量的描述性统计见表8.2。

---

① Kilduff L P, Fuld J P, Neder J A, et al. Clinical relevance of inter-method differences in fat-free mass estimation in chronic obstructive pulmonary disease[J]. Respiration,2003,70(6):585-593.

表 8.2　　　　　　　　　　　　**主要变量描述性统计**

变量名	测量变量	变量含义及赋值	最小值	最大值	均值	标准差
因变量:经济绩效感	个体经济收入	2022 年个人全年总经济收入:取对数	8.517	14.509	16.811	0.737
	个体经济获得感	个体经济收入在本地档次评价:下层=1,中下层=2,中层=3,中上层=4,上层=5	1	5	2.259	0.714
	宏观经济认同感	目前国家整体经济状况评价:非常不好=1,比较不好=2,一般=3,比较好=4,非常好=5	1	5	3.052	0.786
	分配公平体验感	目前贫富差距状况评价:非常大=1,比较大=2,一般=3,比较小=4,非常小=5	1	5	2.439	0.819
自变量:数字网络信息技术	互联网使用频率	使用互联网(包括采用电脑或移动设备上网)频率:从不=1,很少=2,有时=3,经常=4,很频繁=5	1	5	4.187	0.760
中介变量:社会关系网络		与邻居或亲朋好友开展社交娱乐活动的频繁程度:一年一次或更少=1,一年几次=2,一个月几次=3,一周几次=4,几乎每天=5	1	5	2.640	0.800
调节变量:教育人力资本	受教育程度	小学及以下=1;初中=2;高中(含中专、职高技校)=3;大专=4;大学及以上=5	1	5	4.472	0.903
控制变量	性别	男=1;女=0	0	1	0.492	0.500
	年龄	周岁(连续变量)	19	63	35.439	9.583
	年龄平方	对年龄做平方处理	361	3 969	1 347.69	753.094
	婚姻状况	已婚=1;其他=0	0	1	0.608	0.488
	政治面貌	党员=1;其他=0	0	1	0.326	0.469
	户籍状况	农业户口=1;非农业户口=0	0	1	0.143	0.350
	民族	汉族=1;其他=0	0	1	0.887	0.317
	公职身份	公职人员=1;其他=0	0	1	0.219	0.413
	政府态度	对政府工作满意度	1	5	3.799	0.758
	社会态度	对社会认同度	1	5	3.835	0.777
	生活态度	对生活满意度	1	5	3.690	0.661

资料来源:根据调查数据作者自制。

三、模型构建

首先,探讨数字网络信息技术对经济绩效感的影响,由于经济绩效感的测量主要包括个体经济收入、个体经济获得感、宏观经济认同感和分配公平体验感,因此分别构建数字网络信息技术与个体经济收入、个体经济获得感、宏观经济认同感和分配公平体验感的基准计量模型,具体如下:

$$Individual\ income_i = \alpha_0 + \alpha_1 Network_i + \sum + \alpha_k Control_{ki} + \varepsilon_i \quad (1)$$

$$Individual\ economy_i = \beta_0 + \beta_1 Network_i + \sum + \beta_k Control_{ki} + \varepsilon_i \quad (2)$$

$$Macro\ economy_i = \chi_0 + \chi_1 Network_i + \sum + \chi_k Control_{ki} + \varepsilon_i \quad (3)$$

$$Distributive\ equity_i = \delta_0 + \delta_1 Network_i + \sum + \delta_k Control_{ki} + \varepsilon_i \quad (4)$$

在式(1)～(4)中,i 代表公民个体,$Individual\ income$ 代表个体经济收入,$Individual\ economy$ 代表个体经济获得感,$Macro\ economy$ 代表宏观经济认同感,$Distributive\ equity$ 代表分配公平体验感,$Network$ 代表数字网络信息技术,$Control_k$ 为控制变量,α、β、χ、δ 为待估参数,ε_i 为随机扰动项。

其次,参考温忠麟等中介效应模型[①],进一步检验社会关系网络在"数字网络信息技术—经济绩效感"中的中介效应,中介效应计量模型如下:

$$Social\ relation_i = \phi_0 + \phi_1 Network_i + \sum \phi_k Control_{ki} + \varepsilon_i \quad (5)$$

$$Individual\ income_i = \varphi_0 + \varphi_1 Network_i + \varphi_2 Social\ relation + \sum \varphi_k Control_{ki} \\ + \varepsilon_i \quad (6)$$

$$Individual\ economy_i = \gamma_0 + \gamma_1 Network_i + \gamma_2 Social\ relation + \sum \gamma_k Control_{ki} \\ + \varepsilon_i \quad (7)$$

$$Macro\ economy_i = \eta_0 + \eta_1 Network_i + \eta_2 Social\ relation + \sum \eta_k Control_{ki} + \varepsilon_i \quad (8)$$

$$Distributive\ equity_i = \lambda_0 + \lambda_1 Network_i + \lambda_2 Social\ relation + \\ \sum \lambda_k Control_{ki} + \varepsilon_i \quad (9)$$

在式(5)～(9)中,在分析数字网络信息技术对社会关系网络的影响之后,进一步分析数字网络信息技术、社会关系网络对经济绩效感(个体经济收入、个

---

① 温忠麟,叶宝娟. 中介效应分析:方法和模型发展[J]. 心理科学进展,2014(5):731-745.

体经济获得感、宏观经济认同感和分配公平体验感)的影响,进而完成整个中介效应检验。除式(1)～(4)的变量定义外,其中 Social relation 代表社会关系网络,ϕ、φ、γ、η、λ 为待估参数。

最后,进一步检验教育人力资本在"数字关系网络－经济绩效感"中的调节效应,在式(1)～(4)的基础上分别加入调节变量、教育人力资本与调节变量的交互项,计量模型如下:

$$Individual\ income_i = \mu_0 + \mu_1 Network_i + \mu_2 Education + \mu_3 Network \times$$
$$Education + \sum \mu_k Control_{ki} + \varepsilon_i Individual\ economy_i = \nu_0 + \nu_1 Network_i +$$
$$\nu_2 Education + \nu_3 Network \times Education + \sum \nu_k Control_{ki} + \varepsilon_i Macro\ economy_i$$
$$= \theta_0 + \theta_1 Network_i + \theta_2 Education + \theta_3 Network \times Education + \sum \theta_k Control_{ki}$$
$$+ \varepsilon_i Distributive\ equity_i = \vartheta_0 + \vartheta_1 Network_i + \vartheta_2 Education + \vartheta_3 Network \times$$
$$Education + \sum \vartheta_k Control_{ki} + \varepsilon_i$$

在上式中,其中 $Education$ 代表教育人力资本,μ、ν、θ、ϑ 为待估参数。

第四节　实证结果分析

一、基准回归结果

本章节使用 Stata17.0 统计软件进行基本结果分析。首先进行相关性和多重共线性分析,相关性分析结果显示所有变量之间相关系数绝对值都不大于0.5,说明将变量同时纳入回归模型不会出现严重的多重共线性。接下来,我们对各变量进行方差膨胀因子(VIF)检验,检验结果显示方差膨胀因子均远小于10。因此,变量之间基本不存在多重共线性问题。基准回归结果如表8.3所示,其中模型(1)和(2)汇报了数字网络信息技术对个体经济收入影响的普通最小二乘法(OLS)回归结果;模型(3)和(4)汇报了数字网络信息技术对个体经济获得感影响的普通最小二乘法(OLS)回归结果;模型(5)和(6)汇报了数字网络信息技术对宏观经济认同感影响的普通最小二乘法(OLS)回归结果;模型(7)和(8)汇报了数字网络信息技术对分配公平体验感影响的普通最小二乘法(OLS)回归结果。其中,模型(1)、(3)、(5)、(7)为未放入控制变量的回归结果,模型(2)、(4)、(6)、(8)为放入控制变量的回归结果。

表8.3 基准回归结果

变量	个体经济收入		个体经济获得感		宏观经济认同感		分配公平体验感	
	(1)	(2)	(3)	(4)	(5)	(6)	(7)	(8)
数字网络信息技术	0.068** (0.033)	0.063** (0.027)	−0.035 (0.033)	−0.038 (0.035)	−0.250*** (0.033)	−0.244*** (0.039)	−0.290*** (0.036)	−0.256*** (0.039)
性别		0.025 (0.040)		−0.021 (0.044)		−0.041 (0.048)		−0.012 (0.050)
年龄		0.258*** (0.020)		0.019 (0.020)		−0.052*** (0.019)		−0.061*** (0.021)
年龄平方		−0.003*** (0.000)		−0.000 (0.000)		0.001** (0.000)		0.001*** (0.000)
婚姻状况		0.015 (0.044)		0.002 (0.057)		0.065 (0.060)		−0.015 (0.064)
户籍状况		−0.196*** (0.067)		0.022 (0.076)		−0.119 (0.074)		−0.099 (0.070)
民族		0.145** (0.073)		0.129 (0.082)		−0.020 (0.075)		0.056 (0.087)
政治面貌		0.135*** (0.047)		0.036 (0.057)		0.064 (0.063)		0.045 (0.067)
公职身份		0.020 (0.043)		0.098 (0.060)		0.132* (0.068)		−0.017 (0.074)
政府态度		−0.071** (0.030)		−0.222*** (0.038)		0.071* (0.042)		−0.000 (0.044)
社会态度		0.068** (0.032)		−0.035 (0.036)		0.129*** (0.041)		0.155*** (0.045)
生活态度		−0.028 (0.038)		0.356*** (0.045)		0.155*** (0.056)		0.235*** (0.054)
常数项	11.970*** (0.131)	6.488*** (0.436)	2.699*** (0.141)	1.479*** (0.447)	4.098*** (0.135)	3.779*** (0.429)	3.653*** (0.152)	3.165*** (0.488)
Adj_R^2	0.002	0.338	0.013	0.132	0.058	0.162	0.072	0.173

注：* $p<0.1$，** $p<0.05$，*** $p<0.01$；括号内为稳健标准误。

首先，在数字网络信息技术对经济绩效感的影响中，由模型(1)和(2)可知，数字网络信息技术对个体经济收入在5%的显著性水平上产生正向影响，其中估计系数为6.8%和6.3%。这说明数字网络信息技术的使用有助于提高公民个体经济收入水平。在数字化和网络信息化时代，以互联网为表征的数字网络信息技术对公民生产和生活方式产生巨大影响，公民可以通过互联网实现信息沟通，降低信息不对称性，实现信息资源共享，增加发现经济商机的机会，因为掌握充分的信息量就意味着占据物质财富分配的先机。政府通过互联网实现在线贸易，便捷贸易流程、降低贸易成本，提高个体经济收入。世界银行发布的World Development Report 2016：Digital Dividends 指出，在许多情况下数字网络信息技术促进了增长、扩大了机会、改善了服务供给，极大方便了人民群众的生产和生活，有效提高了人民生活水平。克鲁格（Krueger）最先估算出使用电脑对从业者平均收入的回报率为 25%～30%[①]，因此网络信息技术的使用对个体经济收入的正向影响得到了学术界广泛实证结果的认可。由模型（3）和（4）可知，数字网络信息技术对个体经济获得感并不存在统计学意义上的显著性，可能的解释是，数字网络信息技术提高了个体经济收入具有普遍性和整体性，数字网络信息技术的发展和使用整体上广泛提高了个体经济收入，这种网络信息技术促进绝对收入水平的提高，并不会影响公民的相对收入感知评价；此外，随着互联网功能愈发多样，公民使用互联网的用途也变得多种多样，互联网并不只是改变了人们的生产方式，更是改变了人们的生活方式，比如网络视频、网络游戏、网络聊天、网络购物等，当今社会大多数人使用互联网主要是方便日常生活，并不会直接与资本或生产直接挂钩，数字网络信息技术在生活方式上对人民的影响并不会直接影响个体的经济收入获得感。由模型（5）和（6）可知，数字网络信息技术对公民宏观经济认同感在 1% 的显著性水平上产生负向影响。一方面，经济学理论表明经济发展的背后都隐匿着一系列问题，而且这些问题大多是负面问题，很多时候经济的快速发展也是以牺牲环境、资源等方式为代价，经济发展也是不可持续的，因此我国当今极力倡导经济的可持续发展。另一方面，数字网络信息技术的衍生品是信息。数字化时代也是信息大爆炸的时代，大量的真实或虚假信息充斥在互联网上，公民通过网络获取更多关于国家经济发展的信息，这些信息可能是真实的，它们真实地反映了我国宏观经济发展中存在的一些问题，比如经济未来发展的阻力，或者经济发展的下行压力；这些信息也可能是虚假的，还可能存在一些我国宏观经济发展虚假信息或国外为引起中国恐慌而散布的一些谣言，这些虚假信息或谣言夸大了我国经济发展的负面影响，会对我国公民国家宏观经济认同感产生负向影响。由模型（7）和（8）可知，数字网络信息技术对公民分配公平体验感在 1% 的显著性水平上产生负向影响，可能的原因有二：一是数字网络信息技术能够显著提高个体的经济收入，掌握数字网络信息技术或者擅长使用数字网络信息技术的公民

---

　　① Krueger A B. How Computers Have Changed the Wage Structure：Evidence from Microdata，1984—1989[J]. The Quarterly Journal of Economics，1993，108(1)：33—60.

其收入水平越高,不能掌握数字网络信息技术或者不擅长使用数字网络信息技术的公民其收入水平越低,这种态势势必会造成使用数字网络信息技术的公民和不使用数字网络信息技术的公民收入差距越来越大,这种马太效应和收入鸿沟进一步导致分配公平体验感较差;二是数字网络信息技术更能使公民了解到我国国家贫富差距发展的相关信息,如基尼系数的变化(基尼系数是一把衡量一个国家或地区贫富差距的尺子,数值大于 0 小于 1,越接近 0 表明收入分配越平等,贫富差距越小,按照国际一般标准,基尼系数在 0.3 至 0.4 之间表示收入差距相对合理,基尼系数 0.4 以上表示收入差距较大,当基尼系数达到 0.6 时,则表示收入悬殊。2022 年我国的基尼系数为 0.48,表明我国公民收入差距较大)。

其次,在控制变量对经济绩效感的影响中,年龄对个体经济收入存在显著的正向影响,而年龄的平方对个体经济收入存在显著的负向影响,因此年龄对个体经济收入的影响是非线性的,是一种正 U 形关系。年龄对宏观经济认同感和分配公平体验感存在显著的负向影响,而年龄的平方对宏观经济认同感和分配公平体验感存在显著的正向影响,说明年龄对宏观经济认同感和分配公平体验感的影响呈倒 U 形关系。婚姻状况对个体经济收入、个体经济获得感、宏观经济认同感和分配公平体验感的影响并不显著。户籍状况对个体经济收入的影响显著为负,说明城镇居民比农村居民的经济收入更高,而户籍状况对个体经济获得感、宏观经济认同感和分配公平体验感的影响并不显著。民族状况对个体经济收入存在显著的正向影响,即汉族公民比其他民族的公民个体经济收入更高,而民族对个体经济获得感、宏观经济认同感和分配公平体验感的影响并不显著。政治面貌对个体经济收入的影响显著为正,说明党员身份有助于提高公民的经济收入,而政治面貌对个体经济获得感、宏观经济认同感和分配公平体验感的影响并不显著。公职身份对宏观经济认同感的影响在 10% 的显著性水平上为正,说明拥有公职身份的公民更认同国家宏观经济发展现状,对国家宏观经济向好发展更有信息,态度更加积极,而公职身份对个体经济收入、个体经济获得感和分配公平体验感的影响并不显著。政府态度对个体经济收入和个体经济获得感的影响显著为负,对宏观经济认同感的影响显著为正。社会态度对个体经济收入、宏观经济认同感和分配公平体验感的影响显著为正。生活态度对个体经济获得感、宏观经济认同感和分配公平体验感的影响显著为正。

二、稳健性检验

(一)改变自变量统计方式

表8.4　　　　　　　　改变自变量统计方式的稳健性检验估计结果

变量	个体经济收入	个体经济获得感	宏观经济认同感	分配公平体验感
	(1)	(2)	(3)	(4)
数字网络信息技术	0.005*	−0.004	−0.014***	−0.016***
	(0.003)	(0.003)	(0.004)	(0.004)
性别	0.023	−0.020	−0.031	−0.002
	(0.040)	(0.044)	(0.048)	(0.051)
年龄	0.255***	0.021	−0.046**	−0.054**
	(0.020)	(0.020)	(0.019)	(0.021)
年龄平方	−0.003***	−0.000	0.001**	0.001***
	(0.000)	(0.000)	(0.000)	(0.000)
婚姻状况	0.008	0.005	0.098	0.019
	(0.044)	(0.057)	(0.062)	(0.065)
户籍状况	−0.194***	0.019	−0.122	−0.103
	(0.068)	(0.076)	(0.076)	(0.070)
民族	0.148**	0.128	−0.035	0.041
	(0.073)	(0.082)	(0.076)	(0.088)
政治面貌	0.136***	0.036	0.056	0.038
	(0.047)	(0.057)	(0.065)	(0.069)
公职身份	0.020	0.097	0.134*	−0.015
	(0.043)	(0.060)	(0.070)	(0.076)
政府态度	−0.072**	−0.221***	0.075*	0.003
	(0.030)	(0.038)	(0.043)	(0.045)
社会态度	0.064**	−0.032	0.143***	0.170***
	(0.033)	(0.036)	(0.041)	(0.046)
生活态度	−0.030	0.356***	0.164***	0.244***
	(0.038)	(0.045)	(0.057)	(0.056)
常数项	6.751***	1.326***	2.729***	2.069***
	(0.423)	(0.416)	(0.404)	(0.447)
Adj_R^2	0.337	0.133	0.135	0.147

注:* $p<0.1$,** $p<0.05$,*** $p<0.01$;括号内为稳健标准误。

本章对数字网络信息技术对经济绩效感影响的稳健性检验采取改变自变量统计方式的策略进行。在基准回归分析中,对自变量经济绩效感的统计方式为对互联网使用频率的测量采取从不=1,很少=2,有时=3,经常=4,很频繁=5定序变量的方式进行,稳健性检验中对自变量测量方式改定序变量为虚拟变量,即互联网使用频率中很频繁和经常赋值为1,从不、很少和有时赋值为0。稳健性检验结果如表8.4所示,其中,数字网络信息技术对个体经济收入存在显著正向影响,对宏观经济认同感和分配公平体验感存在显著的负向影响,对个体经济获得感影响不显著,稳健性检验的估计结果与基准回归结果相似,表明基准回归结果较稳健。

(二)变量替换法的稳健性检验

表 8.5 变量替换法的稳健性检验的估计结果

变量	个体经济收入	个体经济获得感	宏观经济认同感	分配公平体验感
	(1)	(2)	(3)	(4)
数字网络信息技术	0.164*** (0.062)	−0.163 (0.094)	−0.503*** (0.069)	−0.663*** (0.065)
性别	0.028 (0.040)	−0.010 (0.044)	−0.048 (0.047)	−0.026 (0.049)
年龄	0.264*** (0.020)	0.022 (0.019)	−0.073*** (0.019)	−0.087*** (0.021)
年龄平方	−0.003*** (0.000)	−0.000 (0.000)	0.001*** (0.000)	0.001*** (0.000)
婚姻状况	−0.002 (0.043)	0.005 (0.056)	0.127** (0.060)	0.054 (0.061)
户籍状况	−0.200*** (0.067)	0.022 (0.076)	−0.106 (0.074)	−0.084 (0.069)
民族	0.128* (0.074)	0.103 (0.082)	0.026 (0.078)	0.122 (0.088)
政治面貌	0.126*** (0.047)	0.020 (0.057)	0.087 (0.062)	0.080 (0.066)
公职身份	−0.012 (0.044)	0.071 (0.061)	0.232*** (0.068)	0.112 (0.072)
政府态度	−0.060* (0.031)	−0.213*** (0.039)	0.038 (0.041)	−0.044 (0.043)
社会态度	0.080** (0.033)	−0.021 (0.035)	0.096** (0.040)	0.109** (0.045)
生活态度	−0.027 (0.038)	0.362*** (0.045)	0.153*** (0.053)	0.228*** (0.053)
常数项	6.738*** (0.431)	1.270*** (0.415)	2.774*** (0.404)	2.142*** (0.437)
Adj_R^2	0.341	0.138	0.173	0.215

注: * $p<0.1$, ** $p<0.05$, *** $p<0.01$;括号内为稳健标准误。

改变自变量统计方式,本章对数字网络信息技术对经济绩效感影响进一步采取变量替代法进行稳健性检验,对自变量测量由"互联网使用频率"替代为"是否使用互联网",使用互联网赋值为1,不使用互联网赋值为0。在988份调查问卷中,使用互联网的个体为806,不使用互联网的个体为182。因此,"是否使用互联网"为测量指标的数字网络信息技术对经济绩效感的影响估计结果如表8.5所示。其中,稳健性检验的估计结果与基准回归结果相比在是否影响、影响方向上并未发生变化,只是估计系数的增大,表明基准回归结果较稳健。

三、异质性分析

(一)数字网络信息技术对经济绩效感的影响性别异质性分析

基于性别角度,女性往往较男性承担更多的家庭事务而无法全职参与劳动力市场,互联网在工作中的广泛应用能够提供更多灵活的职场发展机会、同时可能削弱男性在职场中的体力比较优势。[1] 丁述磊和刘翠花研究发现,女性青年群体互联网工资溢价率高于男性,但技能溢价率低于男性。[2] 而且,互联网使用显著改善女性的家庭地位。[3] 因此,数字网络信息技术对经济绩效感的影响可能存在性别异质性,数字网络信息技术对经济绩效感的影响性别一致性估计结果见表8.6。由表8.6可知,数字网络信息技术对个体经济获得感、宏观经济认同感和分配公平体验感的影响不存在性别异质性,而数字网络信息技术对个体经济收入的影响存在性别异质性,其中,数字网络信息技术对男性经济收入的影响显著为正,而对女性经济收入的影响并不存在统计学意义上的显著性,说明男性公民使用互联网的频率越高越能提高其经济收入,互联网对男性公民经济收入的溢价较高。

表 8.6　　数字网络信息技术对经济绩效感的影响性别异质性估计结果

变量	个体经济收入		个体经济获得感		宏观经济认同感		分配公平体验感	
	男性(1)	女性(2)	男性(3)	女性(4)	男性(5)	女性(6)	男性(7)	女性(8)
数字网络信息技术	0.085 ** (0.040)	0.050 (0.037)	−0.035 (0.052)	−0.055 (0.046)	−0.325 *** (0.061)	−0.180 *** (0.049)	−0.228 *** (0.054)	−0.296 *** (0.056)
年龄	0.197 *** (0.028)	0.327 *** (0.031)	0.043 (0.027)	−0.007 (0.029)	−0.047 (0.029)	−0.078 *** (0.027)	−0.053 (0.033)	−0.088 *** (0.029)

① 冯履冰,郭东杰.互联网使用对农民增收的影响与机制[J].浙江社会科学,2023(2):25—35.
② 丁述磊,刘翠花.数字经济时代互联网使用、收入提升与青年群体技能溢价——基于城乡差异的视角[J].当代经济管理,2022,44(8):64—72.
③ 李仲武,冯学良.互联网使用改善了女性家庭地位吗[J].中国经济问题,2022(4):184—196.

续表

变量	个体经济收入		个体经济获得感		宏观经济认同感		分配公平体验感	
	男性(1)	女性(2)	男性(3)	女性(4)	男性(5)	女性(6)	男性(7)	女性(8)
年龄平方	-0.002***	-0.004***	-0.000	0.000	0.000	0.001***	0.001	0.001***
	(0.000)	(0.000)	(0.000)	(0.000)	(0.000)	(0.000)	(0.000)	(0.000)
婚姻状况	0.074	-0.021	-0.053	0.048	0.015	0.094	0.020	-0.061
	(0.065)	(0.060)	(0.089)	(0.073)	(0.096)	(0.077)	(0.092)	(0.092)
户籍状况	-0.283***	-0.119	0.005	0.042	-0.137	-0.110	-0.160*	-0.002
	(0.100)	(0.089)	(0.116)	(0.103)	(0.103)	(0.106)	(0.096)	(0.104)
民族	0.059	0.184*	0.121	0.153	-0.127	0.069	-0.000	0.131
	(0.118)	(0.095)	(0.133)	(0.105)	(0.108)	(0.106)	(0.133)	(0.115)
政治面貌	0.175**	0.114*	-0.036	0.087	0.012	0.067	0.004	0.050
	(0.071)	(0.066)	(0.090)	(0.074)	(0.107)	(0.077)	(0.100)	(0.091)
公职身份	-0.079	0.099*	0.259**	-0.033	0.241**	0.076	0.122	-0.109
	(0.066)	(0.060)	(0.104)	(0.073)	(0.123)	(0.080)	(0.119)	(0.093)
政府态度	-0.045	-0.081**	-0.218**	-0.227*	0.102*	0.038	0.079	-0.078
	(0.048)	(0.037)	(0.057)	(0.049)	(0.060)	(0.057)	(0.061)	(0.063)
社会态度	0.115**	0.017	-0.015	-0.050	0.056	0.205***	0.101	0.225***
	(0.050)	(0.042)	(0.054)	(0.047)	(0.060)	(0.054)	(0.063)	(0.064)
生活态度	-0.081	0.002	0.340**	0.380**	0.172*	0.147**	0.299***	0.206***
	(0.059)	(0.050)	(0.070)	(0.058)	(0.090)	(0.069)	(0.085)	(0.068)
常数项	7.520***	5.407***	0.942	2.012**	4.332***	3.626***	2.642***	3.872***
	(0.607)	(0.624)	(0.635)	(0.635)	(0.660)	(0.587)	(0.741)	(0.667)
Adj_R^2	0.280	0.403	0.126	0.153	0.159	0.197	0.192	0.181

注：* $p<0.1$，** $p<0.05$，*** $p<0.01$；括号内为稳健标准误。

(二)数字网络信息技术对经济绩效感的影响年龄异质性分析

基于年龄角度,一般而言,老年人的健康状态随着年龄的增长而逐渐下降,学习能力会减弱,不同年龄群体的消费观念和信息甄别等能力的差异也会导致老年人的互联网使用行为差异,[1]互联网使用行为差异更会导致经济绩效感差异,因此数字网络信息技术对经济绩效感的影响可能存在年龄异质性,本章对年龄的区分分为青年群体和中老年群体[2],表8.7主要汇报了数字网络信息技术对经济绩效感的影响年龄异质性。由表8.7可知,数字网络信息技术对个体经济获得感、宏观经济认同感和分配公平感的影响存在年龄异质性,而数字网络信息技术对个体经济收入存在年龄异质性,数字网络信息技术对青年个体的经济收入影响并不显著,对中老年个体的经济收入影响在1%的显著性水平上

① 冯履冰,郭东杰.互联网使用对农民增收的影响与机制[J].浙江社会科学,2023(2):25—35.
② 根据世界卫生组织(2017年)的划分标准,青年年龄段为15~44周岁。

为正，说明数字网络信息技术更能提高中老年群体的经济收入水平。

表 8.7　　　　数字网络信息技术对经济绩效感的影响年龄异质性估计结果

变量	个体经济收入		个体经济获得感		宏观经济认同感		分配公平体验感	
	青年(1)	中老年(2)	青年(3)	中老年(4)	青年(5)	中老年(6)	青年(7)	中老年(8)
数字网络信息技术	−0.032 (0.036)	0.225*** (0.049)	−0.076* (0.040)	0.225*** (0.049)	−0.218*** (0.043)	−0.269*** (0.075)	−0.263*** (0.043)	−0.239** (0.100)
性别	0.086* (0.048)	0.156* (0.089)	−0.013 (0.048)	0.156* (0.089)	−0.008 (0.052)	−0.310*** (0.105)	0.008 (0.053)	−0.196 (0.136)
婚姻状况	0.461*** (0.052)	0.127 (0.102)	0.080 (0.053)	0.127 (0.102)	−0.044 (0.056)	0.144 (0.147)	−0.119** (0.057)	0.025 (0.185)
户籍状况	−0.183** (0.078)	−0.398** (0.171)	0.068 (0.083)	−0.398** (0.171)	−0.151* (0.083)	0.107 (0.164)	−0.058 (0.076)	−0.198 (0.184)
民族	0.245*** (0.092)	−0.126 (0.228)	0.153* (0.085)	−0.126 (0.228)	−0.078 (0.078)	0.291 (0.332)	0.051 (0.089)	−0.010 (0.414)
政治面貌	0.192*** (0.055)	0.099 (0.106)	0.024 (0.064)	0.099 (0.106)	−0.007 (0.071)	0.303** (0.127)	0.006 (0.073)	0.135 (0.174)
公职身份	0.012 (0.045)	0.232** (0.113)	0.096 (0.066)	0.232** (0.113)	0.181** (0.077)	−0.135 (0.152)	0.014 (0.082)	−0.198 (0.183)
政府态度	−0.122*** (0.037)	−0.005 (0.065)	−0.219*** (0.039)	−0.005 (0.065)	0.069 (0.047)	0.126 (0.109)	0.014 (0.047)	−0.016 (0.121)
社会态度	0.064 (0.040)	0.032 (0.071)	−0.026 (0.039)	0.032 (0.071)	0.108** (0.046)	0.216** (0.083)	0.133*** (0.050)	0.237** (0.116)
生活态度	−0.044 (0.048)	0.088 (0.086)	0.315*** (0.048)	0.088 (0.086)	0.195*** (0.061)	−0.023 (0.128)	0.259*** (0.060)	0.123 (0.117)
常数项	11.775*** (0.248)	10.486*** (0.457)	2.122*** (0.264)	10.486*** (0.457)	2.661*** (0.275)	2.592*** (0.728)	2.035*** (0.315)	2.331** (0.916)
Adj_R^2	0.181	0.283	0.113	0.283	0.147	0.241	0.149	0.153

注：* $p<0.1$，** $p<0.05$，*** $p<0.01$；括号内为稳健标准误。

（三）数字网络信息技术对经济绩效感的影响城乡异质性分析

一般而言，城镇居民的受教育程度比乡村居民的受教育程度更高，城镇居民互联网使用技能和信息获取能力比乡村居民更高，城镇居民和乡村居民的生活环境、生产方式、生活方式等方面也存在差异，因此数字网络信息技术对经济绩效感的影响可能存在城乡异质性，本章依据户籍状况分为乡村居民和城镇居民分样本对数字网络信息技术与经济绩效感的关系进行研究。数字网络信息技术对经济绩效感影响的城乡异质性估计结果如表 8.8 所示。由表 8.8 可知，数字网络信息技术对个体经济获得感、宏观经济认同感和分配公平体验感的影响并不存在城乡方面的异质性，但是数字网络信息技术对个体经济收入的影响存在城乡异质性，数字网络信息技术对乡村居民的经济收入存在显著的正向影响,而对城镇居民的经济收入影响并不存在统计学意义上的显著性,可能的解释是,数字网络信息技术相对于乡村居民而言还是一种稀缺物品,是否使用互联网会显著影响个体经济收入,相对于城镇居民而言,数字网络信息技术已成为一种普适性的公共产品,数字网络信息技术在城镇居民中无差别使用并不会影响个体经济收入。

表 8.8　　数字网络信息技术对经济绩效感的影响城乡异质性估计结果

变量	个体经济收入		个体经济获得感		宏观经济认同感		分配公平体验感	
	乡村(1)	城镇(2)	乡村(3)	城镇(4)	乡村(5)	城镇(6)	乡村(7)	城镇(8)
数字网络信息技术	0.144^{*} (0.085)	0.038 (0.029)	-0.201 (0.159)	-0.019 (0.036)	-0.240^{**} (0.114)	-0.227^{***} (0.042)	-0.212^{**} (0.096)	-0.267^{***} (0.043)
性别	-0.047 (0.131)	0.030 (0.041)	-0.056 (0.159)	-0.025 (0.045)	0.033 (0.143)	-0.042 (0.050)	-0.165 (0.133)	0.013 (0.055)
年龄	0.252^{***} (0.053)	0.255^{***} (0.022)	0.061 (0.062)	0.015 (0.020)	-0.086^{*} (0.047)	-0.046^{**} (0.020)	-0.035 (0.053)	-0.067^{***} (0.023)
年龄平方	-0.003^{***} (0.001)	-0.003^{***} (0.000)	-0.001 (0.001)	-0.000 (0.000)	0.001^{*} (0.001)	0.000^{*} (0.000)	0.000 (0.001)	0.001^{***} (0.000)
婚姻状况	0.068 (0.169)	0.017 (0.044)	-0.107 (0.192)	0.016 (0.059)	0.047 (0.184)	0.072 (0.063)	-0.246 (0.174)	0.014 (0.070)
民族	0.425^{**} (0.180)	0.082 (0.081)	0.114 (0.207)	0.156^{*} (0.088)	-0.362^{**} (0.172)	0.074 (0.085)	-0.010 (0.167)	0.089 (0.106)
政治面貌	0.075 (0.172)	0.149^{***} (0.049)	0.279 (0.210)	0.014 (0.059)	0.035 (0.256)	0.070 (0.065)	0.146 (0.204)	0.026 (0.072)
公职身份	0.491^{**} (0.198)	-0.005 (0.044)	0.189 (0.197)	0.097 (0.063)	0.509^{**} (0.229)	0.090 (0.071)	0.098 (0.224)	-0.020 (0.080)
政府态度	-0.104 (0.106)	-0.066^{**} (0.032)	-0.262^{*} (0.143)	-0.219^{***} (0.038)	0.029 (0.135)	0.076^{*} (0.044)	-0.032 (0.130)	-0.003 (0.047)
社会态度	0.182 (0.130)	0.051 (0.033)	0.122 (0.138)	-0.063^{*} (0.036)	-0.040 (0.129)	0.149^{***} (0.042)	0.032 (0.137)	0.168^{***} (0.048)
生活态度	-0.023 (0.089)	-0.030 (0.041)	0.190 (0.115)	0.409^{***} (0.046)	0.139 (0.130)	0.159^{***} (0.060)	0.164 (0.101)	0.259^{***} (0.062)
常数项	5.762^{***} (1.148)	6.712^{***} (0.467)	1.943 (1.411)	1.298^{***} (0.454)	5.120^{***} (1.124)	3.427^{***} (0.465)	3.360^{***} (1.125)	3.144^{***} (0.546)
Adj_R^{2}	0.353	0.338	0.121	0.159	0.197	0.158	0.128	0.181

注:* $p<0.1$,** $p<0.05$,*** $p<0.01$;括号内为稳健标准误。

第五节　作用机制分析

一、社会关系网络的中介效应机制分析

借鉴温忠麟等的中介效应检验方法[1],首先考察数字网络信息技术对社会关系网络的影响,估计结果如表 8.9 所示。由表 8.9 模型(1)可知,数字网络信息技术对社会关系网络的影响在 5% 的显著性水平上为负,即数字网络信息技术会显著降低公民的社会关系网络,由于本章对社会关系网络的测量为与邻居或亲朋好友开展社交娱乐活动的频繁程度,数字网络信息技术会显著降低公民与邻居或亲朋好友开展社交娱乐的频繁程度,可能的解释是数字网络信息技术以虚拟性、娱乐性和社交性改变了人们的生产和生活方式。其次考察数字网络信息技术和社会关系网络对经济绩效感的影响,由模型(2)至(5)可知,数字网络信息技术对个体经济收入的影响显著为正,对宏观经济认同感和分配公平体验感的影响显著为负,进一步检验了基准回归结果的稳健性。此外,社会关系网络对个体经济收入的影响并不存在统计学意义上的研究价值,所以社会关系网络在"数字网络信息技术—个体经济收入"中的中介效应不成立。社会关系网络对个体经济获得感、宏观经济认同感和分配公平体验感的影响显著为正,即社会关系网络越丰富,个体经济获得感、宏观经济认同感和分配公平体验感越低,由此说明社会关系网络在"数字网络信息技术—个体经济获得感""数字网络信息技术—宏观经济认同感""数字网络信息技术—分配公平体验感"中存在中介效应。

表 8.9　　　　　　　　　社会关系网络的中介效应机制估计结果

变量	社会关系网络	个体经济收入	个体经济获得感	宏观经济认同感	分配公平体验感
	(1)	(2)	(3)	(4)	(5)
数字网络信息技术	−0.083**	0.064**	−0.025	−0.238***	−0.238***
	(0.041)	(0.027)	(0.034)	(0.038)	(0.037)
社会关系网络		0.017	0.155***	0.075**	0.222***
		(0.027)	(0.033)	(0.033)	(0.036)

---

① 温忠麟,叶宝娟.中介效应分析:方法和模型发展[J].心理科学进展,2014(5):731−745.

续表

变量	社会关系网络	个体经济收入	个体经济获得感	宏观经济认同感	分配公平体验感
	(1)	(2)	(3)	(4)	(5)
性别	0.021 (0.048)	0.024 (0.040)	−0.024 (0.043)	−0.043 (0.048)	−0.017 (0.049)
年龄	0.000 (0.022)	0.258*** (0.020)	0.019 (0.019)	−0.052*** (0.018)	−0.061*** (0.021)
年龄平方	−0.000 (0.000)	−0.003*** (0.000)	−0.000 (0.000)	0.001** (0.000)	0.001*** (0.000)
婚姻状况	−0.066 (0.062)	0.016 (0.044)	0.012 (0.055)	0.070 (0.060)	−0.000 (0.063)
户籍状况	−0.315*** (0.077)	−0.190*** (0.068)	0.070 (0.076)	−0.095 (0.074)	−0.029 (0.069)
民族	0.081 (0.086)	0.143* (0.073)	0.117 (0.078)	−0.026 (0.076)	0.038 (0.083)
政治面貌	0.182*** (0.065)	0.131*** (0.048)	0.008 (0.055)	0.051 (0.063)	0.005 (0.065)
公职身份	−0.274*** (0.070)	0.024 (0.043)	0.140** (0.059)	0.152** (0.068)	0.044 (0.072)
政府态度	0.156*** (0.040)	−0.073** (0.031)	−0.246*** (0.038)	0.060 (0.042)	−0.035 (0.043)
社会态度	0.064 (0.040)	0.067** (0.033)	−0.045 (0.035)	0.125*** (0.041)	0.140*** (0.043)
生活态度	0.213*** (0.047)	−0.032 (0.039)	0.323*** (0.046)	0.140** (0.056)	0.188*** (0.052)
常数项	1.493*** (0.489)	6.462*** (0.439)	1.248*** (0.437)	3.668*** (0.428)	2.834*** (0.464)
Adj_R^2	0.158	0.338	0.158	0.167	0.213

注：$^*p<0.1$，$^{**}p<0.05$，$^{***}p<0.01$；括号内为稳健标准误。

二、教育人力资本的调节效应机制分析

为检验教育人力资本在数字网络对经济绩效感影响中的调节效应，在实证检验中分别加教育人力资本、数字关系网络和教育人力资本的交互项。教育人

力资本的调节效应估计结果如表 8.10 所示。由表 8.10 可知,其一,数字网络
信息技术对个体经济收入存在显著正向影响,对个体经济获得感影响并不显
著,对宏观经济认同感和分配公平体验感存在显著负向影响,进一步检验了基
准回归结果的稳健性。其二,教育人力资本对个体经济收入存在显著的正向影
响,即公民受教育程度越高,其经济收入越高,这进一步证明了教育的外溢效
应,受教育程度越高的公民越能掌握更多的社会发展或生产生活所需的知识、
技能,更能适应社会主义市场经济活动的需求和变化,在社会发展中能获得更
多的经济收益。此外,教育人力资本对分配公平体验感的影响显著为正,说明
受教育程度越高的公民分配公平体验感越高,受教育程度较高的公民认为社会
贫富差距并不大,可能的解释是,受教育程度较高的公民一般经济收入水平较
高,处于较高的社会阶层,其代表的是高阶层社会人士的利益,高阶层人士作为
有限资源分配的既得利益者,站在自身的立场和需求认为社会分配比较公平,
这种公平并不是资源的平均分配,而是资本主导下的"按资分配"。其三,数字
网络信息技术和教育人力资本的交互项对个体经济收入的影响显著为负,即公
民教育人力资本处于不同水平下时,数字网络信息技术对个体经济收入的影响
存在差异性,受教育程度低的公民使用互联网更能提高经济收入,进一步说明
教育人力资本会削弱数字网络信息技术对个体经济收入的正效应。此外,数字
网络信息技术和教育人力资本的交互项对分配公平体验感在 5% 的显著性水平
上产生负向影响,即公民教育人力资本处于不同水平下时,数字网络信息技术
对分配公平体验感的影响存在差异性,受教育程度低的公民使用互联网更能提
高分配公平体验感,进一步说明教育人力资本会削弱数字网络信息技术对分配
公平体验感的负效应。但数字网络信息技术和教育人力资本的交互项对个体
经济获得感和宏观经济认同感的影响并不显著。总体而言,教育人力资本在
"数字网络信息技术—个体经济收入""数字网络信息技术—分配公平体验感"
中存在调节效应。

表 8.10　　　　　　　　　教育人力资本的调节效应机制估计结果

变量	个体经济收入	个体经济获得感	宏观经济认同感	分配公平体验感
	(1)	(2)	(3)	(4)
数字网络 信息技术	0.226** (0.109)	−0.005 (0.141)	−0.221** (0.102)	0.213** (0.107)

续表

变量	个体经济收入	个体经济获得感	宏观经济认同感	分配公平体验感
	(1)	(2)	(3)	(4)
教育人力资本	0.346***	0.211	0.112	0.264**
	(0.095)	(0.129)	(0.118)	(0.118)
数字网络信息技术×教育人力资本	−0.045*	−0.015	−0.032	−0.062**
	(0.024)	(0.031)	(0.029)	(0.028)
性别	0.046	−0.000	−0.045	−0.013
	(0.039)	(0.044)	(0.048)	(0.050)
年龄	0.245***	0.010	−0.055***	−0.067***
	(0.021)	(0.019)	(0.019)	(0.021)
年龄平方	−0.003***	0.000	0.001**	0.001***
	(0.000)	(0.000)	(0.000)	(0.000)
婚姻状况	0.019	0.005	0.065	−0.014
	(0.043)	(0.056)	(0.060)	(0.064)
户籍状况	−0.102	0.105	−0.123	−0.083
	(0.066)	(0.076)	(0.076)	(0.072)
民族	0.149**	0.129	−0.015	0.064
	(0.073)	(0.080)	(0.075)	(0.088)
政治面貌	0.084*	−0.010	0.067	0.038
	(0.046)	(0.056)	(0.063)	(0.068)
公职身份	−0.035	0.049	0.134*	−0.027
	(0.042)	(0.060)	(0.069)	(0.075)
政府态度	−0.075**	−0.226***	0.071*	−0.002
	(0.030)	(0.037)	(0.042)	(0.044)
社会态度	0.068**	−0.036	0.130***	0.156***
	(0.032)	(0.035)	(0.040)	(0.045)
生活态度	−0.037	0.349***	0.154***	0.231***
	(0.037)	(0.045)	(0.056)	(0.054)
常数项	5.327***	0.833	3.319***	2.145***
	(0.570)	(0.700)	(0.626)	(0.683)
Adj_R^2	0.371	0.160	0.163	0.177

注：* $p<0.1$，** $p<0.05$，*** $p<0.01$；括号内为稳健标准误。

本章小结

《中共中央　国务院关于支持浦东新区高水平改革开放打造社会主义现代化建设引领区的意见》高度关注浦东新区打造社会主义现代化建设引领区过程中的"经济建设"和"经济发展"，因此本章选取《中共中央　国务院关于支持浦东新区高水平改革开放打造社会主义现代化建设引领区的意见》所提出的"数字化、数据化、网络化、信息化、技术化、智慧化"这一视角进行经济绩效感评估，以达到以点概面的效果。利用上海财经大学"浦东新区打造社会主义现代化建设引领区"调查项目数据，评估数字网络信息技术的经济绩效感，在稳健性检验和异质性分析的基础上进一步检验社会关系网络的中介效应机制，教育人力资本的调节效应机制。

研究发现：（1）数字网络信息技术对个体经济收入在5％的显著性水平上产生正向影响，数字网络信息技术对个体经济获得感并不存在统计学意义上的显著性，数字网络信息技术对公民宏观经济认同感在1％的显著性水平上产生负向影响，数字网络信息技术对公民分配公平体验感在1％的显著性水平上产生负向影响，其中影响效应从大到小依次为分配公平体验感＞宏观经济认同感＞个体经济收入。（2）改变自变量统计方式和变量替换法的稳健性检验结果表明基准回归结果较稳健。（3）数字网络信息技术对个体经济获得感、宏观经济认同感和分配公平体验感的影响不存在性别、年龄、城乡异质性，而数字网络信息技术对个体经济收入的影响存在性别、年龄、城乡异质性，数字网络信息技术对男性经济收入的影响显著为正，而对女性经济收入的影响并不显著，对中老年群体的经济收入的影响显著为正，对青年群体的经济收入影响并不显著，对乡村居民的经济收入的影响显著为正，而对城镇居民的经济收入影响并不显著。（4）社会关系网络在"数字网络信息技术—个体经济获得感""数字网络信息技术—宏观经济认同感""数字网络信息技术—分配公平体验感"中存在中介效应。（5）教育人力资本在"数字网络信息技术—个体经济收入""数字网络信息技术—分配公平体验感"中存在调节效应，但教育人力资本会削弱数字网络信息技术对个体经济收入的正效应，同时也会削弱数字网络信息技术对分配公平体验感的负效应。

第九章

浦东新区打造社会主义现代化建设
引领区:社会绩效感评估

第一节　研究缘起

　　2021 年《中共中央 国务院关于支持浦东新区高水平改革开放打造社会主义现代化建设引领区的意见》指出:推动治理手段、治理模式、治理理念创新,加快建设智慧城市,率先构建经济治理、社会治理、城市治理统筹推进和有机衔接的治理体系,把城市建设成为人与人、人与自然和谐共生的美丽家园。创新完善城市治理体系。把全生命周期管理理念贯穿城市规划、建设、管理全过程各环节,深入推进城市运行"一网统管"。支持浦东探索与经济社会发展需要相适应的人口管理机制。"推动社会治理和资源向基层下沉,强化街道、社区治理服务功能,打通联系服务群众'最后一公里'"。由此可见,一方面,"推动社会治理和资源向基层下沉",既契合《中华人民共和国国民经济和社会发展第十四个五年规划纲要》所强调的"推动社会治理重心向基层下移,向基层放权赋能"的国家宏观要求,也是推进城市治理和社会治理现代化的重要保障,推动社会治理和资源向基层下沉突出强调在基层社会治理中构建党建引领下的共建共治共享机制,强调基层治理的现代化,突出基层群众自治制度在基层社会治理中的重要作用,充分发挥基层居民(村民)自我管理、自我教育、自我服务、自我监督的功能。另一方面,"打通联系服务群众的'最后一公里'",强调在推进城市治理现代化进程中,强化群众参与社区治理的沟通联结机制，在建设人与人、人与自然和谐共生的美丽社区家园进程中构建人人有责、人人尽责、人人享有的基层社会治理共同体。因此，根据《中共中央国务院关于支持浦东新区高水平改革开放打造社会主义现代化建设引领区的意见》内容，浦东新区打造社会主义现代化建设引领区强调基层群众自治制度在基层的治理实践，突出社区治理中的居民（村民）广泛参与，从而构建一种政府与公民协同共建共治共享的基层社会治理格局。

因此，本章选取《中共中央　国务院关于支持浦东新区高水平改革开放打造社会主义现代化建设引领区的意见》中所指出的"推动社会治理和资源向基层下沉，强化街道、社区治理服务功能，打通联系服务群众'最后一公里'"这一视角，通过对浦东新区的实地调研和深度访谈，评估浦东新区打造社会主义现代化建设引领区的社会绩效感。笔者课题组团队于 2023 年 4—7 月对浦东新区公民进行问卷调查，共获得问卷 1 038 份，基于基层群众自治制度中的公民参与这一视角评估浦东新区打造社会主义现代化建设引领区的社会绩效感。

第二节　浦东新区打造社会主义现代化建设引领区社会绩效感理论机制分析

一、绩效评估理论与公共治理理论

浦东新区打造社会主义现代化建设引领区社会绩效感评估主要基于绩效评估理论和公共治理理论两大理论基础。

（一）绩效评估理论

绩效评估理论（Performance Evaluation Theory）是公共管理学、社会学和政治学等学科领域重要的理论。"现代管理学之父"彼得·F. 德鲁克（Peter F. Drucker）指出，"评估必须基于绩效"。美国学者格朗兰德（Langlands）认为，"评估＝质（量）的记述＋价值判断"，说明评估常常与"效果"或"绩效"并联，而在社会学和政治学领域，"效果"与"绩效"等术语常常混同，这些术语指涉的内容并无实质差异。[①] "效果评估"或"绩效评估"最早运用于企业管理领域，是衡量一

[①]　李青霞. 制度环境、组织能力与社会组织参与社会治理的有效性——基于定性比较分析方法的研究[J]. 学习论坛，2021（1）：91—98.

个企业生产运作、经营活动产出的指标,在企业绩效评估中,效率可以通过明确的投入和产出测量,绩效或效果可以通过对企业或社会发展的贡献衡量。之后绩效评估被引入政府管理和社会管理领域,成为政府制度和政策、社会管理或治理水平的重要衡量标尺。

20世纪80年代,英国学者盖伊·尼夫(Guy Neave)提出建设"评估型国家"①,通过对国家管理政策结果的评估测量整个目标的实现程度,说明评估的核心目的在于把握政策的执行效果。此外,对政策效果的评估还能及时发现政策执行过程中的偏差或失误,并及时矫正政策偏误。一些学者根据政策评估目标和评估方式的不同,将政策评估过程划分为不同的模式,如瑞典学者韦唐(Vedung)根据评估的价值标准,将评估模式划分为:效果评估模式、经济评估模式、职业化评估模式②,而政策效果评估对公共政策制定、执行、监控或终结等影响深远。美国学者费希尔(Fisher)提出了将事实和价值结合起来的"两层面四阶段"多重框架结构,其中,事实效果评估注重评估过程中专业知识和技术运用,理性测评和分析政策实施的客观效果,价值效果评估注重评估过程中政策执行者和政策评估者角色扮演的合理性、利益相关者的诉求满足性、政策价值目标的实现程度,比较注重公平。③ 美国学者理查德·卡多索(Cardozo Richard)在政府管理中提出了"顾客满意度"思想,开发了公民参与评估政府管理绩效的"顾客满意度模型"。④ 美国学者盖伊·彼得斯(B. Guy Peters)提出了政府未来的四种治理模式(市场式政府、参与式政府、弹性化政府、解制型政府)⑤,都强调政府管理中或政府管理效果评估中的公民参与,公民满意度成为衡量政府管理绩效的关键性因素,一些国家公共部门开始构建政府管理公民满意度测评

---

① Neave, G. On the Cultivation of Quality, Efficiency and Enterprise: An Overview of Recent Trends in Higher Education in Western Europe, 1986—1988[J]. European Journal of Education, 1988, 23 (1/2):7—23.

② 李瑛,康德颜,齐二石. 政策评估理论与实践研究综述[J].公共管理评论,2006(1):129—137.

③ 负杰. 公共政策评估的制度基础与基本范式[J]. 管理世界,2023,39(1):128—138.

④ Richard C. An Experimental Study of Consumer Effort, Expectation and Satisfaction[J]. Journal of Marketing Research, 1965(8):244—249.

⑤ 李红梅. 我国政府未来的治理模式——基于盖伊·彼得斯四种模式的解析[J]. 领导科学,2015 (8):25—27.

模型,例如:美国的 ACSI 模型①、瑞典的 SCSB 模型②、韩国的 KCSI 模型③和欧洲的 ESCI 模型④等。

《中共中央　国务院关于支持浦东新区高水平改革开放打造社会主义现代化建设引领区的意见》自 2021 年颁布出台,其实施效果怎么样? 在推进中国式基层治理体系和治理能力现代化进程中选取《中共中央　国务院关于支持浦东新区高水平改革开放打造社会主义现代化建设引领区的意见》中公民参与社区治理的视角评估其实施绩效。从公民参与社区治理的绩效评估看,其目的在于评估公民参与社区治理的实际社会成效。值得注意的是,由于政府的公共性,政治领域或政策执行的效果很难进行"经济人理性"的投入和产出测量,因此比较注重衡量经济发展和社会进步的效果。基于此,本书基于理查德·卡多索的"顾客满意度"思想以及新公共管理中倡导的"顾客导向"思想,分析了公民参与社区治理的社会绩效感满意度。

(二)公共治理理论

公共治理理论(Public Governance Theory)是关于不要求政府整天疲于应付公共事务,而希望政府有自知之明,做自己应做和能做的事;不强求自上而下、等级分明的社会秩序,而重视网络社会各种组织之间的平等对话的系统合作关系的一系列理论。对于公共治理理论,质疑论者主要关注的是中国社会缺乏实现公共治理的几大必备条件,包括完善的市场经济体制、成熟的多元管理主体以及民主法治等;主张论者认为公共治理理念、方法的引入,一定程度上能够解决上述问题,在运作过程中带来积极作用,其意义更多地来源于过程中的促进作用。

过去 30 年间,"治理"一词作为描述和解释世界变化的一种方式变得越来越突出,它已成为整个社会科学的一个突出话题,也是政府和非营利行为者的一个主要关注点。"治理"频繁出现在不同的学术领域,包括经济学、地理学、国际关系、政治学、公共管理学和社会学等,而治理本身也被学者描述为跨学科研

---

① 美国顾客满意度指数模型(ACSI)是以产品和服务消费的过程为基础,对顾客满意度水平的综合评价指数,由国家整体满意度指数、部门满意度指数、行业满意度指数和企业满意度指数 4 个层次构成。

② 瑞典顾客满意度晴雨表指数模型(SCSB)是一个测量顾客满意程度的经济指标,有顾客期望、感知质量、感知价值、顾客满意度、顾客抱怨、顾客忠诚六个层次。

③ 韩国国家用户满意度指数(KCSI)是国家性经济指数,其中包括 7 个经济型部门年均指数,37 个行业年均指数,200 个企业年均指数和 3 个官方机构年均指数。

④ 欧洲的顾客满意度指数模型(ECSI)是在 ACSI 的基础上和欧洲质量组织构建的,该模型包括企业形象、顾客形象、顾客期望、质量感知、价值感知、顾客满意、顾客忠诚 6 个层次。

究的桥梁。① 治理作为一个跨学科的研究存在概念本身并非完好且滥用的问题,且治理结构是随着社会条件的变化而呈现出动态变化的过程,因此治理并没有固定的存在范式。② 根据治理模式、治理主体、治理客体、治理中心的不同,治理理论的不同派别在实践中衍生了不同的理论主张,较有代表性的有多中心治理理论、政策网络理论、协同治理理论③、整体性治理理论④等。

1. 多中心治理理论(Theory of Polycentric Governance)

多中心治理理论是以奥斯特罗姆夫妇为核心的一批研究者在对发展中国家农村社区公共池塘资源进行实证研究的基础上提出的。相较于单中心治理而言,多中心治理主张抛弃政府作为唯一治理主体进行社会事务管理,转向协同治理的多中心治理模式,尽管多中心的主体是竞争性关系,但相互重视对方的存在,通过签订各种各样的合约从事合作,或采取新的机制来解决彼此的冲突⑤,多中心治理得以顺利运行的基础为相互制约制度下的共同的利益目标。⑥虽然学术界对多中心治理理论展开广泛研究,但并没有形成一致的定义标准,但其共持相似或相同的核心思想:一是多中心治理的应有之义为多个独立的决策中心对治理事务展开决策、执行、评估、监控等管理活动⑦,因此需要多个独立的决策中心民主协商、参与合作、实现共治⑧,其中独立的决策中心主要包括政府、非政府组织、企事业单位、社会公众等,个体之间存在着规模和力量的差异,因此需要制定个体之间相互约束的规则,形成内部的权力制约和均衡关系⑨;二

---

① Jansen D. New Forms of Governance in Research Organizations-Disciplinary Approaches, Interfaces and Integrat[J]. Journal of Clinical Governance,2007,10(9):83—88.

② Saner R,Toseva G,Atamanov A,et al. Government governance (GG) and inter-ministerial policy coordination (IMPC) in Eastern and Central Europe and Central Asia[J]. Public Organization Review,2008,8(3):215—231.

③ Koch P. Overestimating the shift from government to governance:Evidence from Swiss metropolitan areas[J]. Governance,2013,26(3):397—423.

④ Prior D. Towards Holistic Governance:The new reform agenda[J]. Local Government Studies,2003,29(2):148—150.

⑤ Osborne S. The New Publish Governance[M]. London:Routledge,2009:74—83.

⑥ Ostrom E. Polycentricity, Complexity, and the Commons[J]. Good Society, 1999, 9(2): 37—41.

⑦ Andersson K P,Ostrom E. Analyzing decentralized resource regimes from a polycentric perspective[J]. Policy Sciences, 2008, 41(1):71—93.

⑧ Pahl-Wostl C,Knieper C. The capacity of water governance to deal with the climate change adaptation challenge:Using fuzzy set Qualitative Comparative Analysis to distinguish between polycentric,fragmented and centralized regimes[J]. Global Environmental Change, 2014,(29):139—154.

⑨ Harvey D. Challenging Institutional Analysis and Development:The Bloomington School[J]. Journal of Agricultural Economics, 2010, 61(1):199—201.

是多中心治理具有权力分散和交迭管辖的特征①，这种交迭管辖可以是地理上的，也可以表现为决策中心的嵌套形式②。因此，多中心治理可以有效兼具集权治理和分权治理的各种制度治理优势③，形成正式治理规则和非正式治理规则的有效结合，非正式治理规则可以有效弥补正式治理规则失灵，通过自主治理和协商治理更好满足社会公众需求④。此外，多中心治理可以实现各治理主体平等参与、平等协商、相互信任、相互妥协，实现社会生态系统的良性互动和可持续发展⑤。但也有研究者认为多中心治理是一种结合了规范性期望和分析工具的概念，虽然某些看似分散的治理过程，特别是那些具有重叠管辖权的多个主体在一个具有不同亚文化的总体系统中运作，并通过主体之间的相互调整以及制度多样性的相互协调可以产生促进效应，同时进一步提高了各主体的自治能力。然而，这种理想的多中心治理类型很难实现这些规范性的期望，反而容易陷入结构性不平等、递增的偏见、压倒性的复杂性、结构性裂缝和协调的陷阱⑥，这种"权力分散""交叠管辖"和"重复服务"的无序状态反而会降低公共服务效率⑦。

2.政策网络理论(Theory of Policy Network)

如今，人们普遍认为我们生活在一个网络世界，在这个世界里，决策和治理只在网络内可行，为公共和私营行为者的利益和行动提供了一个有效的横向协调框架，相互依赖于它们的资源，多个行为者在网络中互动形成社会共治⑧。政策网络理论不仅是一种分析工具，更是一种挑战传统政府制度的治理模式，学

① André R. da Silveira, Richards K S. The Link Between Polycentrism and Adaptive Capacity in River Basin Governance Systems: Insights from the River Rhine and the Zhujiang (Pearl River) Basin [J]. Annals of the Association of American Geographers, 2013, 103(2):319—329.

② Galaz V, Crona B, Oesterblom H, et al. Polycentric systems and interacting planetary boundaries-Emerging governance of climate change-ocean acidification-marine biodiversity[J]. Ecological Economics, 2012, (81):21—32. Glaeser E L, La Porta R, Lopez-de-Silanes F, et al. Do institutions cause growth? [J]. Journal of economic Growth, 2004, 9(3): 271—303.

③ Duit A, Galaz V. Governance and Complexity-Emerging Issues for Governance Theory[J]. Governance, 2008, 21(3): 311—335.

④ Ribot J C, Agrawal A, Larson A M. Recentralizing While Decentralizing: How National Governments Reappropriate Forest Resources[J]. World Development, 2006, 34(11): 1864—1886.

⑤ Ostrom E. Beyond Markets and States: Polycentric Governance of Complex Economic Systems [J]. American Economic Review, 2010, 100(3):641—672.

⑥ Mcginnis M. D, Osttom, E, Reflections on Vincent Ostrom,Public administra ,and Polycentricity[J]. Public Administration Peview,2021,72(1):16—25.

⑦ Andersson K P, Ostrom E. Analyzing decentralized resource regimes from a polycentric perspective[J]. Policy Sciences, 2008, 41(1):71—93.

⑧ Brzel T A. Organizing Babylon-On Different Conceptions of Policy Networks[J]. Public Administration, 1998, 76(2):253—273.

术界普遍认为,政策网络是由于资源而联系在一起的一群组织或若干个组织的联合体,政策网络研究主要出现了两个代表性流派:以英美为代表的利益协调学派,强调多元参与;以德荷为代表的治理流派,强调独立于政府和市场之外的第三种治理模式①。但两个流派对政策网络理论形成以下共识:其一,政策网络理论强调相互的资源依赖,即网络中的参与者被认为依赖彼此的资源来实现他们的目标②,基于相互依赖的战略行动已经成为维系网络的标准,正如我们所看到的,网络互动经常或多或少被隐喻性地描述为"讨价还价"或"谈判"③,Kickert(1998)提出"相互依赖导致行为者之间的相互作用,从而在政策网络中创造和维持关系模式"④。其二,政策网络理论强调协调,每当两个或更多的政策行为者追求一个共同的结果并共同努力时就会存在相互之间的协调,协调不是既定的,协调既是治理的驱动力,也是其目标之一⑤,协调的媒介是相互依赖背景下的信任⑥。其三,政策网络理论强调多元化,政策网络相对于其他网络和国家管理而言是相对自主的。有学者认为,网络经常被假定为几乎完全迎合那些参与网络的行为者的利益,这种情况对政策网络治理工具的长期合法性提出了质疑⑦。相比之下,还有学者提出,政治理论家和中央决策者越来越倾向于将治理网络视为有效和合法的治理机制⑧。因此,基于对政策网络理论最新发展的乐观解读,政策网络有助于解决民主参与和政治问责不足以及公共领域衰落的问题。

3. 协同治理理论(Theory of Collaborative Governance)

协同治理是目前发展起来的一种公共管理实践,旨在让利益相关者参与解决和共同创造复杂公共问题的潜在解决方案,如政策和服务创新。这被视为治

---

① Hindmoor A. The Importance of Being Trusted: Transaction Costs and Policy Network Theory [J]. Public Administration,2010,76(1):25—43.

② Bevir,Mark,Richards,David. Decentering Policy Networks: Lessons and Prospects[J]. Public Administration,2009,87(1):132—41.

③ Scharpf F W,Sabatier P A. Games Real Actors Play: Actor-Centered Institutionalism in Policy Research[M]. Colorado: Westview Press,1997:56—63.

④ Kickert W,Klijn E H,Koppenjan J. Managing complex networks: strategies for the public sector[M]. London: Sage Publications,1998:114.

⑤ Bevir M. Decentering Governance: A Democratic Turn? [M]. London: Palgrave Macmillan UK,2014:271.

⑥ Srenson E,Torfing J. Theories of Democratic Network Governance[M]. Basingstoke: Palgrave Macmillian,2007:184.

⑦ Pierre J. Introduction: Understanding Governance[M]. Oxford: Oxford University Press,2000:132—148.

⑧ Srenson E,Torfing J. Theories of Democratic Network Governance[M]. Basingstoke: Palgrave Macmillian,2007.

理文献中新公共管理(NPM)和新公共治理(NPG)话语之间的潜在转变①。协同治理可以定义为公共政策决策和管理的过程和结构,它让人们跨越公共机构、政府层级或公共、私人和公民领域的界限,建设性地参与进来以实现一个否则无法实现的公共目标②,这种定义在公共管理中被用作一种广义的分析结构,能够区分不同的应用、类别和规模③。协同治理触及公共行政和民主的更广泛意义上的核心,对于许多公共行政学者来说,协同治理是民主制度中治理的新范式④,这种范式激发了新形式的公众参与,被许多人称为协商民主运动⑤,协商民主通过嵌入"具有更高透明度、问责制和合法性的治理系统和机构",为公民提供了行使发言权和更具响应性,以公民为中心的政府的机会⑥。协同治理的理论优势目前已经在若干政策背景下得到应用和研究,如执法机构⑦、退伍军人健康管理局⑧、危机管理⑨等。协同治理在实践中也遇到诸多挑战,虽然在对社会事务的治理或社会政策的制定领域,政府与其他行动者之间的协同被认为可以促进知识共享和加强相互问责,有望改善绩效,实现善治,但是协同治理的过程一定程度上是由过程目标(如参与和相互学习)和结果目标(如有效性)在不同的目的下发挥作用⑩,同时它涉及从分层组织到网络和伙伴关系中的组织间协作的变化⑪,因此协同治理这一趋势的流行与实现这些多元化目标的困难相

① 燕继荣,协同治理:社会管理创新之道——基于国家与社会关系的理论思考[J]. 中国行政管理,2013(2):58−61.

② Emerson, Kirk, Nabatchi, et al. An Integrative Framework for Collaborative Governance. [J]. Journal of Public Administration Research & Theory, 2012:128.

③ Ansell C, Gash A. Collaborative governance in theory and practice[J]. Journal of Public Administration Research and Theory, 2008, 18:543−571.

④ Jun B. Rethinking Administrative Theory: The Challenge of the New Century[M]. Westport, CT: Praeger, 2002.

⑤ Chaskin R. Investing in Democracy: Engaging Citizens in Collaborative Governance – By Carmen Sirianni[J]. International Journal of Urban & Regional Research, 2011, 35(5):1093−1094.

⑥ Bryson J M, Crosby B C, Stone M M. The Design and Implementation of Cross-Sector Collaborations: Propositions from the Literature[J]. Public Administration Review, 2006, 66: 44−55.

⑦ Nicholson-Crotty S, O'Toole L. Public Management and Organizational Performance: The Case of Law Enforcement Agencies[J]. Journal of Public Administration Research & Theory J Part, 2004, 14(1):1−18.

⑧ Dudley L, Raymer M. Inside Organizational Change: Puzzling across Permeable Boundaries[J]. Public Administration Review, 2002, 61(5):620−624.

⑨ Farazmand A. Learning from the Katrina Crisis: A Global and International Perspective with Implications for Future Crisis Management[J]. Public Administration Review, 2007(67):149−159.

⑩ Plotnikof M. Letting Go of Managing Struggles over Managerial Rdes in Collaborative Governance[J]. Nordic Journal of Working life Studies, 2016, 6(s1):109−158.

⑪ Mosley J E, Sjunggeun E P. Service Providers' Influence in Collaborative Governance Networks: Effectiveness in Reducing Chronic Homelessness[J]. Journal of Public Administration Research and Theory, 2021:271.

匹配。有学者主张通过社会互动和权力关系来应对协同治理实践的挑战,但与此相关的交际理论和话语理论还很不完善。

4. 整体性治理理论(Theory of Holistic Governance)

20 世纪末,新公共管理的弊端日益明显,主要表现在公共服务的分割和公共价值的缺失。此时,公共管理学者开始对新公共管理进行系统的反思,积极追求和构建新的公共管理理论。在美国,罗伯特·登哈特(Robert Denhardt)和珍妮特·登哈特(Janet Denhardt)主张用新公共服务理论(New Public Service theory)来取代企业型政府理论。在英国,佩里·希克斯①(Perri)主张整体治理理论。这一理论不仅成为布莱尔领导的工党发起改革的重要理论基础,而且在学术界引起了极大的反响和激烈的争论,甚至有学者将其视为"行政的第三范式"②。1977 年,英国学者佩里·希克斯在著作《整体性政府》一书中首次提出"整体性政府"的概念,并主张"整体性治理"的理念,2002 年佩里·希克斯等在《迈向整体性治理:新的改革议程》一书中首次明确提出整体性治理的概念,他们认为整体性治理是指政府机构以及合作伙伴之间共享目标,并确定一系列相互支持的工具的共同承诺,以促进共享目标的实现③。佩里·希克斯等学者主张整体性治理理论上的政策目标和手段协调,信息共享和认知同化协调,执行与程序设计整合,以及实践中建立信任沟通机制、电子政务建设和整体性预算体系。整体性治理理论强调公民需求、合作性整合、协调目标与手段的关系、信任、责任感、制度化、信息技术的运用④,整体性治理作为针对"棘手问题"和碎片化的一种治理理论的全新范式,可以为我国公众参与社会治理提供一种新思路⑤。

二、社会绩效感概念解析

绩效(Performance),从管理学的角度看,是组织期望的结果,是组织为实现其目标而展现在不同层面上的有效输出,它包括个人绩效和组织绩效两个方面。组织绩效实现应在个人绩效实现的基础上,但是个人绩效的实现并不一定保证组织是有绩效的。组织的绩效按一定的逻辑关系被层层分解到每一个工

① Perri, Diana L, Kimberly, Gerry S. Towards Holistic Governance: the New Reform Agenda [M]. New York: Palgrave, 2002:187.

② Dong L. Holistic Governance: Integration of Value and Instrumental Rationalities[M]. London: Palgrave Macmillan US, 2015:103—121.

③ Perri, Diana L, Kimberly, Gerry S. Towards Holistic Governance: the New Reform Agenda [M]. New York: Palgrave, 2002:196.

④ 张玉磊. 整体性治理理论概述:一种新的公共治理范式[J]. 中共杭州市委党校学报,2015(5):54—60.

⑤ 李峰. 整体性治理:应对我国社会组织治理碎片化的新范式[J]. 学习与探索,2020(12):57—62.

作岗位以及每一个人的时候，只要每一个人达成了组织的要求，组织的绩效就实现了。本研究主要聚焦于个人绩效，基于"顾客导向"思想评估浦东新区打造社会主义现代化建设引领区的社会绩效感。

社会绩效感（Social Performance）最先运用于企业管理领域，较为代表性的为企业社会绩效感（Corporate Social Performance）[1][2]，20世纪70年代初，特别是在企业应当承担何种社会责任的讨论中，两派观点针锋相对，一方是获得诺贝尔奖的美国著名经济学家密尔顿·费里德曼，他代表了经济学的传统观点，即认为企业的唯一责任是为股东创造利润；而另一方在沿袭霍华德·博文于1953年在《企业家的社会责任》中所提出的"企业应该自愿地承担社会责任"的观点后，学术界和企业界开始接受这种超出经济责任外的社会责任意识。之后社会绩效感逐渐运用于政府管理和社会治理等研究领域。

社会绩效感是政府绩效的内容之一，所谓政府绩效是指政府在社会经济管理活动中的结果，效益及其管理工作效率，效能，是政府在行使其功能、实现其意志过程中体现出的管理能力，它包含了政治绩效、经济绩效、文化绩效、社会绩效感四个方面。社会绩效感是政府治理领域的一项重要评估指标，是对政府管理活动所产生的社会层面的影响的评价，对政府治理或政府管理活动具有正向的评估反馈效应。但是目前学术界对社会学、政治学或管理学领域的社会绩效感研究较少，已有研究主要集中在企业社会绩效感和金融机构社会绩效感等，集中在政府管理领域的社会绩效感研究较少，在有限的学术研究中，有学者基于交通规划的视角提出了交通规划社会绩效感，交通规划的社会绩效感分为两大维度：横向公平和纵向公平，其中横向公平要求对各个社会群体提供平等的服务，而纵向公平则注重不同群体之间的差异，适当向社会弱势群体倾斜。[3]2013年，唐子来在两会上提出要以"加强城市公共设施规划社会绩效感评价"为标志，社会绩效感研究开始向绿地、交通规划等领域扩展。唐子来等（2015）延续Litman对于社会绩效感的定义，基于社会公平正义理念，认为社会绩效感包含社会公平绩效和社会正义绩效两个维度[4]。有学者基于公共服务的视角提出

① 朱永明，邱文静，赵健.高管团队断层线、激励机制与企业社会绩效[J].会计之友，2021(2)：36—42.
② 郑海元，王世杰.物流企业供应链网络关系特点、社会绩效与财务绩效[J].商业经济研究，2021(9)：109—112.
③ Litman T. Evaluating Transportation Equity: Guidance for Incorporating Distributional Impacts in Transportation Planning[R]. Victoria: Victoria Transport Policy Institute, 2006：1—3.
④ 唐子来，顾姝.上海市中心城区公共绿地分布的社会绩效评价：从地域公平到社会公平[J].城市规划学刊，2015(2)：48—56.

了公共服务社会绩效感,所谓的公共服务社会绩效感是指政府为社会提供公共服务的能力和水平,公共服务社会绩效感作为社会绩效感的子概念更加侧重于在提供产品或服务的基础上所得到的回馈。它不仅注重总体目标的实现,还注重受众行为和服务过程的效果,既考察了服务接受方的需求,同时也对提供方的服务能力进行了考量,是服务提供与服务接受的有机结合的双向评价①。

目前,对政府管理领域的社会绩效感研究较匮乏,学术界对社会绩效感的概念内涵并未形成统一认识。本书参考唐子来等(2015)从公平和正义两个维度对社会绩效感的概念测度方式②,基于公民感知的视角,将社会绩效感定义为政府在社会经济管理活动中对社会公平、社会信任、社会安全、社会保障、社会基础设施、社会生态环境等所产生的结果。

三、浦东新区打造社会主义现代化建设引领区与社会绩效感的关系

本章选取 2021 年《中共中央 国务院关于支持浦东新区高水平改革开放打造社会主义现代化建设引领区的意见》中所指出的"推动社会治理和资源向基层下沉,强化街道、社区治理服务功能,打通联系服务群众'最后一公里'"这一视角,基于社会治理中的公民参与行为评估公民参与社区治理的社会绩效感。

公民参与社区治理的社会绩效感怎么样,需要事实和数据来证明,绩效总是和评估联系在一起。从公民参与社区治理的社会绩效感评估过程看,开展社会绩效感评估是客观明确社会治理现状和优劣的前提,其目的一是检验公民参与社区治理的实效,发现公民参与社区治理过程中存在的问题,对存在的问题及时纠正,防止公民参与社区治理中的错误行为方式和不当政策方针的继续实施,实现政策优化和政策调整,使公民参与社区治理的方式方法更加符合社会治理的目标;二是引导社会治理的正确方向,设置科学合理的社会绩效感评估指标体系,摒弃传统的重政府管理和政府管制,轻社会监督和社会参与,重政策制定和政策执行,轻政策监控和政策评估的偏差,有利于实现管制与服务、公治和自治的有机统一和协调。从公民参与社区治理的社会绩效感评估本身属性看,社会绩效感评估是根据特定的标准,对公民参与社区治理现状进行衡量、检

① 肖希,李敏. 澳门半岛高密度城市微绿空间增量研究[J]. 城市规划学刊,2015(5):105—110.
② 唐子来,顾姝. 上海市中心城区公共绿地分布的社会绩效评价:从地域公平到社会公平[J]. 城市规划学刊,2015(2):48—56.

查、评价，以判断其优劣的活动。有效的评估是实现决策科学化、民主化的必要保证，是检验政策的效果、效率和效益的基本途径，是决定政策调整、修正、继续或终结的重要依据，是实现政策资源合理配置的基础。①

基于此，我们需要思考如下问题：公民参与社区治理会产生怎样的社会绩效感？学术界和理论界普遍认为在社区治理中引入公民参与这一变量，公民参与社区治理是现代治理体系的题中应有之义，也是"基层群众自治制度"的主旨要义，公民参与社区治理是权利和义务的统一，公民参与既能为社区善治贡献力量，也能更好地实现自我价值。基于现有的理论研究，在学术界要不要引入公民参与主要出现两种思想倾向：一种观点认为公民参与是民主政治的应有之义，也是民主政治的主要体现，以公民参与的视角提高公共服务供给的精准性和有效性，进一步提高决策的科学化和民主化②，也有助于公民实现自我人生价值，获得社会的认可和尊重，能够进一步提高社区认同和社会信任，公民参与社区治理对于公民社会幸福感具有积极的促进效应③。因此，公民参与社区治理是与社区融为一体的实践过程，在这一过程中能够更好地培育公民的情感价值和社会价值，能够更好地与自身所居住社区居民培养融洽的邻里关系。还有一种观点认为公民参与并非总是有效，张康之（2007）论述了参与治理结构上的非民主性与参与治理的不可能性，参与治理是近代思想史上的一大进步，虽然很多学者论述了参与治理是现代治理的理想范式，但是参与治理并不能满足当前变革的要求，参与治理本质上仍然是一种"中心—边缘"的权力结构，从本质上依然蕴含着不平等的政治和权力地位④，因此实践中必然遇到重重困难。同时，参与治理并不等同于合作治理，不应该把合作治理简单化为一种参与治理模式，人们将行动者关系和合作伙伴关系的思考简化为"参与民主"或"公民参与"是一种错误的看法，参与治理并不能撼动代议制民主的国家机器，国家政权仍然牢牢掌握在少数人手中，使得参与治理更加形式化或表面化⑤。此外，在参与治理实践中，公民参与往往需要很高的时间和金钱成本，以这种非正式的讨价

① 白天成.为竞争而创新："理念—行动者"框架下地方政府社会治理创新逻辑解释[J].天津行政学院学报,2022,24(3):78—86.

② 马亮,杨媛.公众参与如何影响公众满意度？——面向中国地级市政府绩效评估的实证研究[J].行政论坛,2019,26(2):86—94.

③ Nabatchi T, Amsler L B. Direct Public Engagement in Local Government[J]. The American Review of Public Administration,2014,44(4):63—88.

④ 张康之.对"参与治理"理论的质疑[J].吉林大学社会科学学报,2007(1):83—89.

⑤ 皮埃尔·卡蓝默.破碎的民主:试论治理的革命[M].北京:生活·读书·新知三联书店,2005:165.

还价来反对正式的程序也削弱了民主的组织机构及其制度。如阿莉萨(Alisa)等在一项对意大利灾后恢复规划的分析中指出,民间社会参与决策过程导致了对社区不可或缺的"常识"的强化,公民参与可能导致不适应的结果和较少的现场变革行动①;特纳(Turnhout)等人的一项研究显示合作生产中的去政治化动力是如何加强而不是改变现有的不平等的权力关系,从而阻止更广泛的社会变革的发生②;瓦斯勒(Wamsler)等人还阐明了瑞典公民参与当地气候适应规划的努力往往是"适得其反"的,在此过程中充满了"利益冲突",民主化参与使得行政效率低下③。因此,一些学者肯定了公民参与社区治理如何有助于推进社会变革性和社会事务的有效解决,产生良好的社会绩效感;另一些人则认为公民参与社区治理往往无法实现授权和社会转型的既定目标,对社会绩效感并不会产生实质的影响,甚至会阻碍社会绩效感的提高。

正是基于公民参与社区治理的社会绩效感两种截然相反的观点,本研究以《中共中央国务院关于支持浦东新区高水平改革开放打造社会主义现代化建设引领区的意见》为政策契机,结合对浦东新区普通公民的问卷调查,实证检验浦东新区公民参与社区治理的社会绩效感。

第三节　研究设计

一、数据来源

本章数据来源于上海财经大学"浦东新区打造社会主义现代化建设引领区"调查项目。该项目利用纸质版问卷及问卷星在线问卷,共进行两轮问卷调查。第一轮通过问卷星对上海浦东新区普通居民在线发放问卷 188 份。第二轮在上海浦东新区共发放纸质版调查问卷 850 份,共计调查问卷 1 038 份。根据本章研究内容,分别对社会绩效感、公民参与社区治理、社会认同、生活幸福

---

① Alisa G D, Kallis G. A Political Ecology of Maladaptation: Insights from A Gramscian Theory of the State[J]. Global Environmental Change,2016,38:230—242.

② Turnhout E, Metze T, Wyborn C, et al. The Politics of Co-Production: Participation, Power, and Transformation[J]. Current Opinion in Environmental Sustainability,2020,42:15—21.

③ Wamsler C, Alkanolsson J H, Falck, et al. Beyond Participation: When Citizen Engagement Leads to Undesirable Outcomes for Nature-Based Solutions and Climate Change Adaptation[J]. Climatic Change,2020,158(2):235—254.

感、社会归属感及其他控制变量等相关变量的遗漏、错填、误填等样本进行剔除,共得有效问卷 1 003 份。样本的基本特征如表 9.1 所示。

表 9.1　　　　　　　　　　　　　样本基本特征

特征	分类指标	频数	比例(%)	特征	分类指标	频数	比例(%)
性别	男	489	48.75	年龄	30 岁以下	338	33.70
	女	514	51.25		30~50 岁	578	57.63
婚姻	已婚	595	59.32		50 岁以上	87	8.67
	其他	408	40.68	受教育程度	小学及以下	10	1.00
户籍状况	农业户籍	146	14.56		初中	27	2.69
	非农业户籍	857	85.44		高中	136	13.56
政治面貌	中共党员	317	31.61		大专	127	12.66
	其他	686	68.39		大学及以上	703	70.09
公职身份	公职人员	213	21.24	收入	1 万元以下	46	4.59
	其他	709	78.76		1 万~10 万元	277	27.62
民族	汉族	881	87.84		10 万~30 万元	632	63.01
	其他	122	12.16		30 万元以上	48	4.79

资料来源:作者根据调查数据自制。

二、变量测量

(一)自变量:公民参与社区治理

本章节的自变量为公民参与社区治理(Citizen Participation in Community Governance)。关于"公民参与"(Citizen Participation)的研究可追溯到古希腊民主政治学说,西方对公民参与的理解与研究大致经历了三个阶段:20 世纪 50—60 年代以政治选举和投票为主的制度性参与阶段;20 世纪 70—80 年代的制度性参与及以社会运动和政治对抗为主的非制度性参与阶段;20 世纪 90 年代至今的制度性参与以及多样化的非制度性参与阶段。因此,公民参与概念经历了一个从单维到多维逐渐丰富的过程。单维的公民参与是指公民制度性参与,主要指参加投票和选举等政治活动;多维的公民参与则包括制度性参与和非制度性参与,其中非制度性参与已发展成为公民为实现自身政治权利、维护自身经济利益或出于社会责任而参与志愿服务、公益活动或维权行为等。现代公民参与作为一个概括性术语，描述了人们的关注、需求、利益和价值观被纳入公共事务和问题决策中的活动。[①] 因此，学者们将公民参与划分为制度性参与和非制度性参与两种类型，尤其是随着市场经济的发展和民主基础的完善，非制度性参与作为公民表达意愿、维护权利、影响政府决策的参与方式成为以投票、选举等制度性参与方式的重要补充。[②] 理论界和实务界对公民参与社区治理行为的测量评估成为一项热门课题，一些学者基于不同维度构建了公民参与社区治理的评估体系，如表 9.2 所示。

表 9.2 公民参与社区治理的评估体系

作者	公民参与社区治理的评估指标
俞可平[③]	直接选举的范围；竞争性选举的程度；村民自治；居民自治；职工代表大会的作用；重大决策的公众听证和协商；社会组织或民间组织的状况；社会组织的制度环境；社会组织对国家政治生活的影响；公民利用网络和手机参与公共生活的情况
包雅钧[④]	民众的参与意识、参与渠道、政务公开透明、决策的民主化
中国社会管理、评价体系课题组[⑤]	社会组织数量、万人志愿者数量、政府购买社会组织公共服务占公共服务支出比重、居民委员会直选率、居民参选率、重大决策听证率、预算制定过程中的公众参与率、媒体监督的有效性、居民对参与社会管理的满意度
史云贵和孙宇辰[⑥]	委会成员的直选、村务财务公开度、村民对村务和财务是否有效监督、村民对村务的参与度、村民对村务的满意度
吴新叶[⑦]	村民参与选举状况、村务公开与村民监督状况、村民就重大事务参与的兴趣点、村民的社会认同情况
南锐[⑧]	人均社会组织增加值、万人社会组织数、万人社会组织职工数、人均自治组织增加值、万人自治组织数、万人自治组织管理人员数

---

① Jo S，Nabatchi T. Different Processes，Different Outcomes? Assessing the Individual-Level Impacts of Public Participation[J]. Public Administration Review，2021，81(1)：137—151.

② Norris P. Digital Divide：Civic Engagement，Information Poverty，and the Internet Worldwide [M]. England：Cambridge University Press，2001：126.

③ 俞可平. 中国治理评估框架[J]. 经济社会体制比较，2008(6)：1—9.

④ 包雅钧. 当前中国社会治理评估的思考[J]. 科学决策，2011(7)：80—91.

⑤ 中国社会管理评价体系课题组，俞可平. 中国社会治理评价指标体系[J]. 中国治理评论，2012(2)：2—29.

⑥ 史云贵，孙宇辰. 我国农村社会治理效能评价指标体系的构建与运行论析[J]. 公共管理与政策评论，2016，5(1)：17—25.

⑦ 吴新叶. 农村社会治理的绩效评估与精细化治理路径——对华东三省市农村的调查与反思[J]. 南京农业大学学报：社会科学版，2016，16(4)：44—52.

⑧ 南锐. 精细化视角下省域社会治理绩效的组合评价——基于 29 个省域的实证研究[J]. 北京交通大学学报：社会科学版，2017，16(4)：124—134.

作者	公民参与社区治理的评估指标
樊红敏和张玉娇[①]	居民参与社区公共决策状况、参与社区志愿活动状况

资料来源：作者自制。

基于中国的政治情景，基层群众自治制度保障了公民自由、平等参与的权利，公民参与社区治理是"村（居）民自治"的重要表现形式，村（居）民自治的核心内容表现为"民主选举、民主决策、民主管理和民主监督"。据此，本章参考已有研究，从制度性参与社区治理和非制度性参与社区治理两个维度进行测量，在调查问卷中的具体调研问题为："①最近两年您是否参加过村/居委会的选举？"[②]"②最近两年您是否参加过所在村/居社区治理问题的协商决策？""③最近两年您是否参加过所在村/居社区治理的志愿活动？""④最近两年您是否参加过监督村/居委会的社区治理行为？"，其中"参加过＝1，未参加＝0"。公民参与社区治理的总体测量为对以上4个指标进行主成分因子分析[③]，依据特征根值大于1的原则提取公因子，公因子为1.911 1，之后根据旋转后的方差解释率计算公民参与社区治理。主成分因子分析结果如表9.3所示。

表9.3　　　　公民参与社区治理主成分因子分析

测量指标	因子载荷
最近两年您是否参加过村/居委会的选举？	0.761 7
最近两年您是否参加过所在村/居社区治理问题的协商决策？	0.783 2
最近两年您是否参加过所在村/居社区治理的志愿活动？	0.510 0
最近两年您是否参加过监督村/居委会的社区治理行为？	0.676 3
累计解释率	0.677 8
KMO 检验值	0.645 9

资料来源：作者根据调查数据自制。

（二）因变量：社会绩效感

本章节的因变量为社会绩效感（Social Performance）。国际上对社会绩效

---

① 樊红敏，张玉娇. 县域社会治理评价体系：建构理路与评估框架[J]. 河南师范大学学报：哲学社会科学版，2017，44（1）：26－31.

② 由于《中共中央　国务院关于支持浦东新区高水平改革开放打造社会主义现代化建设引领区的意见》于2021年4月23日正式提出，本问卷调查开展于2023年4—7月，故主要询问最近2年公民参与社区治理现状。

③ 主成分因子分析就是在保留原始变量尽可能多的信息的前提下达到降维的目的，而所谓保留尽可能多的信息也就是让变换后所选择的少数几个主成分的方差之和尽可能地接近原始变量方差的和。

感评估体系的设计和运用较多,据统计,比较有代表性的是世界银行的"世界治理指数"(The World Governance Index)、联合国奥斯陆治理研究中心的"民主治理测评体系"(The Democratic Governance Evaluation System)等。根据联合国报告(2014),世界银行和其他多边发展组织关于善治的研究涉及经济机构和公共部门管理,包括透明度和问责制、监管改革以及公共部门技能和领导力。联合国、欧洲委员会和经合组织等其他组织对治理评估更加强调民主治理和人权,包括选举监督、政党支持、打击腐败、建立独立的司法机构、安全部门改革、改善服务提供、政府账目透明度、权力下放、公民和政治权利、政府的反应能力和前瞻性,以及私营部门活动(包括价格系统、汇率制度和银行系统)的监管环境的稳定性。在具体的学术研究中,国外还有一些学者研究了社区治理绩效评估[1]、城市治理绩效评估[2]、公民参与治理绩效评估等。[3] 国内学者对治理绩效评估起步较晚,自 2013 年社会治理概念提出以来,社会治理绩效评估的理论研究和社会实践成为一项热门课题。国内学者对社会绩效感评价指标体系的研究如表 9.4 所示。

表 9.4　　　　　　　　　　　　社会绩效感评估指标体系研究

作者	社会绩效感评价指标	指标属性
俞可平[4]	公民参与、人权与公民权、党内民主、法治、合法性、社会公正、社会稳定、政务公开、行政效益、政府责任、公共服务、廉政	主观指标＋客观指标
包雅钧[5]	社区治理、社会组织、公共服务、环境保护、公民权利、社会公平、社会稳定、居民主观幸福感	主观指标＋客观指标
"中国社会管理评价体系"课题组[6]	人类发展、社会公平、公共服务、社会保障、公共安全和社会参与	主观指标＋客观指标
张欢和胡静[7]	社会治理的公平感、社会服务的满意度和社会幸福感	主观指标

---

① Choguill C L, Machin S R. Social Aspects of Economic Readjustment in Hungary: A Consideration of the Role of Social-Economic Indicators[J]. Social Indicators Research,1993,29(2):205－227.
② Obeng-Odoom F. On the Origin, Meaning, and Evaluation of Urban Governance[J]. Norsk Geografisk Tidsskrift-Norwegian Journal of Geography,2012,66(4):204－212.
③ Anona A, Ronald F. Social Indicators-Promises and Problems: A Critical Review[J]. Evaluation Journal of Australasia,2003,3(1):17－26.
④ 俞可平. 中国治理评估框架[J]. 经济社会体制比较,2008(6):1－9.
⑤ 包雅钧. 当前中国社会治理评估的思考[J]. 科学决策,2011(7):80－91.
⑥ 中国社会管理评价体系课题组,俞可平. 中国社会治理评价指标体系[J]. 中国治理评论,2012(2):2－29.
⑦ 张欢,胡静. 社会治理绩效评估的公众主观指标体系探讨[J]. 四川大学学报:哲学社会科学版,2014(2):120－126.

续表

作者	社会绩效感评价指标	指标属性
何增科[1]	民主治理的过程、城市政府的质量、城市治理的绩效、公众的满意度评价	主观指标＋客观指标
史云贵和孙宇辰[2]	乡村经济发展、基层民主政治建设、社会安全与秩序、公共服务	主观指标＋客观指标
吴新叶[3]	公共政策、公共职能、公共财政、公共服务、农村自治组织、村民参与程度、社会组织协同、制度有效、运转有效、社会动员有效	主观指标＋客观指标
田发和周琛影[4]	基础教育、公共卫生、社会保障与公平、公共文化、基础设施、科技发展、城乡事务、公共安全、环境保护	客观指标
徐汉明和张新平[5]	党领导和推进社会治理法治建设、人大加强社会治理立法和监督、政府主导社会治理法治建设、司法机关维护社会治理公平正义、社会组织自治和参与合作共治、公众有序参与社会治理法治建设	主观指标＋客观指标
南锐[6]	社会保障治理、社会安全治理、公共服务治理和社会参与治理	客观指标
樊红敏和张玉娇[7]	政府治理、社会自发治理、村（居）民自我治理、居民生活质量、社会发展质量	主观指标＋客观指标
彭莹莹（2018）[8]	治理主体、治理方式、治理平台、治理对象、治理绩效	主观指标＋客观指标
王芳等[9]	治理绩效、治理能力、制度保障和公众满意度	客观指标

资料来源：作者自制。

参考以上研究，本章基于"公民满意度"视角，从社会基础设施、社会保障、社会环境、社会信任、社会公平和社会安全等维度测量社会绩效感。具体测量

[1] 何增科. 城市治理评估的初步思考[J]. 华中科技大学学报：社会科学版,2015,29(4):6－7.
[2] 史云贵,孙宇辰. 我国农村社会治理效能评价指标体系的构建与运行论析[J]. 公共管理与政策评论,2016,5(1):17－25.
[3] 吴新叶. 农村社会治理的绩效评估与精细化治理路径——对华东三省市农村的调查与反思[J]. 南京农业大学学报：社会科学版,2016,16(4):44－52.
[4] 田发,周琛影. 社会治理水平：指数测算、收敛性及影响因素[J]. 财政研究,2016(8):54－65.
[5] 徐汉明,张新平. 社会治理法治建设指标体系的设计、内容及其评估[J]. 法学杂志,2016,37(6):31－43.
[6] 南锐. 精细化视角下省域社会治理绩效的组合评价——基于29个省域的实证研究[J]. 北京交通大学学报：社会科学版,2017,16(4):124－134.
[7] 樊红敏,张玉娇. 县域社会治理评价体系：建构理路与评估框架[J]. 河南师范大学学报：哲学社会科学版,2017,44(1):26－31.
[8] 彭莹莹. 社会治理评估指标体系的设计与应用[J]. 甘肃行政学院学报,2018(2):89－98.
[9] 王芳,张百慧,杨灵芝,等. 基于大数据应用的政府治理效能评价指标体系构建研究[J]. 信息资源管理学报,2020,10(2):17－28.

问题和赋值如下:"1. 您对社会社会保障是否满意?",其中"非常不满意=1,比较不满意=2,一般=3,比较满意=4,非常满意=5";"2. 您对社会基础设施建设是否满意?",其中"非常不满意=1,比较不满意=2,一般=3,比较满意=4,非常满意=5";"3. 您对社会生态环境是否满意?",其中"非常不满意=1,比较不满意=2,一般=3,比较满意=4,非常满意=5";"4. 您对社会上人的信任状况?",其中"非常不信任=1,比较不信任=2,一般=3,比较信任=4,非常信任=5";"5. 您认为总体上的社会安全状况如何?",其中"非常不安全=1,比较不安全=2,一般=3,比较安全=4,非常安全=5";"6. 您认为总体上的社会公平状况如何?",其中"非常不公平=1,比较不公平=2,一般=3,比较公平=4,非常公平=5"。基于此,社会绩效感的综合测量指标为对上述 6 个测量指标进行主成分因子分析,更具特征根值大于 1 的原则提取公因子,公因子为 3.216 2。主成分因子分析结果如表 9.5 所示。

表 9.5 社会绩效感主成分因子分析

测量指标	因子载荷
您对社会社会保障是否满意?	0.794 2
您对社会基础设施建设是否满意?	0.706 1
您对社会生态环境是否满意?	0.708 1
您对社会上人的信任状况?	0.768 3
您认为总体上的社会安全状况如何?	0.774 2
您认为总体上的社会公平状况如何?	0.629 2
累计解释率	0.536 0
KMO 检验值	0.851 7

资料来源:作者根据调查数据自制。

(三)中介变量:社会认同

本章的中介变量为社会认同(Social Identity)。社会认同指个体认识到他属于特定的社会群体,同时也认识到作为群体成员带给他的情感和价值意义。社会认同融合了社会学和心理学两种视角,不仅关注个体心理变量的控制,同时关注群体过程的分类模式。社会认同是对具体问题一致的认识,例如人们对正义和宽容,以及对其重要性的认识,是个体品格的社会构建,表现出对社会有积极评价的人的信任、善待和宽容,是对人民的正面评价。社会认同的人对人性持有良好的看法[1],并对他人感到舒适。[2] 20 世纪 70 年代泰弗尔提出"社会认同理论",社会认同理论强调个体通过社会分类,对本群体产生认同,进而推动内群偏好和外群敌意。个体通过社会分类来识别环境,同时也识别并对自己进行分类,进而通过社会分类、社会比较和积极区分原则而建立起相应的社会认同。社会认同是个体接受的社会类比:那些对自己的个人关系感觉良好并接受生活中好的方面和坏的方面的人是良好心理健康的典范。[3] 因此,对他人的社会认同可能是自我认同的社会对等物。[4] 具体测量指标为:"您是认同社会(社区)正变得越来越好?",其中"非常不认同=1,比较不认同=2,一般=3,比较认同=4,非常认同=5"。

（四）调节变量:生活幸福感和社会归属感

本章的调节变量为生活幸福感（Life Well-Being）和社会归属感（Social Sense of Belonging）。幸福感是研究公民良好生存状态的实证科学,是公民对其生活状态的主观认知,是公民对自身需要是否得到满足以及是否能够实现自身潜能的主观评价。[5] 目前,对幸福感的研究主要包括三种理论框架:主观幸福感（Subjective Well-Being）、心理幸福感（Psychological Well-Being）和社会幸福感（Social Well-Being）。现有的研究主要集中于基于私人领域的主观幸福感和心理幸福感,主观幸福感和心理幸福感是个体对自身实际生活状态的内在主观评价和情绪情感体验。[6] 其中主观幸福感强调快乐的体验,评估体系包括积极或消极情感、生活满意度等,心理幸福感侧重人的潜能实现情况,强调人的积极心理功能的体现,评价标准主要有自我接受、个人成长、生活目标、人际关系、环境控制、独立自主等。[7] 生活幸福感是公民主观幸福感的认知成分,它是指基于自身设定的标准对其生活质量所做出的主观评价。学术界普遍采用的是韦恩霍文（Veenhoven）对生活满意度的认知,他认为生活满意度是指个人对其生

①　Robinson C, Schumacker R E. Interaction Effects: Centering, Variance Inflation Factor, and Interpretation Issues[J]. Multiple Linear Regression Viewpoints, 2009,35(1): 6−11.

②　Horney K. Our Inner Conflicts: A Constructive Theory of Neurosis[M]. London: Routledge, 2013:274.

③　Ryff C D, Keyes C L M. The Structure of Psychological Well-Being Revisited[J]. Journal of Personality and Social Psychology, 1995,69(4):719.

④　Keyes C L M. Social Well-Being[J]. Social Psychology Quarterly, 1998,61(2):121−140.

⑤　Diener E. The Science of Happiness and A Proposal for A National Index[J]. Journal of American Psychologist,2015,55(1):234−242.

⑥　Diener E. Subjective Well-Being [J]. Psychological Bulletin,1984(3):542−575.

⑦　Ryff C D, Keyes C L M. The Structure of Psychological Well-Being Revisited[J]. Journal of Personality and Social Psychology, 1995, 69(4):719.

活总体质量的判断。[①] 因此,本章对生活幸福感的测量方式为"您认为您现在的生活是否幸福?",其中"非常不幸福＝1,比较不幸福＝2,一般＝3,比较幸福＝4,非常幸福＝5"。

社会归属感是文化心理的概念。它是指个体与社会群体间的一种内在联系,是某一个体对社会群体及其从属关系的划定、认同和维系,归属感则是这种划定、认同和维系的心理表现。社会归属感还可以解释为个人对社会或社区关系质量的评价,评价积极的人认为自己是社会的一部分,自身与社会或组织有着亲密的关系。因此,归属指公民与构成其社会现实的其他人(如邻居、朋友)有共同之处的程度的感知,以及他们觉得自己属于社区或社会的程度。社会归属感借鉴了涂尔干的社会凝聚力、西曼的文化隔阂和社会孤立以及马克思阶级意识等概念。在迪尔凯姆看来,社会归属和可持续健康发展反映了个体之间通过规范相互联系,并表明了他们对社会的喜爱。塞曼(Seeman)认为文化隔阂是自我与社会的分裂,疏远是对社会的排斥,或者意识到社会并不反映一个人的价值观和生活方式,像马克思的阶级意识观念一样,社会归属感是对集体成员和命运的解释。[②] 因此,本章对社会归属感的测量方式为"您对您所在社区是否有归属感?",其中"非常没有＝1,比较没有＝2,一般＝3,比较有＝4,非常有＝5"。

(五)控制变量

本章将性别、年龄、年龄平方(考虑到年龄对社会绩效感可能存在的非线性影响)、婚姻状况、政治面貌、户籍状况、民族、受教育程度、个人年均收入对数(考虑到收入对社会绩效感可能存在的非线性影响)与职业类型等个体人口社会经济特征变量作为控制变量。其中性别为虚拟变量,男性赋值为1,女性赋值为0;年龄为连续变量,年龄范围在17～63岁;婚姻状况为虚拟变量,已婚赋值为1,其他赋值为0;政治面貌为虚拟变量,中共党员赋值为1,其他赋值为0;户籍状况为虚拟变量,农业户口赋值为1,非农业户口赋值为0;民族为虚拟变量,汉族赋值为1,其他赋值为0;职业类型为虚拟变量,公职人员赋值为1,非公职人员赋值为0;受教育程度为定序变量,其中小学及以下赋值为1,初中赋值为2,高中及中专、职高技校等赋值为3,大专赋值为4,本科及以上赋值为5;以个

① Veenhoven R. The Four Qualities of Life. Ordering Concepts and Measures of the Good Life [J]. Journal of Happiness Studies,1993,1:1—39.

② Seeman M. Alienation Motifs in Contemporary Theorizing: The Hidden Continuity of the Classic Themes[J]. Social Psychology Quarterly, 1983,(46):171—184.

人 2022 年年均收入的对数衡量个人收入状况。

主要变量描述性统计见表 9.6。

表 9.6　　　　　　　　　　　　主要变量描述性统计

变量名	测量变量	变量含义及赋值	最小值	最大值	均值	标准差
社会绩效感	基础设施	对社会基础设施是否满意：非常不满意＝1，比较不满意＝2，一般＝3，比较满意＝4，非常满意＝5	1	5	3.705	0.695
	社会保障	对社会社会保障是否满意：非常不满意＝1，比较不满意＝2，一般＝3，比较满意＝4，非常满意＝5	1	5	3.392	0.761
	生态环境	对生态环境是否满意：非常不满意＝1，比较不满意＝2，一般＝3，比较满意＝4，非常满意＝5	1	5	3.719	0.687
	社会信任	对社会上的人是否信任：非常不信任＝1，比较不信任＝2，一般＝3，比较信任＝4，非常信任＝5	1	5	3.543	0.686
	社会公平	对社会公平状况评价：非常不公平＝1，比较不公平＝2，一般＝3，比较公平＝4，非常公平＝5	1	5	3.507	0.755
	社会安全	对社会安全状况评价：非常不安全＝1，比较不安全＝2，一般＝3，比较安全＝4，非常安全＝5	1	5	3.852	0.626
公民参与社区治理	参与选举	最近两年是否参加过村/居委会的选举：参加＝1，未参加＝0	0	1	0.248	0.432
	参与决策	最近两年是否参加过所在村/居社区治理问题的协商决策：参加＝1，未参加＝0	0	1	0.221	0.415
	参与管理	最近两年是否参加过所在村/居社区治理的志愿活动：参加＝1，未参加＝0	0	1	0.454	0.498
	参与监督	最近两年是否参加过监督村/居委会的社区治理行为：参加＝1，未参加＝0	0	1	0.209	0.407
	社会认同	认同社会（社区）正变得越来越好：非常不认同＝1，比较不认同＝2，一般＝3，比较认同＝4，非常认同＝5	1	5	3.833	0.781
	生活幸福感	现在的生活是否幸福？：非常不幸福＝1，比较不幸福＝2，一般＝3，比较幸福＝4，非常幸福＝5	1	5	3.688	0.670

续表

变量名	测量变量	变量含义及赋值	最小值	最大值	均值	标准差
	社会归属感	对所在社区是否有归属感:非常没有=1,比较没有=2,一般=3,比较有=4,非常有=5	1	5	3.253	0.915
	性别	男=1;女=0	0	1	0.488	0.500
	年龄	周岁(连续变量)	17	63	35.041	9.722
	年龄平方	对年龄做平方处理	289	3 969	1 322.3	756.67
	婚姻状况	已婚=1;其他=0	0	1	0.593	0.491
	政治面貌	党员=1;其他=0	0	1	0.316	0.465
人口学特征	户籍状况	农业户口=1;非农业户口=0	0	1	0.146	0.353
	民族	汉族=1;其他=0	0	1	0.878	0.327
	受教育程度	小学及以下=1;初中=2;高中(含中专、职高技校)=3;大专=4;大学及以上=5	1	5	4.481	0.896
	收入状况	对收入取对数处理	0	14.509	11.525	1.947
	公职身份	公职人员=1;其他=0	0	1	0.212	0.409

资料来源:作者根据调查数据自制。

三、模型构建

首先,探讨公民参与社区治理对社会绩效感的影响,构建基准计量模型如下:

$$Social\ performance_i = \alpha_0 + \alpha_1 Citizen\ Participation_i + \sum \alpha_k Control_{ki} + \varepsilon_i \tag{1}$$

在式(1)中,i代表公民个体,$Social\ performance$代表社会绩效感,$Citizen\ participation$代表公民参与,其中主要包括参与选举、参与决策、参与管理和参与监督,$Control_k$为控制变量,α为待估参数,ε_i为随机扰动项。

其次,参考温忠麟等人的中介效应模型[①],进一步检验社会认同在"公民参与社区治理—社会绩效感"中的中介效应,中介效应计量模型如下:

$$Social\ identity_i = \beta_0 + \beta_1 Citizen\ participation_i + \sum \beta_k Control_{ki} + \varepsilon_i \tag{2}$$

$$Social\ performance_i = \gamma_0 + \gamma_1 Citizen\ participation_i + \gamma_2 Social\ identity_i + \sum \gamma_k Control_{ki} + \varepsilon_i \tag{3}$$

在式(2)、(3)中,在分析公民参与对社会认同的影响之后分析公民参与、社

---

① 温忠麟,叶宝娟. 中介效应分析:方法和模型发展[J]. 心理科学进展,2014(5):731—745.

会认同对社会绩效感的影响，进而完成整个中介效应检验。除式（1）的变量定义外，其中 $Social\ identity$ 代表社会认同，β、γ 为待估参数。

最后，进一步检验生活幸福感和社会归属感在"公民参与社区治理—社会绩效感"中的调节效应，在式（1）的基础上分别加入调节变量、公民参与与调节变量的交互项，计量模型如下：

$$Social\ performance_i = \varphi_0 + \varphi_1 Citizen\ participation_i + \varphi_2 Well\text{-}being_i$$
$$+ \varphi_3 Citizen\ participation_i \times Well\text{-}being_i$$
$$+ \sum \varphi_k Control_{ki} + \varepsilon_i \tag{4}$$

$$Social\ performance_i = \phi_0 + \phi_1 Citizen\ participation_i + \phi_2 Ownership_i + \phi_3 Citizen$$
$$participation_i \times Ownership_i + \sum \Phi_k Control_{ki} + \varepsilon_i \tag{5}$$

在式（4）、（5）中，除式（1）、（2）、（3）的变量命名外，其中 $Well\text{-}being$ 代表社会幸福感，$Ownership$ 代表社会归属感，φ、ϕ 为待估参数。

第四节　实证结果分析

一、基准回归结果

本章使用 Stata17.0 统计软件进行基本结果分析。首先进行相关性和多重共线性分析，相关性分析结果显示所有变量之间相关系数绝对值都不大于 0.5，说明将变量同时纳入回归模型不会出现严重的多重共线性。接下来，我们对社区公民参与社区治理的各项测量指标以及控制变量进行方差膨胀因子（VIF）检验，检验结果显示最大为 3.52，最小为 1.09，平均为 1.68，均远小于 10。因此，变量之间基本不存在多重共线性问题。基准回归结果如表 9.7 所示，其中模型（1）汇报了参与选举对社会绩效感影响的普通最小二乘法（OLS）回归结果；模型（2）汇报了参与决策对社会绩效感影响的普通最小二乘法（OLS）回归结果；模型（3）汇报了参与管理对社会绩效感影响的普通最小二乘法（OLS）回归结果；模型（4）汇报了参与监督对社会绩效感影响的普通最小二乘法（OLS）回归结果；模型（5）汇报了参与选举、参与决策、参与管理和参与监督主成分因子分析后综合形成的公民参与社区治理对社会绩效感影响的普通最小二乘法

（OLS）回归结果；模型（6）汇报了公民参与社区治理和各控制变量对社会绩效感影响的普通最小二乘法（OLS）回归结果。

表 9.7 基准回归结果

变量	社会绩效感					
	(1)	(2)	(3)	(4)	(5)	(6)
参与选举	0.254*** (0.075)					
参与决策		0.373*** (0.075)				
参与管理			0.245*** (0.062)			
参与监督				0.471*** (0.069)		
公民参与					0.298*** (0.029)	0.242*** (0.034)
性别	0.090 (0.063)	0.084 (0.063)	0.102 (0.063)	0.069 (0.063)		0.080 (0.062)
年龄平方	−0.045* (0.026)	−0.041 (0.026)	−0.060** (0.026)	−0.052** (0.026)		−0.035 (0.026)
年龄平方	0.001* (0.000)	0.001* (0.000)	0.001*** (0.000)	0.001** (0.000)		0.000 (0.000)
婚姻状况	0.198** (0.079)	0.186** (0.079)	0.201** (0.079)	0.177** (0.079)		0.171** (0.077)
户籍状况	−0.658*** (0.093)	−0.642*** (0.095)	−0.635*** (0.094)	−0.650*** (0.093)		−0.614*** (0.093)
民族	−0.117 (0.096)	−0.096 (0.097)	−0.119 (0.097)	−0.104 (0.097)		−0.083 (0.095)
政治面貌	0.233*** (0.077)	0.200*** (0.077)	0.207*** (0.078)	0.177** (0.077)		0.157** (0.076)
受教育程度	−0.045 (0.038)	−0.045 (0.039)	−0.039 (0.039)	−0.066* (0.039)		−0.071* (0.038)
ln(收入)	−0.010 (0.021)	−0.012 (0.022)	−0.007 (0.022)	−0.008 (0.022)		−0.009 (0.021)
公职身份	−0.001 (0.085)	0.035 (0.084)	−0.019 (0.085)	0.017 (0.082)		−0.007 (0.082)

续表

变量	社会绩效感					
	(1)	(2)	(3)	(4)	(5)	(6)
常数项	1.007**	0.927**	1.095**	1.185**	0.001	1.089**
	(0.473)	(0.471)	(0.476)	(0.475)	(0.030)	(0.463)
Adj_R^2	0.109	0.120	0.113	0.132	0.089	0.142

注：* $p<0.1$，** $p<0.05$，*** $p<0.01$；括号内为稳健标准误。

首先，由模型（1）可知，参与选举在 1% 的显著性水平上对社会绩效感产生正向影响，估计系数为 0.254，说明在浦东新区打造社会主义现代化引领区过程中参加过所在村/居委会选举的公民对社会绩效感的评价越高，参加民主选举的公民对社会基础设施建设、社会生态环境、社会保障、社会信任、社会安全和社会公平有更为积极的评价，对社会发展现状更为满意。模型（2）显示，参与决策对社会绩效感的影响系数为 0.373，且在 1% 的水平上对社会绩效感的影响显著为正，说明在浦东新区打造社会主义现代化引领区过程中参加过所在村/居社区治理问题的协商决策的公民的社会绩效感越高，对社会的评价越积极，公民参与协商决策能够使得自身价值更好地在基层群众自治中得以实现，协商决策中公民自身的政策建议和政策主张能够在基层群众自治过程中得以有益的考虑或者将自己的建议或主张付诸实践，使得公民对社会的正向评价越高。模型（3）结果表明，参与管理对社会绩效感在 1% 的显著性水平上产生正向影响，且影响系数为 0.245，说明在浦东新区打造社会主义现代化引领区过程中参加过所在村/居社区治理的志愿活动，直接参与对社区的管理，能够更好发挥自身价值，能够为社区治理贡献自身力量，参与社区治理志愿活动是社会责任的体现，一般而言，有社会责任的公民对社会的评价越高。从模型（4）可以看出，参与监督对在 1% 的显著性水平上正向影响社会绩效感，估计系数为 0.471，在参与选举、参与决策、参与管理和参与监督 4 种参与方式中，参与监督对社会绩效感的影响效应最大，说明在浦东新区打造社会主义现代化引领区过程中参加过监督村/居委会的社区治理行为的公民对社会绩效感的评价越高。

其次，由模型（5）可知，在未控制其他变量的情况下，由参与选举、参与决策、参与管理和参与监督整合而成的公民参与社区治理对社会绩效感在 1% 的显著性水平上产生正向影响。由模型（6）可知，在控制其他变量的前提下，公民参与社区治理对社会绩效感产生显著的正向影响，且在 1% 的水平上显著。公民参与本身具有维护自身权益和服务社会大众的属性,服务社会大众的属性是公民基于共同意志、共同价值、共同利益和共同责任而联合起来的为解决社会难题、维护社会秩序、激发社会活力的复杂系统。因此公民参与具有较强的社会属性,公民参与在对自身主观幸福感和心理幸福感产生影响的同时,势必存在社会效应。公民参与提供了在不同社会环境中培养社会关系的机会,参与既是人与人互动的过程,也是人与社会互动的过程,公民参与过程中会对社会有更深刻的认知,并获得与社会的联系感、归属感和认同感,从而实现更高的社会绩效感评价。[①] 斯美塔那(Smetana)等人的研究认为,公民通过参与社区治理为社区生活做出贡献可以提高公民自我效能感和个人控制力,并提供展现自我的机会,公民参与社区治理的过程提高了其领导能力、凝聚力、社会责任感、个人效能感和能动性[②]。因此,公民参与社区治理作为公民社会学习的过程,会形塑或重塑公民的心理情感,对公民社会绩效感评价产生直接影响。

最后,在控制变量对社会绩效感的影响中,由模型(6)可知,性别、年龄、民族、收入状况、公职身份对社会绩效感的影响并没有统计学意义上的显著性。婚姻状况对社会绩效感在5%的显著性水平上产生正向影响,说明婚姻是影响社会绩效感的重要要素,已婚公民对社会绩效感的评价更高,可能的解释是已婚公民的生活幸福感更高,对未来生活和社会发展更有信心。户籍状况在1%的显著性水平上对社会绩效感产生负向影响,即城镇公民比农村公民的社会绩效感评价更高,说明城镇公民对社会的评价更积极。政治面貌对社会绩效感的影响显著为正,即党员身份可以提高社会绩效感评价。受教育程度对社会绩效感在10%的显著性水平上产生负向影响,说明受教育程度越高的公民对社会绩效感的评价越消极,受教育程度越低的公民对社会绩效感的评价越积极。这可能是由社会期望和公民需求因素所导致的,即受教育程度越高的公民对社会的期望越高,对社会的需求也越高,当社会基础设施建设、社会生态环境、社会保障、社会信任、社会安全和社会公平等社会发展现状达不到公民自身的期望或公民自身的需求得不到满足时,就会产生落差,进而对社会绩效感的评价较低。

---

① Hughey J, Speer P W, Peterson N A. Sense of Community in Community Organizations: Structure and Evidence of Validity[J]. Journal of Community Psychology,1999,27(1):97—113.

② Smetana J G, Campione-Barr N, Metzger A. Adolescent Development on Interpersonal and Societal Contexts[J]. Annual Review of Psychology,2006,57(15):1—15.

二、稳健性检验

本章对公民参与社区治理的社会绩效感评估的稳健性检验采取改变因变量测量方式的策略。在基准回归分析中,对因变量社会绩效感的测量方式是主成分因子分析法,稳健性检验中对因变量社会绩效感的测量方式为对社会基础设施建设、社会生态环境、社会保障、社会信任、社会安全和社会公平等指标进行等权重加总求平均。稳健性检验结果如表9.8所示,其中,参与选举、参与决策、参与管理、参与监督和综合指标公民参与社区治理均在1%的显著性水平上对社会绩效感产生正向影响,稳健性检验的估计结果与基准回归结果相比在是否影响、影响方向和显著性水平上并未发生变化,表明基准回归结果较稳健。

表 9.8　　　　　　　　　　　　　　　**稳健性检验估计结果**

变量	社会绩效感					
	(1)	(2)	(3)	(4)	(5)	(6)
参与选举	0.134*** (0.038)					
参与决策		0.194*** (0.039)				
参与管理			0.126*** (0.032)			
参与监督				0.245*** (0.035)		
公民参与					0.155*** (0.015)	0.126*** (0.017)
性别	0.047 (0.032)	0.044 (0.032)	0.053* (0.032)	0.036 (0.032)		0.042 (0.032)
年龄	−0.023* (0.013)	−0.021(0.013)	−0.030** (0.014)	−0.026** (0.013)		−0.017 (0.013)
年龄平方	0.000* (0.000)	0.000* (0.000)	0.000*** (0.000)	0.000** (0.000)		0.000 (0.000)
婚姻状况	0.102** (0.041)	0.096** (0.041)	0.104** (0.041)	0.091** (0.040)		0.088** (0.040)

续表

变量	社会绩效感					
	(1)	(2)	(3)	(4)	(5)	(6)
户籍状况	-0.339^{***}	-0.331^{***}	-0.327^{***}	-0.335^{***}		-0.316^{***}
	(0.048)	(0.049)	(0.048)	(0.048)		(0.048)
民族	-0.061	-0.050	-0.062	-0.054		-0.043
	(0.049)	(0.050)	(0.050)	(0.049)		(0.049)
政治面貌	0.122^{***}	0.105^{***}	0.109^{***}	0.094^{**}		0.083^{**}
	(0.039)	(0.039)	(0.040)	(0.039)		(0.039)
受教育程度	-0.023	-0.023	-0.019	-0.033^{*}		-0.036^{*}
	(0.020)	(0.020)	(0.020)	(0.020)		(0.020)
ln(收入)	-0.005	-0.006	-0.004	-0.004		-0.005
	(0.011)	(0.011)	(0.011)	(0.011)		(0.011)
公职身份	-0.000	0.018	-0.010	0.009		-0.004
	(0.044)	(0.043)	(0.044)	(0.042)		(0.042)
常数项	4.127^{***}	4.087^{***}	4.174^{***}	4.221^{***}	3.620^{***}	4.171^{***}
	(0.243)	(0.242)	(0.244)	(0.244)	(0.015)	(0.238)
Adj_R^2	0.111	0.122	0.115	0.134	0.091	0.145

注：* $p<0.1$，** $p<0.05$，*** $p<0.01$；括号内为稳健标准误。

三、异质性分析

(一)在性别、婚姻、户籍和收入方面的异质性

公民参与社区治理对社会绩效感的影响在性别、婚姻、户籍和收入方面的异质性估计结果如表9.9所示。由模型(1)、(2)可知，公民参与社区治理对社会绩效感在性别上并不存在异质性影响，男性和女性公民参与社区治理对社会绩效感均有显著正向影响。由模型(3)、(4)可知，公民参与社区治理对社会绩效感在婚姻状况上并不存在异质性影响，说明已婚和未婚公民参与社区治理均会产生显著的社会绩效感评价。由模型(5)、(6)可知，农村公民参与社区治理对社会绩效感的影响并不显著，城镇公民参与社区治理对社会绩效感在1%的显著性水平上影响为正，可能的解释是城镇公民参与社区治理的氛围更好，公民参与社区治理渠道更完善，公民参与社区治理本身成为公民实现自我价值的重要途径，而农村公民参与社区治理的制度化基础较为薄弱，公民参与社区治理的程度和深度较薄弱，公民参与社区治理并不会提高社会绩效感评价。由模

型(7)、(8)可知，个体收入不同的公民参与社区治理对社会绩效感都会产生显著影响，并不存在个体收入上的异质性。

表 9.9 　　　　　　　　　在性别、婚姻、户籍和收入方面的异质性估计结果

变量	社会绩效感							
	男性 (1)	女性 (2)	已婚 (3)	未婚 (4)	农村 (5)	城镇 (6)	10万元以下 收入(7)	10万元以上 收入(8)
公民参与	0.265*** (0.043)	0.212*** (0.052)	0.212*** (0.040)	0.295*** (0.060)	0.186 (0.117)	0.243*** (0.035)	0.192** (0.076)	0.251*** (0.037)
性别			0.069 (0.079)	0.112 (0.101)	0.278 (0.182)	0.062 (0.066)	−0.032 (0.153)	0.108 (0.068)
年龄	−0.044 (0.032)	−0.011 (0.044)	−0.085** (0.035)	−0.002 (0.037)	−0.096 (0.069)	−0.021 (0.028)	0.059 (0.060)	−0.056* (0.030)
年龄平方	0.001 (0.000)	0.000 (0.001)	0.001** (0.000)	0.000 (0.000)	0.001 (0.001)	0.000 (0.000)	−0.001 (0.001)	0.001* (0.000)
婚姻状况	0.079 (0.108)	0.249** (0.112)			0.192 (0.230)	0.175** (0.083)	−0.351 (0.254)	0.213*** (0.082)
户籍状况	−0.534*** (0.131)	−0.682*** (0.127)	−0.634*** (0.112)	−0.620*** (0.152)			−0.593*** (0.200)	−0.661*** (0.104)
民族	0.115 (0.154)	−0.257** (0.117)	0.010 (0.156)	−0.142 (0.122)	−0.391 (0.279)	−0.042 (0.102)	−0.307 (0.193)	−0.004 (0.111)
政治面貌	0.034 (0.110)	0.256** (0.110)	0.255*** (0.089)	−0.066 (0.142)	−0.050 (0.303)	0.183** (0.079)	−0.409 (0.326)	0.186** (0.078)
受教育程度	−0.081* (0.048)	−0.028 (0.062)	−0.061 (0.055)	−0.087 (0.061)	−0.040 (0.071)	−0.065 (0.046)	−0.008 (0.083)	−0.071 (0.043)
ln(收入)	0.037 (0.037)	−0.044* (0.025)	−0.041 (0.087)	−0.017 (0.023)	0.098 (0.067)	−0.035** (0.017)		
公职身份	−0.112 (0.134)	0.087 (0.106)	−0.047 (0.094)	0.026 (0.162)	−0.201 (0.338)	−0.013 (0.087)	0.623** (0.303)	−0.036 (0.084)
常数项	0.759 (0.635)	0.922 (0.723)	2.551** (1.081)	0.688 (0.661)	0.330 (1.237)	1.057** (0.502)	−0.720 (1.123)	1.308** (0.597)
Adj_R^2	0.156	0.154	0.148	0.125	0.113	0.097	0.148	0.151

注：* $p<0.1$，** $p<0.05$，*** $p<0.01$；括号内为稳健标准误。

(二)在教育和年龄方面的异质性

受教育程度是公民文化资本的重要表征，学历塑造了社会安排、信仰体系和知识，同时最小化和创造了各种形式的社会不平等。[①] 经济学家经常强调学

---

① Jongbloed J，Pullman A. Well-being in the welfare state：the redistributive capacity of education [J]. European journal of education，2016，51(4)：564—586.

历影响个体收入、社会保障和国家繁荣[1]，教育学家则强调教育有能力塑造睿智、有眼光的公民。[2] 受教育程度作为一种非货币的资本对公民参与社区治理和社会绩效感具有直接或间接的影响。随着国家教育环境的完善和公民受教育程度的普遍提高，公民参与社区治理对社会绩效感的影响可能存在教育的异质性。此外，不同年龄阶段的公民所生活的社会环境、政治环境和国际环境不同，因此不同年龄群体的参与可能会产生不同的社会绩效感评价。如有研究认为青少年对社会的认知尚未完全开发，有其自身的特殊性，此外，青少年参与社区服务活动更容易产生同情心和相互依赖关系，更能促进青少年与社区的情感联系。[3] 因此本章对年龄的区分分为青年群体和中老年群体[4]，进行年龄的异质性分析。

公民参与社区治理对社会绩效感的影响在教育和年龄方面的异质性估计结果如表9.10所示。由模型（1）至（5）可知，公民参与社区治理对社会绩效感的影响存在教育上的异质性。其中小学及以下和初中教育的公民参与社区治理对社会绩效感的影响并不显著，而受过高中教育或者大专教育或者大学及以上教育的公民参与社区治理对社会绩效感的影响显著为正，可能的解释是，受过初中及以下教育的公民缺乏对社会绩效感评价的知识，受过高中教育、大专教育和大学及以上教育的公民更能够掌握社会绩效感评价的知识。由模型（6）、（7）可知，青年群体和中老年群体参与社区治理对社会绩效感均有显著的正向影响，显著性水平为1%，说明无论是青年群体，还是中老年群体的公民，其参与社区治理比不参与社区治理对社会绩效感的评价更积极。

表 9.10　　　　　　　　　　　在教育和年龄方面的异质性估计结果

变量	社会绩效感						
	小学及以下(1)	初中(2)	高中(3)	大专(4)	大学及以上(5)	青年(6)	中老年(7)
公民参与	0.685 (1.024)	0.455 (0.407)	0.199** (0.099)	0.198* (0.104)	0.259*** (0.040)	0.258*** (0.039)	0.164*** (0.059)
性别	1.100 (1.387)	0.331 (0.432)	0.166 (0.143)	0.286 (0.173)	0.033 (0.076)	0.047 (0.068)	0.157 (0.164)

---

① Donou Adonsou F, Pradhan G, Basnet H C. Human capital expenditure and income in developing countries[J]. The journal of developing areas,2021,55(3):113—128.

② Mcmahon W W, Oketch M. Education's effects on individual life chances and on development: an overview[J]. British Journal of Educational Studies,2013,61(1):79—107.

③ Kahne J, Nagaoka J, Brown A, et al. Assessing after-school programs as contexts for youth development[J]. Youth & Society, 2001,32(4):421—446.

④ 根据世界卫生组织（2017 年）的划分标准，青年年龄段为 15～44 周岁。

续表

变量	社会绩效感						
	小学及以下(1)	初中(2)	高中(3)	大专(4)	大学及以上(5)	青年(6)	中老年(7)
年龄	−0.851 (0.600)	0.054 (0.119)	0.096 (0.059)	0.017 (0.067)	−0.061 (0.037)		
年龄平方	0.009 (0.006)	−0.001 (0.002)	−0.001 (0.001)	−0.000 (0.001)	0.001 (0.000)		
婚姻状况	−1.728 (1.014)	0.101 (0.439)	−0.232 (0.164)	0.049 (0.220)	0.259*** (0.096)	0.133* (0.072)	−0.032 (0.195)
户籍状况	−0.136 (1.992)	−0.686* (0.343)	−0.203 (0.183)	−0.596** (0.292)	−0.693*** (0.127)	−0.614*** (0.104)	−0.592*** (0.184)
民族	— —	0.255 (0.682)	−0.209 (0.181)	0.134 (0.336)	−0.090 (0.115)	−0.104 (0.102)	0.051 (0.189)
政治面貌	— —	1.279 (0.832)	0.307* (0.181)	0.152 (0.207)	0.154* (0.091)	0.133 (0.088)	0.197 (0.159)
受教育程度						−0.049 (0.043)	−0.088 (0.089)
ln(收入)	−1.086 (1.822)	−0.005 (0.327)	−0.117** (0.049)	−0.010 (0.065)	0.004 (0.023)	−0.021 (0.020)	−0.011 (0.136)
公职身份	— —	— —	0.644*** (0.174)	0.171 (0.400)	−0.021 (0.088)	0.007 (0.093)	−0.167 (0.193)
常数项	31.915 (33.228)	−1.391 (4.188)	−0.306 (0.832)	−0.789 (1.277)	1.182** (0.601)	0.497* (0.287)	0.532 (1.424)
Adj_R^2	0.748	0.314	0.188	0.208	0.141	0.133	0.122

注:* $p<0.1$,** $p<0.05$,*** $p<0.01$;括号内为稳健标准误。

第五节　作用机制分析

一、社会认同的中介效应机制分析

（一）公民参与社区治理对社会认同的影响

借鉴温忠麟等中介效应检验方法[①],首先考察公民参与社区治理对社会认同的影响,估计结果如表9.11所示。模型(1)结果显示,参与选举对社会认同的影

① 温忠麟,叶宝娟. 中介效应分析:方法和模型发展[J]. 心理科学进展,2014(5):731−745.

响并不显著,可能的解释是,参与选举是基层群众自治制度的一项基本内容,是公民的一项基本权利,无论是否参与选举都不会公民对社会会变得越来越好产生认同性评价。由模型(2)、(3)、(4)可知,参与决策、参与管理和参与监督对社会认同在5%或1%的水平上产生正向影响,说明参与过社区治理协商决策、社区志愿活动和监督社区自治的公民对社会认同程度更高,更能感受到社会的积极变化。由模型(5)可知,整体来看,公民参与社区治理对社会认同存在显著的正向影响,且显著性水平为1%,说明公民参与社区治理有助于提高社会认同感。

表 9.11　　　　　　　　　公民参与社区治理对社会认同的影响估计结果

变量	社会认同				
	(1)	(2)	(3)	(4)	(5)
参与选举	0.085 (0.058)				
参与决策		0.159** (0.063)			
参与管理			0.181*** (0.049)		
参与监督				0.254*** (0.059)	
公民参与					0.121*** (0.027)
性别	0.076 (0.051)	0.073 (0.050)	0.084* (0.050)	0.064 (0.050)	0.071 (0.050)
年龄	−0.039* (0.021)	−0.036* (0.021)	−0.045** (0.021)	−0.040* (0.021)	−0.032 (0.021)
年龄平方	0.001** (0.000)	0.000* (0.000)	0.001** (0.000)	0.001** (0.000)	0.000 (0.000)
婚姻状况	0.132** (0.065)	0.126* (0.065)	0.131** (0.064)	0.119* (0.064)	0.117* (0.064)
户籍状况	−0.269*** (0.068)	−0.261*** (0.068)	−0.247*** (0.069)	−0.263*** (0.069)	−0.245*** (0.068)
民族	0.007 (0.073)	0.018 (0.074)	0.011 (0.072)	0.017 (0.073)	0.027 (0.073)
政治面貌	0.229*** (0.064)	0.214*** (0.064)	0.205*** (0.064)	0.197*** (0.065)	0.189*** (0.064)

续表

变量	社会认同				
	(1)	(2)	(3)	(4)	(5)
受教育程度	0.003 (0.031)	0.002 (0.031)	0.002 (0.031)	−0.011 (0.031)	−0.012 (0.031)
ln(收入)	0.007 (0.018)	0.006 (0.018)	0.009 (0.018)	0.007 (0.018)	0.007 (0.018)
公职身份	0.029 (0.073)	0.043 (0.072)	0.008 (0.073)	0.035 (0.072)	0.023 (0.072)
常数项	4.257*** (0.372)	4.210*** (0.372)	4.266*** (0.371)	4.324*** (0.374)	4.275*** (0.369)
Adj_R^2	0.065	0.070	0.076	0.079	0.081

注：* $p<0.1$，** $p<0.05$，*** $p<0.01$；括号内为稳健标准误。

（二）公民参与社区治理和社会认同对社会绩效感的影响

接续公民参与社区治理对社会认同的影响，进一步考察公民参与社区治理和社会认同对社会绩效感的影响，从而完成整个中介效应的影响机制检验。估计结果见表9.12。由模型(1)—(5)可知，参与选举、参与决策、参与管理、参与监督和公民参与社区治理对社会绩效感均存在显著的正向影响，与基准回归结果基本一致，进一步检验了公民参与社区治理对社会绩效感影响的稳健性。此外，社会认同在1%的显著性水平上对社会绩效感产生正向影响，说明对社会认同感越高的公民其社会绩效感评价越积极。结合表9.12公民参与社区治理对社会绩效感影响的估计结果，其中社会认同在"参与决策—社会绩效感""参与管理—社会绩效感""参与监督—社会绩效感""公民参与社区治理—社会绩效感"中的中介效应机制成立。整体来看，公民参与社区治理通过社会认同的中介渠道进一步影响社会绩效感。

表 9.12　公民参与社区治理和社会认同对社会绩效感的影响估计结果

变量	社会绩效感				
	(1)	(2)	(3)	(4)	(5)
参与选举	0.189*** (0.063)				
参与决策		0.252*** (0.063)			

续表

变量	社会绩效感				
	(1)	(2)	(3)	(4)	(5)
参与管理			0.106** (0.051)		
参与监督				0.280*** (0.060)	
公民参与					0.152*** (0.029)
社会认同	0.767*** (0.038)	0.761*** (0.037)	0.764*** (0.038)	0.753*** (0.038)	0.748*** (0.038)
性别	0.032 (0.050)	0.029 (0.049)	0.038 (0.050)	0.021 (0.050)	0.027 (0.049)
年龄	−0.015 (0.022)	−0.013 (0.022)	−0.025 (0.022)	−0.022 (0.022)	−0.011 (0.022)
年龄平方	0.000 (0.000)	0.000 (0.000)	0.000 (0.000)	0.000 (0.000)	0.000 (0.000)
婚姻状况	0.096 (0.062)	0.090 (0.062)	0.101 (0.062)	0.087 (0.062)	0.083 (0.061)
户籍状况	−0.451*** (0.081)	−0.443*** (0.082)	−0.446*** (0.082)	−0.452*** (0.081)	−0.430*** (0.081)
民族	−0.123 (0.077)	−0.109 (0.077)	−0.127 (0.078)	−0.117 (0.078)	−0.103 (0.077)
政治面貌	0.058 (0.065)	0.037 (0.065)	0.050 (0.065)	0.029 (0.064)	0.016 (0.065)
受教育程度	−0.047 (0.030)	−0.047 (0.030)	−0.040 (0.030)	−0.058* (0.030)	−0.062** (0.030)
ln(收入)	−0.015 (0.015)	−0.016 (0.015)	−0.013 (0.015)	−0.014 (0.015)	−0.014 (0.015)
公职身份	−0.023 (0.068)	0.002 (0.067)	−0.025 (0.069)	−0.009 (0.066)	−0.024 (0.067)
常数项	−2.259*** (0.431)	−2.278*** (0.428)	−2.163*** (0.432)	−2.073*** (0.432)	−2.110*** (0.425)
Adj_R^2	0.445	0.449	0.443	0.451	0.456

注：* $p<0.1$，** $p<0.05$，*** $p<0.01$；括号内为稳健标准误。

二、生活幸福感和社会归属感的调节效应机制分析

为检验生活幸福感和社会归属感在公民参与社区治理与社会绩效感中的调节效应，在实证检验中分别加入生活幸福感和公民参与社区治理的交互项，社会归属感和公民参与社区治理的交互项。生活幸福感和社会归属感的调节效应估计结果见表 9.13。

表 9.13　　　　　　　　　生活幸福感和社会归属感的调节效应估计结果

变量	社会绩效感			
	(1)	(2)	(3)	(4)
公民参与	0.137*** (0.027)	0.130*** (0.032)	0.401* (0.223)	0.401** (0.161)
生活幸福感	0.871*** (0.050)		0.855*** (0.054)	
社会归属感		0.465*** (0.039)		0.452*** (0.041)
公民参与× 生活幸福感			0.069* (0.037)	
公民参与× 社会归属感				0.077* (0.045)
性别	0.065 (0.049)	0.064 (0.057)	0.069 (0.049)	0.071 (0.057)
年龄	−0.017 (0.021)	−0.007 (0.023)	−0.017 (0.021)	−0.013 (0.024)
年龄平方	0.000 (0.000)	−0.000 (0.000)	0.000 (0.000)	0.000 (0.000)
婚姻状况	0.016 (0.062)	0.088 (0.071)	0.013 (0.062)	0.087 (0.071)
户籍状况	−0.282*** (0.079)	−0.413*** (0.093)	−0.279*** (0.079)	−0.400*** (0.093)
民族	0.047 (0.080)	−0.097 (0.093)	0.045 (0.079)	−0.092 (0.093)
政治面貌	0.138** (0.066)	0.130* (0.069)	0.143** (0.065)	0.137** (0.069)

变量	社会绩效感			
	(1)	(2)	(3)	(4)
受教育程度	-0.063^{**}	-0.089^{**}	-0.064^{**}	-0.092^{***}
	(0.031)	(0.035)	(0.031)	(0.035)
ln(收入)	-0.006	-0.011	-0.006	-0.010
	(0.016)	(0.020)	(0.016)	(0.020)
公职身份	-0.051	-0.025	-0.055	-0.025
	(0.075)	(0.075)	(0.075)	(0.075)
常数项	-2.576^{***}	-0.709	-2.493^{***}	-0.547
	(0.419)	(0.452)	(0.424)	(0.473)
Adj_R^2	0.444	0.288	0.446	0.292

注：* $p<0.1$，** $p<0.05$，*** $p<0.01$；括号内为稳健标准误。

由表9.13模型(1)至(4)可知，公民参与社区治理对社会绩效感均存在显著的正向影响，这进一步检验了基准回归结果的稳健性。由模型(1)、(3)可知，生活幸福感对社会绩效感具有显著的正向影响，且显著性水平为1%，说明生活幸福感越高的公民，其对社会绩效感的评价越高，较高的生活幸福感蕴含着积极的生活态度和乐观的生活向往，对社会的正面评价也就越高。此外，生活幸福感和公民参与社区治理的交互项对社会绩效感的影响在10%的水平上显著为正，说明生活幸福感在公民参与社区治理与社会绩效感之间具有调节效应，生活幸福感增强了公民参与社会治理对社会绩效感评价越高的概率。由模型(2)、(4)可知，社会归属感在1%的显著性水平上对社会绩效感产生正向影响，即社会归属感越强的公民，其对社会绩效感的评价也就越高。此外，社会归属感与公民参与社区治理的交互项对社会绩效感的影响在10%的水平上显著为正，说明社会归属感在公民参与社区治理与社会绩效感之间具有调节效应，社会归属感增强了公民参与社会治理对社会绩效感的正向影响。

本章小结

评估是发现和解决政策实施过程中存在的问题以及检验政策实施效果的重要举措，也是政策调整，甚至是政策终结的重要依据。本书基于2021年《中共中央 国务院关于支持浦东新区高水平改革开放打造社会主义现代化建设引领区的意见》的相关内容，选取"推动社会治理和资源向基层下沉，强化街道、社区治理服务功能，打通联系服务群众'最后一公里'"的视角，以公民参与社区治理为自变量，基于效果评估的视角分析公民参与社区治理的社会绩效感。公民参与社区治理本身作为一种社会行为或公共行为，其行为活动是否会产生一定的社会效应有待进一步检验。基于"基层群众自治制度"的政治背景评估公民参与社区治理的社会绩效感。

本章利用上海财经大学"浦东新区打造社会主义现代化建设引领区"调查项目数据，评估公民参与社区治理的社会绩效感，在稳健性检验和异质性分析的基础上进一步检验社会认同的中介效应机制、生活幸福感和社会归属感的调节效应机制。研究发现：(1)基于"基层群众自治制度"遵循"民主选举、民主决策、民主管理、民主监督"的内容，从公民参与社区选举、公民参与社区协商决策、公民参与社区志愿活动、公民参与社区治理监督活动等方面测量公民参与社区治理现状。具体来看，参与选举、参与决策、参与管理和参与监督对社会绩效感均在1%的显著性水平上产生正向影响，其中影响效应从大到小依次为：参与监督＞参与决策＞参与选举。(2)整体来看，在控制其他变量的前提下，公民参与社区治理对社会绩效感具有显著的正效应，且在1%的显著性水平上参与过社区治理的公民比未参与过社区治理的公民的社会绩效感评价高24.20%，表明公民参与社区治理有利于提高其社会绩效感评价。(3)公民参与社区治理对社会绩效感在性别、婚姻、个体收入、年龄上并不存在异质性，而公民参与社区治理对社会绩效感在户籍状况和受教育程度上存在异质性，农村公民参与社区治理对社会绩效感的影响并不显著，城镇公民参与社区治理对社会绩效感在1%的显著性水平上影响为正，小学及以下教育和初中教育的公民参与社区治理对社会绩效感的影响并不显著，而受过高中教育或者大专教育或者大学及以上教育的公民参与社区治理对社会绩效感的影响显著为正。(4)性别、年龄、民族、收入状况、公职身份对社会绩效感的影响并没有统计学意义上的显著性。婚姻状况对社会绩效感在5%的显著性水平上产生正向影响，户籍状况在1%的显著性水平上对社会绩效感产生负向影响，政治面貌对社会绩效感的影响显著为正，受教育程度对社会绩效感在10%的显著性水平上对社会绩效感产生负向影响。(5)社会认同在"公民参与社区治理—社会绩效感"中具有中介效应。(6)生活幸福感和社会归属感在"公民参与社区治理—社会绩效感"中具有调节效应，且生活幸福感和社会归属感增强了公民参与社区治理对社会绩效感的正效应。

第十章

❦

浦东新区打造社会主义现代化建设
引领区:生态绩效感评估

第一节　研究缘起

　　良好的生态环境是人类社会可持续发展的重要基础。2021 年 7 月,《中共中央、国务院在关于支持浦东新区高水平改革开放 打造社会主义现代化建设引领区的意见》中提出:"构建和谐优美生态环境。实行最严格的生态环境保护制度,健全源头预防、过程控制、损害赔偿、责任追究的生态环境保护体系。优化企业生态信息采集和评价标准,构建生态信用体系。深化生态环境保护综合行政执法改革,健全生态环境公益诉讼制度。评估调整黄浦江沿岸和海洋生态保护红线。"由此,生态环境治理不仅成为浦东新区各级政府一项重大的民生工程与发展问题,同时也是政府绩效评价过程中不可或缺的重要组成部分。浦东新区始终坚持绿水青山就是金山银山理念,坚定不移走生态优先、绿色发展之路,以前所未有的决心实施各领域环境整治,实现了从补短板到提品质、从重末端到全过程、从重点整治到系统治理的重大转变,美丽浦东建设不断迈上新台阶。因此,本章选取《关于支持浦东新区高水平改革开放打造社会主义现代化建设引领区的意见》中关于"生态环境治理"的相关内容,突出浦东新区坚持以习近平生态文明思想为指引,保持加强生态文明建设的战略定力,坚决扛起美丽上海建设的政治责任,以高品质生态环境支撑高质量发展,加快把浦东打造成人与自然和谐共生的美丽家园的战略决策，并对其进行绩效评估，以期发挥浦东新区打造社会主义现代化建设引领区在生态环境建设、发展方面所发挥的引领作用。

党的二十大报告指出，中国式现代化是人与自然和谐共生的现代化……要坚定不移走生产发展、生活富裕、生态良好的文明发展道路，实现中华民族永续发展。生态文明建设也是上海市推进浦东新区打造社会主义建设引领区的重要组成部分。在探讨政府生态绩效感评价之前，首先需要理清"绩效评价"的相关概念。当前学界对于"绩效评价"的定义主要分为以下两种具有代表性的观点与路径：一是以结果、顾客为导向的绩效评价，尤其强调结果与产出，是个人或组织行动目标的最终体现，主要由数量、质量、效果以及公众满意度等要素组成。[1] 二是以行为为导向的绩效评价，认为绩效并非结果或产出，而是在组织或个人能力的基础上，由组织或个人实际采取的，可以被他人所观察到的行动或行为所构成。[2] 在我国，人民是党和政府各项工作的最高裁判者与最终评判人，必须将人民满意不满意作为衡量一切工作的根本标准。因此，政府开展生态环境治理与生态文明建设活动的根本目的在于不断满足人民群众对优美生态环境的需要，进而为经济社会的可持续、高质量发展提供保障。这就尤为凸显了公众对于政府生态绩效感主观评价的重要性，体现了基于顾客满意的公共服务供给标准。对此，参考以结果、顾客为导向的绩效评价路径，我们认为政府生态绩效感指的是一定时期内，政府以及相关公共部门在生态建设、环境保护与绿色发展等方面提供的公共产品或服务所取得的成绩与效果，并尝试从公众的主观视角对政府生态绩效感评价进行测量。

当前关于如何衡量政府生态绩效感的已有研究主要基于以下三个研究视角：一是以自然资源净资产为研究视角。曾琼等从土地资源、林木资源与水资源等方面编制自然资源资产和负债汇总核算表，并以自然资源资产为控制变量，对权益乘数和生态绩效感进行相关分析，提出用权益乘数来评价生态绩效感。[3] 二是基于可持续发展与循环经济的研究视角。孟雪等采用SBM超效率模型，构建了以衡量投入—产出为核心的城市群生态绩效感评价指标体系。[4]

---

① 包国宪,孙加献.政府绩效评价中的"顾客导向"探析[J].中国行政管理,2006(1):29-32.

② 李艺,钟柏昌.绩效结构理论述评[J].技术与创新管理,2009,30(3):299-301,365.

③ 曾琼,孟全省.自然资源净资产视角下的生态绩效评价——以陕南生态功能区为例[J].农村经济,2017,418(8):85-90.

④ 孟雪,狄乾斌,季建文.京津冀城市群生态绩效水平测度及影响因素[J].经济地理,2020,40(1):181-186,225.

刑贞成等利用 NRDDF 模型,以生态投入、劳动力投入和资本投入为投入指标,将地区生产总值作为产出指标,构建了全要素生态绩效感评价指标体系。[①] 三是基于以人为本的研究视角,采取"人本"型指标与"制度"型指标对生态绩效感展开评价。马鹏超等从"生态层"与"社会层"两个维度对农村水环境治理绩效进行界定,主要包括水质改善程度、生态流量改善程度、公众满意度与制度示范推广效果等典型指标。[②] 奥斯特罗姆(Ostrom)认为公共资源治理绩效评价可以分为以生物多样性、生态恢复力与生态可持续性等典型指标的生态绩效感与以效率、公平、责任、可持续性等点像指标的社会绩效。[③]

梳理以往研究,政府生态绩效感评价的影响因素大致可区分为政府、公民个体与环境三个层面。首先,从政府层面来看,李文彬等基于 2017 年中国社会状况综合调查数据发现,政府开展反腐倡廉工作能够有效提升政府开展环保工作的规范性与回应性,保障政府切实履行生态环境保护职责,从而显著提升公众对于生态环境的满意度。[④] 罗开艳等认为,政府在开展生态环境治理工作时的行政透明度越高,地方政府所发生的"污染庇护"与"环保乱作为"等乱象越少,进而能够促使居民提升对政府生态绩效感的中观评价。[⑤] 其次,从公民个体层面来看,学历、城乡差别、年龄等人口社会特征会显著影响其对政府生态绩效感的评价。[⑥] 个体的态度与感知也是影响人们对于政府生态绩效感评价的重要方面,例如,公众对政府的信任程度[⑦]、对环境的态度[⑧]、社会信任程度都会影响公众对政府生态绩效感的主观评价。[⑨]

最后,在环境层面上,客观生态环境质量提高,能够直接提升公众对于政府

---

① 邢贞成,王济干,张婕.长江经济带全要素生态绩效评价研究——基于非径向方向性距离函数[J].软科学,2018,32(7):102—106.
② 马鹏超,朱玉春.设立村级河长提升农村水环境治理绩效了吗?——基于倾向得分匹配(PSM)的反事实估计[J].南京农业大学学报(社会科学版),2022,22(1):149—159.
③ Ostrom E. Analyzing Collective Action[J]. Agricultural Economics,2010,41(S1):155—166.
④ 李文彬,卢琳静.反腐倡廉、环保绩效如何影响生态环境公众满意度?[J].华南理工大学学报:社会科学版,2022,24(6):100—112.
⑤ 罗开艳,田启波.环保行政透明度与环境治理满意度——基于 CSS2013 数据的研究[J].贵州社会科学,2020(8):158—168.
⑥ 周绍杰,王洪川,苏杨.中国人如何能有更高水平的幸福感——基于中国民生指数调查[J].管理世界,2015,261(6):8—21.
⑦ 卢春天,洪大用.公众评价政府环保工作的影响因素模型探索[J].社会科学研究,2015(2):108—115.
⑧ 黄元,赵正,杨洁,段梦姣,温亚利.个体环境态度对城市森林感知和满意度的影响[J].资源科学,2019,41(9):1747—1757.
⑨ 甘开鹏,王秋.社会信任对政府环境治理绩效的影响研究[J].中国行政管理,2020,417(3):153—154.

生态绩效感的评价。[①] 经济开放程度越高的城市，往往公众的环保满意度也越高，但城市人均 GDP 提升的同时也会显著地对公众对于政府开展环保工作的满意度产生负面影响，体现了片面追求 GDP 对于生态环境质量的损害。[②]

综上所述，政府生态绩效感的衡量与评价不仅是工程技术问题、经济问题，同时也是公共管理问题。公众对政府生态绩效感的评价是一种个体的主观感受，因此迫切需要从个体层面展开研究。除了态度与心理感知之外，个体的行为规律也是行为公共管理研究中不可或缺的重要方面。然而，以往研究大多关注个体的态度与感知对政府生态绩效感的影响，而将个体心理感知与个体的公共环保行为相互联系的实证研究则屈指可数，对政府生态绩效感评价的影响机制解释力有限。开展生态文明建设离不开全社会的参与和支持，党的二十大报告要求"健全共建共治共享的社会治理制度……建设人人有责、人人尽责、人人享有的社会治理共同体"。这些制度安排尤为体现了公众在公共领域依托政治效能感，开展公共环保行为，参与生态环境治理的重要性。因此，如何在建立公民与政府良性互动关系的基础上，提升公众对政府生态绩效感的评价，是当前开展生态治理的实务工作者与理论研究者所关注的重要问题。

基于此，本章选取上海浦东新区作为研究对象，从公众对生态环境满意度的主观评价对其政府生态绩效感进行测量，以行为公共管理学为视角，遵循"能力—行为—认知"作用链条，探讨社会资本如何通过促进公民的公共环保行为进而对生态绩效感评价产生影响的内在机理，同时考察公民的政治效能感在社会资本对公共环保行为的影响机制中所发挥的调节效应。这一研究有利于政府在积极引导公民有序参与生态环境治理的同时，不断增强人民群众对优美生态环境的获得感与幸福感，进而为切实提升人民群众对政府生态绩效感评价提供有益参考。

---

① 李雪妮,苏杨,周绍杰.空气质量如何影响公众主观满意度？——基于中国民生调查微观数据的证据[J].中国人口·资源与环境,2020,30(5):127-136.
② 林挺进.城市环保绩效、市长升迁偏好与市民环保满意度——基于2011年中国城市服务型政府调查的实证研究[J].甘肃行政学院学报,2015,112(6):12-21,125.

第二节　浦东新区打造社会主义现代化建设引领区生态绩效感理论机制分析

根据《中共中央 国务院关于支持浦东新区高水平改革开放打造社会主义现代化建设引领区的意见》中关于生态环境建设的相关内容,本节提出相应研究假设。

一、社会资本与政府生态绩效感评价

从广义来看,社会资本指的是个体或集体通过社会关系获取资源[①],然而也有学者对此提出异议,导致当前对社会资本的测量尚未形成一致意见,而是依据其内容进行分类测量后合并。但总的来说,对社会资本概念的界定中包含了社会信任、互惠规范与社会关系网络等维度。有学者基于实证研究发现,社会资本对公共服务满意度具有显著的正向影响,公民所拥有的社会资本存量越高,对于政府所提供的公共服务评价也就越好。[②] 具体而言,一方面,公民自身的社会关系网络能够帮助公民开展公共行为、参与公共事务时,进而拓宽自身获取信息的渠道,减少信息不对称,加深对政府环境治理评价的认知[③];另一方面,社会信任与互惠规范来自个体与个体、个体与政府之间的接触与交往,当公民自身具有较高的互惠规范水平并对其他公民与政府具有较高程度的信任水平时,不仅能够巩固政民之间的社会纽带,促进公民对政府生态治理政策与行为的理解,也能够使公民更愿意相信政府将会在未来发展中不断增进民生福祉,进而提高对政府绩效的评价。[④]

基于上述分析,本书提出以下研究假设:

假设 H1:社会资本正向影响政府生态绩效感评价。

①　Putnam R. Bowling Alone:The Collapse and Revival of American Community[M]. New York:Simon&Schuster,2000:176.

②　Rice T W. Social Capital and Government Performance in Iowa Communities[J]. Journal of Urban Affairs,2001,23(3/4):374－389.

③　武照亮,丁蔓,周小喜等. 社会资本和公众参与对政府环境治理评价的影响机制研究——以大气环境治理为例[J]. 干旱区资源与环境,2022,36(9):1－10.

④　保海旭. 信任对公共服务满意度的影响及其区域差异化研究——基于 CGSS 2015 年中国 28 个省份的截面数据[J]. 管理评论,2021,33(7):301－312.

二、公共环保行为的中介作用

狭义上的公共参与也可以被称为政治参与，指的是公民通过多种合法方式参与政治生活，进而直接或间接影响政治体系的构成、运行方式、运行规则以及公共政策过程的行为。[1] 从广义上看，公共参与指的是公民为了改善自身以及他人的生活条件或者是社区、社会等共同体的未来而积极参与共同体生活中的行为[2]，其外延大于政治参与，涉及公民关于维护、表达共同利益与需求的主张与行为。有学者以公民参与程度为基准，将公共环保行为区分为三类：一是私人领域的公共环保行为，即公众以个体或家庭为单位采取垃圾分类、购买绿色产品等绿色环保行为；二是公共领域的激进环保行为，例如公众参加政府环保组织的环保活动，协助政府开展生态环境治理工作，向政府积极提出环保诉求等行为；三是公共领域的非激进环保行为，包括公众支持公共环保政策落实以及接受为改善环境质量而支付更高税负的意愿。[3] 本章所要探讨的问题是公民的公共参与行为对政府生态绩效感评价的影响，因此将公共环保行为聚焦于公共领域的激进与非激进环保行为。

有学者发现，社会资本作为一种生产性资源，能够促进公民的某些行为。[4] 以林南为代表的社会资本理论，强调个体层面的社会网络和资源的重要性，认为扩大人们的社会关系网络规模能够增加提升人们公共参与程度。[5] 例如，在社会关系网络较为紧密、密集的地区，公民彼此之间采取公共行动的成本较低，更容易达成一致的潜在利益，进而形成有组织的集体行动。[6] 以帕特南为代表的集体社会资本理论则强调公民参与网络、社会信任和互惠规范的重要性，认为社会信任、规范、网络及社团参与等对社会合作、社会行动及公民的政治参与具有显著的促进作用。[7] 这种蕴藏于社区中的集体性社会资本制约着人们的行

---

① Verba S，Schlozman K L，Brady H. Voice and Equality：Civic Voluntarism in American Politics [M]. Cambridge，MA：Harvard University Press，1995：1—38.

② Adler R P & Goggin J. What do We Mean by "Civic Engagement"？[J]. Journal of Transformative Education，2005，3(3)，236—253.

③ Stem P C. Toward a Coherent Theory of Environmentally Significant Behavior[J]. Journal of Social Issues，2000，56(3)：407—424.

④ Coleman J S. Social Capital in the Creation of Human Capital[J]. American Journal of Sociology，1988，94(1)：95—120.

⑤ 林南. 从个人走向社会：一个社会资本的视角[J]. 社会科学战线，2020(2)：213—223.

⑥ 周生春，汪杰贵. 乡村社会资本与农村公共服务农民自主供给效率——基于集体行动视角的研究[J]. 浙江大学学报：人文社会科学版，2012，42(3)：111—121.

⑦ 罗伯特·D. 帕特南，使民主运转起来[M]. 王列、赖海榕，译. 南昌：江西人民出版社，2001：215.

动选择,促使人们采取一些公共性的参与行动,更多地与其他个体与组织联系起来。

也就是说,拥有不同存量社会资本的公民会产生不同程度的公共参与行为,而公民所实施的公共参与行为又会对其自身认知产生影响。例如,从政府信任的角度来看,公民的制度性政治参与行为能够提高公民对高层政府的信任程度。[①] 在提升公共服务供给水平方面,公民的公共参与行为能够防止政府的公共服务供给偏离公民需求与既定的公共利益目标,不断优化公共服务供给决策,进而提高公民对政府公共服务供给的满意度。[②]

基于上述分析,本书提出以下研究假设:

假设 H2:公共环保行为在社会资本正向影响生态绩效感评价中发挥中介作用。

三、政治效能感的调节作用

政治效能感指的是公民对自身的政治参与行为对影响政治过程或推动社会变革能力的感知。[③] 有学者发现政治效能感可以被区分为可以彼此独立的两个面向,即内在政治效能感与外在政治效能感,其中内在政治效能感指的是公民个体对自身的政治理解能力以及有效参与政治能力的信念,也就是相信自己的公共参与行为能够影响政治的主观判断。[④] 外部政治效能感则指的是公民个体对政府能够满足对其诉求回应的感知程度。[⑤] 人们的政治行为与政治态度往往紧密相连,但是,学者们对于公民政治参与行为与政治效能感关系的看法始终未能达成一致。第一种观点认为政治效能感是影响公民政治参与行为的重要因素。计划行为理论认为个体的行为会受到行为态度、现实规范与行为掌控感的影响[⑥],因此,有学者发现,内在政治效能感作为一种态度会对个体的公共

① 罗爱武.政治参与和治理绩效对政治信任的影响——基于广东、湖北和贵州三省的实证分析[J].探索,2016(5):49—58.

② 官永彬.民主与民生:民主参与影响公共服务满意度的实证研究[J].中国经济问题,2015(2):26—37.

③ Craig S C, Maggiotto M A. Measuring political efficacy[J]. Political Methodology,1982,8(3):85—109.

④ Niemi R G. Measuring internal political efficacy in the 1988 national election study[J]. American Political Science Association,1991,85(4):1407—1413.

⑤ Balch I. Multiple indicators in survey research:the concept sense of political efficacy[J]. Political Methodology,1974,1(2):1—43.

⑥ Ajzen I. The theory of planned behavior[J]. Organizational Behavior and Human Decision Processes,1991,50(2):179—211.

参与行为发挥导向作用。[①]　第二种观点则从"发展说""工具说"与"结论说"三种理论逻辑角度论证政治参与是影响公民政治效能感的重要因素。[②]　"发展说"认为公共参与发挥了政治教育的作用，公民能够在参与过程中不断提高自身政治知识、能力与素养，进而强化了自身能够对政治产生影响的信心。[③]　"工具说"则强调公共参与是公民为了达到某种政治目的或满足利益偏好而采取的手段，进而达成公民想要的政策结果。"结论说"认为公民的政治效能感是受到公共参与行为本身与结果的综合影响。[④]　基于此，有学者在实证中发现公民积极的政治参与行为能够帮助自身获取更高的政治效能感[⑤]，尤其是对外在政治效能感的影响更为直接。[⑥]　第三种观点则认为政治效能与公共参与之间存在复杂的双向因果关系，有学者认为公民的政治效能感与政治参与行为之间存在互相影响的作用机理，其中政治参与行为对政治效能感的影响要显著高于政治效能感对政治参与行为的影响。[⑦]

　　布迪厄(Bourdieu)是 20 世纪著名的法国社会学家，他提出了许多深具影响力的社会学理论，其中最著名的就是社会实践理论(Theory of Practice)。社会实践理论是布迪厄的主要理论之一，它强调社会结构、文化观念和个体行为之间的相互关系。社会实践理论的渊源可以追溯到马克思主义和法国结构主义。布迪厄深受马克思主义的影响，特别是对阶级和社会不平等的关注。他还受到了法国结构主义理论家的影响，结构主义关注的是文化符号和象征的意义。布迪厄将这两者结合，提出了社会实践理论。社会实践理论认为，个体行为受到"客观能力"与"主观意愿"的双重影响，是场域、惯习、资本交互影响的结果。[⑧]首先，布迪厄意义中的场域是指在各种位置之间存在的客观关系的一个网络或

　　① 李燕,朱春奎,姜影. 政治效能感、政府信任与政府网站公民参与行为——基于重庆、武汉与天津三地居民调查数据的实证研究[J]. 北京行政学院学报,2017(6):35—43.
　　② 钟智锦,廖小欧. 公共信息接触、政治效能和公共参与的"良性循环"[J]. 新闻大学,2022(8):78—91,124.
　　③ Parry G. The Idea of Political Participation[M]. In Parry, G. (Ed.), Participation in Politics. Manchester:University of Manchester Press,1972:243.
　　④ Clarke H D & Acock A C. National Elections and Political Attitudes:The Case of Political Efficacy[J]. British Journal of Political Science,1989,19(4):551—562.
　　⑤ 吉兰,陈晓. 中国城市地区通过协商性参与形成的政治效能感:关于公众听证会的案例研究[J]. 国外理论动态,2017(4):106—120.
　　⑥ Finkel S E. Reciprocal Effects of Participation and Political Efficacy:A Panel Analysis[J]. American Journal of Political Science,1985,29(4):891—913.
　　⑦ Quintelier E & Hooghe M. Political Attitudes and Political Participation:A Panel Study on Socialization and Self-selection Effects among Late Adolescents[J]. International Political Science Review,2012:33(1), 63—81.
　　⑧ 布迪厄,华康德. 实践与反思:反思社会学导引[M]. 北京:中央编译出版社,1998:74—83.

一个构型。场域是由附着于某种权力（或资本）形成的各种位置间的一系列客观历史关系构成的。其次，惯习是一种生成性结构，它塑造了实践，并生产着历史；而惯习本身也是历史的产物，是一种人们后天所获得的各种生成性图式的系统，它等同于性情倾向，本质上是一种"外部性的内在化"，同时也建构并解释了人们具有特定逻辑的实践活动。最后，在布迪厄看来，资本具有不同的形式，包括经济资本、象征资本、文化资本、社会资本等。公共环保行为受到公民"客观能力"与"主观意愿"的双重作用影响，其中社会资本所关注的是"参与公共环保行为的能力"，政治效能感则考量的是"参与公共环保行为的意愿"。基于上述分析，提出以下研究假设：

假设 3：政治效能感对社会资本与生态绩效感评价的关系存在正向调节作用。

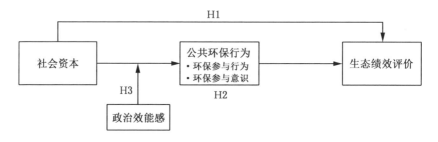

图 10.1　本研究的假设模型

第三节　研究设计

一、数据来源

本章数据来源于上海财经大学"浦东新区打造社会主义现代化建设引领区"调查项目。本研究利用纸质版问卷及问卷星在线问卷，共进行两轮问卷调查。第一轮通过问卷星对上海浦东新区普通居民在线发放问卷 188 份，第二轮在上海浦东新区共发放纸质版调查问卷 850 份，共计调查问卷 1 038 份。根据本章研究内容，分别对生态绩效感、社会资本、公共环保行为、政治效能感及其他控制变量等相关变量的遗漏、错填、误填等样本进行剔除，两轮共获得有效问卷 1 025 份，有效率为 98.7%。调查时间为 2023 年 4 月至 7 月。有效调查问卷涉及上海市奉贤区、嘉定区、杨浦区等 16 个市辖区,具有一定的代表性。

首先,本调查对上海市奉贤区、嘉定区、杨浦区等 16 个市辖区共计 31 个城乡社区的居民进行分层随机抽样调查。其次,本调查采用匿名评价与没有访员在场的调查方式,并在问卷引言部分向被访者说明调查数据仅被用于学术研究,进而能够有效降低社会期望偏差。[①] 最后,为了保证问卷调查的有效性与典型性,一方面,项目组将度量量表中的各个题项采用通俗语言进行描述;另一方面,项目组选择的被访者均为年满 18 周岁以上,愿意积极配合且为上海市常住人口的居民,并尽可能选择多元化身份的被访者。

二、变量测量

根据研究假设,本章选取生态绩效感评价、政治效能感、公共环保行为与社会资本作为主要变量。

(一)自变量:社会资本

基于陈升等[②]、哈珀姆(Harpham)[③]、赵雪雁[④]对社会资本的测量,以及本章研究内容,选择从社会信任、互惠规范与社会关系网络三个维度对社会资本进行测量。在社会关系网络维度,通过询问被访者与亲友交往频率与亲友社会地位(高水平社会地位的亲友数量占比总量)进行衡量,对于前者,回答"一年一次或更少、一年几次、一个月几次、一周几次、几乎每天"分别赋值"1~5";对于后者,回答"几乎没有、四分之一、一半左右、四分之三、几乎全是"分别赋值"1~5"。在社会信任维度,通过询问被访者对他人信任状况进行衡量,回答"非常不信任、比较不信任、一般、比较信任、非常信任"分别赋值"1~5"。在互惠规范维度,通过询问被访者对社会总体公平状况的评价进行衡量,回答"非常不公平、比较不公平、一般、比较公平、非常公平"分别赋值"1~5"。最终将所有题目的赋值加总取均值作为对社会资本的测量分数。

(二)因变量:生态绩效感评价

随着人们逐渐加深对人与环境之间具有双向互动性的认识,对人类集体行

① 胡安宁.主观变量解释主观变量:方法论辨析[J].社会,2019,39(3):183—209.
② 陈升,卢雅灵.社会资本、政治效能感与公众参与社会矛盾治理意愿——基于结构方程模型的实证研究[J].公共管理与政策评论,2021,10(2):16—30.
③ Harpham T, Grant E, Thomas E. Measuring social capital within health surveys: key issues [J]. Health Policy and Planning,2002,17(1):106—111.
④ 赵雪雁.社会资本测量研究综述[J].中国人口·资源与环境,2012(7):127—133.

为的探索也越来越需要将社会因素与生态因素纳入研究分析之中。[①] 奥斯特罗姆（Ostrom）首次提出了社会生态系统（Social-Ecological System，SES）框架。[②] 该理论框架作为一种诊断社会生态系统的分析工具，不仅可以用以研究社会生态系统中变量之间的相互作用关系，还使研究者可以通过对框架内子系统与变量进行横向或纵向分层的方式，从而更为精确地对人类社会予以描述。[③] 基于此，参考马鹏超等对乡村水环境治理绩效的测量[④]，本章从生态维度与社会维度对政府生态绩效感进行界定。其中，生态维度主要指公民对当地空气质量改善程度、水环境状况改善程度与生态系统状况改善程度的感知与评价。社会维度主要指的是公民对政府在保护环境与治理污染两方面所做工作的满意程度。生态维度与社会维度均采用五级李克特量表测度，前者由回答"没有改善、略有改善、基本改善、较大改善与明显改善"分别赋值"1～5"逐级增加；后者由回答"非常不满意、不太满意、一般、比较满意与非常满意"分别赋值"1～5"逐级增加。最终将两个维度所包含题目的赋值加总取均值，作为对政府生态绩效感评价的测量分数。

（三）中介变量：公共环保行为

与已有研究不同的是，首先，本章将公民的公共环保行为操作化为五级李克特量表，而非简单的二分变量。其次，对公众的公共环保行为研究是一个涉及社会学、心理学与管理学等多学科的领域，有学者认为，意识与行为能够解释个体之间公共环保行为的大部分差异。[⑤] 因此，结合前文对公共环保行为的分类，本章尝试将公共环保行为程度由浅入深区分为行为层与意识层。从行为层面上看，通过询问被访者与"在生活中，您会积极参加政府或民间环保组织举办的环保活动，例如积极参与垃圾分类活动"等题项的符合程度进行测度。从意识层面上看，通过询问被访者与"在生活中，您会积极参与政府或民间环保组织举办的环境宣传教育活动，例如主动了解绿色低碳或生态环境保护方面的知

① 苏毅清，秦明，王亚华.劳动力外流背景下土地流转对农村集体行动能力的影响——基于社会生态系统（SES）框架的研究[J].管理世界，2020，36（7）：185－198.

② Ostrom E. A General Framework for Analyzing Sustainability of Social-Ecological Systems[J]. Science，2009（325）：419－422.

③ 王亚华，舒全峰.公共事物治理的集体行动研究评述与展望[J].中国人口·资源与环境，2021，31（4）：118－131.

④ 马鹏超，朱玉春.设立村级河长提升农村水环境治理绩效了吗？——基于倾向得分匹配（PSM）的反事实估计[J].南京农业大学学报：社会科学版，2022，22（1）：149－159.

⑤ Stem P C. Toward a Coherent Theory of Environmentally Significant Behavior[J]. Journal of Social Issues，2000，56（3）：407－424.

识”等题项的符合程度进行测度。回答选项包含“不符合、不太符合、基本符合、比较符合与非常符合”，并分别赋值“1～5”逐级增加。最终将两个维度所包含题目的赋值加总取均值，作为对公共环保行为的测量分数。

（四）调节变量：政治效能感

基于文献梳理，本章从“内在政治效能感”与“外在政治效能感”两个维度对政治效能感进行测度。参考陈升等、[①]熊光清[②]对政治效能感的测度，本章通过询问被访者与“您的环保行为能够影响政府或其他人更好地参与到环境保护之中”题项的符合程度表示内在政治效能感；通过咨询被访者与“当地政府在环境保护方面能够重视人们的意见诉求，并及时给予反馈”题项的符合程度表示外在政治效能感。回答选项包含“不符合、不太符合、基本符合、比较符合与非常符合”，并分别赋值“1～5”逐级增加。最终将两个维度所包含题目的赋值加总取均值，作为对政治效能感的测量分数。

（五）控制变量

为控制相关变量对政府生态绩效感的影响，根据以往研究成果，本章将性别、年龄、政治面貌、个人年均收入、职业类型与受教育程度等个体人口社会经济特征变量作为控制变量。其中性别为虚拟变量，男性赋值为1，女性赋值为0；政治面貌为虚拟变量，中共党员赋值为1，其他赋值为0；职业类型为虚拟变量，公职人员赋值为1，非公职人员赋值为0。个人年均收入取对数。受教育程度为定序变量，其中小学及以下赋值为1，初中赋值为2，高中及中专、职高技校等赋值为3，大专赋值为4，本科及以上赋值为5。

三、模型构建

为了检验社会资本对政府生态绩效感评价的影响，构建如下基准回归模型：

$$Ecological\ performance_i = \alpha_0 + \alpha_1 Social\ capital_i + \alpha_2 Control_i + \varepsilon_i \quad (1)$$

其中，i 代表公民个体；$Ecological\ performance$ 为被解释变量，表示政府生态绩效感评价；$Social\ capital$ 为核心解释变量，表示社会资本；$Control_i$ 表示可能影响生态绩效感评价的一系列控制变量，ε_i 为随机扰动项。

在社会资本对政府生态绩效感评价的基准回归系数 β_0 显著性检验通过的

---

①　陈升，卢雅灵. 社会资本、政治效能感与公众参与社会矛盾治理意愿——基于结构方程模型的实证研究[J]. 公共管理与政策评论，2021，10(2)：16—30.

②　熊光清. 中国公民政治效能感的基本特征及影响因素分析——基于五省市的实地调查[J]. 马克思主义与现实，2014，129(2)：140—145.

基础上,首先在式(2)中,分析社会资本对公共环保行为的影响,*Environmental behavior* 为中介变量,表示公共环保行为。其次在式(3)中分析社会资本与公共环保行为对政府生态绩效感评价的影响,进而完成中介效应检验,中介机制模型具体如下:

$$Environmental\ behavior_i = \beta_0 + \beta_1 Social\ capital_i + \beta_2 Control_i + \varepsilon_i \quad (2)$$

$$Ecological\ performance_i = \gamma_0 + \gamma_1 Social\ capital_i + \gamma_2 Environmental\ behavior_i$$
$$+ \gamma_3 Control_i + \varepsilon_i \quad (3)$$

在式(1)的基础上,为考察政治效能感对社会资本与公共环保行为的调节作用,加入政治效能感以及政治效能感与社会资本的交互项,构建如下调节效应模型:

$$Environmental\ behavior_i = \delta_0 + \delta_1 Social\ capital_i + \delta_2 Political\ efficacy +$$
$$\delta_3 Control_i + \varepsilon_i \quad (4)$$

$$Environmental\ behavior_i = \lambda_0 + \lambda_1 Social\ capital_i + \lambda_2 Political\ efficacy$$
$$+ \lambda_3 Social\ capital \times Political\ efficacy$$
$$+ \lambda_4 Control_i + \varepsilon_i \quad (5)$$

第四节　实证结果与分析

一、信效度检验与共同方法偏差检验

在检验量表信效度方面,生态绩效感评价量表的 Cronbach's Alpha 系数为 0.710,说明信度较佳。各题目的因子载荷值均在 0.60 以上,*AVE* 值为 0.514,*CR* 值为 0.783,符合量表效度基本要求;社会资本量表的 Cronbach's Alpha 系数为 0.698,基本达到信度要求。各题目的因子载荷值均在 0.70 以上,*AVE* 值为 0.529,*CR* 值为 0.933,符合量表效度基本要求。公共环保行为量表的 Cronbach's Alpha 系数为 0.717,说明信度较佳。各题目的因子载荷值均在 0.60 以上,*AVE* 值为 0.581,*CR* 值为 0.873,符合量表效度基本要求。政治效能感量表的 Cronbach's Alpha 系数为 0.651,基本达到信度要求。各题目的因子载荷值均在 0.60 以上,*AVE* 值为 0.613,*CR* 值为 0.893,符合量表效度基本要求。在检验数据是否存在同源偏差方面,本章参考波扎克夫(Podsakoff)等(2003)采用单因子验证性因子分析法检验是否存在共同方法偏差的做法，[①]结果显示：$CMIN/DF$ 值为 12.173，远大于判断标准值 5；$RMSEA$ 值为 0.241，大于判断值 0.01；GFI 值为 0.412，IFI 值为 0.762，TLI 值为 0.728。从上述拟合指标来看，该模型整体拟合情况较差，说明本章所使用的数据不存在严重的共同方法偏差问题。

二、描述性统计与相关性分析

本部分对主要变量进行了描述性统计分析，并在表 10.1 详细报告了各主要变量的最小值、最大值、均值与标准差等描述性统计分析结果。

表 10.1　　　　　　　　主要变量的描述性统计分析（$N=1\ 025$）

	变量	最小值	最大值	均值	标准差
因变量	生态绩效感评价	1	5	3.637	0.665
自变量	社会资本	1	4.5	2.971	0.524
中介变量	公共环保行为	1	5	3.081	0.786
调节变量	政治效能感	1	5	3.210	0.695
控制变量	性别	0	1	0.485	0.5
	年龄	35.051	18	63	9.746
	政治面貌	0	1	0.318	0.466
	职业类型	0	1	0.213	0.409
	个人年均收入	0	5.298	2.529	0.831
	受教育程度	1	5	4.472	0.900

数据显示，政府生态绩效感评价的均值为 3.637，这表明公民对政府生态绩效感的主观评价较为积极；公共环保行为的标准差为 0.786 则表面公民之间公共环保行为程度的差异较大。从被访者的基本情况来看，被试者的年龄分布在 18～63 岁之间，平均年龄为 35 岁，说明被访者以中青年为主，其中男性占比 51.5%，中共党员占比 31.8%，公职人员占比 21.3%；从受教育水平上来看，本科及以上占比达到了 69.5%，说明被访者的受教育水平普遍较高。

---

① Podsakoff P M，MacKenzie S B，Lee J Y，et al. Common Method Biases in Behavioral Research：A Critical Review of the Literature and Recommended Remedies[J]. Journal of Applied Psychology，2003(88)：879—880.

表 10.2

相关性分析（$N=1\,025$）

变量	GE	SC	PB	PE	性别	年龄	教育程度	政治面貌	个人收入	职业类型	VIF
GE	1										/
SC	0.503***	1									1.25
PB	0.192***	0.114***	1								1.23
PE	0.424***	0.410***	0.392***	1							1.45
性别	0.066**	0.028	−0.059*	−0.015	1						1.08
年龄	0.097***	0.148***	0.024	0.012	0.277***	1					1.40
教育程度	−0.025	0.057	0.194***	0.152***	−0.160***	−0.278***	1				1.35
政治面貌	0.120***	0.164***	0.092***	0.179***	−0.055	0.157***	0.247***	1			1.52
个人收入	0.001	0.053*	0.093***	0.015	0.091***	0.330***	0.163***	0.239***	1		1.25
职业类型	0.085**	0.056	0.095***	0.172***	−0.056*	0.070**	0.252***	0.531***	0.181***	1	1.45

注：* 表示 $p<0.1$，** 表示 $p<0.05$，*** 表示 $p<0.01$。GE 表示政府生态绩效感评价；SC 表示社会资本；PB 表示公共环保行为；PE 表示政治效能感。

从表 10.2 主要变量相关矩阵可以看出,社会资本与政府生态绩效感评价呈现显著正相关关系,并且 0.001 的置信水平上显著;社会资本与公共环保行为呈现显著正相关关系,公共环保行为与政府生态绩效感评价呈现显著正相关关系,并且二者均在 0.001 的置信水平上显著。据此假设 H1、H2 得到初步支持,为后续分析提供了相关依据。在控制变量中,性别、年龄、政治面貌、职业类型与政府生态绩效感评价呈现出显著正相关关系,而受教育程度、个人年均收入与政府生态绩效感评价的相关关系并不显著,需要后续进一步展开分析。表 10.2 还报告了将所有变量全部纳入回归模型后的方差膨胀因子(VIF)。数据显示,所有变量的 VIF 均处于 1~3 之间,平均 VIF 值为 1.33,远小于临界值 10。这表明各变量之间的多重共线性程度在合理范围之内,不存在多重共线性问题。

三、多元回归分析

(一)社会资本对生态绩效感评价的影响

由于本研究所采用的数据是截面数据,因变量为连续型变量,因此采用普通最小二乘法(OLS)估计的多元回归模型进行分析。社会资本对生态绩效感评价的多元回归结果如表 10.3 所示。如模型 1 所示,在未加入控制变量时,社会资本对生态绩效感评价的回归系数为 0.638($p<0.01$),当加入控制变量后,社会资本对生态绩效感评价的回归系数为 0.633($p<0.01$),社会资本对生态绩效感评价具有正向显著影响,假设 H1 成立。从横向的控制变量来看,性别、职业类型对生态绩效感评价具有正向显著影响,受教育程度则对生态绩效感评价具有负向显著影响。

表 10.3 社会资本对政府生态绩效感评价的影响($N=1\ 025$)

变量名称	模型 1	模型 2
	生态绩效感评价	
社会资本	0.638*** (15.74)	0.633*** (15.04)
性别		0.069* (1.86)
年龄		−0.000 (−0.08)

续表

变量名称	模型 1	模型 2
	生态绩效感评价	
政治面貌		0.043 (0.88)
受教育程度		-0.047^{**} (-2.19)
个人年均收入		-0.031 (-1.19)
职业类型		0.110^{*} (1.95)
Constant	1.740^{***} (13.83)	1.979^{***} (12.74)
Adj_R^2	0.260	0.260
F 值	39.55	39.55

注:* 表示 $p<0.1$,** 表示 $p<0.05$,*** 表示 $p<0.01$。

(二)公共环保行为的中介作用

参考巴伦(Baron)和肯尼(Kenny)提出的中介检验方法[①],社会资本正向显著影响公共环保行为($\beta=0.14,p<0.01$),说明具有较高社会资本水平的公民,其自身所实施的公共环保行为也越多。公共环保行为对生态绩效感评价的回归系数为 0.13($p<0.01$),且将表 10.4 回归结果与模型 3 对比后,社会资本对生态绩效感评价的回归系数由 0.633($p<0.01$)下降至 0.615($p<0.01$),说明公共环保行为部分中介了社会资本对生态绩效感评价的影响。因此,公共环保行为在社会资本与生态绩效感评价之间发挥中介作用,假设 H2 成立。此外,由模型 4 可知,从横向控制变量来看,公民的受教育程度对公共环保行为具有正向显著影响,说明良好的教育能够深化公民对环境保护重要性的认识,进而促使公民更愿意采取公共环保行为。

---

① Baron R M, Kenny D A. The moderator-mediator variable distinction in social psychological research: Conceptual, strategic, and statistical considerations[J]. Journal of Personality and Social Psychology,1986,51(6):1173-1182.

表 10.4 公共环保行为的中介作用($N=1\,025$)

变量名称	模型 3	模型 4	模型 5
		公共环保行为	生态绩效感评价
公共环保行为	/	0.130*** (4.93)	
社会资本	0.633*** (15.04)	0.140*** (2.65)	0.615*** (14.36)
性别	0.069* (1.86)	−0.074 (−1.47)	0.079** (2.15)
年龄	−0.000 (−0.08)	0.005 (1.58)	−0.001 (−0.39)
政治面貌	0.043 (0.88)	−0.013 (−0.18)	0.045 (0.91)
受教育程度	−0.047** (−2.19)	0.161*** (5.02)	−0.068*** (−3.20)
个人年均收入	−0.031 (−1.19)	0.037 (1.19)	−0.036 (−1.39)
职业类型	0.110* (1.95)	0.065 (0.86)	0.101* (1.80)
Constant	1.979*** (12.74)	1.712*** (7.38)	1.757*** (11.03)
Adj_R	0.282	0.282	0.282
F 值	40.31	40.31	40.31

注:* 表示 $p<0.1$,** 表示 $p<0.05$,*** 表示 $p<0.01$。

(三)政治效能感的调节作用

采取分层回归检验政治效能感在社会资本对公共环保行为中的调节效应。首先,进行控制变量与公共环保行为的回归;其次,将社会资本与公共环保行为进行回归;再次,加入调节变量政治效能感;最后,加入社会资本与政治效能感变量进行中心化处理后所形成的社会资本与政治效能感的交互项,分层回归结果如表 10.5 所示。社会资本与政治效能感的交互项对公共环保行为的回归系数为 −0.203($p<0.01$),由此可见,政治效能感在社会资本对公共环保行为的关系中具有显著的正向调节作用,假设 3 得到支持。

表 10.5 政治效能感的调节作用($N=1\,025$)

变量名称	模型 6	模型 7	模型 8	模型 9
		公共环保行为		
社会资本		0.140*** (2.65)	−0.099* (−1.92)	−0.139*** (−2.66)
政治效能感			0.454*** (11.61)	0.444*** (11.66)
社会资本× 政治效能感				−0.203*** (−3.04)
性别	−0.072 (−1.42)	−0.074 (−1.47)	−0.078* (−1.67)	−0.090* (−1.91)
年龄	0.006** (2.01)	0.005 (1.58)	0.005** (1.98)	0.005** (1.99)
政治面貌	0.012 (0.17)	−0.013 (−0.18)	−0.045 (−0.69)	−0.035 (−0.54)
受教育程度	0.168*** (5.17)	0.161*** (5.02)	0.129*** (4.40)	0.129*** (4.46)
个人年均收入	0.033 (1.06)	0.037 (1.19)	0.054* (1.96)	0.059** (2.14)
职业类型	0.055 (0.74)	0.065 (0.86)	−0.022 (−0.31)	−0.022 (−0.31)
Constant	2.056*** (10.71)	1.712*** (7.38)	1.068*** (4.95)	1.241*** (5.58)
Adj_R²	0.188	0.188	0.188	0.188
F	26.50	26.50	26.50	26.50

注：* 表示 $p<0.1$，** 表示 $p<0.05$，*** 表示 $p<0.01$。

仅仅根据调节效应结果的系数难以清晰辨析调节效应的强弱，因此本章为了更为直观地解释政治效能感在社会资本与公共环保行为中的调节作用，参考道森（Dawson）提出的方法，绘制政治效能感调节作用效果图来增强对调节效应的可视化理解（如图 10.2 所示）。[1] 越具有较高水平政治效能感的公民，其自身社会资本对公共环保行为的正向影响也就越为强烈。

---

[1] Dawson J F. Moderation in management research：What，why，when，and how[J]. Journal of Business and Psychology，2014，29(1)：1—19.

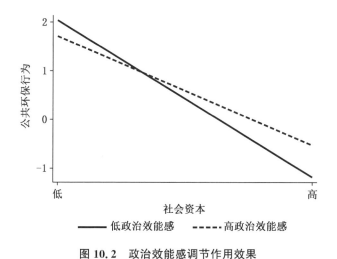

图 10.2　政治效能感调节作用效果

四、稳健性检验

本章对主效应展开稳健性检验主要采取改变核心解释变量的测量方式，消除核心解释变量"社会资本"因测量方式不同而对实证结果产生的影响。运用主成分因子分析法分别对"社会资本"指标展开因子分析，以特征根值大于 1 为原则选取公因子（2.001），根据旋转后的方差解释率对"生态绩效感评价"与"社会资本"进行测量，KMO 检验结果为 0.702，说明可以进行因子分析。稳健性检验的估计结果如表 10.6 所示，回归结果与基准回归结果相比，仅在影响系数上略有变动，在影响效果上与基准回归结果均保持一致。

表 10.6　　　　　　　　　主效应稳健性检验（N＝1 025）

变量名称	模型 10	模型 11
	生态绩效感评价	
社会资本（改变自变量测量方式）	0.693*** (16.45)	0.686*** (15.76)
社会资本	/	/
性别		0.067* (1.82)

续表

变量名称	模型 10	模型 11
	生态绩效感评价	
年龄		−0.000 (−0.22)
政治面貌		0.044 (0.92)
受教育程度		−0.043** (−2.03)
个人年均收入		−0.025 (−0.98)
职业类型		0.100* (1.81)
Constant	3.637*** (205.19)	3.841*** (29.94)
*Adj_R*²	0.277	0.277
F 值	41.99	41.99

注:* 表示 $p<0.1$,** 表示 $p<0.05$,*** 表示 $p<0.01$。

为了进一步严格检验中介效应,本研究采用 Bootstrap 检验方法,重复抽样 5 000 次,结果显示,偏差调整后,公共环保行为是部分中介效应,在 95% 置信空间内([0.005,0.037])不包含 0。由此可知,中介效应成立,相关结论得到进一步验证。

本章小结

作为一项探索性发现,首先,本章发现包含社会信任、互惠规范与社会关系网络三个维度的社会资本对生态绩效感评价具有显著的正向影响。本研究发现,提高公民的社会资本水平是提升公民对生态绩效感评价的一个有效途径,有助于全面理解公民对政府生态绩效感评价的形成机理。其次,公共环保行为在社会资本与生态绩效感评价之间发挥中介作用。具有较高社会资本存量的公民,能够通过提高参与公共环保行为程度的方式,提升自身对政府生态绩效感的主观评价，验证了"能力—行为—认知"的作用链条。最后，本研究借助社会实践理论，发现政治效能感在社会资本与公共环保行为关系间发挥了显著的正向调节作用。也就是说，公民的公共环保行为参与程度越高，就越需要公民自身具备较高的社会资本水平，同时也就越需要公民自身具备较强的政治效能感。

基于上述分析，本章尝试提出提高公民对政府生态绩效感评价的对策建议。

第一，加强培育社会资本，构建和谐社会。首先，在提升认知性社会资本方面，政府应加大宣传力度，倡导绿色生活方式，鼓励公民通过环保知识讲座、社区活动等途径，提高对生态环境问题的认知水平。此外，建设健全的社区环保规范体系，加强对环保行为的引导，树立公民的环保责任感。鼓励学校、社区组织等开展环保主题教育，培养公民的环保价值观和社会信任度。其次，在提升结构性社会资本方面，政府可推动社区共建，建设社区活动中心和公园，为居民提供互动平台，鼓励他们参与社区环保活动。同时，鼓励公民积极参与志愿服务，特别是环保领域的志愿活动，以此扩大个体的社会关系网络。政府和企事业单位可以共同举办环保培训班和研讨会，促进专业知识的传播，拉近社会关系网中的节点距离。综上所述，提高公民的社会资本水平，构建和谐社会，需要在认知性和结构性社会资本的双重维度上展开工作。政府应加大宣传教育、推动社区共建、促进志愿服务等手段，引导公民更加积极地参与公共环保行为，提升他们对政府生态绩效感的认同感和满意度，共同推动社会向着更可持续的发展方向迈进。

第二，鼓励公民积极开展公共环保行为，携手共建人与自然和谐共生的现代化。古人云："坐而论道，不如起而行之。"首先，在公共环保行为方面，政府可以鼓励并赋予公众更多参与环保活动的机会。建立更加便捷的垃圾分类系统，提供详细的分类指南和设施，激励市民积极参与。政府可以举办定期的环保志愿者培训，培养更多的环保志愿者，引导公众投身实际的环保行动。此外，政府还应加大对环保社团和组织的支持力度，鼓励民间环保组织举办各类环保活动，吸引更多市民参与。通过这些方式，公众将更容易找到途径参与环保行动，提高他们的公共环保行为频率和深度。其次，在公共环保意识方面，一方面，政府可以加大环保宣传和教育的力度。可以利用各类媒体平台，开展环保知识普及，引导公众了解生态环境问题的严重性和紧迫性，也可以定期举办环保讲座、座谈会,邀请环保专家分享最新的研究成果和环保技巧,激发公众的环保意识。另一方面,在公众参与意识的培养中,政府和民间环保组织可以联手,共同组织各类环保主题的宣传教育活动。利用社区资源,举办环保知识竞赛、环保公益演讲比赛等活动,激发公众的学习兴趣。建立在线平台,提供绿色生活的建议、环保科普等信息,引导公众了解并采纳更多环保知识。通过这些活动,公众将更主动地了解环保知识,形成自觉参与的环保意识。

第三,提升公民政治效能感,构建政社环保共同体。首先,加强政府与公众的互动和反馈机制。政府应建立定期的环保政策解读与咨询会,邀请专家学者与市民代表共同探讨环保问题,同时提供政策解答,确保当地政府在环境保护方面能够倾听公众的声音,并及时回应和采纳市民的建议。建立在线政府服务平台,提供便捷的咨询和投诉渠道,让公众在环保问题上能够得到实质性的回应,增强外在政治效能感。政府可以设立环保咨询热线和在线政务平台,为公众提供 24 小时全天候的咨询服务。这不仅包括环保政策的解读,还应该涵盖公众提出的疑虑和建议。政府可以建立专门的环保问题解答团队,及时回应市民的疑虑,解决他们在环保领域遇到的问题,让市民感受到政府的关心和回应速度,提高外在政治效能感。其次,提高公众环保行为的可见性和影响力。政府可以鼓励并奖励那些在环保方面做出突出贡献的个人和社区。设立环保志愿者奖励计划,每年表彰一批在垃圾分类、节能减排等方面做出卓越贡献的市民,通过媒体广泛宣传,提高他们的社会声誉,鼓励更多市民参与。同时,政府可以建立环保行为的数据追踪系统,实时记录和公布环保行为的数据,让公众了解到他们的环保行为确实对环境产生了积极影响,增强他们的内在政治效能感。政府还可以积极开展社区宣传活动,提高公众环保行为的可见性和影响力。政府可以联合社区组织和环保志愿者,举办环保主题活动,如环保讲座、垃圾分类示范等,向社区居民传授环保知识,引导他们参与到环保实践中来。同时,政府可以设置环保行为积分制度,鼓励市民参与各类环保活动,通过积分兑换物品或享受政府提供的相关服务,提高他们的内在政治效能感。总的来说,通过加强政府与公众的互动、提高环保行为的可见性和影响力以及加大环保教育力度,可以有效提高公民的政治效能感,增强社会资本对公共环保行为的正向显著影响,提高公民在环保领域的积极参与度,促使政府与公众形成更加紧密的合作关系,推动政社环保共同体向着更加可持续的发展方向迈进。

第十一章

浦东引领区和深圳先行示范区比较研究

第一节　中国特色社会主义先行示范区的
发展历程与发展概况

一、中国特色社会主义先行示范区的发展历程

深圳是我国改革开放的"试验田",秉承着"勇于创新,敢为天下先"的精神,承担着为我国改革开放先行探索的重要使命。1980 年 8 月,全国人大常委会颁布《广东省经济特区条例》,标志着深圳经济特区正式成立。2010 年 5 月,国务院批准了深圳扩大特区版图的申请,将特区范围由 395 平方千米扩容至 1 948 平方千米。2018 年 1 月,为进一步促进深圳经济特区的一体化发展,优化城市功能布局,国务院同意撤销深圳经济特区管理线。

随着深圳经济特区成为高度发达的国际化、现代化都市,国内外经济形势与竞争格局也愈发激烈,我国迫切需要深圳经济特区对高质量、可持续经济发展以及完善中国特色社会主义市场经济体制等方面展开深入探索。据此,我国开始了深圳经济特区向中国特色社会主义先行示范区(以下简称先行示范区)的转型升级之路。建设先行示范区是习近平总书记亲自谋划、亲自部署、亲自推动的重大战略决策。2018 年 10 月,习近平总书记亲临深圳视察,并在同年 12 月对深圳工作做出重要批示,提出深圳要朝着建设先行示范区的方向前进,

努力创建社会主义现代化强国的城市范例。2019 年 7 月,习近平总书记主持召开中国共产党中央全面深化改革委员会第九次会议并发表重要讲话,会上审议通过了《关于支持深圳建设中国特色社会主义先行示范区的意见》(以下简称《意见》),全面、系统地论述了在深圳特区建设先行示范区的时代价值、使命任务与战略定位。从具体内容来看,《意见》强调中央政府主要从经济放权、政治授权与社会赋权等维度设定先行示范区的建设目标,主要通过清单式批量申请授权方式,分批次制定授权事项清单,进一步明确深圳在重要领域和关键环节上可试的权限边界,推动重点领域的深化改革和先行先试。从首批授权事项清单来看,《意见》主要涉及要素市场优化配置、营商环境、科技创新体制、对外开放、公共服务体制、生态环境和城市空间治理六个领域,包含了 40 项具体事项,在授予相关管理权限的基础上,明晰了先行示范区所拥有自由裁量权的领域。《意见》从中央层面对深圳经济特区提出了新的“三步走”发展目标:到 2025 年,建成现代化国际化创新型城市;到 2035 年,成为我国建设社会主义现代化强国的城市范例;到 21 世纪中叶,成为竞争力、创新力、影响力卓著的全球标杆城市。同年 12 月,深圳市委市政府引发《深圳建设先行示范区行动方案(2019—2025 年)》,明确提出了 127 项具体任务以及各项任务的牵头部门与责任单位,形成了一张“横向到边、纵向到底、责任到位”的“施工图”。2020 年 10 月,习近平总书记出席深圳经济特区建立 40 周年庆祝大会时发表重要讲话,他强调:“深圳要建设好中国特色社会主义先行示范区,创建社会主义现代化强国的城市范例,提高贯彻落实新发展理念能力和水平,形成全面深化改革、全面扩大开放新格局,推进粤港澳大湾区建设,丰富‘一国两制’事业发展新实践,率先实现社会主义现代化。”中共中央办公厅、国务院办公厅颁布《深圳建设中国特色社会主义先行示范区综合改革试点实施方案(2020—2025 年)》,从顶层设计层面贯彻落实习近平总书记关于深圳特区建设先行示范区的重要指示。总体来看,先行示范区的战略定位、核心内容与具体措施如表 11.1 所示。

表 11.1　　　　　　先行示范区的战略定位、核心内容与具体措施①

战略定位	核心内容	具体措施
高质量发展高地	深化供给侧结构性改革,实施创新驱动发展战略,建设现代化经济体系,在构建高质量发展的体制机制上走在全国前列	支持在土地管理制度上深化探索;完善适应超大城市特点的劳动力流动制度;完善适应超大城市特点的劳动力流动制度;加快完善技术成果转化相关制度;加快培育数据要素市场;健全要素市场评价贡献机制;优化创新资源配置方式和管理机制;建立具有国际竞争力的引才用才制度;加大制度型开放力度;扩大金融业、航运业等对外开放
法治城市示范	全面提升法治建设水平,用法治规范政府和市场边界,营造稳定公平透明、可预期的国际一流法治化营商环境	进一步完善公平开放的市场环境;打造保护知识产权标杆城市;完善行政管理体制和经济特区立法
城市文明典范	践行社会主义核心价值观,构建高水平的公共文化服务体系和现代文化产业体系,成为新时代举旗帜、聚民心、育新人、兴文化、展形象的引领者	完善文化体育运营管理体制;支持建设适用国际通用规则的文化艺术品(非文物)拍卖中心;支持开展体育消费城市试点,推进体育产业创新试验,创新促进体育赛事发展的服务管理机制和安保制度
民生幸福标杆	构建优质均衡的公共服务体系,建成全覆盖可持续的社会保障体系,实现幼有善育、学有优教、劳有厚得、病有良医、老有颐养、住有宜居、弱有众扶	创新医疗服务体系;探索扩大办学自主权;优化社会保障机制
可持续发展先锋	牢固树立和践行绿水青山就是金山银山的理念,打造安全高效的生产空间、舒适宜居的生活空间、碧水蓝天的生态空间,在美丽湾区建设中走在前列,为落实联合国 2030 年可持续发展议程提供中国经验	健全生态建设和环境保护制度;提升城市空间统筹管理水平

二、中国特色社会主义先行示范区的发展历程发展概况

以下从经济发展、科技创新、改革开放、法治建设、营商环境优化、增进民生福祉和生态环境建设等方面介绍近年先行示范区所取得的发展成果。

在经济发展方面,2022 年,先行示范区规模以上工业总产值超过 4.5 万亿

---

① 作者根据《关于支持深圳建设中国特色社会主义先行示范区的意见》《深圳建设先行示范区行动方案(2019—2025 年)》自制而成。

元,并连续四年位于全国城市首位,全部工业增加值超过了 1.1 万亿元,且首次成为规模以上工业总产值和全部工业增加值"双第一"城市。截至 2023 年 7 月底,先行示范区的市场经营主体超 408 万户,同比增长 6.4%,其中企业占比高达 61%,总量和创业密度位于全国第一。

在科技创新方面,基础研究是科技创新的源头和总开关。先行示范区创新动能不断迸发、创新人才不断壮大、创新成果不断涌现。深圳政府出台实施基础研究"深研"规划,164 个关键核心技术攻关项目加快推进,首台国产 ECMO、开立生物血管内超声等高端新品陆续获批。2022 年,先行示范区已有 2.4 万家国家高新技术企业,华东师范大学全球创新与发展研究院制定的《全球科技创新中心发展指数 2022》指出,深圳在全球科技创新基地中排名第 12 名,深圳经济特区自身技术创新全球策源力排名全球第五,位于中国全城市第一。

在改革开放方面,支持深圳实施综合授权改革试点,是建设中国特色社会主义先行示范区的关键一招。先行示范区的综合改革试点强调"以点牵面"引导改革逐层向纵深推进,不断强化改革的系统性、整体性与协同性。2022 年,先行示范区首批综合改革事项清单已全面落地见效,4 方面 18 条典型经验和创新举措向全国推广,示范引领作用充分显现。先行示范区认真对接中央政府的顶层设计与发展要求、以自身发展与国家发展所需为导向,共启动 19 个深港合作专班和 10 个深澳合作专班,全面系统深入推进先行示范区与国内其他地区乃至世界各国在科技、产业、文化、民生、生态等各领域的深度合作。

在法治建设方面,先行示范区立足于自身改革创新实践需要,充分利用好经济特区立法权,加快建设中国特色社会主义法治先行示范城市。2019 年以来,先行示范区新制定出台 37 部和修改 32 部地方性法规,其中包括深圳经济特区智能网联汽车管理条例、人工智能产业促进条例等一系列全国首创性地方性法规,为先行示范区的可持续、高质量发展保驾护航。

在优化营商环境方面,2023 年 8 月,深圳市委、市政府正式颁布了《深圳市优化市场化营商环境工作方案(2023—2025 年)》《深圳市优化法治化营商环境工作方案(2023—2025)》《深圳市优化国际化营商环境工作方案(2023—2025)》。先行示范区坚持把优化营商环境作为"一号改革工程",全面对标最高最好最优最强,以市场主体需求为导向,围绕市场化、法治化、国际化迭代出台一系列具体举措。例如,全面消除工业园区转供电加价现象,出台数据交易管理暂行办法和数据产权登记管理暂行办法,开展新产业新业态知识产权保护试点,出台促进民营经济做大做优做强 20 条措施和培育壮大市场主体 30 条措施,深入开展"我帮企业找市场""我帮企业找资金""我帮企业降成本"等系列服务活动。近年来,深圳先行示范区商事主体数量突破 400 万户,稳居全国城市第一,累计上市企业超 500 家,世界 500 强企业增至 11 家,并连续三年获评全国工商联营商环境最佳口碑城市。

在增进民生福祉方面。2021 年,先行示范区成为首批教育部基础教育综合改革试验区,截至 2022 年 12 月,先行示范区公办义务教育学校集团达到 53 个,整合资源提升办学水平,在全省履行教育职责考核评价中连续 4 年居珠三角城市第一。在医疗卫生方面,先行示范区发布全国首个医院质量国际认证标准,三甲医院增至 32 家,其中,中国医科院阜外医院深圳医院、肿瘤医院深圳医院入选第四批国家区域医疗中心建设项目。2022 年,先行示范区已经实现市级医疗中心和基层医疗集团按行政区、社区健康服务机构按社区全覆盖,异地就医直接结算已在 800 多家社康中心开通。城市是人类文明成果的集中体现,先行示范区已然连续六届荣膺"全国文明城市"称号。2022 年,先行示范区深入实施公共文明提升三年行动计划,成功创建国家级公共文化服务示范区 1 个、示范项目 2 个;省级示范区 1 个、示范项目 3 个。

中国式现代化是人与自然和谐共生的现代化,在生态建设方面,先行示范区将绿色低碳作为高质量发展的新底色,将生态文明建设作为党政干部任免奖惩的最大考核项。2022 年 10 月,深圳市市场监督管理局、市发展改革委、市生态环境局日前印发的《创建粤港澳大湾区碳足迹标识认证 推动绿色低碳发展的工作方案(2023—2025)》指出,2023 年,先行示范区将在全国率先开展产品碳足迹标识认证,初步构建起大湾区碳足迹标识认证体系,预计完成 100 个产品碳足迹标识认证应用示范。先行示范区碳市场流动率连续多年稳居全国第一,单位 GDP 能耗和碳排放分别降至全国平均水平的 1/3 和 1/5。绿色建筑发展竞争力指数居全国城市首位。新能源汽车保有量超 86 万辆,位居世界城市前列。顺利完成国家"无废城市"建设试点任务,生活垃圾无害化处理率高达 100%。

第二节 浦东引领区与深圳先行示范区异同比较

一、浦东引领区与深圳先行示范区不同点

(一)战略定位不同

从战略定位上来看,社会主义现代化建设引领区的重点则在于"引领",即在更高水平改革开放、自主创新发展、全球资源配置、扩大国内需求以及现代城市治理等方面源源不断地取得突破性成就,发挥自身对全国中社会主义现代化建设发挥引领作用,达到"为更好利用国内国际两个市场两种资源提供重要通道,构建国内大循环的中心节点和国内国际双循环的战略链接"的目的。

先行示范区的关键在于以目标为导向的"先行示范","先行"意味着没有相同的模式可以借鉴,也没有现成的经验可以照搬,而是要另辟蹊径,发扬敢为人先的精神,努力在重点领域和关键环节率先取得经验,为全国改革开放探索出新模式。"示范"强调的是榜样作用,要将先行示范区取得的经验形成能够推广、复制全国其他地区的经验与制度,进而发挥对其他区域的引领与带动作用。总体而言,改革创新作为深圳特区建设先行示范区的根本路径,侧重于"试与闯",不只是以先行先试的方式为全国提供在高质量发展高地、法治城市示范、城市文明典范、民生幸福标杆与可持续发展先锋等领域建设中国特色社会主义的现代化城市典范,更要在政府改革、文化建设、社会治理和基层党建等领域都起到全方位、全过程的"先行示范"作用,切实按照"五位一体"总体布局的要求全面领先,进而在改革开放和粤港澳大湾区发展中发挥重要作用。

(二)关注重点不同

社会主义现代化建设引领区和中国特色社会主义先行示范区,在区域发展的关注重点方面具有明显的差异,体现出我国在不同发展阶段探索和推动现代化的多样性。

首先,打造社会主义现代化建设引领区,特别是上海浦东新区,关注的核心在于推动中国式现代化建设。该区致力于将上海乃至整个中国打造为全球经济增长的引擎。在这一努力的推动下,上海已经成为世界上最繁忙的港口之一,金融、贸易、航运等产业得到极大发展,形成了国际性的经济中心。社会主

义现代化建设引领区强调的是在经济领域实现更高水平的现代化,关注的不仅仅是经济结构的转型,更是在全球市场中竞争力和影响力的提升。与之不同,中国特色社会主义先行示范区更加关注的是城市文明与城市治理,试图通过制度创新与建设的角度体现中国特色社会主义的制度优越性。特区要在文化和社会治理方面深入探索,力求实现城市文明程度的提高,构建更为和谐宜居的城市环境。在这一过程中,特区不仅关注经济发展,更注重社会治理、文化传承、生态保护等方面的综合提升。这种关注点的差异,使得特区更加侧重于城市发展的全面性和可持续性。

其次,在开放领域方面,两者的差异也十分显著。社会主义现代化建设引领区的开放主要体现在经济和贸易领域。上海依托自身的国际金融中心地位,吸引了大量外资企业,发展了自由贸易试验区,推动了贸易便利化和投资自由化。相较而言,先行示范区的开放范围更为宽泛,不仅包括市场、文化、对外交往等方面的深度开放,同时还提出了建设高标准、高质量自由贸易试验区的目标。特区力图加快构建与国际接轨的开放型经济新体制,鼓励更多的国际投资和贸易合作。特区还积极举办国际大型体育赛事和文化交流活动,加强与世界各国的交流合作,提升了特区在国际舞台上的影响力。

（三）自身优势不同

首先,地理位置不同。社会主义现代化建设引领区位于中国的经济中心——上海市。上海位于长江口,紧邻东海,是中国东部沿海地区的重要门户城市,也是全球最繁忙的港口之一。这种得天独厚的地理位置使得上海在国内外贸易中具有重要地位。而且,上海地处长三角经济区,这个区域是中国经济最为发达和开放的地区之一,具有丰富的产业资源和人才储备。社会主义现代化建设引领区通过引领上海的"五个中心"建设,将这个地区打造成国际经济、金融、贸易、航运、科技创新五个领域的中心,形成了具有全球影响力的经济核心区。与之不同,中国特色社会主义先行示范区位于粤港澳大湾区的核心地带。粤港澳大湾区由广东省、香港特别行政区和澳门特别行政区组成,地理位置优越,毗邻珠江三角洲,是中国南方沿海地区的重要组成部分。该区域是中国对外开放和经济合作的前沿,也是连接内地与国际市场的重要桥梁。在这个区域内,中国特色社会主义先行示范区作为核心引擎,发挥着引领作用。通过创新发展模式、深化改革开放,该区域成为中国经济新的增长极,吸引了大量国内外投资和企业入驻,为整个粤港澳大湾区的经济繁荣注入了强劲动力。社会主义现代化建设引领区与中国特色社会主义先行示范区在地理位置上的差异，决定了它们在国家战略中的独特地位。上海作为经济中心，引领着长三角经济区的一体化发展；而中国特色社会主义先行示范区则位于粤港澳大湾区的核心，推动着该区域经济一体化的进程。

其次，资源优势不同。社会主义现代化建设引领区，尤其是上海浦东新区，以其完善的交通、能源、通信基础设施而著称。现代化的港口、高速公路网络和先进的国际机场，使得该区成为全球贸易和物流中心。这种基础设施的优势为企业提供了高效便捷的运输和物流环境，吸引了众多国内外企业在此建厂设点，推动了地区经济的快速增长。与之相较，中国特色社会主义先行示范区，如深圳特区，更侧重于科技创新和市场创新。深圳特区以其灵活的市场机制和创新创业氛围而闻名。特区政府为企业提供了宽松的市场准入政策和多元化的金融服务，鼓励企业进行技术创新和市场拓展。此外，深圳的高科技园区和孵化器为初创企业提供了良好的创新生态，吸引了大量创新人才和高新技术企业，形成了独特的创新氛围。在科技创新方面。社会主义现代化建设引领区注重引进国内外高端科研人才，推动产学研用结合。上海的高校和科研机构拥有世界一流的研究团队，为企业提供了强大的技术支持。与此同时，上海积极推动科技成果转化，鼓励企业加大自主创新投入，推动了许多科技成果的商业化应用。先行示范区则以市场创新为主导，致力于培育新兴产业和壮大现有产业。特区政府鼓励企业加大研发投入，支持高新技术企业孵化，推动创新和产业升级。特区的科技创新主要依赖于市场需求，不断发展新产品、新技术，加速了产业结构的优化。

最后，区域文化不同。1843年，随着上海正式开埠，海派文化也由此开始了提速发展，四面八方的移民，促进了海派文化的进一步发展，突出体现为海纳百川、善于扬弃、追求卓越、勇于创新的海派文化特点（赵建吉和曾刚，2013）。作为中国最早开埠的港口，上海一直都是东西方文化交汇的要冲，也是国内受西方文化浸染最普遍的城市，海派文化对跨国公司和海外华人有着极大吸引力。深受海派文化影响的社会主义现代化建设引领区充分在经济发展过程中利用了海派文化这一开放性的文化背景，不仅吸引了大量的高端外资，而且将国外的高端技术、管理人才特别是领军人物和创新团队吸引至此，建成了五大国际社区，为浦东的发展提供智力支持，促使跨国投资与本地经济逐步融合，逐渐形成了以外企为主要支撑的经济发展形态。

　　岭南文化在深圳经济特区有着深厚的基础,也是推进先行示范区"敢闯敢干"的文化基础。岭南文化指的是在岭南地域范围内形成与发展起来的独特文化,主要辐射范围是广东、广西、海南以及中国香港特别行政区以及澳门特别行政区。岭南地区由于北接五岭,南临大海。① 自古以来,受地理条件限制,世代在岭南地区居住的人民群众接受中原文化的影响程度较小,且因南临大海,使得岭南人养成一种敢于冒险、开拓、进取的精神,易于接受新思潮,社会发展的包容性也较强。有学者总结,区别于中原文化、齐鲁文化、巴蜀文化等其他区域独特文化,岭南文化具有多元、开放、进取、包容、务实等独特的精神气质。② 敢于冒险、开拓、进取的文化特质使得深圳经济特区在改革开放大潮中涌现出一大批中小民营企业,在与外企的竞争发展中,民营企业也快速崛起,岭南文化敢于面对实际,打破旧有体制的束缚,重视实际,敢为人先,不务虚名,是先行示范区先进性的重要思想体现。先行示范区作为受岭南文化影响的主要地区,也逐步形成了以制度创新、科技创新、产业创新为代表的发展模式。

　　(四)顶层设计不同

　　顶层设计指的是政府在制定战略、政策和规划时所采用的全局性、系统性的规划设计。它是指导国家、地区或组织长期发展的战略框架,涵盖经济、社会、文化、科技等各领域,并对整体发展方向和路径做出规划与引导。良好的顶层设计有利于推动国家或地区长期稳定发展,实现经济、社会、环境等多方面的协调和均衡发展。从国家顶层设计来看,浦东新区高水平改革开放打造社会主义现代化建设引领区聚焦于未来(2035年和2050年)的发展目标,侧重于建立现代化经济体系、全面建设现代化城区、提升国际竞争力等方面,强调更高水平的改革开放,自主创新发展、全球资源配置、国内需求引领以及现代城市治理等战略定位,并涵盖了创新引擎、改革集成、开放推进、资源配置和城市治理提升等主要内容。相较而言,深圳建设中国特色社会主义先行示范区则着眼于到2025年、2035年和本世纪中叶的发展目标,特别关注经济实力、研发能力、文化软实力、公共服务和生态环境等方面的提升,突出高质量发展、法治城市建设、城市文明塑造、民生幸福打造和可持续发展的战略定位,主要包含了建设现代化经济体系、构建法治环境、弘扬社会主义文化、促进民生发展和生态建设等主

---

　　①　五岭不单指的是五个岭名,主要强调的是穿越南岭的五条通道。岭南便是由五岭通向南方的大片土地。

　　②　李宗桂.岭南文化的现代性阐扬——以广东为例[J].学术研究,2022(6):36—47.

要内容,"两区"政策文件对比如表11.2所示。

表 11.2 "两区"政策文件对比

政策文件	发展目标	战略定位	主要内容
《中共中央国务院关于支持浦东新区高水平改革开放打造社会主义现代化建设引领区的意见》	到2035年,浦东现代化经济体系全面构建,现代化城区全面建成,现代化治理全面实现,城市发展能级和国际竞争力跃居世界前列。到2050年,浦东建设成为在全球具有强大吸引力、创造力、竞争力、影响力的城市重要承载区,城市治理能力和治理成效的全球典范,社会主义现代化强国的璀璨明珠	更高水平改革开放的开路先锋	全力做强创新引擎,打造自主创新新高地
		自主创新发展的时代标杆	加强改革系统集成,激活高质量发展新动力
		全球资源配置的功能高地	深入推进高水平制度型开放,增创国际合作和竞争新优势
		扩大国内需求的典范引领	增强全球资源配置能力,服务构建新发展格局
		现代城市治理的示范样板	提高城市治理现代化水平,开创人民城市建设新局面
			树牢风险防范意识,统筹发展和安全
			提高供给质量,依托强大国内市场优势促进内需提质扩容
《关于支持深圳建设中国特色社会主义先行示范区的意见》	到2025年,深圳经济实力、发展质量跻身全球城市前列,研发投入强度、产业创新能力世界一流,文化软实力大幅提升,公共服务水平和生态环境质量达到国际先进水平,建成现代化国际化创新型城市。到2035年,深圳高质量发展成为全国典范,城市综合经济竞争力世界领先,建成具有全球影响力的创新创业创之都,成为我国建设社会主义现代化强国的城市范例。到本世纪中叶,深圳以更加昂扬的姿态屹立于世界先进城市之林,成为竞争力、创新力、影响力卓著的全球标杆城市	高质量发展高地	率先建设体现高质量发展要求的现代化经济体系
		法治城市示范	率先营造彰显公平正义的民主法治环境
		城市文明典范	率先塑造展现社会主义文化繁荣兴盛的现代城市文明
		民生幸福标杆	率先形成共建共治共享共同富裕的民生发展格局
		可持续发展先锋	率先打造人与自然和谐共生的美丽中国典范

二、浦东引领区与深圳先行示范区相同点

(一)发展历程

从发展历程来看,无论是社会主义现代化建设引领区还是中国特色社会主义先行示范区(以下简称"两区")都是国家顶层设计的鲜明体现。

首先,国家顶层设计为"两区"初期引入社会投资提供了重要保障。从历史的角度看,深圳特区 1979 年的固定资产投资总额仅有 0.59 亿元,仅仅 5 年后,深圳特区的固定资产投资总额增长了 55 倍,扩展至 33.32 亿元。"六五"时期,深圳特区固定资产投资年均增长 89.1%,超过了该时期经济年均增速近 40 个百分点。2019 年,深圳特区升级为中国特色社会主义先行示范区,同年地区生产总值达到了 2.69 万亿元,固定资产投资额度超过了 7 000 亿元。2022 年,深圳特区全市地区生产总值已然达到 3.24 万亿元,固定资产投资总额超过了 9 000 亿元,人均 GDP 达到了人均 18.33 万元。相较而言,上海浦东新区与社会主义现代化建设引领区虽然成立较晚,但在极短的时间内就形成了能够比肩深圳经济特区与先行示范区的发展。1991 年至 1995 年,上海浦东新区的固定资产投资额度由 28.95 亿元快速上升至 285.07 亿元,年均增速超过 80%。1995 年至 1998 年,上海浦东新区的固定资产投资额度连续 4 年超过了深圳经济特区。2021 年,上海浦东新区升级为社会主义现代化建设引领区,同年地区生产总值 15 353 亿元,比上年增长 10%;全社会固定资产投资达到 2 716.18 亿元,比上年增长 10.8%。2022 年,社会主义现代化建设引领区全社会固定投资总额 3 025.1 亿元,实现地区生产总值 1 6013.4 亿元,以全国 1/800 0 的面积创造了全国 1/74 的 GDP。

其次,国家顶层设计为"两区"的制度创新提供了坚实保障。无论是深圳经济特区与上海浦东新区的成立,还是二者向"两区"的转型升级,国家都会赋予其制度先行先试的权利。深圳经济特区成立之初,邓小平就旗帜鲜明地提出:"中央没有钱,可以给些政策,你们自己去搞,杀出一条血路来。"2020 年 10 月,习近平总书记在深圳经济特区建立 40 周年庆祝大会的讲话中强调:"深圳经济特区要扛起责任,牢牢把握正确方向,解放思想、守正创新,努力在重要领域推出一批重大改革措施,形成一批可复制可推广的重大制度创新成果。"1991 年,邓小平视察浦东新区时强调:"要克服一个怕字,要有勇气;什么事情总要有人试第一次,才能开拓新路。"2020 年 11 月,习近平总书记在浦东开放 30 周年庆

祝大会上指出:"浦东新区要勇于挑最重的担子、啃最硬的骨头,努力成为更高水平改革开放的开路先锋、全面建设社会主义现代化国家的排头兵、彰显'四个自信'的实践范例,更好地向世界展示中国理念、中国精神、中国道路。"改革开放以来,先行示范区的成立为中国贡献了诸如外汇体制、土地制度、住房制度、国企股份制改造等一系列制度经验,社会主义现代化建设引领区也为中国的经济发展贡献了自贸试验区、综合配套改革等一系列先行先试经验,这些先行先试改革方案在短期内快速突破当地发展局限性,并进一步带动了全国发展,同时也使当地成为"资源聚集高地",更进一步强化了经济发展的占优地位。

（二）发展环境与目标

"两区"在早期发展阶段面临着相似的环境与目标。从国际环境来看,深圳经济特区和上海浦东新区的开发建设都处于全球化进程不断深入、世界经济面临深刻的结构调整、国际产业加快转移的有利时机。20世纪80年代,东南亚四国(印度尼西亚、马来西亚、菲律宾、泰国)承接了欧美发达国家的产业转移,接受了大量外资投入,实现了经济起飞,大量的东南亚资本涌入珠三角为深圳经济特区的迅速腾飞铺平了道路。20世纪90年代以来,发达国家的产业转移不再局限于劳动密集型、资本密集型与技术密集型的梯度性转移,而是尝试将产业链两端(即研发、制造、销售、服务等价值链)向各个增值环节转移,国际产业转移呈现研发、生产、服务、人才一体化转移的新趋势。20世纪90年代以后,国际产业转移虽然也是上海浦东新区开发建设的有利因素,但同时期"苏南模式""温州模式"已经成就了长三角地区20世纪80年代的高速发展,并为上海浦东新区经济的快速发展提供了生产网络基础,也为浦东新区承接更高层级的外资创造了良好的基础与条件。从国内环境来看,深圳经济特区和上海浦东新区开放初期,由于土地和房地产开发成本相对较低,故可以为两个地区的开发建设提供一个运行成本相对较低的商业运行环境。

从发展目标来看,"两区"不仅是中国特色社会主义新时期改革开放的伟大旗帜,也是中国特色社会主义制度对外展示优越性的关键窗口。"两区"都致力于加速推动规则衔接、机制对接、链接世界、辐射内陆,成为新时期国家构建对外开放新格局的"创新试验场"。二者都是国家为了达成长期发展的建设目标而进行的探索性的国家战略布局,也都是我国建设社会主义现代化强国战略布局的"点睛之笔"。

（三）区域带动

从地理位置上看,"两区"肩负着促进区域高质量一体化发展的重要使命。

经济全球化背景下,市场能够在更大范围内展开资源配置与分工合作,这也使得任何一个区域的发展都难以独立于周边地区,日益密切的人口与经济联系促使其联合,谋求区域一体化,为高质量发展提供新动力。① 区域一体化指的是一个区域发展到一定阶段后,通过与其他区域建立合作的方式,寻求更大的发展空间或进一步追求理想空间发展格局的过程。这种理想空间发展格局主要表现为:追求一体化的区域形成了一个利益共同体,即区域与区域之间的关系达成了"你中有我,我中有你"的密切状态,因而在社会经济发展方面也会"一荣俱荣、一损俱损"。② 改革开放以来,我国出现了区域经济的大发展,如长三角、珠三角、京津冀,以及现在正在推进的粤港澳大湾区。区域经济有一个共同特点,就是以一个或几个中心城市为支点,通过"点""线""面"的结合,推动区域经济一体化。"两区"分别依托着粤港澳大湾区与长江三角洲地区,都强调沿海地区发展对全国的带动、引领作用。

改革开放以来,作为粤港澳大湾区的中心城市以及区域发展核心引擎,深圳经济的快速发展带动了珠三角的快速腾飞。从 1980 至 1996 年,以深圳为重要引擎的珠三角 9 市实现国内生产总值年均增长 17.8%,不仅远高于全国同期水平,而且也高于"亚洲四小龙"经济起飞阶段的平均增长速度。2011 年,深圳经济特区积极贯彻落实《珠三角改革发展规划纲要》关于区域一体化的战略部署,推动形成外溢型发展新格局。同年,广东省委、省政府批复《深汕(尾)特别合作区基本框架方案》,宣告深汕特别合作区正式设立。深汕特别合作区位于汕尾市海丰县,总面积 468.3 平方千米,海岸线 50.9 千米,海域面积 1 152 平方千米。距深圳市东部约 60 千米,离市中心约 120 千米,具有突出的资源优势和区位优势,定位为粤港澳大湾区东部门户、粤东沿海经济带新中心、深圳自主创新拓展区、国际性滨海智慧新城。

1990 年 4 月,国务院宣布开发、开放浦东地区,并提出"以浦东开发开放为龙头,进一步开放沿岸城市,尽快把上海建成国际经济、金融、贸易中心之一,带动长江三角洲和整个长江流域地区经济的新飞跃"。2010 年 5 月,国务院颁布《关于进一步推动长江三角洲地区改革开放和经济社会发展的指导意见》,正式批准实施了长江三角洲区域一体化发展规划。2018 年 11 月,习近平总书记在

---

① 方创琳. 中国城市群研究取得的重要进展与未来发展方向[J]. 地理学报,2014,69(8):1130—1144.

② 张可云. 区域经济一体化:追求理想的共赢格局[J]. 区域经济评论,2015(6):5—7.

首届中国国际进口博览会上宣布,支持长江三角洲区域一体化发展并将其上升为国家战略。上海浦东新区是长三角经济发展的领头羊。改革开放以来,在浦东新区快速发展的强力引领下,上海成为全球著名的金融中心,并与江苏、安徽、浙江构成能级巨大的长三角城市群。2019 年 6 月,上海市出台《关于支持浦东新区改革开放再出发 实现新时代高质量发展的若干意见》,要求上海浦东新区不断增强服务长三角和"一带一路"的建设能力。总的来说,无论是上海浦东新区还是升级后的社会主义现代化建设引领区,主要都是通过"搭建大平台""构建大市场""打通大通道""促进大开发"四条路径对长江三角洲地区一体化产生辐射作用。首先,搭建大平台指的是利用好上海浦东地区科技创新资源集聚优势,进一步强化与长江三角洲城市群的创新联动与协同合作,优化区域创新布局,提升长三角区域协同创新能力。例如,通过深入开展产业链补链固链强链行动,发挥好浦东国家集成电路产业基地、大飞机产业园等产业平台作用,进一步促进产业要素自由流动,协同突破产业链薄弱环节和供应链堵点。其次,共建大市场则强调要不断促进、优化长江三角洲地区要素资源的市场化配置,尤其是发挥金融机构、金融市场、金融基础设施集聚的优势,为长三角地区产业升级、科技创新等领域提供优质金融服务,发挥好长三角资本市场服务基地等功能平台作用,不断强化金融服务实体经济的能力。再次,当好大通道要求社会主义现代化建设引领区同长江三角洲城市群共建能够辐射全球范围的航运枢纽。浦东具有世界级的大交通基础设施,要进一步联动内外,推动长三角地区交通基础设施互联互通。最后,促进大开放要通过合作共建长三角国际贸易"单一窗口"等重要功能平台,加快形成优势互补、协同创新、各具特色的联动发展格局,助力长三角产业转型升级和经济高质量发展。

第三节　深圳先行示范区对浦东引领区发展的启示

一、全面加强党的领导与党的建设是统筹城市发展的重要保障

全面加强党的领导和党的建设是中国特色社会主义先行示范区高质量发展的重要保障。回顾改革开放 40 年历程,广东之所以能够战胜各种风险与挑战,取得举世瞩目的发展成就,最根本的在于坚持党的领导。社会主义现代化

建设引领区必须全面加强党的领导和党的建设，把党的政治建设摆在首位，充分发挥党中央总揽全局、协调各方的领导核心作用，把各级党组织建设得更加坚强有力。一方面，要增强"四个意识"、坚定"四个自信"、做到"两个维护"，确保习近平新时代中国特色社会主义思想在社会主义现代化建设引领区的高质量发展与建设中落地生根并结出丰硕的成果；另一方面，社会主义现代化建设引领区必须以自我革命的精神推进新时代党的建设新的伟大工程，坚定不移推动全面从严治党向纵深发展，持之以恒加强党的纪律建设，严明党的纪律，做到全面从严治党。坚持党内监督和群众监督相结合，确保党员干部廉洁自律，增强党的纪律执行力。只有保持严明的党内纪律，我们才能建设一支忠诚纯洁有担当的干部队伍，保持党的团结统一，确保社会主义现代化引领区的高质量建设与发展始终沿着正确方向前进。

二、改革创新是城市发展的不竭动力

中国特色社会主义先行示范区因改革开放而生，因改革开放而兴，因改革开放而强。改革开放铸就、发展了先行示范区独特的城市秉性和品格，塑造、展示了先行示范区独特的城市形象和风尚。对此，社会主义现代化建设引领区应积极学习、总结与宣扬中国特色社会主义先行示范区的改革创新精神。第一，社会主义现代化建设引领区要利用好改革开放试点政策，充分发挥引领作用，以创造型、引领型改革为关键路径，在重点领域形成更多可复制、可推广的重大理论与实践创新成果。尤其要在上海"五个中心"实现新突破，走出新路子，生动演绎具有浦东特色、中国特色社会主义优势的现代化建设新路径、新模式。第二，社会主义现代化建设引领区要深化制度创新，学习先行示范区在治理体系和治理能力现代化方面的经验。特别是在建设法治政府、推动政府职能转变上，引领区可以借鉴先行示范区的做法，完善法治体系，提高法治政府建设水平。要加强政府自身改革，推动政府机构和管理方式的现代化，增强政府公信力和执行力。在社会管理和服务方面，引领区应进一步学习先行示范区的社区治理经验，推动基层治理现代化，提供更优质、高效的公共服务，增强人民群众的获得感和幸福感。第三，社会主义现代化建设引领区要加大创新驱动力度，学习示范区在科技创新和产业升级方面的成功经验。要加强与高校、科研院所的合作，推动科技成果转化，培育新兴产业，壮大现有产业，提高产业链水平，提升企业竞争力。在人才引进和培养上，引领区可以借鉴先行示范区的人才政

策,建立更加开放、灵活的人才引进机制,吸引高层次人才和创新团队,培养一批技术骨干和创新领军人才。第四,社会主义现代化建设引领区应不断创新经济发展方式。先行示范区高质量发展的根本因素在于通过制度变革,改变资源的传统使用方式,进一步提升了资源利用效率,化解了资源的日益稀缺与需求量迅速上升的矛盾。对此,社会主义现代化建设引领区一方面要进一步深化技术创新,通过产业之间的合理化改革,强化技术溢出效应,增加技术革新的不可替代性与强度,进而推动技术边界实现循序渐进式外移;另一方面要着力促进要素在市场的自由流动与优化配置,实现要素的跨部门再配置,促进要素向高生产率、绿色、可持续性的相关行业流动。

三、竞争与合作是城市发展的基本模式

竞争与合作是相互依存、不可分割的关系,应进一步深化中国特色社会主义先行示范区与社会主义现代化建设引领区的合作程度。第一,在经济发展方面,社会主义现代化建设引领区应积极借助先行示范区自身产业创新、市场经济活力优势,以先行示范区的先进技术和管理经验为基础,实现"两区"之间的积极技术合作,共同攻克关键核心技术难题,实现科技创新的跨越式发展。在市场开拓方面,合作可以实现销售渠道和市场网络的互通有无,提高商品的市场覆盖面和销售效益。第二,教育、文化、科技等领域的深度合作也是推动"两区"共同可持续、高质量发展的关键所在。两地区可以加强高校间的师资共享、科研项目合作,推动科技成果的转化和产业化。文化交流可以促进"两区"居民的相互了解,增进文化认同感,形成共同的价值观基础。共同举办文化艺术节、历史遗迹保护、语言学习等活动,加深两地区人民的沟通,为未来的经济合作建立坚实的文化基础。第三,政策和法律体系的协同发展是促进两个区域合作的重要保障。"两区"在制度建设和法律框架方面深化合作,能够进一步为企业和个人在两个区域开展合作提供稳定、透明的环境。具体而言,加强法律法规的对接和协调,促进政策衔接和互通互认,将有利于促进更高水平的经济合作和交流,同时为两地区的长期发展提供坚实的制度基础。

四、坚持人民至上是城市发展的价值归旨

聚焦民生幸福标杆,率先形成共建共治共享共同富裕的民生发展格局,让市民享有更多的获得感、幸福感和安全感,是深圳建设中国特色社会主义先行

示范区的核心发展目标。可见,社会主义现代化建设引领区应当牢固树立人民主体地位,将人民利益置于发展全局的核心位置。在城市规划和发展中,要充分考虑人民群众的需求和期待,推动城市建设朝着更加宜居、宜业、宜学的方向发展。加强社区治理、提供更优质的公共服务、促进就业机会的增加,进一步提升城市居民的生活品质,增进人民群众的幸福感和获得感。特别是在住房保障、教育医疗等关系民生的领域,引领区应采取更加有力的措施,确保每个人都能分享城市发展的成果,让发展的红利惠及广大人民群众。同时,要深化城市建设与发展过程中的民主参与,激发广大人民群众的创造活力和积极性,让城市发展更加符合人民的意愿和需求。鼓励社会组织、志愿者等参与城市建设管理,增强民间力量对城市治理的参与和支持。建立健全有效的信息沟通机制,充分听取并采纳民意,让人民真正成为城市发展的参与者和受益者。只有在人民的支持和参与下,社会主义现代化建设引领区的发展才能更加蓬勃、可持续地向前推进。

五、处理好有为政府与有效市场之间的关系

在社会主义条件下发展市场经济,是我们党的一个伟大创举。我国经济发展获得巨大成功的一个关键因素,就是我们既发挥了市场经济的长处,又发挥了社会主义制度的优越性。中国特色社会主义先行示范区发展经验表明,政府与市场之间是相互促进、相互协调、相互依存的关系。平衡政府和市场关系、发挥各自优势、形成合力是推动先行示范区高质量发展的有效路径。可见,推动社会主义现代化建设引领区高质量发展强调要充分发挥市场在资源配置中的决定性作用,更好地发挥政府作用,以市场化、法治化为原则,实现有效市场与有为政府良性互动。有效市场指的是可以借助价格传导机制优化资源配置、实现帕累托最优的市场。"有所为,有所不为"是有为政府的本质所在,强调政府要在各个不同的经济发展阶段能够因地制宜、因时制宜、因结构制宜地有效地培育、监督、保护、补充市场,进而达到纠正市场失灵,促进公平,增进全社会各阶层长期福利水平的目标。正确处理好有为政府与有效市场之间的关键在于清晰界定政府与市场之间的权利边界,用好"看不见的手"与"看不见的手"。"政府的失败既可能是由于它做得太少,也可能是由于它做得太多"[①],只有明确

---

① 阿瑟·刘易斯.经济增长理论[M].周师铭,沈丙杰,沈伯根,译.上海:上海三联书店,1991:26.

政府的职权和责任明确,市场才能真正发挥决定性作用。具体而言,市场机制能解决的政府就不要干预,而市场调节往往具有滞后性,对此,政府职责应该主要限定在宏观调控、市场监管、公共服务、社会管理、环境保护等法定职责领域,通过建立宏观调控体系、提供公共服务、强化市场监管、防范化解各种风险挑战等方式,充分发挥创造良好发展环境、提供优质公共服务、维护社会公平正义等功能。

本章小结

本章从发展历程与发展概况对中国特色社会主义先行示范区予以介绍,并基于差异性与不同点对社会主义现代化建设引领区与中国特色社会主义先行示范区展开了比较分析。研究发现,战略定位、关注重点、自身优势与顶层设计方面的差异性,促使"两区"之间产生了不同的发展路径,但"两区"在发展历程、发展环境与目标、区域带动方面仍然存在明显的共同点。基于此,本章从全面加强党的领导与党的建设、改革创新、促进竞争与合作、坚持人民至上以及处理好有为政府与有效市场之间的关系等角度,探讨了中国特色社会主义先行示范区对社会主义现代化建设引领区发展的启示,以期为推动社会主义现代化建设引领区高质量发展提供有益借鉴。

第十二章

中国式现代化进程中浦东引领区的
战略使命、发展不足及实现路径

中国式现代化进程中,浦东引领区承担着重要的战略使命。作为综合性国家新区,浦东引领区在推进社会主义现代化建设方面取得了显著成就,但仍存在一些发展不足。为实现浦东引领区的战略使命,需要制定明确的发展战略和规划,并加强创新驱动、加强城市基础设施建设、加强人才引进和培养、推动产业升级和结构优化,以及加强社会治理和法治建设。通过综合推进这些方面的工作,浦东引领区将能够更好地发挥引领作用,推进中国式现代化进程。

第一节 中国式现代化进程中浦东引领区的战略使命

浦东新区在中国式现代化进程中承担着重要的战略使命,该区的发展成果和影响力凸显了中国经济的崛起和转型升级。

作为中国改革开放的前沿地区,浦东新区承载着经济引领的使命。该区通过积极吸引国内外投资和创新企业,培育高科技产业和创新型企业,推动了中国经济发展的转型升级。浦东新区的发展在很大程度上推动了上海市和整个中国的经济增长,成为全国乃至全球范围内的经济引擎。

浦东新区是中国对外开放的重要窗口和试验田。作为中国改革开放的试验区域,浦东新区吸引了大量外国投资和跨国企业进驻,引进了国际先进技术和管理经验。这促进了中国与世界的交流与合作,为中国经济融入全球经济体系提供了重要平台和机遇。浦东新区的金融中心建设也是其战略使命的重要方面。作为中国的金融中心,浦东新区致力于发展国际化金融业务,吸引全球金融机构和人才,提升金融市场的国际竞争力。这不仅为中国经济的发展提供了强有力的金融支撑,也为中国企业走向世界提供了更广阔的融资渠道和金融服务。浦东新区还致力于创新驱动的发展模式。通过培育创新型企业和创新人才,建设创新型生态系统,推动科技创新和产业融合,浦东新区在推动经济发展质量和效益的同时,也加快了中国经济的结构调整和升级。

浦东新区将可持续发展作为其战略使命的重要内容。该区致力于推动绿色低碳发展,提高资源利用效率,保护生态环境,建设宜居宜业的现代化城区。这不仅有助于提高居民的生活质量和幸福感,也符合中国在可持续发展方面的国家战略。

总之,浦东新区在中国式现代化进程中担负着经济引领、对外开放、金融中心建设、创新驱动和可持续发展等重要战略使命。其发展成果和影响力不仅在中国国内显著,也在全球范围内产生了广泛的影响,为中国经济的崛起和全面现代化建设作出了积极的贡献。

一、中国式现代化的核心内涵与本质要求

中国式现代化的核心内涵是在继承和发展中国传统文明的基础上,以中国国情为依托,坚持社会主义方向,推动经济、政治、文化、社会等各个领域的现代化发展,实现国家富强、民族振兴、人民幸福的综合目标。中国式现代化的本质要求可以概括为以下几个方面:

(一)经济发展的现代化

首先,经济结构的转型和升级是经济发展现代化的核心任务。中国式现代化要求从传统的资源依赖型经济向以创新、科技和知识为驱动力的现代化经济转型。这意味着要加快发展高新技术产业和服务业,提升经济增长的质量和效益,降低对传统产业和资源的依赖程度,实现经济结构的优化和升级。其次,经济发展的现代化要求注重科技创新和创新能力的提升。中国式现代化需要依靠科技创新来推动经济发展。这包括加大对科学研究和技术创新的投入,培育创新型企业和人才,加强知识产权保护,推动科技成果转化和应用,提高整个经济体系的创新能力和竞争力。科技创新对于推动经济结构调整、提高生产效率

和产品质量具有重要意义。再次,经济发展的现代化要求加强开放和国际合作。中国式现代化注重与国际接轨,积极参与全球化进程。这包括扩大对外开放,促进贸易和投资自由化便利化,加强国际经济合作和交流,提高国际竞争力。通过开放和合作,中国可以吸引外资、引进先进技术和管理经验,提升自身的创新能力和竞争优势。最后,经济发展的现代化要求注重可持续发展。中国式现代化追求经济、社会和环境的协调发展,这意味着经济发展要注重资源的合理利用和环境保护,推动绿色低碳发展,提高资源利用效率和环境质量,实现经济的可持续性。

中国式现代化的经济发展要求包括经济结构的转型和升级、科技创新和创新能力的提升、加强开放和国际合作以及注重可持续发展。通过实现经济发展的现代化,中国可以提高经济的质量和效益,推动经济社会的全面进步和人民生活水平的全面提升。

(二)政治制度的现代化

政治制度的现代化首先要求建立和完善现代化的国家治理体系。这意味着要构建科学、规范、高效的政府机构和运行机制,推进政府职能转变,加强法治建设,提高政府决策的科学性和透明度,增强政府的服务能力和公信力。现代化的国家治理体系应当符合市场经济发展的要求,能够有效应对社会变革和全球挑战。其次,政治制度的现代化要求加强民主和法治建设。这包括推进政治体制改革,建立和健全民主决策、民主监督、民主选举、民主管理等制度,保障公民的政治权利和参与权利。同时,要加强法治建设,建立健全法律体系,保障公民的权益和社会公平正义,提高法治在国家治理中的作用和效果。第三,政治制度的现代化要求加强党的领导和治理能力现代化。中国式现代化强调党的领导是中国特色社会主义最本质的特征。政治制度的现代化要求加强党的领导能力和水平,推进党的建设和党的执政能力建设,提高党的执政能力和治理能力。这包括加强党的组织建设,提高党的领导的科学性、民主性和制度化水平,增强党的自我净化、自我完善和自我革新的能力。最后,政治制度的现代化要求实现社会稳定和公共参与的现代化。政治制度的现代化应能够确保社会稳定,维护社会秩序,促进社会公平和民生福祉。同时,要鼓励公众广泛参与政治决策和公共事务管理,加强社会组织和社会力量的参与,形成多元化、广泛参与的社会治理格局。

中国式现代化的政治制度的现代化要求包括建立和完善现代化的国家治

理体系,加强民主和法治建设,加强党的领导和治理能力现代化,实现社会稳定和公共参与的现代化。通过实现政治制度的现代化,中国可以建立稳定、有序、公正、有效的政治体制,为经济社会发展提供良好的政治环境和制度保障。

（三）文化建设的现代化

文化建设的现代化首先要求传承和发展中华优秀传统文化。中国拥有悠久的历史和灿烂的文化,文化建设的现代化要求传承和弘扬中华优秀传统文化的精髓和核心价值观,保护和传承中华民族的文化基因。这包括对文化遗产的保护、传统文化的研究和传承、中华传统价值观的宣传和弘扬以及培养和造就具有深厚文化素养的公民。其次,文化建设的现代化要求推动文化创新和创造力的发展。中国式现代化强调创新是发展的重要动力,文化建设同样需要注重创新。这包括鼓励和支持文化创意产业的发展,培育和推广具有中国特色的文化产品和品牌,推动文化产业与科技、经济、社会的深度融合,激发人民的创造力和创新意识,推动文化的不断创新和发展。再次,文化建设的现代化要求加强文化软实力和国际文化交流。中国式现代化要求提升国家的文化软实力,增强国家文化的吸引力和影响力。这包括推动中国文化在国际上的传播和交流,加强国际文化交流与合作,提高国际话语权和文化影响力。通过加强国际文化交流,中国可以借鉴其他国家的文化成果,丰富自身的文化内涵,培育具有全球影响力的中国文化品牌。最后,文化建设的现代化要求注重人民群众的文化需求和精神文化生活的提升。中国式现代化追求全面发展和人的全面发展,文化建设的现代化要求满足人民群众对精神文化生活的多样化需求。这包括提供丰富多样的文化产品和服务,创造良好的文化环境和氛围,保障人民的文化权益,提升人民的文化素养和精神境界,促进人的全面发展。

中国式现代化中文化建设的现代化要求包括传承和发展中华优秀传统文化、推动文化创新和创造力的发展、加强文化软实力和国际文化交流,以及注重人民群众的文化需求和精神文化生活的提升。通过实现文化建设的现代化,中国可以凝聚民族的精神力量,丰富人民的精神生活,促进社会的和谐稳定,推动中国式现代化进程的全面发展。

（四）社会发展的现代化

社会发展的现代化首先要求实现全面的经济发展和现代化。这首先意味着要建设现代化的产业体系和经济结构,推动科技创新和技术进步,提高生产力水平和经济效益。除此以外,要注重经济可持续发展,推动绿色发展和低碳经济,保护生态环境,实现经济增长与环境保护的协调。其次,社会发展的现代化要求实现全面的社会进步和人的全面发展。这包括提高人民的生活质量和福祉,促进社会公平和社会正义,推动人的全面发展。社会发展的现代化要求注重教育、医疗、文化、社会保障等领域的发展,提供优质的教育资源、健康的医疗服务、丰富的文化生活和全面的社会保障体系。同时,要关注弱势群体和贫困地区的发展,实现共同富裕和社会稳定。再次,社会发展的现代化要求构建和谐稳定的社会关系和社会治理体系。中国式现代化强调社会稳定是发展的重要前提,社会发展的现代化要求建立健全的社会管理和治理体系。这包括加强社会组织和社会力量的参与,推动社会治理的法治化、专业化和信息化,构建和谐的劳动关系、和谐的社会关系与和谐的社会环境,保障人民的权益和社会安全。最后,社会发展的现代化要求加强国家治理能力和治理水平的现代化。中国式现代化要求建设现代化的国家治理体系和能力,提高国家的治理效能和公共服务水平。这包括推进政府职能转变,加强公共管理和公共服务能力,提高政府的决策科学性和透明度,加强政府与市场、社会的协调和合作,构建现代化的国家治理体系。

中国式现代化中社会发展的现代化要求包括实现全面的经济发展和现代化,实现全面的社会进步和人的全面发展,构建和谐稳定的社会关系和社会治理体系,加强国家治理能力和治理水平的现代化。通过实现社会发展的现代化,中国可以建设富强民主文明和谐的社会主义现代化国家,为人民创造更加美好的生活条件和发展环境。

（五）生态文明的现代化

生态文明的现代化首先要求实现生态环境的保护和恢复。中国作为世界上人口最多的国家之一,面临着严峻的环境挑战。首先,生态文明的现代化要求采取有力的措施,保护生态系统的完整性,恢复受损的生态环境,防止和治理环境污染,提高资源利用效率,实现生态环境与经济社会的协同发展。其次,生态文明的现代化要求推动绿色发展和可持续发展。中国式现代化强调经济发展要与环境保护相协调,生态文明的现代化要求优先考虑生态环境的可持续性。这包括推动绿色经济的发展,加大清洁能源和可再生能源的利用,促进循环经济和低碳发展,推动资源节约和环境友好型的生产方式和生活方式,实现经济发展与自然生态的良性互动。再次,生态文明的现代化要求加强生态文化建设和环境意识的培育。生态文明的现代化不仅仅是对物质环境的保护,还需要转变思想观念和价值观念。这包括加强环境教育和环境意识的普及,培养人们的生态文明素养和环保意识,倡导绿色消费和低碳生活方式,形成全社会共同关注和参与生态环境保护的良好氛围。最后,生态文明的现代化要求加强国际合作和全球生态治理。生态环境问题是全球性的挑战,需要国际社会共同应对。生态文明的现代化要求加强国际合作,积极参与全球环境治理和气候变化谈判,推动构建人类命运共同体的理念,共同保护地球家园,实现全球生态安全和可持续发展。

中国式现代化中生态文明的现代化要求包括实现生态环境的保护和恢复,推动绿色发展和可持续发展,加强生态文化建设和环境意识的培育以及国际合作和全球生态治理。通过实现生态文明的现代化,中国可以实现经济社会发展与生态环境保护的良性循环,建设美丽中国,为人民创造宜居环境和可持续发展的未来。

中国式现代化的核心内涵与本质要求是以人为本,坚持中国特色社会主义道路,实现全面建设社会主义现代化国家的目标。这一核心内涵包括经济现代化、政治现代化、文化现代化和社会建设现代化四个方面的要求。经济现代化要求实现经济发展的高质量、高效益和可持续性,推动创新驱动发展,提高人民生活水平。政治现代化要求建设社会主义法治国家,加强党的领导,推进民主政治建设,保障人民权益。文化现代化要求弘扬中华优秀传统文化,培育社会主义核心价值观,提高国民素质。社会建设现代化要求构建和谐社会,促进社会公平正义,保障人民基本权益。中国式现代化的本质要求是在中国共产党的领导下,坚持以人民为中心的发展思想,坚持走中国特色社会主义道路,不断推进现代化建设,实现中华民族伟大复兴的中国梦。

二、中国式现代化进程中浦东引领区的历史地位

浦东新区作为中国改革开放的重要窗口和现代化建设的前沿阵地,自1990年以来,始终发挥着引领区的历史地位。在中国式现代化进程中,浦东新区以其独特的地理位置、政策优势和创新精神,为中国的经济发展和社会进步做出了巨大贡献。本章将从以下几个方面详细阐述浦东新区在中国式现代化进程中的历史地位。

(一)浦东新区的地理位置优势

浦东新区,隶属于上海市,因地处黄浦江东而得名,南与奉贤、闵行两区接

壤,西与徐汇、黄浦、虹口、杨浦、宝山五区隔黄浦江相望,北与崇明区隔长江相望;地势东南高,西北低,气温偏高、降水偏多、日照时数偏少;区域面积 1 210 平方千米,现辖 12 个街道、24 个镇。截至 2022 年年末,浦东新区常住人口为578.20 万人。

从历史角度来看,浦东新区的发展可以追溯到 19 世纪末期,当时这里还是一片农田和渔村,然其名称在明代中叶以后就开始出现,并在嘉靖和万历《上海县志》上有记载。浦东的快速发展主要发生在改革开放后的 30 多年。1990 年4 月 18 日,中共中央、国务院宣布开发开放上海浦东,这使得浦东从过去以农业为主的区域转变为现在以金融、科技和服务业为主导的现代化新区。浦东的发展是中国改革开放中的一个成功案例,它在过去的 30 多年里经历了西方发达地区用两个世纪才完成的工业化和城市化。

凭借独特的地理位置,浦东新区逐渐成为中国最重要的经济中心之一。上海在我国沿海地区和长江流域具有重要的龙头地位,这也使得外资尤为青睐浦东。在产业规划方面,紧密围绕上海地理、产业优势和发展方向的产业规划也是浦东迅速发展的重要原因。从一开始,浦东新区就非常明确地将发展方向定位于金融、贸易、高新技术三个方面。

(二)浦东新区的政策优势

作为中国式现代化进程的引领区,享有一系列政策优势,这些政策优势为浦东新区的经济发展和现代化建设提供了重要支持。一是自贸试验区政策支持。作为中国自贸试验区的核心区域之一,浦东新区获得了一系列政策支持。自贸试验区政策包括放宽市场准入、简化行政审批、推动贸易便利化、创新金融服务等方面的措施。这些政策为浦东新区的企业发展提供了更大的自主权和灵活性,吸引了大量国内外企业入驻,促进了经济的繁荣和创新的推动。二是优惠税收政策。浦东新区享受着一系列优惠的税收政策,例如企业所得税减免、优惠税率、税收奖励等。这些政策的实施降低了企业的负担,提高了投资回报率,吸引了更多的资本和项目进入,推动了经济的快速发展。三是金融支持政策。作为上海国际金融中心的核心区域,浦东得到了一系列金融支持政策。这些政策包括金融业务创新试点、金融机构设立和发展支持、金融市场开放等。浦东新区成为各类金融机构的聚集地,吸引了大量的金融人才和资本,促进了金融业的发展和国际化进程。四是创新创业支持政策。浦东新区积极推动创新创业,为创新型企业提供了一系列支持政策。这些政策涵盖科研项目资助、知识产权保护、科技成果转化等方面。建设了一批创新园区和孵化器,为创业者提供场地、资金、技术支持和市场资源,培育了一大批创新创业企业,推动了科技创新和产业升级。五是人才引进和培养政策。浦东新区注重人才引进和培养,实施了一系列人才政策。这些政策包括引进高层次人才的优惠待遇、人才住房保障、人才培训和人才评价机制等。浦东新区通过政策激励,吸引了大量的人才,提升了人才的创新创业能力,为区域发展提供了人力资源保障。

浦东新区享有一系列政策优势,包括自贸试验区政策支持、优惠税收政策、金融支持政策、创新创业支持政策以及人才引进和培养政策。这些政策为经济发展和现代化建设提供了重要的支持,吸引了大量的企业、资本、人才和创新资源,推动了浦东新区成为中国式现代化进程中的重要引领区。

(三)浦东新区的创新精神

浦东新区以其独特的创新精神在中国式现代化进程中发挥着重要作用。这主要体现在以下五个方面:一是投资创新。浦东新区在中国式现代化进程中积极鼓励投资创新。通过引进国内外的投资,吸引了大量的资本和项目,推动了科技创新和产业升级。同时,还鼓励本地企业加大研发投入,提升技术创新能力,培育了一批高科技企业和创新型企业。二是创新驱动发展。浦东新区以创新为驱动力,推动经济发展和现代化建设。浦东新区致力于构建创新生态系统,建设了一批创新园区和孵化器,提供场地、资金、技术支持和市场资源,为创业者和创新型企业提供良好的创新环境。同时,浦东新区注重产学研结合,促进科研成果转化和技术创新应用,推动科技创新与产业融合。三是开放合作创新。倡导开放合作的创新模式。通过与国内外企业、高校、科研机构等的合作,浦东新区共享资源、共同研发、共创价值。积极引进国内外优秀人才和创新团队,推动人才交流和技术合作,形成了多元化、开放式的创新网络,促进了创新要素的聚集和交流。四是创新文化建设。浦东新区注重创新文化的培育和建设。通过组织创新创业大赛、举办创新论坛和培训活动等,营造了鼓励创新、尊重创造、包容失败的氛围。同时,浦东新区还注重知识产权保护和创新成果转化的法律环境建设,为创新者提供良好的创新保护和利益回报机制。五是创新政策支持。浦东新区在政策层面给予创新以支持和激励。浦东新区实施了一系列创新政策,包括科研项目资助、创新创业基金、科技成果转化支持等。这些政策为创新者提供了资金、场地、技术支持和市场资源,降低了创新创业的风险,激发了创新活力。

浦东新区以其投资创新、创新驱动发展、开放合作创新、创新文化建设和创新政策支持等方面的创新精神,在中国式现代化进程中发挥着重要作用。浦东新区以创新为动力,不断推动科技创新、产业升级和经济发展,使上海成为中国创新型城市的典范之一。

（四）浦东新区的经济发展成就

浦东新区在中国式现代化进程中取得了显著的经济发展成就。一是经济总量快速增长。自 1990 年起,浦东新区开始实施开发开放战略以来,其经济总量呈现快速增长的态势。通过积极引进外资和推动本地企业的发展,浦东新区GDP 在短短几十年里实现了显著提升。目前,浦东新区已成为中国经济的重要增长极之一,贡献了可观的经济产出。二是产业结构优化升级。浦东新区在经济发展过程中注重产业结构的优化升级。通过引进高新技术产业、现代制造业和服务业等新兴产业,逐渐实现了从传统制造业向高端制造业和现代服务业的转型升级。大量的跨国公司和知名企业在浦东新区设立了总部和研发中心,推动了产业链的延伸和提升。三是金融中心建设。作为上海国际金融中心的核心区域,在金融领域取得了重要的成就。浦东新区拥有一批国内外知名的金融机构和银行,金融业务涵盖了资本市场、银行业、保险业和投资基金等多个领域。浦东新区的金融中心建设为上海乃至整个中国的金融业发展提供了重要的支持和推动力。四是自贸试验区示范效应。作为中国自贸试验区的核心区域,通过推动自由贸易、放宽市场准入和创新金融服务等政策措施,为全国其他自贸试验区提供了宝贵的经验和示范效应。浦东新区在自贸区政策实施和创新模式方面取得的成就,为中国的全面开放和改革提供了重要的参考和借鉴。五是基础设施和城市建设。浦东新区在经济发展过程中注重基础设施和城市建设的发展。通过大规模的投资,建设了现代化的交通网络、高标准的工业园区、商务中心和居住社区等。这些基础设施的建设不仅提高了生产效率和服务质量,也改善了居民的生活品质,为浦东新区的经济发展提供了良好的支撑。

浦东新区在中国式现代化进程中取得了令人瞩目的经济发展成就。通过快速增长的经济总量、产业结构的优化升级、金融中心的建设、自贸试验区示范效应以及基础设施和城市建设的发展,浦东新区成为中国经济增长的引擎之一,为上海乃至整个中国的现代化进程做出了重要贡献。

（五）浦东新区的社会进步成果

浦东新区在经济发展的同时,也取得了显著的社会进步成果。一是教育水平提升。浦东新区在教育领域取得了显著的进步。浦东新区积极投入教育资源,修建了现代化的学校和教育设施,提升了教育条件。同时,浦东新区推行了优质教育资源的均衡分配,提供了更公平的教育机会。教育水平的提升对于培养高素质人才、推动社会进步具有重要意义。二是医疗卫生服务提高。浦东新区在医疗卫生领域取得了显著的进步。浦东新区加大了医疗卫生资源的投入,并引进了国内外先进的医疗设备和技术。浦东新区医疗机构的数量和质量大幅提升,提供了更好的医疗服务。居民享受到更全面、便捷和高质量的医疗保健服务,提高了健康水平和生活质量。三是城市环境改善。注重城市环境建设,通过加大绿化、减少污染、改善交通等举措,改善了居民的生活环境。新区建设了一批公园、休闲广场和文化设施,提供了更多的休闲娱乐场所。同时,浦东新区推动可持续发展,注重生态环境保护和资源利用,为居民提供了更宜居的城市环境。四是社会保障体系完善。浦东新区注重社会保障体系的建设,提供了全面的社会保障服务。新区实施了全面的社会保险制度,包括养老保险、医疗保险、失业保险等,为居民提供了保障。同时,浦东新区实施了住房保障政策,改善了居民的居住条件。社会保障体系的完善提高了社会的稳定性和居民的幸福感。五是文化与娱乐活动丰富多样。浦东新区注重文化和娱乐活动的发展,丰富了居民的精神生活。新区建设了一批文化设施和艺术场所,举办了各类文化活动和艺术展览。同时,还引进了国内外的文化活动和演出,提供了多样化的文化体验和娱乐选择。

浦东新区在经济发展的同时取得了显著的社会进步成果。教育水平的提高、医疗卫生服务的提高、城市环境的改善、社会保障体系的完善以及丰富多样的文化与娱乐活动,为居民提供了更好的教育、医疗、居住和文化娱乐条件,提高了居民的生活质量和幸福感,推动了社会的进步和发展。

(六)浦东新区的国际合作与交流

浦东新区在国际合作与交流方面发挥着重要的作用,一是外商投资与引资。积极引进外商投资,吸引了众多跨国公司和知名企业在该区设立办事处、研发中心和生产基地。通过与外资企业的合作,获得了先进的技术、管理经验和市场渠道,推动了本地产业的发展和升级。同时,也积极走出去,到国际上开展招商引资活动,加强与其他国家和地区的经贸合作。二是自贸试验区建设。浦东新区作为中国自贸试验区的核心区域,与国内外的自贸试验区开展广泛的合作与交流。浦东新区在自贸区政策制度创新、贸易便利化、金融创新等方面积累了丰富经验,并与其他自贸试验区共享经验、互相借鉴,共同推动自贸试验区的发展。此外,还与国际自由贸易区合作,加强了与世界各地的贸易往来。三是国际交流与合作平台。浦东新区建设了一批国际交流与合作平台,促进了与其他国家和地区的交流与合作。例如,设立了浦东科技创新国际合作园区,吸引了众多国际科技创新资源和人才。此外,还举办了国际性的经贸交流活动,如上海国际金融论坛、中国国际进口博览会等,吸引了众多国际企业和机构参与合作。四是教育与文化交流。浦东新区在教育和文化领域积极开展国际交流与合作。该区的高校和科研机构与国际知名大学和科研机构建立了合作关系,开展学术交流和科研合作。同时,还举办了各类国际文化交流活动,推广本地的文化艺术和传统,增进了与其他国家和地区的文化互鉴。五是环保与可持续发展合作。浦东新区注重与国际社会在环保和可持续发展领域的合作。新区积极参与国际环保组织和倡议,推动绿色发展和低碳经济。与其他国家和地区的环保机构、企业和研究机构开展了技术交流、合作研究和项目合作,共同应对全球环境挑战。

浦东新区在国际合作与交流方面扮演着积极的角色。通过引进外商投资、自贸试验区建设、国际交流与合作平台的打造、教育与文化交流以及环保与可持续发展合作,浦东新区不仅与国际社会建立了广泛的联系,还促进了本地经济的发展和社会的进步。这种国际合作与交流为浦东新区带来了更多的发展机遇和国际影响力,使其成为一个具有全球竞争力和吸引力的地区。

（七）浦东新区的未来发展前景

浦东新区作为上海市的重要发展引擎,具有广阔的未来发展前景。一是经济创新与升级。浦东新区将继续致力于经济创新和升级,推动产业结构的优化和转型升级。新区将继续培育和引进高新技术企业、研发机构和创新平台,推动科技创新和产业升级。特别是在人工智能、生物医药、新能源等领域,将成为创新创业的重要基地,带动区域经济的高质量发展。二是金融中心建设。浦东新区将继续推动上海国际金融中心建设,进一步提升金融业的开放度和国际化水平。新区将进一步扩大金融业的开放领域,吸引更多的金融机构和跨国公司入驻。同时,新区将加强金融监管和风险防控,提高金融体系的稳定性和安全性。浦东新区有望成为全球金融业务的重要枢纽和创新中心。三是交通与基础设施建设。浦东新区将继续加大对交通和基础设施建设的投资,提高区域交通的便捷性和效率。新区将继续扩大地铁、轨道交通和公共交通网络的覆盖范围,提升交通的智能化水平。同时,新区还将加强城市基础设施的建设,包括水、电、气、热等公共设施的供应,提高居民的生活品质。四是生态环境保护。浦东新区将继续注重生态环境保护,推动绿色发展和可持续发展。新区将加强生态环境治理,保护和修复生态系统,提高生态环境的质量和可持续性。同时,新区将加强资源的合理利用和循环利用,推动绿色产业的发展,建设生态友好型社区和城市。五是人才引进与培养。浦东新区将继续加大对人才的引进和培养力度。新区将采取更加灵活和优惠的政策,吸引国内外优秀人才来浦东创新创业。同时,新区将加强高等教育和职业教育的发展,培养适应未来发展需求的高素质人才。

浦东新区具备广阔的未来发展前景。经济创新与升级、金融中心建设、交通与基础设施建设、生态环境保护以及人才引进与培养将是浦东新区未来发展的重点。随着这些方面的不断推进,有望成为更加繁荣、宜居和具有全球影响力的地区。

三、推进中国式现代化进程中浦东引领区的战略性价值

浦东引领区的打造在推进中国式现代化进程中具有重要的战略性价值。其意义在于以下几个方面:

首先,浦东引领区作为中国改革开放的试验田,为全国的经济改革提供了宝贵的实践经验。通过在浦东引领区进行试验和创新,我们可以积累经验、发现问题,并在成功经验的基础上推广复制,为全国其他地区的现代化进程提供指导和借鉴。

其次,浦东引领区作为经济增长的引擎,对于推动中国经济的发展具有重要的作用。作为一个集聚了大量企业、创新资源和人才的地区,浦东引领区在推动产业升级、技术创新和创业创新方面具备独特的优势。其快速发展和突破性成就可以为整个中国经济注入动力,推动经济转型升级和高质量发展。

再次,浦东引领区作为对外开放的窗口和试验田,为中国与世界的经济交流与合作提供了平台。通过吸引跨国公司和国际机构进驻,浦东引领区促进了中外企业的合作与交流,推动了国际资本、技术和人才的流动。这有助于提升中国的国际影响力和竞争力,加强与其他国家的合作与交流,推动中国参与全球治理体系的建设。

最后,浦东引领区作为金融中心的建设地,具有重要的地位和影响力。金

融中心的发展不仅可以提供全方位的金融服务,支持实体经济的发展,还可以吸引国际金融机构和人才,推动金融创新和国际化进程。浦东引领区的金融中心地位不仅服务于本地区的经济发展,也对整个中国的金融体系和金融市场具有重要的引导作用。

此外,浦东引领区的发展还体现了中国政府推动创新驱动发展的战略意图。通过培育创新型企业和创新人才,建设创新型生态系统,浦东引领区在推动科技创新和产业融合方面发挥着重要作用。这有助于推动中国经济从传统的资源依赖型向创新驱动型转变,提高经济发展的质量和效益。通过其作为改革开放的试验田、经济增长的引擎、对外开放的窗口、金融中心和创新驱动的地区,浦东引领区为中国的现代化进程提供了有力支撑,推动了经济发展、国际交流、金融创新和科技创新等方面的进步。

第二节　浦东新区打造社会主义现代化建设引领区的发展不足

浦东新区在打造社会主义现代化建设引领区的过程中,虽然取得了一定的成就,但在人口子系统、社会子系统、经济子系统、科技子系统、资源子系统和环境子系统方面仍存在一些不足。

一、人口子系统方面的不足

浦东新区在吸引人才和优化人口结构方面还存在不足。尽管通过引进人才政策和创新创业环境的营造吸引了一批高端人才,但仍面临人才流失和与其他城市的竞争压力。相关问题包括:其一,人口老龄化问题。浦东新区面临人口老龄化的挑战。随着经济发展和生活水平提高,人口的平均年龄不断增长,老龄化现象日益突出。这可能导致劳动力供给不足,影响经济的持续发展。需要采取措施吸引年轻人才,加强人口结构调整,以确保人口的年龄结构合理。其二,教育和人才培养问题。在教育和人才培养方面仍面临一些挑战。尽管已经建立了一些高水平的教育机构和培训机构,但仍然存在人才培养不足、教育资源不均衡等问题。需要进一步提升教育质量,加大对教育的投入,培养更多的高素质人才。其三,城市发展不平衡问题。作为上海的核心发展区域,吸引了大量人口和资源。然而,城市发展的不平衡现象仍然存在。一些中心城区和发达地区的吸引力较强,而一些边缘地区的发展相对滞后。需要加大对边缘地区的发展支持,促进城市发展的均衡。

浦东新区在人口子系统中面临人口老龄化、教育和人才培养问题以及城市发展不平衡等挑战。为了优化人口结构和吸引人才,需要制定综合的人口发展策略,注重人口结构调整和人才培养,促进城市的均衡发展。此外,还需要加强社会保障体系建设,提供良好的公共服务,提高人民群众的生活质量和幸福感。

二、社会子系统方面的不足

浦东新区在社会公平和社会保障方面的建设还有待加强。尽管浦东新区在教育、医疗等领域加大了投入,但在教育资源均衡分配、医疗服务覆盖和社会保障体系完善方面还有提升空间,需要进一步加强政策的制定和执行。相关问题包括:其一,教育资源不均衡分配问题。浦东新区在教育领域仍面临教育资源不均衡分配的问题。一些中心城区拥有更多的高质量教育资源,而一些边缘地区的教育资源相对较少。这可能导致教育机会不平等,影响学生的发展机会和公平竞争。浦东新区需要加大对边缘地区的教育资源投入,提高教育资源的均衡分配。其二,医疗服务覆盖不足问题。浦东新区在医疗领域仍存在医疗服务覆盖不足的问题。尽管已经建立了一些医疗机构和医疗资源,但仍然存在医疗资源不足、医疗服务不均衡的情况,一些偏远地区或人口密度较低的地区可能缺乏足够的医疗服务。浦东新区需要进一步增加医疗资源投入,提高医疗服务的覆盖范围和质量。其三,社会保障体系不完善问题。浦东新区的社会保障体系仍然不完善。尽管已经建立了一些社会保障制度和政策,但仍然存在保障范围窄、保障水平不高的问题。一些弱势群体可能面临社会保障困难,如失业人员、低收入家庭和特殊群体等。浦东新区需要进一步完善社会保障体系,扩大保障范围,提高保障水平,确保社会公平和社会稳定。

总之,浦东新区在社会子系统中需要解决教育资源不均衡分配、医疗服务覆盖不足和社会保障体系不完善等问题。加强政策的制定和执行,增加教育和医疗资源的投入,完善社会保障制度,对于促进社会公平、保障人民群众的基本权益具有重要意义。这将有助于提高人民群众的幸福感和社会稳定的可持续发展。

三、经济子系统方面的不足

浦东新区在经济转型和产业升级方面仍有不足之处。尽管浦东新区已经成为上海市的经济增长极和对外开放的窗口，但在加强创新驱动发展、培育新兴产业和推进产业升级方面还存在挑战，需要进一步提升科技创新能力，加大对中小企业的支持力度，推动经济结构的优化和转型升级。相关问题包括：其一，创新驱动发展能力不足。浦东新区在创新驱动发展方面仍存在不足。尽管已经有一定的科技创新成果，但与国际先进水平相比，仍面临着技术研发能力不足、缺乏核心技术创新、科研机构和企业之间的协作不够紧密等问题。这可能限制了浦东新区在科技创新和高端产业方面的发展。其二，新兴产业培育不平衡。浦东新区在培育新兴产业方面存在不平衡的问题。尽管已经有一些新兴产业的发展，但不同产业之间的发展不平衡，有些领域相对滞后。这可能是由于对不同新兴产业的支持力度不一致、创新创业环境不够成熟、市场需求和资源配置的不平衡等原因造成的。其三，产业升级难度较大。浦东新区在推进传统产业升级方面面临一定困难。尽管已经有一些传统产业的转型升级，但仍存在技术创新不足、市场竞争压力大、企业转型意愿不强等问题。这可能是由于传统产业的惯性思维、技术引进和应用的难度以及组织变革的挑战等原因所致。

总之，浦东新区在经济子系统中需要解决创新驱动发展能力不足、新兴产业培育不平衡以及产业升级难度较大等问题。解决这些问题有助于推动浦东新区经济的优化和转型升级，提高整体经济发展的质量和竞争力。

四、科技子系统方面的不足

浦东新区在科技创新和科技人才培养方面还有欠缺。尽管浦东新区已经建立了一批科技园区和创新创业载体，但在科技创新能力、科技成果转化和科技人才引进培养方面仍面临挑战。需要加强与高校、研究机构的合作，加大科技创新投入和培养高层次科技人才的力度。相关问题包括：其一，科技创新能力不足。浦东新区在科技创新方面的能力相对不足。尽管已经建立了一些科技园区和创新平台，但与国际一流科技创新中心相比，仍存在创新能力不足的问题。这可能是由于科研机构和企业之间的协作不够紧密、技术研发投入不足以及创新创业环境不够优越等所致。其二，科技成果转化困难。浦东新区在科技成果转化方面仍面临一定困难。尽管已经取得了一些科技成果,但其转化为实际应用和商业化产品的速度和效果有待提高。这可能是由于科技成果与市场需求之间的匹配不足、技术成果保护和推广的难度以及企业与科研机构之间的合作机制不够完善等所致。其三,科技人才引进培养不足。浦东新区在科技人才引进和培养方面还存在不足。尽管已经有一些高校和研究机构的支持,但仍面临科技人才引进困难、高层次科技人才培养不足的问题。这可能是由于对科技人才的吸引力不够、科研人员流动性不高以及科研机构与企业之间的合作机制有待加强等原因所致。

总之,浦东新区在科技子系统中需要解决科技创新能力不足、科技成果转化困难以及科技人才引进培养不足等问题。通过加强与高校、研究机构的合作,增加科技创新投入和培养高层次科技人才的力度,浦东新区可以推动科技创新和人才培养的发展,提升科技子系统的整体水平和贡献。

五、资源子系统方面的不足

浦东新区在资源利用和环境保护方面还存在问题。尽管浦东新区在推动绿色发展和节能减排方面取得了一些成绩,但在资源利用效率、环境污染治理和生态保护方面仍存在不足。需要加强资源管理和环境监管,推动可持续发展理念的落实。相关问题包括:其一,资源利用效率不高。浦东新区在资源利用方面存在效率不高的问题。尽管一些节能减排措施已经实施,但仍面临资源浪费、能源消耗过大等问题。这可能是由于生产和消费模式的不合理、技术水平的落后以及缺乏资源节约和循环利用的机制等原因造成的。其二,环境污染治理不彻底。浦东新区在环境污染治理方面仍存在一定不足。尽管已经采取了一些措施来减少污染物排放,但仍面临大气、水体和土壤污染等问题。这可能是由于环境监管不严格、企业环保意识不足、污染治理设施不完善等所致。其三,生态保护需要加强。浦东新区在生态保护方面还需要加强。尽管已经进行了一些生态修复和保护项目,但仍面临生态系统破坏、物种多样性减少等问题。这可能是由于城市化进程中的土地开发压力、生态环境保护意识不够强烈以及生态保护政策的执行不到位等所致。

总之,浦东新区在资源子系统中需要解决资源利用效率不高、环境污染治理不彻底以及生态保护需要加强等问题。加强资源管理和环境监管,推动可持续发展理念的落实,有助于提升浦东新区资源子系统的效率和环境保护水平,实现经济发展与生态环境的协调共生。

六、环境子系统方面的不足

浦东新区在改善环境质量和生态保护方面还有待加强。尽管浦东新区进行了一系列环境治理和绿化建设工作，但在空气质量改善、水质保护和生态系统修复方面仍面临挑战。需要加大环境保护投入和力度，落实更严格的环境监管措施，确保人民群众生活在良好的生态环境中。相关问题包括：其一，空气质量改善困难。浦东新区在改善空气质量方面仍面临一定困难。尽管采取了一些减排措施，但仍存在空气污染的问题，如颗粒物和有害气体排放。这可能是由于工业活动、交通运输和能源消耗等导致。同时，气象条件、地理位置和区域协调等因素也会对空气质量的改善产生影响。其二，水质保护面临挑战。浦东新区在水质保护方面仍面临一些挑战。尽管进行了污水处理和水环境治理工作，但水体污染问题仍然存在，如水源受到农业和工业废水排放的影响。此外，水资源管理、水生态保护和水环境监测等方面也需要进一步加强。其三，生态系统修复需要加强。浦东新区在生态系统修复方面需要加强努力。尽管进行了一些绿化建设和生态修复工作，但仍面临生态系统破坏和生物多样性减少等问题。这可能是由于城市化进程中的土地开发活动、生态环境保护意识不足以及经济发展与生态保护之间的平衡问题等所致。

总之，浦东新区在环境子系统中需要解决空气质量改善困难、水质保护面临挑战以及生态系统修复需要加强等问题。加大环境保护投入和力度，落实更严格的环境监管措施，对于改善环境质量、保护水资源和促进生态系统恢复具有重要意义。这将有助于创建一个良好的生态环境，提升人民群众的生活质量和幸福感。

第三节　浦东新区打造社会主义现代化
建设引领区的实现路径

根据《中共中央 国务院关于支持浦东新区高水平改革开放打造社会主义现代化建设引领区的意见》，浦东新区被赋予改革开放新的重大任务，踏上更高水平改革开放的新征程。该意见提出了一系列措施，以支持浦东新区高水平改革开放、打造社会主义现代化建设引领区,带动上海"五个中心"建设,更好带动长三角一体化发展战略实施并服务于全国大局。

一、创新驱动发展

浦东新区打造社会主义现代化建设引领区的实现路径主要包括创新驱动发展。创新驱动发展是指以创新为核心,通过科技创新、体制创新和模式创新,推动经济发展方式转变,提升综合竞争力,实现高质量发展。

（一）全力做强创新引擎,打造自主创新新高地

浦东新区作为中国改革开放的先行者和引领者,一直都是中国经济发展的重要引擎。随着经济的发展和城市化进程的加速,浦东新区在城市现代化建设方面取得了显著的成就。然而,随着社会经济的快速发展,浦东新区在城市现代化建设方面也面临着新的挑战和问题。因此,如何全力做强创新引擎,打造自主创新新高地,成为浦东新区城市现代化建设的重要任务。

加大科技创新投入,建设科技创新平台,吸引和培养科技创新人才,推动科技创新发展。同时,加强与国内外科研机构和企业的合作,引进先进的科技项目和成果,提升科技创新能力。加强知识产权保护,建立知识产权保护体系,鼓励创新和创业,保护创新成果,促进科技创新发展。浦东新区应加强产学研合作,推动科技成果的转化和应用,促进科技创新与经济社会发展的深度融合。加强科技创新政策的制定和实施,提供科技创新的政策支持和环境保障,促进科技创新发展。

全力做强创新引擎,打造自主创新新高地,通过加大科技创新投入、加强知识产权保护、加强产学研合作和加强科技创新政策的制定和实施等措施,推动科技创新发展,为浦东新区的城市现代化建设提供强大的科技支撑。

（二）加强改革系统集成,激活高质量发展新动力

浦东新区既是上海市的一个行政区,也是中国改革开放的前沿地带之一。为了加强改革系统集成,激活高质量发展新动力,浦东新区采取了一系列措施。例如,推进市场准营承诺即入制改革,优化营商环境。此外,浦东新区还扎实推进"一业一证"改革试点,推动审批管理服务从"以政府部门供给为中心"向"以市场主体需求为中心"转变。同时,浦东新区应加强改革的统筹和协调,整合改革资源,提高改革效率,推动改革的深入发展;加强改革的实践探索,通过改革试点和改革实验,探索改革的新路径和新模式,为改革的全面推广提供经验和

借鉴；加强改革的制度创新，通过制度创新，破解改革中的难点和瓶颈，推动改革的深入发展；加强改革的宣传和推广，通过宣传和推广，提高改革的知名度和影响力，增强改革的社会认同和支持。

此外，还需激活高质量发展新动力，通过加强改革系统集成、加强改革的实践探索、加强改革的制度创新和加强改革的宣传和推广等措施，推动改革的深入发展，为浦东新区的城市现代化建设提供强大的动力。

（三）探索新的发展模式，推动体制创新

浦东新区建设自贸试验区和自由贸易港是探索新的发展模式的重要举措。自贸试验区是指在特定区域内，通过一系列的制度创新和政策探索，打破贸易和投资壁垒，促进贸易自由化和便利化，吸引更多的国内外企业和资本参与经济活动。浦东新区建设自贸试验区，为企业提供更加便利的贸易和投资环境，推动贸易自由化和便利化，加速国内外市场的对接和资源的配置。浦东新区积极推动自由贸易港建设。自由贸易港是指在特定的海港或沿海地区，通过一系列的政策和制度创新，打造开放度更高、便利度更高的贸易和投资环境，吸引更多的国内外企业和资本，促进贸易和投资自由化、便利化，浦东新区作为中国改革开放的前沿阵地，致力于创建自由贸易港，将进一步推动金融、航运、贸易等领域的开放和发展，吸引更多的国内外企业入驻，促进国际贸易和投资的便利化和自由化。此外，浦东新区还需注重与国内外的创新资源对接合作。通过开展国际科技合作交流、引进优质科技企业和创新团队，浦东新区加强了与国内外创新资源的合作，吸引了一批优秀的科技企业和创新团队落户浦东。这种合作有助于促进科技创新和产业融合发展，提升浦东新区在全球创新格局中的地位和影响力。

浦东新区通过探索新的发展模式，如自贸试验区、自由贸易港和国际合作交流等，积极推动开放型经济发展。这些措施有助于吸引国内外投资和创新资源，加速经济的转型升级和结构优化，推动浦东新区成为具有国际竞争力的现代化建设引领区。

二、开放合作与竞争优势

（一）深入推进高水平制度型开放，增创国际合作和竞争新优势

浦东新区是中国最具活力和潜力的地区之一，其现代化建设已取得了显著成就。为了进一步加强改革系统集成，激活高质量发展新动力，浦东新区需要

进一步推动创新驱动发展。浦东新区应加强科技创新和人才引进,建立更加完善的科技创新体系,促进科技成果转化和产业化,提高经济增长的质量和效益。其一,优化产业结构。浦东新区应加快转型升级,推动传统产业向高端、智能化方向发展,培育新兴产业和数字经济,提高产业附加值和竞争力。其二,加强城市治理。浦东新区应进一步完善城市治理体系,提高公共服务水平,优化城市环境,增强城市吸引力和竞争力。其三,推进开放型经济发展。浦东新区应积极拓展国际市场,加强与全球经济的联系,吸引更多外资和国际化企业落户,促进经济全球化进程。其四,加强基础设施建设。浦东新区应进一步完善基础设施建设,提高交通、能源、水利等方面的效率和质量,为经济社会发展提供更好的支撑。其五,推进政府改革。浦东新区应加强政府自身改革,提高政府服务能力和效率,优化政府职能,推动政府治理现代化。

应在创新驱动、产业转型、城市治理、开放型经济、基础设施建设和政府改革等方面加强改革系统集成,以激活高质量发展新动力,进一步提升区域发展水平和综合竞争力。

(二)增强全球资源配置能力,服务构建新发展格局

浦东新区是中国改革开放的前沿地带之一,也是上海市的一个重要组成部分。为了增强全球资源配置能力,服务构建新发展格局,浦东新区需要采取一系列措施。

首先,浦东新区需要积极推进金融市场的改革和创新,建设国际金融中心。这需要加强金融监管,提高金融市场的透明度和规范化程度,吸引更多的国际金融机构和人才来到浦东新区。

其次,浦东新区需要积极拓展对外开放,加强与世界各地的合作与交流。这可以通过建设更多的自由贸易试验区、跨境电商综合试验区等措施来实现。浦东新区还可以加强与"一带一路"沿线国家和地区的合作,推动更多的双向投资和贸易。积极发展高端制造业和现代服务业,提升产业水平和竞争力。这可以通过加大科技创新投入、推动技术创新和应用等方式来实现。同时,浦东新区还可以加强人才培养和引进工作,为企业提供更加优质的人才支持。

最后,浦东新区需要积极优化营商环境,为企业提供更加便利的服务和支持;这可以通过简化审批流程、优化税收政策等方式来实现。同时,浦东新区还可以加强知识产权保护工作,为企业提供更加有力的法律保障。

总之,浦东新区要增强全球资源配置能力,服务构建新发展格局,采取综合

性的措施来推动经济发展和城市建设。只有不断创新和发展，才能实现高质量发展的目标。

（三）打造创新创业生态系统，培育科技创新与创业竞争力

打造创新创业生态系统，培育科技创新与创业竞争力是促进浦东新区发展的关键方面之一。浦东新区可以积极搭建创新创业平台和载体，建设科技园区、孵化器、加速器等创新创业载体，并提供相应的场地、设施和服务。这些平台和载体可以吸引创新创业者聚集，提供办公场所、技术支持、资金支持、市场推广等各种资源，为创新创业者提供良好的创业环境和支持；支持科技研发和技术转移，增加对科技研发的投入，支持企业和科研机构研究和开发前沿技术。同时，建立科技成果转化机制，促进科技成果向市场转化，推动科技研发成果的产业化和商业化。这将有助于培育科技创新和创业的竞争力，推动浦东新区的产业升级和转型；提供创新创业培训和支持；组织创新创业培训和活动，为创新创业者提供专业的培训课程和指导，帮助他们提升创新能力、市场意识和管理技能。此外，浦东新区还可以设立创业基金或提供创业贷款等金融支持，帮助创新创业者解决融资难题，降低创业风险；加强产学研合作。加强与高校、科研院所和企业的合作，促进产学研结合。通过合作研究、共享资源和技术转移，推动科技创新和创业的跨界融合，加快科技成果的应用和推广，促进产业发展和创新创业的良性循环；引进和培养创新创业人才。积极引进国内外的优秀创新创业人才，并提供良好的职业发展环境和机会。同时，浦东新区也应加强本地创新创业人才的培养和引导，通过建立创新创业教育体系，培养具备创新思维和创业精神的人才队伍。

通过打造创新创业生态系统，培育科技创新与创业竞争力，浦东新区能够吸引更多的创新创业者和高科技企业，推动创新成果的转化和商业化，提升产业竞争力和技术创新水平，进一步推动浦东新区的发展，也能够促进就业增长、吸引人才流入、推动经济结构升级，为浦东新区的现代化建设注入强劲动力。

三、城市治理与民生改善

（一）提高城市治理现代化水平，开创城市治理新模式

为提高浦东新区城市治理现代化水平，开创城市治理新模式，可以从以下几个方面入手：

一是加强信息化建设，提升城市治理精细化水平。通过建立城市信息平

台、智慧城市应用系统等方式,城市各类数据实现整合与共享。利用大数据、云计算、物联网等技术手段,打通信息孤岛,提高城市治理精细化水平。

二是推进政府职能转变,建设政务服务中心。优化政府服务流程,提供"一站式"政务服务,加快数据互联互通,提高管理效率和服务质量。推广"互联网+政务服务",实现政务服务的线上化和智能化。

三是加强社会治理体系建设,构建多元化治理格局。倡导社区自治,强化社会组织和居民自治组织的参与,加强对社会组织的引导和支持,鼓励社会力量积极参与城市治理。推进社区矛盾调解机制建设,化解社会矛盾。

四是优化城市基础设施建设,提升城市品质。加强城市交通、环境、安全等基础设施建设,提高城市品质和居民生活质量。加快公共服务设施的建设,增强城市的吸引力和竞争力。

最后,建立创新型城市治理模式,推进政企合作。浦东新区积极推动政企合作,促进政府和企业共同参与城市治理。同时,倡导创新思维,探索城市治理新模式,提高管理水平和治理效能。通过不断加强信息化建设、优化社会治理体系、加强城市基础设施建设、深化政企合作等方式,注重科技创新和社会参与,浦东新区将不断推进城市治理现代化,为经济发展和社会稳定提供良好保障。

(二)推进人才优先发展和民生改善

浦东新区在人才优先发展和民生改善方面已经采取了一系列措施。例如,浦东新区出台了"1+1+N"人才政策体系,向全社会释放了求贤求才的信号。同时,浦东新区还实施了重大产业就业影响评估,明确重要产业规划带动就业目标,优先投资就业带动能力强的产业。此外,浦东新区还在推进经济转型升级和就业民生改善方面下了功夫。

为进一步推进人才优先发展和民生改善是浦东新区实现高质量发展的重要任务,可以从以下几个方面着手:

一是培育创新人才,推动人才优先发展。浦东新区要注重培养和引进各类高层次人才,建立更加开放、灵活、激励的人才政策和机制。可以通过提供良好的职业发展环境、创新创业支持等措施,吸引和留住优秀人才,培养创新创业领军人才,推动人才优先发展。

二是加大教育投入,提高人才培养质量。浦东新区要加大对教育事业的投入,提高学校的基础设施和师资力量,优化教育资源配置。同时,加强职业教育和技能培训,为人才提供多样化的学习机会和职业发展通道,提高人才培养质量。

三是优化就业环境,促进人才流动。浦东新区要营造良好的就业环境,鼓励创新创业,提供丰富的就业机会。加强与企业的合作,推动产学研用结合,促进人才流动和创新成果转化,为人才提供广阔的发展舞台。

四是改善社会保障体系,提升民生福祉。浦东新区要加强社会保障体系建设,完善医疗、养老、住房等各项保障机制,提高民众的获得感和幸福感。同时,注重解决城市基础设施不足、环境污染等问题,改善居民的生活环境,提升民生改善的实际效果。

最后,加强社区治理,提升居民参与意识。浦东新区要推动社区自治,加强社区组织建设,提高居民参与城市治理的积极性和主动性,要通过开展公众参与活动、听取居民意见等方式,增强居民的获得感和满意度,推动民生改善工作的落地实施。

通过以上措施,浦东新区能够积极推进人才优先发展和民生改善,为区域经济社会发展提供稳定的人才支持和良好的民生保障,实现全体居民的共同富裕和幸福感。

(三)优化城市公共服务体系,提升民生福祉和生活品质

在推进城市治理与民生改善方面,要着力优化城市公共服务体系,提升基础设施建设水平,以提升民生福祉和生活品质。首先,要加大城市基础设施建设投资,提升公共交通、道路、供水、供电、通信等基础设施的质量和覆盖范围,要建设智慧城市,推动数字化、网络化、智能化的城市基础设施建设,提高城市的运行效率和服务水平。其次,完善社会保障体系。加强社会保障制度建设,提高基本医疗保障、养老保险、失业保险等社会保障水平,确保人民群众的基本生活需求得到满足。加强医疗卫生服务体系建设,提高医疗服务质量和覆盖范围,推动医疗资源的均衡配置。再次,促进教育公平与质量提升。加大教育投入,提高教育资源的均衡分配,缩小城乡教育差距,推动教育公平。改善学校教育设施条件,提高师资队伍素质,优化教育教学环境,提升教育质量。再次,加强文化和体育设施建设。丰富城市文化生活,推动文化设施建设,建立多样化、高品质的文化活动和场所。加强体育设施建设,提供多样化的体育运动场所和设施,鼓励市民积极参与体育锻炼,提高身体素质和健康水平。最后,加强环境保护和绿化建设。加强环境保护工作,推动城市生态环境改善,提高空气质量、水质和噪声控制水平。加大绿化建设力度,增加公共绿地和城市森林覆盖率,改善城市生态环境,提供更好的生活环境。

　　总之,通过优化城市公共服务体系,提升民生福祉和生活品质,城市居民可以享受到更好的基础设施、医疗保障、教育资源、文化娱乐和环境质量,提高生活品质和幸福感。同时,这也有利于吸引人才流入、推动经济发展和社会稳定,为城市的长期可持续发展奠定坚实基础。

参考文献

[1]包国宪,孙加献.政府绩效评价中的"顾客导向"探析[J].中国行政管理,2006(1):29—32.

[2]包雅钧.当前中国社会治理评估的思考[J].科学决策,2011(7):80—91.

[3]薄文广,谭鑫.后危机时期我国产业发展的区域布局——浦东新区与滨海新区的对比及对鄱阳湖生态经济区的借鉴意义[J].江西社会科学,2012,32(5):51—57.

[4]保海旭.信任对公共服务满意度的影响及其区域差异化研究——基于CGSS 2015年中国28个省份的截面数据[J].管理评论,2021,33(7):301—312.

[5]布迪厄,华康德.实践与反思:反思社会学导引[M].北京:中央编译出版社,1998.

[6]蔡红英.政府绩效评估与绩效预算[J].中南财经政法大学学报,2007(2):48—51.

[7]曹现强,李烁.获得感的时代内涵与国外经验借鉴[J].人民论坛·学术前沿,2017(2):18—28.

[8]曾红颖.创新社会治理:行动者的逻辑[M].北京:社会科学文献出版社,2019.

[9]曾琼,孟全省.自然资源净资产视角下的生态绩效评价——以陕南生态功能区为例[J].农村经济,2017,418(8):85—90.

[10]曾容,刘捷,许艳,等.海洋生态保护红线存在问题及评估调整建议[J].海洋环境科学,2021,40(4):576—581,590.

[11]陈丰.医务女性人才现状与发展对策研究——基于上海浦东新区的调查[J].华东理工大学学报:社会科学版,2014,29(1):96—101,116.

[12]陈光.面向2035年加强从0到原始创新的措施[J].中国科技论坛,2020(8):1.

[13]陈洁,王晓丽,郑园园.浦东新区社会办医疗机构信息化现状分析[J].中国数字医学,2020,15(3):38—40,43.

[14]陈金梅,马虎兆.滨海新区与浦东新区、中关村科技园区发展比较研究[J].上海经济研究,2015(1):107—113.

[15]陈静静.公办学校在随迁子女教育中的主体责任及其实现——以上海市浦东新区

为例[J].教育科学,2014,30(2):63－68.

[16]陈玲,张婷珊,周依依,等.社会工作视角下赋能理论在医院志愿服务中的应用——以上海市浦东新区公利医院"红鸽志愿服务工作"为例[J].中国社会工作,2020(9):39－43.

[17]陈鹏.上海浦东新区探索社区委员会模式提升社会治理绩效[J].中国行政管理,2014(10):128.

[18]陈奇星,方卿.行政问责制:浦东的实践与思考[J].上海行政学院学报,2012,13(3):38－45.

[19]陈升,卢雅灵.社会资本、政治效能感与公众参与社会矛盾治理意愿——基于结构方程模型的实证研究[J].公共管理与政策评论,2021,10(2):16－30.

[20]陈思雨,曾刚.我国大都市郊区古镇保护性开发模式探索——以上海市浦东新区新场古镇为例[J].世界地理研究,2017,26(1):134－145.

[21]陈晓华,周显伟.国家级新区基于人口发展的教育资源配置研究[J].上海经济,2017(5):20－32.

[22]陈肖静.基于层次分析法的中国城市生活垃圾分类收集方案优选——以上海市浦东新区为例[J].中国人口·资源与环境,2015,25(S2):368－371.

[23]陈笑玲.公共图书馆服务典型案例展示与分析——评《浦东人的精神家园——浦东新区公共图书馆服务案例》[J].图书馆工作与研究,2018(5):97－99.

[24]陈新宇,裴志军.居民收入、受教育程度对政府公共服务供给满意度的影响——基于2012年中国家庭追踪调查的实证分析[J].福建农林大学学报:哲学社会科学版,2016,19(4):83－90.

[25]陈珠明,张翔宇.我国开展人民币外汇期货交易的战略研究[J].南方金融,2022(1):41－51.

[26]诚信社区建设课题组,于洪生.城市治理中引入诚信社区建设的可行性研究——上海市浦东新区洋泾街道的调研与思考[J].宁夏社会科学,2015(4):93－98.

[27]程晨,李正明.上海市"异地高考"政策认同现状及改进对策——以上海市浦东新区为例[J].教育科学研究,2017(1):34－39.

[28]程进,林兰,尚勇敏.基于浦东新区企业调查的产业政策效用及其影响因素研究[J].华东师范大学学报:哲学社会科学版,2018,50(4):163－171,177.

[29]崔岩.当前我国不同阶层公众的政治社会参与研究[J].华中科技大学学报:社会科学版,2020,34(6):9－17,29.

[30]道格拉斯·摩根,李一男,魏宁宁.衡量政府绩效的信任范式和效率范式——对地方政府领导和决策的启示[J].公共管理学报,2013,10(2):117－125,143.

[31]邓晰隆,叶子荣,赵晖,等.交易成本约束条件下的经济区效率分工规模研究:来自上海浦东新区的数据[J].管理工程学报,2015,29(3):164－171.

[32]丁述磊,刘翠花.数字经济时代互联网使用、收入提升与青年群体技能溢价——基于城乡差异的视角[J].当代经济管理,2022,44(8):64－72.

[33]丁元竹.让居民拥有获得感必须打通最后一千米——新时期社区治理创新的实践路径[J].国家治理,2016(2):18－23.

[34]段春艳,尤建新.地方政府财政科技投入绩效评价研究——以上海浦东新区为例[J].华东经济管理,2013,27(5):141－144.

[35]段鑫宇,蔡银莺,张安录.城乡交错区耕地非农转换影响因素及空间分布识别——以上海浦东新区为例[J].长江流域资源与环境,2021,30(1):54－63.

[36]樊红敏,张玉娇.县域社会治理评价体系:建构理路与评估框架[J].河南师范大学学报:哲学社会科学版,2017,44(1):26－31.

[37]范晓莉,郝大江.区域制度创新与经济增长的灰色关联分析——以上海浦东新区综合配套改革试验区为例[J].经济经纬,2013(3):7－13.

[38]范知智.政治参与如何影响城乡居民的政治绩效评价?——基于 CGSS 2015 数据的实证研究[J].贵州师范大学学报:社会科学版,2021(4):38－49.

[39]方创琳.中国城市群研究取得的重要进展与未来发展方向[J].地理学报,2014,69(8):1130－1144.

[40]方帅.人口结构、家庭资本与农民的政府满意度[J].华南农业大学学报:社会科学版,2018,17(3):115－124.

[41]冯履冰,郭东杰.互联网使用对农民增收的影响与机制[J].浙江社会科学,2023(2):25－35.

[42]冯猛.地方政府创新何以持续?——以浦东新区基层社会治理变迁为线索[J].中国行政管理,2019(7):101－106.

[43]冯娜.加强街镇图书馆服务能力的实践与思考——以上海浦东街镇图书馆为例[J].图书馆杂志,2017,36(9):60－63.

[44]甘开鹏,王秋.社会信任对政府环境治理绩效的影响研究[J].中国行政管理,2020,417(3):153－154.

[45]干靓,吴志强,郭光普.高密度城区建成环境与城市生物多样性的关系研究——以上海浦东新区世纪大道地区为例[J].城市发展研究,2018,25(4):97－106.

[46]高卷.京津冀协同发展背景下雄安新区发展思路研究[J].经济与管理评论,2017,33(6):130－136.

[47]高学德,冯露露.地方政府形象对公众满意度的影响研究——基于政府能力和意愿的分析[J].公共行政评论,2022,15(6):116－135,199.

[48]葛蕾蕾.我国海外高层次人才引进政策 20 年(2001—2020):回顾、挑战与展望[J].福建论坛:人文社会科学版,2021(11):207－216.

[49]龚虹波.论"关系"网络中的社会资本——一个中西方社会网络比较分析的视角[J].浙江社会科学,2013,208(12):99—105,98,158.

[50]顾军.空间拓展和重构并举的转型发展规划——浦东新区总体规划修编工作的一些思考[J].城市规划,2011,35(S1):132—136.

[51]官永彬.民主与民生:民主参与影响公共服务满意度的实证研究[J].中国经济问题,2015(2):26—37.

[52]桂家友."镇管社区"体制下社区委员会运行机制的探讨——以上海市浦东新区华夏社区为例[J].兰州学刊,2013(11):129—133.

[53]郭爱君,陶银海.丝绸之路经济带与国家新区建设协同发展研究[J].西北师大学报:社会科学版,2016,53(6):27—34.

[54]郭洪宇,黄少卿.地方性创新资助与中小企业创新绩效——基于上海浦东新区"科技小巨人"项目的经验分析[J].中国科技论坛,2018(8):100—110.

[55]何芳,王小川,张皓.基于Bootstrap与神经网络模型的浦东新区土地收储增值收益分配研究[J].管理评论,2015,27(12):57—64.

[56]何艳玲,王铮.回归民本性:行政负担研究反思及其对城市政务服务改革的启示[J].同济大学学报:社会科学版,2022,33(5):63—74.

[57]何增科.城市治理评估的初步思考[J].华中科技大学学报:社会科学版,2015,29(4):6—7.

[58]贺辉.我国跨境资金监管制度完善研究[J].郑州大学学报:哲学社会科学版,2017,50(6):44—49.

[59]贺小林,马西恒.基本公共服务均等化的财政保障机制与模式探索——经济新常态下浦东改革的实证分析[J].上海行政学院学报,2016,17(5):27—35.

[60]洪文斋.这里的党旗迎风飘扬——上海浦东新区非公企业党建调研[J].求是,2013(3):51—53.

[61]胡安宁.主观变量解释主观变量:方法论辨析[J].社会,2019,39(3):183—209.

[62]胡税根,王汇宇.以人民为中心的政府绩效管理研究[J].兰州大学学报:社会科学版,2018,46(4):121—127.

[63]胡晓鹏,徐群利.大数据驱动与经济发展:理论机制与规制思路[J].学术月刊,2023,55(6):53—65.

[64]华经产业研究院.2021年上海浦东机场生产统计:旅客吞吐量、货邮吞吐量及飞机起降架次分析[EB/OL].[2022—06—06].https://www.huaon.com/channel/industrydata/747047.html.

[65]黄时进.耗散结构理论在科学传播实践中的应用——基于上海浦东新区的实证研究[J].系统科学学报,2014,22(3):67—71.

[66]黄晓野,高一兰.行为经济学视域下的直播电商消费者福利[J].商业经济,2023(10):50—53.

[67]黄怡,吴长福.基于城市更新与治理的我国社区规划探析——以上海浦东新区金杨新村街道社区规划为例[J].城市发展研究,2020,27(4):110—118.

[68]黄元,赵正,杨洁等.个体环境态度对城市森林感知和满意度的影响[J].资源科学,2019,41(9):1747—1757.

[69]霍布斯.利维坦[M].黎思复,黎延弼,译.商务印书馆,1985.

[70]吉兰,陈晓.中国城市地区通过协商性参与形成的政治效能感:关于公众听证会的案例研究[J].国外理论动态,2017(4):106—120.

[71]纪慰华.试论以上海自贸试验区为契机推动浦东新区政府职能转变[J].经济体制改革,2015(1):80—84.

[72]贾晋,李雪峰.政府职能、居民评价与乡镇政府满意度——基于10省1336个样本的实证分析[J].公共行政评论,2017,10(3):164—183,217—218.

[73]江永红,刘梦媛,杨春.数字化对经济增长与生态环境协调发展的驱动机制[J].中国人口•资源与环境,2023,33(9):171—181.

[74]蒋荷新,任敏媛.航空运输对地区产业结构影响的研究——以上海浦东机场为例[J].城市发展研究,2018,25(3):118—124.

[75]荆锐,陈江龙,田柳.国家级新区发展异质性及驱动机制研究——以上海浦东新区和南京江北新区为例[J].长江流域资源与环境,2016,25(6):859—867.

[76]荆文君,刘倩,孙宝文.数字技术赋能经济高质量发展:一种改进的"技术—经济"分析范式[J].电子政务,2023(10):2—13.

[77]兰州大学中国地方政府绩效评价中心课题组.兰州试验:第三方政府绩效评价新探索[J].上海城市管理职业技术学院学报,2005(3):22—25.

[78]李昌林,胡炳清.我国突发环境事件应急体系及完善建议[J].环境保护,2020,48(24):34—39.

[79]李陈.超大城市"适老化"水平综合测度及影响因素分析——以上海市为例[J].城市问题,2021(11):4—18.

[80]李丹,陈瑾,孙楚仁.增值税改革与中国制造业企业出口持续时间[J].国际贸易问题,2022(6):73—89.

[81]李峰.整体性治理:应对我国社会组织治理碎片化的新范式[J].学习与探索,2020(12):57—62.

[82]李焕杰,张远.数字经济对城市经济绩效的驱动效应——机制识别与空间效应检验[J].城市发展研究,2022,29(6):92—101.

[83]李锦峰.公共服务供给空间布局的基层创变——以上海浦东新区"家门口"服务体

系为例[J].理论与改革,2022(2):112—122,151.

[84]李巧,董绍辉.生物医药产业发展关键因素识别研究[J].河北学刊,2018,38(3):198—202.

[85]李青霞.制度环境、组织能力与社会组织参与社会治理的有效性——基于定性比较分析方法的研究[J].学习论坛,2021(1):91—98.

[86]李少伟,计岱琳,张乐乐.关于简化当前外债登记管理模式的思考[J].金融发展研究,2020(6):87—89.

[87]李诗瑶,蔡银莺,田霞,等.城乡交错区耕地分区管护及生态补偿模式研究——以上海市浦东新区为例[J].长江流域资源与环境,2020,29(4):850—858.

[88]李文彬,何达基.政府客观绩效、透明度与公民满意度[J].公共行政评论,2016,9(2):93—111,206—207.

[89]李文彬,卢琳静.反腐倡廉、环保绩效如何影响生态环境公众满意度?[J].华南理工大学学报:社会科学版,2022,24(6):100—112.

[90]李雪妮,苏杨,周绍杰.空气质量如何影响公众主观满意度?——基于中国民生调查微观数据的证据[J].中国人口·资源与环境,2020,30(5):127—136.

[91]李亚洲,张佶,毕瑜菲等."人口—设施"精准匹配下的公共服务设施配置策略[J].规划师,2022,38(6):64—69,87.

[92]李燕,朱春奎,姜影.政治效能感、政府信任与政府网站公民参与行为——基于重庆、武汉与天津三地居民调查数据的实证研究[J].北京行政学院学报,2017(6):35—43.

[93]李义松,刘永丽.我国环境公益诉讼制度现状检视及路径优化[J].南京社会科学,2021(1):91—98,162.

[94]李艺,钟柏昌.绩效结构理论述评[J].技术与创新管理,2009,30(3):299—301,365.

[95]李宇宏,张显东.上海浦东新区服务贸易发展及创新突破实践[J].华东经济管理,2012,26(10):40—45.

[96]李智超,孙中伟,方震平.政策公平、社会网络与灾后基层政府信任度研究——基于汶川灾区三年期追踪调查数据的分析[J].公共管理学报,2015,12(4):47—57,155.

[97]李仲武,冯学良.互联网使用改善了女性家庭地位吗[J].中国经济问题,2022(4):184—196.

[98]李宗桂.岭南文化的现代性阐扬——以广东为例[J].学术研究,2022(6):36—47.

[99]梁明,夏融冰.自贸试验区离岸贸易创新发展研究[J].国际贸易,2022(5):23—30,39.

[100]林兰,尚勇敏.影响我国小微企业生存发展的因素研究——来自上海浦东新区的证据[J].上海经济研究,2016(9):90—99.

[101]林凌,刘世庆,许英明,邵平桢.沿海三城新区自主创新实践及其对天府新区建设的启示[J].软科学,2012,26(7):18—22.

[102]林南.从个人走向社会:一个社会资本的视角[J].社会科学战线,2020(2):213—223.

[103]林挺进.城市环保绩效、市长升迁偏好与市民环保满意度——基于2011年中国城市服务型政府调查的实证研究[J].甘肃行政学院学报,2015,112(6):12—21,125.

[104]刘朋.发展性教育督导评估助推高考改革新政落地的实践探索——以上海市浦东新区为例[J].教育科学研究,2019(1):29—34.

[105]刘爽.我国债券市场对外开放的现状、问题和对策探讨[J].西南金融,2019,(12):12—22.

[106]刘夏,任声策,杜梅.数字技术、融合创新对地区全要素生产率影响机理研究[J].科学学与科学技术管理,2023,44(11):63—78.

[107]刘兴坡,李璟,周亦昀等.上海城市景观生态格局演变与生态网络结构优化分析[J].长江流域资源与环境,2019,28(10):2340—2352.

[108]刘易斯.经济增长理论[M].周师铭,译.上海:上海三联书店,1991.

[109]柳建坤.从严反腐与中国政府绩效评价的优化——来自准自然实验的证据[J].公共行政评论,2019,12(4):44—61,190.

[110]卢春天,洪大用.公众评价政府环保工作的影响因素模型探索[J].社会科学研究,2015(2):108—115.

[111]卢梭.社会契约论[M].何兆武,译.商务印书馆,1997.

[112]陆勇峰.集体建设用地流转试点背景下的村庄规划实践——以浦东新区合庆镇春雷村规划为例[J].城市发展研究,2012,19(9):125—128.

[113]路锦非.社会救助中的民众获得感、幸福感、安全感研究——基于上海浦东新区的实证调查[J].社会科学辑刊,2022(3):60—70.

[114]罗爱武.政治参与和治理绩效对政治信任的影响——基于广东、湖北和贵州三省的实证分析[J].探索,2016(5):49—58.

[115]罗伯特·D.帕特南,使民主运转起来[M].王列,赖海榕,译.南昌:江西人民出版社,2001.

[116]罗才华.大数据视域下欠发达地区社会治理现代化推进路径研究——以广东省云浮市为例[J].电脑知识与技术,2020,16(17):235—238.

[117]罗家德,秦朗,方震平.社会资本对村民政府满意度的影响——基于2012年汶川震后调查数据的分析[J].现代财经(天津财经大学学报),2014,34(6):51—64.

[118]罗开艳,田启波.环保行政透明度与环境治理满意度——基于CSS 2013数据的研究[J].贵州社会科学,2020(8):158—168.

[119]洛克.政府论[M].叶启芳,瞿菊农,译.北京:商务印书馆,1964.

[120]骆汝九.多指标综合评价的非参数方法和缺失数据的聚类方法研究[D].扬州:扬

州大学,2011.

[121]马佳,马莹,王建明.基于农民意愿的国家现代农业示范区农地流转对策——以上海浦东新区为例[J].地域研究与开发,2015,34(6):160—165.

[122]马静,徐晓林,陈涛.电子政务绩效评估研究——基于服务型政府的视角[J].河南社会科学,2012,20(2):70—74.

[123]马亮,杨媛.公众参与如何影响公众满意度?——面向中国地级市政府绩效评估的实证研究[J].行政论坛,2019,26(2):86—94.

[124]马亮.网上办事不求人:政府数字化转型与社会关系重塑[J].电子政务,2022,233(5):31—42.

[125]马亮.行政负担:研究综述与理论展望[J].甘肃行政学院学报,2022(1):4—14,124.

[126]马亮.政务服务创新何以降低行政负担:西安行政效能革命的案例研究[J].甘肃行政学院学报,2019,132(2):4—11,126.

[127]马鹏超,朱玉春.设立村级河长提升农村水环境治理绩效了吗?——基于倾向得分匹配(PSM)的反事实估计[J].南京农业大学学报:社会科学版,2022,22(1):149—159.

[128]毛媛媛,丁家骏.居住区环境与犯罪行为关系研究——以上海市浦东新区居住区为例[J].城市发展研究,2014,21(4):78—85.

[129]毛子骏,黄膺旭.数字孪生城市:赋能城市"全周期管理"的新思路[J].电子政务,2021(8):67—79.

[130]孟广文,王艳红,杜明明,等.上海自由经济区发展历程与启示[J].经济地理,2018,38(5):1—10.

[131]孟强.法学视角下的浦东综改:经验、困局及其破解[J].法学,2014(8):36—41.

[132]孟卫东,吴振其,司林波.雄安新区管理体制机制创新研究——基于对浦东新区与滨海新区的经验分析[J].当代经济管理,2018,40(4):16—21.

[133]孟雪,狄乾斌,季建文.京津冀城市群生态绩效水平测度及影响因素[J].经济地理,2020,40(1):181—186,225.

[134]南锐.精细化视角下省域社会治理绩效的组合评价——基于29个省域的实证研究[J].北京交通大学学报:社会科学版,2017,16(4):124—134.

[135]倪星.地方政府绩效评估指标的设计与筛选[J].武汉大学学报:哲学社会科学版,2007(2):157—164.

[136]诺斯.制度、制度变迁与经济绩效[M].上海:格致出版社,2008.

[137]潘凤.深圳特区、浦东新区、雄安新区的比较研究[J].经济体制改革,2017(6):46—51.

[138]潘闻闻.上海范式:要素市场全球资源配置的引领性[J].探索与争鸣,2021(10):130—139,179.

[139]彭莹莹.社会治理评估指标体系的设计与应用[J].甘肃行政学院学报,2018(2):89-98.

[140]皮埃尔·卡蓝默.破碎的民主:试论治理的革命[M].北京:生活·读书·新知三联书店,2005.

[141]朴银哲,安虎森.我国综合功能开发区创新型发展模式探索——浦东新区与滨海新区开发模式比较分析[J].求索,2012(8):1-4,174.

[142]浦东发改委.浦东新区国民经济和社会发展第十四个五年规划和二〇三五年远景目标纲要[EB/OL].[2020-10-21].https://www.pudong.gov.cn/azt_fzgh/20220110/544477.html.

[143]浦东环境.聚焦浦东生态环境保护"十三五"成效[EB/OL].[2020-02-05].https://weibo.com/ttarticle/p/show?id=2309404601317384650873.

[144]浦东时报.奏响高水平改革开放最强音 浦东奋力打好引领区这张"王牌"[EB/OL].[2020-07-15].https://www.pudong.gov.cn/006001/20220715/706244.html.

[145]浦东新区金融工作局.2021年浦东金融风险防范系列公益讲座圆满收官[EB/OL].[2020-12-30].https://mp.weixin.qq.com/s/DhLQG39jDzgUGi-tjts4hw.

[146]浦东新区金融工作局.浦东新区深化上海国际金融中心核心区建设"十四五"规划[EB/OL].[2020-08-22].https://www.pudong.gov.cn/azt_fzgh/20220822/717980.html.

[147]浦东新区人民政府.2021年统计年鉴[EB/OL].[2020-06-16].https://www.pudong.gov.cn/014004002002/20220616/686388.html.

[148]浦东新区人民政府.2022年政府工作报告[EB/OL].[2020-02-23].https://www.pudong.gov.cn/zfbg/20220223/666109.html.

[149]浦东新区人民政府.浦东新区建设国际科技创新中心核心区"十四五"规划[EB/OL].[2020-08-10].https://www.pudong.gov.cn/ghjh_zxgh/20211211/340182.html.

[150]浦东新区人民政府.浦东新区深化上海国际贸易中心核心区建设"十四五"规划[EB/OL].[2020-10-27].https://www.pudong.gov.cn/006021008/20220108/459420.html.

[151]浦东新区政务公开办.2020年政府工作报告[EB/OL].[2020-03-08].https://www.pudong.gov.cn/006020002/20220108/459305.html.

[152]戚玉箐.全力打造社会主义现代化建设引领区[J].中国纪检监察,2021,639(13):87-88.

[153]钱爱梅.市县级国土空间总体规划的实践探索——以浦东新区为例[J].城市规划学刊,2020(2):64-69.

[154]秦广强.群际差异视角下的政府工作满意度研究:2005年与2015年比较[J].中央民族大学学报:哲学社会科学版,2020,47(6):66-73.

[155]曲彬.浦东新区、深圳特区、滨海新区经济金融拉动模式的差异性研究——基于VAR模型实证的分析[J].上海金融,2015(9):47—50.

[156]任恺.试论网络经济对国民经济发展的影响[J].中国市场,2017(34):73—74.

[157]任毅,东童童,邓世成.产业结构趋同的动态演变、合意性与趋势预测——基于浦东新区与滨海新区的比较分析[J].财经科学,2018(12):116—129.

[158]上海社会科学院课题组,王德忠.浦东新区社会主义现代化建设引领区内涵及其实现路径[J].科学发展,2023,171(2):5—12,50.

[159]上海统计局.2021年上海市国民经济和社会发展统计公报[EB/OL].[2020—03—15].https://tjj.sh.gov.cn/tjgb/20220314/e0dcefec098c47a8b345c996081b5c94.html.

[160]邵雅利.共享发展增强人民获得感[J].人民论坛,2018(3):88—89.

[161]沈瑞英,周霓羽.中国政府形象对政府信任的影响——基于CSS 2013数据的实证研究[J].上海大学学报:社会科学版,2017,34(6):94—103.

[162]史云贵,孙宇辰.我国农村社会治理效能评价指标体系的构建与运行论析[J].公共管理与政策评论,2016,5(1):17—25.

[163]苏毅清,秦明,王亚华.劳动力外流背景下土地流转对农村集体行动能力的影响——基于社会生态系统(SES)框架的研究[J].管理世界,2020,36(7):185—198.

[164]孙洪敏.地方政府绩效管理评价体系趋向性研究[J].学术界,2017,231(8):16—30,322.

[165]孙磊,孔燕萍.反思与重塑:国际金融中心背景下多元解纷机制构建之实证探索——以浦东新区人民法院金融案件审理情况为研究范本[J].法律适用,2013(7):113—116.

[166]孙荣,周晶.以提高生活质量为目标构建我国政府绩效评估体系[J].中国行政管理,2006(9):39—41.

[167]邰鹏峰.产业转型升级对外来人口调控作用研究:以上海浦东为例[J].现代管理科学,2014(9):81—83.

[168]覃雄彪.政府成本管理绩效评价指标体系的构建[J].梧州学院学报,2013,23(3):71—73,97.

[169]唐子来,顾姝.上海市中心城区公共绿地分布的社会绩效评价:从地域公平到社会公平[J].城市规划学刊,2015(2):48—56.

[170]滕五晓,罗翔,万蓓蕾,等.韧性城市视角的城市安全与综合防灾系统——以上海市浦东新区为例[J].城市发展研究,2018,25(3):39—46.

[171]田发,周琛影.社会治理水平:指数测算、收敛性及影响因素[J].财政研究,2016(8):54—65.

[172]童佩珊,卢海阳.互联网使用是否给政府公共关系带来挑战?——基于政府绩效

评价和非制度化参与视角[J].公共管理与政策评论,2020,9(4):60—71.

[173]汪海,黄汉权,郁建兴,等.全面深化改革的差别化探索[J].改革,2015(11):5—33.

[174]汪立鑫,孟彩霞.国家级新区高质量发展与数字经济的耦合协调研究——以浦东新区为例[J].上海经济,2022(5):14—35.

[175]王川兰.关系建构:社区基金会参与基层社会治理的结构分析——基于上海市浦东新区Y社区的实地观察[J].复旦学报:社会科学版,2020,62(4):140—147,190.

[176]王芳,张百慧,杨灵芝,等.基于大数据应用的政府治理效能评价指标体系构建研究[J].信息资源管理学报,2020,10(2):17—28.

[177]王刚,刘瑶.公众腐败感知的影响因素研究——基于一个有调节的中介模型[J].东北大学学报:社会科学版,2022,24(1):62—69.

[178]王浩然.上海共享单车停放的时空特征与管理对策——基于浦东新区某街道重点区域的抽样调查分析[J].上海经济,2018(6):60—68.

[179]王红伟.我国突发公共卫生事件应急管理体系建设研究[J].卫生经济研究,2021,38(9):41—44.

[180]王宏亮,吴健生,高艺宁,等.城市公共资源与人口分布的空间适配性分析——以深圳市为例[J].北京大学学报:自然科学版,2021,57(6):1143—1152.

[181]王鸿儒.政民互动下的公共服务满意度研究——公民行政负担感知的个体差异及影响[J].社会科学家,2020(5):156—160.

[182]王佳宁,罗重谱.国家级新区管理体制与功能区实态及其战略取向[J].改革,2012(3):21—36.

[183]王胜利,张琰.政府环保工作满意度影响因素研究——基于CGSS 2015数据的分析[J].生态经济,2019,35(6):182—187.

[184]王晓丽,刘驰.浦东新区社会办医疗机构可视化监管平台设计与应用研究[J].中国数字医学,2022,17(5):92—95.

[185]王亚华,舒全峰.公共事物治理的集体行动研究评述与展望[J].中国人口·资源与环境,2021,31(4):118—131.

[186]王振.紧紧围绕新的战略定位谋篇布局——关于浦东新区"十四五"发展的思考[J].上海人大月刊,2020,364(12):44.

[187]王振兴.技术进步与劳动生产率增长关系研究——基于山东省数据[J].山东财政学院学报,2011(3):83—87.

[188]王正绪,苏世军.亚太六国国民对政府绩效的满意度[J].经济社会体制比较,2011(1):99—109.

[189]魏益华,杨璐维.数据要素市场化配置的产权制度之理论思考[J].经济体制改革,2022(3):40—47.

[190]温忠麟,侯杰泰,张雷.调节效应与中介效应的比较和应用[J].心理学报,2005(2):268-274.

[191]文宏,林彬.人民获得感:美好生活期待与国民经济绩效间的机理阐释——主客观数据的时序比较分析[J].学术研究,2021(1):66-73.

[192]吴加伟,陈雯,袁丰,等.长三角地区企业本土并购网络的时空动态性分析[J].地理研究,2021,40(7):2020-2035.

[193]吴瑞君,倪波,陆勇,等.政府购买社会服务综合绩效评量模型设计与参数估计——以上海市浦东新区计生系统购买社会服务为例[J].华东师范大学学报:哲学社会科学版,2019,51(4):90-102,187.

[194]吴新叶.农村社会治理的绩效评估与精细化治理路径——对华东三省市农村的调查与反思[J].南京农业大学学报:社会科学版,2016,16(4):44-52.

[195]吴煜,李永浮.居民生活服务业与人口匹配关系研究——基于上海浦东新区实证研究[J].上海经济研究,2019(2):67-75.

[196]武照亮,丁蔓,周小喜.社会资本和公众参与对政府环境治理评价的影响机制研究——以大气环境治理为例[J].干旱区资源与环境,2022,36(9):1-10.

[197]夏先良.如何构建开放型科技创新体制体系[J].人民论坛·学术前沿,2017(6):62-76.

[198]肖林.基于"证照分离"全覆盖的深化商事制度改革的路径选择研究[J].华东理工大学学报:社会科学版,2020,35(5):136-148.

[199]肖希.澳门半岛高密度城区绿地系统评价指标与规划布局研究[D].重庆:重庆大学,2017.

[200]谢超强,陈进.行政体制变迁下的城市化动力:自浦东新区观察[J].改革,2016(5):50-56.

[201]谢广靖,石郁萌.国家级新区发展的再认识[J].城市规划,2016,40(5):9-20.

[202]谢忠平.上海浦东新区中学英语作业状况调查及对策[J].中国教育学刊,2013(S1):12-14.

[203]新华社.习近平:人民城市人民建,人民城市为人民[EB/OL].[2020-11-03].http://www.gov.cn/xinwen/2019-11/03/content_5448082.htm.

[204]邢贞成,王济干,张婕.长江经济带全要素生态绩效评价研究——基于非径向方向性距离函数[J].软科学,2018,32(7):102-106.

[205]熊光清.中国公民政治效能感的基本特征及影响因素分析——基于五省市的实地调查[J].马克思主义与现实,2014,129(2):140-145.

[206]徐国冲.客观评估抑或主观评估?公共部门绩效测量的一个论争[J].行政论坛,2022,28(1):67-77.

[207]徐汉明,张新平.社会治理法治建设指标体系的设计、内容及其评估[J].法学杂志,2016,37(6):31—43.

[208]徐红映.社会资本视域下的乡规民约效能再造——以宁波市"民约村治"实践为例[J].社会学评论,2022,10(1):165—180.

[209]徐建.浦东新区打造社会主义现代化建设引领区的全新内涵和推进路径[J].科学发展,2022,158(1):5—14.

[210]徐谦.网络环境下区域性馆际互借模式的研究和应用——以上海市浦东新区图书共享项目为例[J].图书馆理论与实践,2016(7):76—79.

[211]许月娇.习近平社会治理理论研究[D].北京:北方工业大学,2020.

[212]扬·盖尔.交往与空间[M].何人可,译.北京:中国建筑工业出版社,2002.

[213]杨洪涛,刘亮.浦东新区开发开放政策及竞争优势演变分析[J].华东经济管理,2012,26(9):1—5.

[214]杨莉.政府绩效评价指标体系研究综述[J].佳木斯职业学院学报,2016(2):462—463,465.

[215]杨宇立.上海浦东新区政府行政支出的实证解析[J].上海经济研究,2011(11):99—103.

[216]姚建龙,俞海涛.论浦东新区法规:以变通权为中心[J].华东政法大学学报,2023,26(3):86—99.

[217]姚魏.论浦东新区法规的性质、位阶与权限[J].政治与法律,2022(9):28—46.

[218]叶敏,熊万胜.镇管社区:快速城市化区域的镇级体制调适——以上海浦东新区 H 镇的镇管社区建设经验为例[J].中国行政管理,2018(10):98—103.

[219]叶琴,曾刚,王丰龙,等.上海浦东新区、北京海淀区、深圳市创新创业环境比较研究[J].上海经济研究,2016(4):117—124,129.

[220]叶亚飞,石建勋.中国资本项目开放:进程、影响与实现路径——率先实现实体部门资本项目可兑换的可行性研究[J].经济学家,2021(8):71—80.

[221]依绍华.线上线下融合:新型消费的优势与短板[J].国家治理,2021(24):12—15.

[222]殷继国.强化竞争政策基础地位何以实现——基于竞争政策与其他经济政策协调的视角[J].法学,2021(7):113—129.

[223]尹瑶芳.小学数学教师图形与几何知识状况调查——以上海市浦东新区为例[J].数学教育学报,2020,29(5):46—51.

[224]尹占娥,许世远.上海浦东新区土地利用变化及其生态环境效应[J].长江流域资源与环境,2007(4):430—434.

[225]俞可平.中国治理评估框架[J].经济社会体制比较,2008(6):1—9.

[226]俞四海.相对集中行政许可权模式革新与立法进路——以浦东新区"一业一证"改

革为例[J].东方法学,2022(5):177—188.

[227]袁明智,武俊奎.浦东新区劳动力需求规模及人口结构分析与预测[J].西北人口,2012,33(5):34—40.

[228]张爱民,陈涛琴,袁鹏程.非营利组织财务治理与财务信息披露关系的研究——基于上海浦东新区的小规模问卷调查研究[J].华东理工大学学报:社会科学版,2014,29(3):45—51.

[229]张波,陆沪根.探索基层党建新模式:基于社会组织购买党建服务研究——以上海市浦东新区塘桥街道为例[J].湖湘论坛,2014,27(2):40—44.

[230]张波.着力提升浦东新区服务管理实有人口新能级[J].科学发展,2021,(8):58—66.

[231]张闯,蓝天尉,张志坤.分销商敏捷性的塑造及其对制造商经济绩效的影响——基于关系交换理论视角[J].财经问题研究,2023(9):42—55.

[232]张欢,胡静.社会治理绩效评估的公众主观指标体系探讨[J].四川大学学报:哲学社会科学版,2014(2):120—126.

[233]张康之.对"参与治理"理论的质疑[J].吉林大学社会科学学报,2007(1):83—89.

[234]张康之.论信任、合作以及合作制组织[J].人文杂志,2008,172(2):53—58.

[235]张可云.区域经济一体化:追求理想的共赢格局[J].区域经济评论,2015(6):5—7.

[236]张腾,蒋伏心,韦联韬.数字经济能否成为促进我国经济高质量发展的新动能?[J].经济问题探索,2021(1):25—39.

[237]张文礼,牛成春.兰州新区公共服务体系建设策略研究[J].甘肃理论学刊,2012(2):126—130.

[238]张效榕,孔祥智.农户参与农业价值链的经济绩效分析——以茶产业为例[J].农林经济管理学报,2020,19(5):569—576.

[239]张玉磊.整体性治理理论概述:一种新的公共治理范式[J].中共杭州市委党校学报,2015(5):54—60.

[240]赵海堂,雷叙川,蒲晓红.当代中国政治信任的来源:从经济绩效到社会公平[J].科学技术哲学研究,2019,36(6):101—106.

[241]赵建吉,曾刚.上海浦东新区区域发展轨迹与内涵探析[J].地理与地理信息科学,2013,29(4):117—121,126.

[242]赵睿.数字经济推动区域经济发展路径研究[J].现代商业,2023(16):19—22.

[243]赵雪雁.社会资本测量研究综述[J].中国人口·资源与环境,2012,22(7):127—133.

[244]赵砚,朱龙.政府绩效评估指标体系研究综述[J].行政事业资产与财务,2015(7):23—24.

[245]赵勇.地方政府权力清单制度的构建——以浦东新区为例的分析[J].上海行政学院学报,2016,17(6):54—63.

[246]郑德高,陈勇.后金融危机的浦东新区转型研究[J].城市规划学刊,2012(S1):6—10.

[247]郑方辉,吴轶.地方政府绩效评价中的公众满意度调查[J].市场研究,2007(3):25—29.

[248]郑方辉,何志强.法治政府绩效评价:满意度测量及其实证研究——以2014年度广东省为例[J].北京行政学院学报,2016(2):41—48.

[249]郑海元,王世杰.物流企业供应链网络关系特点、社会绩效与财务绩效[J].商业经济研究,2021(9):109—112.

[250]郑怀林,王晓霞,谭云鹤.我国交易报告库建设与监管国际经验借鉴[J].金融市场研究,2022(3):109—114.

[251]郑建君.政治参与、政治沟通对公共服务满意度影响机制的性别差异——基于6159份中国公民调查数据的实证分析[J].清华大学学报:哲学社会科学版,2017,32(5):164—171,199.

[252]郑军,杜佳欣.中美农业保险保障水平和反贫困绩效的"4E"比较[J].沈阳工业大学学报:社会科学版,2019,12(3):221—229.

[253]郑有贵.由承接国际产业转移向自主创新发展的突围——着眼于深圳、浦东对雄安新区建设启示的历史考察[J].中国经济史研究,2017(5):173—180,185.

[254]中共上海市浦东新区区委党校精心打造全国党员教育培训示范基地[J].学校党建与思想教育,2018(6):97.

[255]中国产业经济信息网.临港新片区:三年间地区生产总值年均增长21.3%,78项任务基本完成[EB/OL].[2020—08—27].http://www.cinic.org.cn/xy/gdcj/1343945.html.

[256]中国产业经济信息网.上海临港新片区加快发展新兴金融业行动方案发布 提出八大专项行动[EB/OL].[2020—08—24].http://www.cinic.org.cn/xy/gdcj/1341561.html?from=timeline.

[257]中国经济导报.上海浦东:科创与科普融合发展再提速[EB/OL].[2020—09—15].http://www.ceh.com.cn/epaper/uniflows/html/2022/09/15/06/06_45.htm.

[258]中国社会管理评价体系课题组,俞可平.中国社会治理评价指标体系[J].中国治理评论,2012(2):2—29.

[259]钟智锦,廖小欧.公共信息接触、政治效能和公共参与的"良性循环"[J].新闻大学,2022(8):78—91,124.

[260]周绍杰,王洪川,苏杨.中国人如何能有更高水平的幸福感——基于中国民生指数

调查[J]. 管理世界,2015,261(6):8—21.

[261]周生春,汪杰贵. 乡村社会资本与农村公共服务农民自主供给效率——基于集体行动视角的研究[J]. 浙江大学学报:人文社会科学版,2012,42(3):111—121.

[262]朱海斌. 中国债券市场的开放及未来[J]. 中国金融,2021(22):63—65.

[263]朱永明,邱文静,赵健. 高管团队断层线、激励机制与企业社会绩效[J]. 会计之友,2021(2):36—42.

[264]朱仲敏. 论区域教师发展支持系统的建设——基于上海市浦东新区的改革实践[J]. 中国教育学刊,2014(3):18—21,62.

[265]Adler R P,Goggin J. What do We Mean by "Civic Engagement"?[J]. Journal of Transformative Education,2005,3(3):236—253.

[266]Alisa G D, Kallis G. A Political Ecology of Maladaptation:Insights from A Gramscian Theory of the State[J]. Global Environmental Change,2016(38):230—242.

[267]Andersson K P, Ostrom E. Analyzing decentralized resource regimes from a polycentric perspective[J]. Policy Sciences,2008,41(1):71—93.

[268]André R. da Silveira, Richards K S. The Link Between Polycentrism and Adaptive Capacity in River Basin Governance Systems:Insights from the River Rhine and the Zhujiang (Pearl River) Basin[J]. Annals of the Association of American Geographers,2013,103(2):319—329.

[269]Anona A,Ronald F. Social Indicators-Promises and Problems:A Critical Review[J]. Evaluation Journal of Australasia,2003,3(1):17—26.

[270]Ansell C,Gash A. Collaborative governance in theory and practice[J]. Journal of Public Administration Research and Theory,2008(18):543—571.

[271]Balch I. Multiple indicators in survey research:the concept sense of political efficacy[J]. Political Methodology,1974,1(2):1—43.

[272]Baron R M, Kenny D A. The moderator-mediator variable distinction in social psychological research:Conceptual, strategic, and statistical considerations[J]. Journal of Personality and Social Psychology,1986,51(6):1173—1182.

[273]Bevir M. Decentering Governance:A Democratic Turn?[M]. London:Palgrave Macmillan UK,2014.

[274]Bevir, Mark, Richards, David. Decentering Policy Networks:Lessons and Prospects[J]. Public Administration,2009,87(1):132—141.

[275]Bourdiu P. The forms of capital[M]. Oxford:Blackwell Publishers Ltd,1986.

[276]Brown J T, Carey G, Malbon E. What is in a form? Examining the complexity of application forms and administrative burden[J]. Australian Journal of Public Administration,

2021,80(4):933—964.

[277]Brown J Duguid P. Organizational learning and communities-of-practice: toward a unified view of working, learning, and innovation[J]. Organization Science, 1991,2(1):40—57.

[278]Brynjolfsson E, Hitt L M. Beyond computation: Information technology, organizational transformation and business performance[J]. Journal of Economic perspectives,2000, 14(4):23—48.

[279]Brynjolfsson E, Yang S. Information technology and productivity: a review of the literature[J]. Advances in computers,1996(43):179—214.

[280]Bryson J M, Crosby B C, Stone M M. The Design and Implementation of Cross-Sector Collaborations: Propositions from the Literature[J]. Public Administration Review, 2006(66):44—55.

[281]Brzel T A. Organizing Babylon-On Different Conceptions of Policy Networks[J]. Public Administration,1998,76(2):253—273.

[282]Burden B C, Canon D T, Mayer K R, et al. The effect of administrative burden on bureaucratic perception of policies: evidence from election administration[J]. Public Administration Review,2012,72(5):74—75.

[283]Chaskin R. Investing in Democracy: Engaging Citizens in Collaborative Governance-By Carmen Sirianni[J]. International Journal of Urban & Regional Research,2011,35 (5):1093—1094.

[284]Choguill C L, Machin S R. Social Aspects of Economic Readjustment in Hungary: A Consideration of the Role of Social-Economic Indicators[J]. Social Indicators Research, 1993,29(2):205—227.

[285]Christensen J, Aarøe L,Baekgaard M,et. Human capital and administrative burden:the role of cognitive resources in citizen-state interactions[J]. Public Administration Review,2020,80(1):127—136.

[286]Clarke H D,Acock A C. National Elections and Political Attitudes: The Case of Political Efficacy[J]. British Journal of Political Science,1989,19(4):551—562.

[287]Claxton K P , Sculpher M , Fenwick E . Assessing Quality in Decision Analytic Cost-Effectiveness Models[J]. Pharmacoeconomics,2000,17(5):461—477.

[288]Coleman J S. Social Capital in the Creation of Human Capital[J]. American Journal of Sociology,1988,94(1):95—120.

[289]Courty P, Marschke G. Making Government Accountable: Lessons from a Federal Job Training Program[J]. Public Administration Review,2007,67(5):904—916.

[290]Craig S C, Maggiotto M A. Measuring politi-cal efficacy[J]. Political Methodology,1982,8(3):85—109.

[291]Dawson J F. Moderation in management research:What,why,when,and how [J]. Journal of Business and Psychology,2014,29(1):1—19.

[292]Diener E. Subjective Well-Being [J]. Psychological Bulletin,1984(3):542—575.

[293]Diener E. The Science of Happiness and A Proposal for A National Index[J]. Journal of American Psychologist,2015,55(1):234—242.

[294]Dong L. Holistic Governance:Integration of Value and Instrumental Rationalities [M]. London:Palgrave Macmillan US, 2015.

[295]Donou-Adonsou F, Pradhan G, Basnet H C. Human capital expenditure and income in developing countries[J]. The Journal of Developing Areas,2021,55(3):113—128.

[296]Dudley L, Raymer M. Inside Organizational Change:Puzzling across Permeable Boundaries[J]. Public Administration Review,2002,61(5):620—624.

[297]Duit A,Galaz V. Governance and Complexity-Emerging Issues for Governance Theory[J]. Governance,2008,21(3):311—335.

[298]Farazmand A. Learning from the Katrina Crisis:A Global and International Perspective with Implications for Future Crisis Management[J]. Public Administration Review,2007,(67):149—159.

[299]Finkel S E. Reciprocal Effects of Participation and Political Efficacy:A Panel Analysis[J]. American Journal of Political Science,1985,29(4):891—913.

[300]Galaz V, Crona B, Oesterblom H, et al. Polycentric systems and interacting planetary boundaries-Emerging governance of climate change-ocean acidification-marine biodiversity[J]. Ecological Economics, 2012,(81):21—32.

[301]Glaeser E L,La Porta R, Lopez-de-Silanes F,et al. Do institutions cause growth? [J]. Journal of Economic Growth,2004,9(3):271—303.

[302]Haggman S. Functional actors and perceptions of innovation attributes:Influence on innovation adoption[J]. European Journal of Innovation Management, 2009,12(3): 386—407.

[303]Harpham T, Grant E, Thomas E. Measuring social capital within health surveys:key issues[J]. Health Policy and Planning,2002,17(1):106—111.

[304]Harvey D. Challenging Institutional Analysis and Development:The Bloomington School[J]. Journal of Agricultural Economics,2010,61(1):199—201.

[305]Henard D,Szymanski D. Why some new products are more successful than others [J]. Journal of Marketing Research, 2001,38(3):362—75.

[306]Hindmoor A. The Importance of Being Trusted: Transaction Costs and Policy Network Theory[J]. Public Administration, 2010, 76(1):25—43.

[307]Ho T K,Cho W. Government Communication Effectiveness and Satisfaction with Police Performance:A Large-Scale Survey Study[J]. Public Administration Review. 2016,77 (2):228—239.

[308]Horney K. Our Inner Conflicts: A Constructive Theory of Neurosis[M]. London: Routledge, 2013.

[309]Hughey J, Speer P W, Peterson N A. Sense of Community in Community Organizations: Structure and Evidence of Validity[J]. Journal of Community Psychology, 1999, 27 (1): 97—113.

[310]James O. Evaluating the Expectations Disconfirmation and Expectations Anchoring Approaches to Citizen Satisfaction with Local Public Services[J]. Journal of Public Administration Research and Theory,2009(19):107—123.

[311]James O. Performance Measures and Democracy: Information Effects on Citizens in Field and Laboratory Experiments[J]. Journal of Public Administration Research and Theory,2001,21(3):399—418.

[312]Jansen D. New Forms of Governance in Research Organizations-Disciplinary Approaches, Interfaces and Integrat[J]. Journal of Clinical Governance,2007,10(9):83—88.

[313]Jo S, Nabatchi T. Different Processes, Different Outcomes? Assessing the Individual-Level Impacts of Public Participation[J]. Public Administration Review,2021,81(1): 137—151.

[314]Jongbloed J, Pullman A. Well-being in the welfare state: the redistributive capacity of education[J]. European Journal of Education,2016,51(4):564—586.

[315]Kahne J, Nagaoka J, Brown A, et al. Assessing after-school programs as contexts for youth development[J]. Youth & Society,2001,32(4):421—446.

[316]Kenichi Ikedaa, Tetsuro Kobayashib,Maasa Hoshimoto. Does political participation make a difference? The relationship between political choice,civic engagement and political efficacy[J]. Electoral Studies,2008(27):77—88.

[317]Keyes C L M. Social Well-Being[J]. Social Psychology Quarterly, 1998, 61(2): 121—140.

[318]Kickert W, Klijn E H, Koppenjan J. Managing complex networks: strategies for the public sector[M]. London: Sage Publications, 1998.

[319]Kilduff L P, Fuld J P, Neder J A, et al. Clinical relevance of inter-method differences in fat-free mass estimation in chronic obstructive pulmonary disease[J]. Respiration,

2003,70(6):585—593.

[320]Kim S. The integrative framework of technology use: an extension and test[J]. MIS Quarterly,2009,33(3):513—537.

[321]Koch P. Overestimating the shift from government to governance: Evidence from Swiss metropolitan areas[J]. Governance,2013,26(3):397—423.

[322]Krueger A B. How Computers Have Changed the Wage Structure: Evidence from Microdata,1984—1989[J]. The Quarterly Journal of Economics,1993,108(1):33—60.

[323]Lachmam S J,Bass A R. A direct study of halo effect[J]. Journal of Psychology,1985,119(6):535—540.

[324]Laukkanen T,Sinkkonen S,Kivijarvi M,Laukkanen P. Innovation resistance among mature consumers[J]. Journal of Consumer Marketing,2007,24(7):419—27.

[325]Lee E,Kwon K,Schumann D. Segmenting the non-adopter category in the diffusion of internet banking[J]. International Journal of Bank Marketing, 2005,23(5):414—37.

[326]Litman T. Evaluating Transportation Equity: Guidance for Incorporating Distributional Impacts in Transportation Planning[R]. Victoria: Victoria Transport Policy Institute,2006.

[327]Masood A,Nisar M A. Administrative Capital and Citizens Responses to Administrative Burden[J]. Journal of Public Administration Research and Theory,2020,31(1):56—72.

[328]Mcmahon W W, Oketch M. Education's effects on individual life chances and on development: an overview[J]. British Journal of Educational Studies,2013,61(1):79—107.

[329]Moore G,Benbasat,I. Development of an instrument to measure the perceptions of adopting an information technology innovation[J]. Information Systems Research, 1991,2(3):192—222.

[330]Moreau C,Lehmann D,Markman A. Entrenched knowledge structures and consumer response to new products[J]. Journal of Marketing Research,2001,(8):14—29.

[331]Morris M,Venkatesh V. Age differences in technology adoption decisions: implications for a changing work force[J]. Personnel Psychology,2000(53):375—403.

[332]Moynihan D, Herd P, Harvey H. Administrative burden: learning, psychological, and compliance costs in citizen-state interactions[J]. Journal of Public Administration Research and Theory,2015,25(1):43—69.

[333]Nabatchi T, Amsler L B. Direct Public Engagement in Local Government[J]. The American Review of Public Administration,2014,44(4):63—88.

[334]Nan Lin, Building a Network Theory of Social Capital[J]. Connections,1999,22

(1):31—35.

[335]Nicholson-Crotty S, O'Toole L. Public Management and Organizational Performance: The Case of Law Enforcement Agencies[J]. Journal of Public Administration Research & Theory J Part,2004,14(1):1—18.

[336]Niemi R G. Measuring internal political efficacy in the 1988 national election study [J]. American Political Science Association,1991,85(4):1407—1413.

[337]Norris P. Digital Divide: Civic Engagement, Information Poverty, and the Internet Worldwide[M]. England: Cambridge University Press, 2001.

[338]Obeng-Odoom F. On the Origin, Meaning, and Evaluation of Urban Governance [J]. Norsk Geografisk Tidsskrift-Norwegian Journal of Geography, 2012, 66(4): 204—212.

[339]Osborne S. The New Publish Governance[M]. London: Routledge, 2009.

[340]Ostrom E. Beyond Markets and States: Polycentric Governance of Complex Economic Systems[J]. American Economic Review, 2010, 100(3):641—672.

[341]Ostrom E. Polycentricity, Complexity, and the Commons[J]. Good Society, 1999, 9(2): 37—41.

[342]Ostrom E. Analyzing Collective Action[J]. Agricultural Economics,2010,41(S1): 155—166.

[343]Ostrom, E. A General Framework for Analyzing Sustainability of Social-Ecological Systems[J]. Science,2009,(325):419—422.

[344]Pahl-Wostl C, Knieper C. The capacity of water governance to deal with the climate change adaptation challenge: Using fuzzy set Qualitative Comparative Analysis to distinguish between polycentric, fragmented and centralized regimes[J]. Global Environmental Change,2014,(29):139—154.

[345]Parry G. The Idea of Political Participation[M]//In Parry G(Ed.), Participation in Politics. Manchester,UK: University of Manchester Press,1972.

[346]Perri, Diana L, Kimberly, Gerry S. Towards Holistic Governance: the New Reform Agenda[M]. New York:Palgrave,2002.

[347]Pierre J. Introduction: Understanding Governance[M]. Oxford: Oxford University Press,2000.

[348]Podsakoff P M, MacKenzie S B, Lee J Y,et al. Common Method Biases in Behavioral Research: A Critical Review of the Literature and Recommended Remedies[J]. Journal of Applied Psychology,2003,(88):879—880.

[349]Poister T. H, Thomas J. C. The Effect of Expectations and Expectancy Confirmation/Disconfirmation on Motorists` Satisfaction with State Highways[J]. Journal of Public

Administration Research and Theory,2011,21(4):601—617.

[350]Prior D. Towards holistic governance: The new reform agenda[J]. Local Government Studies,2003,29(2):148—150.

[351]Putnam R. Bowling Alone:The Collapse and Revival of American Community[M]. New York:Simon&Schuster,2000.

[352]Quintelier E,Hooghe M. Political Attitudes and Political Participation: A Panel Study on Socialization and Self-selection Effects among Late Adolescents. International Political Science Review,2012:33(1),63—81.

[353]Ranson S,Stewart J D. Management for the Public Domain:Enabling the Learning Society[M]. London: Macmillan International Higher Education,1994.

[354]Ribot J C, Agrawal A, Larson A M. Recentralizing While Decentralizing: How National Governments Reappropriate Forest Resources[J]. World Development,2006,34(11):1864—1886.

[355]Rice T W. Social Capital and Government Performance in Iowa Communities[J]. Journal of Urban Affairs,2001,23(3/4):374—389.

[356]Robert P. Bowling Alone:America's Declining Social Capital [J]. Journal of Democracy,1995(6):65—78.

[357]Robinson C, Schumacker R E. Interaction Effects:Centering, Variance Inflation Factor, and Interpretation Issues[J]. Multiple Linear Regression Viewpoints,2009,35(1): 6—11.

[358]Rogers E. Diffusion of Innovations[M]. Mew York:The Free Press,1962.

[359]Rosenzweig P. Misunderstanding the Nature of Company Performance: The Halo Effect and Other Business Delusion[J]. California Management Review,2007(4):6—20.

[360]Ryff C D, Keyes C L M. The Structure of Psychological Well-Being Revisited[J]. Journal of Personality and Social Psychology,1995,69(4):719.

[361]Saner R, Toseva G, Atamanov A, et al. Government governance (GG) and inter-ministerial policy coordination (IMPC) in Eastern and Central Europe and Central Asia[J]. Public Organization Review,2008,8(3):215—231.

[362]Scharpf F W, Sabatier P A. Games Real Actors Play: Actor-Centered Institutionalism in Policy Research[M]. Colorado:Westview Press,1997.

[363]Seeman M. Alienation Motifs in Contemporary Theorizing: The Hidden Continuity of the Classic Themes[J]. Social Psychology Quarterly,1983,46:171—184.

[364]Selwyn N. Apart from technology: understanding people's non-use of information and communication technologies in everyday life[J]. Technology in Society,2003,(25):99—

116.

[365]Slowlkowski S,Jarratt D. The Impact of Culture on the Adoption of High Technology Products[J]. Marketing Intelligence Planning,2007,15(2):97—105.

[366]Smetana J G, Campione-Barr N, Metzger A. Adolescent Development on Interpersonal and Societal Contexts[J]. Annual Review of Psychology,2006,57(15):1—15.

[367]Srenson E, Torfing J. Theories of Democratic Network Governance[M]. Basingstoke:Palgrave Macmillian,2007.

[368]Stem P C. Toward a Coherent Theory of Environmentally Significant Behavior[J]. Journal of Social Issues,2000,56(3):407—424.

[369]Strassmann P A. The business value of computers: an executive's guide[M]. Information Economics Press,1990.

[370]Tummers L. Weske U. Bouwman R. Grimmelikhuijsen S. The Impact of Red Tape on Citizen Satisfaction:An Experimental Study[J]. International Public Management Journal,2016,19(3):320—341.

[371]Turnhout E, Metze T, Wyborn C, et al. The Politics of Co-Production: Participation, Power, and Transformation[J]. Current Opinion in Environmental Sustainability,2020,(42):15—21.

[372]Veenhoven R. The Four Qualities of Life. Ordering Concepts and Measures of the Good Life [J]. Journal of Happiness Studies,1993,(1):1—39.

[373]Verba S, Schlozman K L,Brady H. Voice and Equality: Civic Voluntarism in American Politics[M]. Cambridge, MA:Harvard University Press,1995.

[374]Wamsler C, Alkanolsson J H, Falck, et al. Beyond Participation: When Citizen Engagement Leads to Undesirable Outcomes for Nature-Based Solutions and Climate Change Adaptati on[J]. Climatic Change,2020,158(2):235—254.

附录　调研问卷

上海"浦东新区打造社会主义现代化建设引领区"调研问卷

尊敬的先生/女士:

您好! 我们是上海财经大学课题调研组,为了解上海浦东新区打造社会主义现代化建设引领区的公民满意度,我们进行此项调查。本问卷采用匿名的方式,问卷题目没有对错之分,所得数据仅供科研使用。请您根据您的想法如实填写,您的评价对于加快浦东新区民生实事工程建设具有重要价值!

感谢您的支持!

调查地点:上海市_____区_____镇

A. 基本信息

1. 您的性别?

①男　　②女

2. 年龄_____周岁。

3. 您的婚姻状况?

①已婚　②其他

4. 您的户籍状况?

①农业户口　②非农业户口

5. 您的民族?

①汉族　②其他

6. 您的政治面貌?

①中共党员　②其他

7. 您的受教育程度?

①小学及以下　②初中　③高中(含中专、职高技校)　④大专

⑤本科及以上

8. 您去年个人全年总经济收入是_____万元

9. 您是否为公职身份?

①是　　②否

B. 个体层面情况

10. 您是否使用互联网?

①不使用   ②使用

11. 您使用互联网的频率?

①从不   ②很少   ③有时   ③经常   ③很频繁

12. 您是否参加过村/居委会的选举? (近两年)

①参加过   ②未参加过

13. 您是否参加过所在村/居社区治理问题的协商决策? (近两年)

①参加过   ②未参加过

14. 您是否参加过所在村/居社区治理的志愿活动? (近两年)

①参加过   ②未参加过

15. 您是否参加过监督村/居委会的社区治理行为? (近两年)

①参加过   ②未参加过

16. 您需要投入大量时间学习,才能够了解当地政府发布的办事信息、材料与流程。

①不符合   ②不太符合   ③基本符合   ④比较符合   ⑤非常符合

17. 您在向当地政府部门提交申请或办理业务时,需要花费大量时间去准备各类材料。

①不符合   ②不太符合   ③基本符合   ④比较符合   ⑤非常符合

18. 您在完成当地政府要求办理的手续和程序时,经常会有烦躁、压力、不安等情绪。

①不符合   ②不太符合   ③基本符合   ④比较符合   ⑤非常符合

19. 在生活中,您会严格落实垃圾分类和资源化再利用制度。

①不符合   ②不太符合   ③基本符合   ④比较符合   ⑤非常符合

20. 在生活中,您会主动了解绿色低碳或生态环境保护方面的知识。

①不符合   ②不太符合   ③基本符合   ④比较符合   ⑤非常符合

21. 当地政府在环境保护方面会重视人们的意见诉求,并及时给予反馈。

①不符合   ②不太符合   ③基本符合   ④比较符合   ⑤非常符合

22. 您的环保行为能够影响其他人更好地参与到环境保护之中。

①不符合   ②不太符合   ③基本符合   ④比较符合   ⑤非常符合

23. 您对所在的行政区域是否有归属感?

①完全没有　②较为轻微　③不太好说　④较为强烈　⑤十分强烈

24.您认为您社会地位较高的亲朋好友占您亲朋好友总人数的比重是多少?

①几乎没有　②四分之一(25%)　③一半左右　④四分之三(75%)
⑤几乎全是

25.您与邻居或亲朋好友开展社交娱乐活动的频繁程度是怎样的?

①一年一次或更少　②一年几次　③一个月几次　④一周几次
⑤几乎每天

C. 满意度评价

26.您对当地政府在维护社会秩序方面所做的工作是否满意?

①非常不满意　②不太满意　③一般　④比较满意　⑤非常满意

27.您对当地政府所提供的公共服务是否满意?

①非常不满意　②不太满意　③一般　④比较满意　⑤非常满意

28.您对当地政府在保障公民政治权利方面所做的工作是否满意?

①非常不满意　②不太满意　③一般　④比较满意　⑤非常满意

29.您对当地政府在发展经济、增加人们收入方面所做的工作是否满意?

①非常不满意　②不太满意　③一般　④比较满意　⑤非常满意

30.您对当地政府在扩大就业岗位方面所做的工作是否满意?

①非常不满意　②不太满意　③一般　④比较满意　⑤非常满意

31.您对当地政府在保护环境、治理污染方面所做的工作是否满意?

①非常不满意　②不太满意　③一般　④比较满意　⑤非常满意

32.您认为近两年来,当地生态环境是否有明显改善?

①没有改善　②略有改善　③基本改善　④较大改善　⑤明显改善

33.您觉得目前整体经济状况怎么样?

①非常不好　②比较不好　③一般　④比较好　⑤非常好

34.您觉得目前贫富差距状况怎么样?

①非常大　②比较大　③一般　④比较小　⑤非常小

35.您的经济收入在本地属于什么档次?

①下层　②中下层　③中层　④中上层　⑤上层

36.您对社会保障是否满意?

①非常不满意　②不太满意　③一般　④比较满意　⑤非常满意

37.您对社会基础设施建设是否满意?

①非常不满意　②不太满意　③一般　④比较满意　⑤非常满意

38.您对社会上他人的信任状况如何?

①非常不信任　②比较不信任　③一般　④比较信任　⑤非常信任

39.您认为总体上的社会公平状况如何?

①非常不公平　②比较不公平　③一般　④比较公平　⑤非常公平

40.您认为总体上的社会安全状况如何?

①非常不安全　②比较不安全　③一般　④比较安全　⑤非常安全

41.您是否认同社会(社区)正变得越来越好?

①非常不认同　②比较不认同　③一般　④比较认同　⑤非常认同

42.总体来看,您对生活是否满意?

①非常不满意　②不太满意　③一般　④比较满意　⑤非常满意

后　记

　　上海浦东新区拥有得天独厚的地理位置优势和发展基础,是中国现代化建设的重要窗口和示范区,也是探索中国特色现代化建设路径的重要实践场所。因此,通过对浦东新区的研究,可以更加深入地了解中国特色现代化建设的实践过程和经验,为中国乃至世界现代化建设提供借鉴和参考。同时,从浦东新区的发展历程和现状来看,可以发现现代化建设不仅仅是一个经济问题,更是一个社会问题、文化问题和环境问题。因此,浦东新区打造社会主义现代化建设引领区需要从多个维度探讨,包括政治、经济、文化、社会、环境等方面,探索城市化和现代化建设的发展路径,寻找城市和社会治理创新的路径,以及加强文化自信、保护生态环境等重要议题。浦东新区打造社会主义现代化建设引领区具有重要而深远的意义,是推进中国式现代化建设的必经之路,同时也将为全球现代化建设的探索提供宝贵的实践经验和思路。

　　为了进一步丰富研究视角和提供实践参考,并对比分析了浦东新区与深圳先行示范区的异同,提炼出可供浦东引领区借鉴的经验和启示。最后,本研究探讨了在中国式现代化进程中,浦东引领区所肩负的战略使命,剖析了其存在的发展不足,并提出了创新驱动、开放合作、城市治理和民生改善等实现路径。

　　本书是在上海市哲学社会科学规划项目"浦东新区打造社会主义现代化建设引领区研究"(2021BZZ002)的结项报告基础上修改完善形成的。同时,本书也得到了上海财经大学2024年学术著作培育项目的资助。在课题研究和著作撰写中,我的博士生徐龙顺(现为江苏师范大学讲师)、陈贤胜、楚汉杰等人做了大量的资料收集与整理工作,对他们的辛苦付出表示感谢。本书的出版也要衷心感谢上海财经大学出版社黄磊社长与杨闿老师!他们对工作的认真负责精神令我感动。由于本人水平有限,缺漏之处在所难免,欢迎广大读者批评指正。

蒋硕亮

2024 年 9 月于上海财经大学凤凰楼